생각, 예측이 되다!

이 책을 쓰신 분들

나태영   국어전문저자
김보라   영동일고등학교
박석재   중앙대학교 사범대학 부속고등학교
서경원   창현고등학교
이경호   중동고등학교
정송희   고려대학교 사범대학 부속중학교

디딤돌 수능독해 [고등 국어] II

펴낸날 [초판 1쇄] 2023년 1월 5일
펴낸이 이기열
펴낸곳 (주)디딤돌 교육
주소 (03972) 서울특별시 마포구 월드컵북로 122 청원선와이즈타워
대표전화 02-3142-9000
구입문의 02-322-8451
내용문의 02-325-6800
팩시밀리 02-338-3231
홈페이지 www.didimdol.co.kr
등록번호 제10-718호

※ (주)디딤돌 교육은 이 책에 실린 모든 글의 출처를 찾기 위해
   최선의 노력을 기울였습니다.
   저작권자를 찾지 못해 허락을 받지 못한 글은 저작권자가 확인되는 대로
   통상의 사용료를 지불하겠습니다.

디딤돌력
해다

생각, 예측이 되다!

수능독해 II

디딤돌

출제 의도가 딱! 보여야
진짜 수능독해!

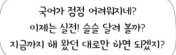

국어 수업도 어렵지 않고 문제집을
여러 권 풀었더니 독해도 술술 풀리네?
이 분위기 수능까지 쭉~

국어가 점점 어려워지네?
이제는 실전! 슬슬 달려 볼까?
지금까지 해 왔던 대로만 하면 되겠지?

초등

중등

단기간에 국어 성적을 올리기란 쉽지 않다는 데에 많은 이들이 공감할 것입니다.

고등학교에 와서 첫 모의고사를 치르고 등급이 적힌 성적표를 받아 든 친구들이라면 더욱 공감하겠죠?

게다가 수능에서 국어영역은, 특히 독서(비문학)는 수능 승패의 가늠자가 되기도 합니다.

일반적으로 학습자들은 문제를 많이 풀면 점수가 오를 거라고 생각합니다.

하지만 많이 푼다고 해서 점수가 오를까요? 그러한 공부법이 새로운 지문을 만날 때도 효과가 있을까요?

수능국어에서 가장 중요한 것은 "글쓴이의 생각을 읽고, 출제자를 예측하는 것"입니다.

글의 구조를 파악하며 글쓴이의 생각을 읽어 내고, 이 과정에서 출제자의 의도를 예측할 수 있어야

주어진 시간 안에 정답을 찾을 수 있습니다.

국어만 생각하면 가슴이 답답해지는 친구들, 토씨 하나 놓치지 않으려고 하지만 정작 글 전체는 못 보는 친구들,

출제자의 의도와는 상관 없이 자기 방식대로 문제를 풀었던 친구들은 주목하세요!

수능국어, 이제는 얼마나 공부할까보다는 어떻게 공부할까가 중요한 시점입니다.

글쓴이와 출제자를 꿰뚫어 볼 수 있다면 어떤 지문을 만나도 두렵지 않을 것입니다.

기출문제집을 3회독이나 했는데
점수는 왜 제자리인 거야?
새로운 지문을 보면 머리가 다시 하얘져!

고등

대학수학능력시험

나는 몇 점일까?

독해, 해도 해도 늘지 않아 힘들지?
출제자가 무엇을 물을지 그 의도까지 예측해야
수능에 완벽하게 대비할 수 있어!
"디딤돌 수능독해가 확실히 도와줄게!"

수능독해, 글쓴이의 생각을 읽고

1 수능기출 이슈읽기

평범한 일상의 모든 이슈가 기출의 재료가 되는구나!

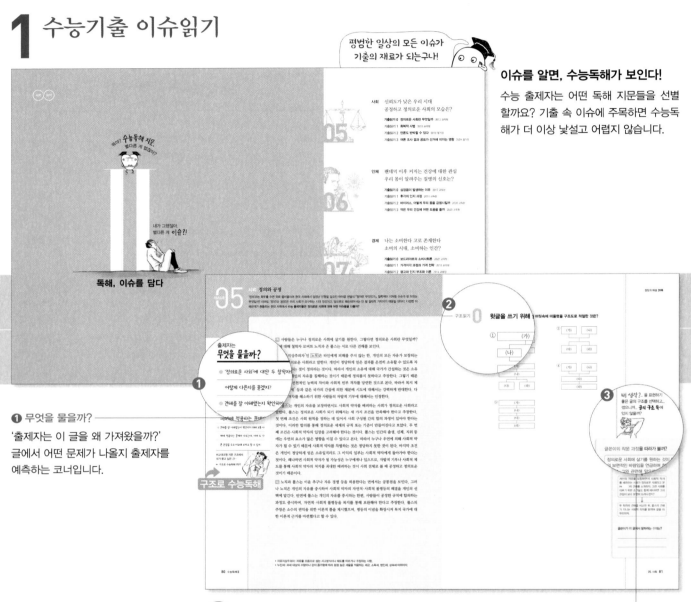

독해, 이슈를 담다

이슈를 알면, 수능독해가 보인다!

수능 출제자는 어떤 독해 지문들을 선별할까요? 기출 속 이슈에 주목하면 수능독해가 더 이상 낯설고 어렵지 않습니다.

❶ 무엇을 물을까?
'출제자는 이 글을 왜 가져왔을까?' 글에서 어떤 문제가 나올지 출제자를 예측하는 코너입니다.

2 글쓴이의 생각읽기

글의 구조를 알면, 글쓴이의 생각이 보인다!

글쓴이의 작문 과정까지 추론할 수 있어야 글의 구조는 물론, 글쓴이의 생각도 알 수 있습니다.

❷ 0번 문제 – 구조읽기
글의 내용 전개 방식과 구조를 파악하는 문제입니다.

❸ 내 생각?
'글쓴이는 이 글을 어떻게 썼을까?' 작문 과정을 통해 글쓴이의 생각을 읽는 코너입니다.

출제자의 의도를 간파한다!

3 출제자의 의도읽기

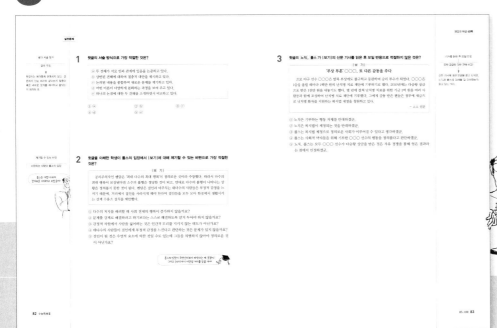

출제자의 의도를 알면, 답이 보인다!

수능에 완벽하게 대비할 수 있는 방법, 출제자의 눈으로 글을 읽으면 문제가 보이고, 출제자의 의도를 알면 답이 보입니다.

> 내가 어떤 의도로 출제했는지 궁금해? 내 말이 곧 힌트가 될 거야!

특별한 부록 출제자의 의도가 궁금해!

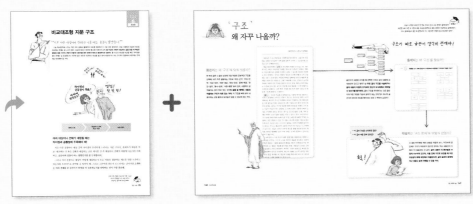

글쓴이 너머 출제자를 보다!

기출 분석만으로는 결코 수능에 대비할 수 없습니다. 글쓴이의 생각을 읽고, 출제자의 의도를 파악하는 진짜 독해가 실전에 필요한 수능 독해력입니다.

독해, 이슈를 담다 인문 예술

독해, 이슈를 담다 사회 / 과학

독해, 이슈를 담다

인문 행복의 조건

흔히 사람들은 돈이 많으면 행복할 것이라고 생각한다. 이런 생각에는 돈이 많으면 원하는 무엇이든 다 살 수 있고 이러한 소비를 통해 행복을 느낄 수 있을 것이라는 전제가 깔려 있다. 그렇다면 일론 머스크, 제프 베이조스 같은 세계 최고의 부자가 세상에서 가장 행복한 사람이라고 말할 수 있을까? 수능 출제자들은 행복에 대해 어떤 이슈들을 다루고 있는지 살펴보자.

기 출 읽 기

2008학년도 11월 고1 학력평가

정답률 74%
난이도 중
제한시간 7분

출제자는 무엇을 물을까?

● 행복과 소득의 상관관계를 설명하고 있으니
이를 그래프로 나타내 보라고 할 거야.

● 글의 마지막 부분이 비어 있는 걸 보니 빈칸
에 알맞은 문장을 찾는 문제가 나오겠군.

세계의 여러 나라는 경제 성장이 국민 소득을 높여 주고 물질적인 풍요를 가져다주는 것으로 보고, 이와 관련된 여러 지표*를 바탕으로 국가를 경영하고 있다. 만일, 경제 성장으로 인해 우리의 소득이 증가하고 또 물질적인 풍요가 이루어진다면 우리는 행복한 생활을 누리게 되는 것일까?

이러한 의문을 처음 제기한 사람은 미국의 이스털린 교수이다. 그는 여러 국가를 대상으로 다년간의 조사를 실시하여 사람들이 느끼는 행복감을 지수화(指數化)*하였다. 그 결과 한 국가 내에서는 소득이 높은 사람이 낮은 사람에 비해 행복하다고 응답하는 편이었으나, 국가별 비교에서는 이와 다른 결과가 나타났다. 즉 소득 수준이 높은 국가의 국민들이 느끼는 행복 지수와 소득 수준이 낮은 국가의 국민들이 느끼는 행복 지수가 거의 비슷하게 나온 것이다. 아울러 한 국가 내에서 가난했던 시기와 부유해진 이후의 행복감을 비교해도 행복감을 느끼는 사람의 비율이 별로 달라지지 않았다는 사실을 확인했다.

이처럼 최저의 생활 수준만 벗어나 일정한 수준에 다다르면 경제 성장은 개인의 행복에 이바지하지 못하게 되는데, 이러한 현상을 가리켜 ㉠'이스털린의 역설'이라 부른다.

만일 행복이 경제력과 비례한다면 소득 수준이 높을수록 더 행복해져야 하고 또 국민 소득이 높을수록 사회 전체가 행복해져야 할 것이다. 그러나 이스털린의 조사에서 확인할 수 있듯이, 행복과 경제력은 비례하지 않는다. 즉 사회 전체의 차원의 소득 수준이 높아진다고 해서 행복하게 느끼는 사람의 비율이 함께 증가하지 않는 것이다.

이스털린 이후에도 많은 학자들은 행복과 소득의 관련성에 관심을 갖고 왜 이러한 괴리* 현상이 나타나는지 연구했다. 이들은 우선 사람들이 행복을 자신의 절대적인 수준이 아닌 다른 사람과 비교한 상대적인 수준에서 느끼는 것으로 보았다. 그리고 시간이 지나면서 늘어난 자신의 소득에 적응하게 되면 행복감이 이전보다 둔화*된다고 보았다. 또 '인간 욕구 단계설'을 근거로 소득이 높아지면 의식주와 같은 기본 욕구보다 성취감과 같은 자아실현 욕구가 강해지므로 행복의 질이 달라진다고 해석했다. 이러한 연구 결과를 바탕으로 이들은 부유한 국가일수록 경제 성장보다는 분배 정책과 함께 자아실현의 기회를 늘려 주는 정책을 펴야 한다고 주장하고 있다.

1인당 국민 소득이 1만 달러에서 2만 달러로 올라간다고 해도 사람들이 그만큼 더 행복해진다고 말하기는 어렵다. 즉 경제 성장이 사람들의 소득 수준을 전반적으로 향상시켜 경제적인 부유함을 더 누릴 수 있게 할 수는 있어도 행복감마저 그만큼 더 높여 줄 수는 없는 것이다.
한마디로 ⓐ

* 지표: 방향이나 목적, 기준 따위를 나타내는 표지.
* 지수화: 어떠한 사실이나 현상 따위를 수치로 보이도록 만듦.
* 괴리: 서로 어그러져 동떨어짐.
* 둔화: 느리고 무디어짐.

구조읽기

다음은 윗글을 쓰기 전에 세운 글쓰기 계획이다. 윗글에 반영되지 <u>않은</u> 것은?

① 주제와 관련된 학자의 연구 결과를 소개하여 글의 신뢰도를 높여야겠어.

② 발생 가능한 여러 가지 상황을 가정하여 현상의 문제점을 인식시켜야겠어.

③ 현상의 이유를 밝히는 연구 결과를 소개하여 깊이 있는 이해를 도와야겠어.

④ 마지막 부분에서는 주제를 요약적으로 제시하여 강조의 효과를 높여야겠어.

⑤ 질문을 던지고 그 답을 찾아 나가는 구성으로 독자의 지적 흥미를 자극해야겠어.

내 생각?... 을 표현하기
좋은 글의 구조를 선택하고...
썼으니까... **글의 구조 속**에
있지 않을까?

글쓴이의 작문 과정을 따라가 볼까?

행복과 소득은 (❶)할까? 많은 사람들이 궁금해하니 이 문제를 한번 다뤄 보자.

먼저 이 문제에 대해 오랫동안 연구한 (❷)의 견해부터 소개해야겠군.

이스털린 이후 다른 학자들의 연구 결과와 주장도 소개해야지.

이스털린과 다른 학자들이 행복과 소득의 상관성에 대해 어떻게 주장했는지 한마디로 정리하며 마무리하자.

글쓴이가 이 글에서 말하려는 주제는?

_____

_____

1 윗글의 내용과 일치하지 <u>않는</u> 것은?

① 이스털린은 사람이 느끼는 행복감을 지수로 만들었다.

② 이스털린 이후에도 행복과 소득의 상관성에 대한 연구가 이루어졌다.

③ 이스털린의 국가별 비교 조사에서는 가난한 국가의 국민일수록 행복감이 높음을 보여 주고 있다.

④ 이스털린과 같은 관점의 연구자는 부유한 국가일수록 분배 정책을 기본으로 삼아야 한다고 주장한다.

⑤ 이스털린은 한 국가 안에서 소득 수준이 서로 다른 두 시기의 행복감이 별다른 차이가 없다고 보았다.

2 ㉠을 그래프로 가장 잘 나타낸 것은?

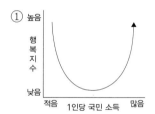

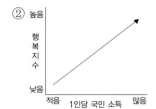

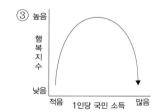

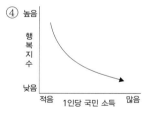

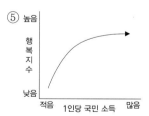

3 글의 흐름을 고려할 때, ⓐ에 들어갈 말로 가장 적절한 것은?

① 행복은 소득과 꼭 정비례하는 것은 아니다.

② 개인은 자아를 실현할 때 행복을 얻게 되는 것이다.

③ 국가가 국민의 행복감을 좌우할 수 있는 것은 아니다.

④ 개개인의 마음가짐이 행복을 결정한다고 말할 수 있다.

⑤ 행복은 성장보다 분배를 더 중시할 때 이루어질 수 있다.

 ⓐ 앞의 '한마디로'라는 표지로 볼 때 ⓐ에는 이 글의 주제를 요약하는 문장이 들어가야 하는구나!

ⓐ에 들어갈 말

한 문장으로 주제 요약하기

 선지 모두 일리 있는 말처럼 보이지만 이 문제의 포인트는 '글의 흐름을 고려할 때'야!

기 출 읽 기

2016학년도 11월 고1 학력평가

정답률 78%
난이도 중
제한시간 8분

그리스어인 '에우다이모니아(eudaimonia)'는 일반적으로 '행복'이라고 번역된다. 현대인들은 행복을 물질적인 것을 통해 느끼는 안락이나 단순한 쾌감과 동일시하는 경향이 있다. 그러나 아리스토텔레스는 에우다이모니아를 현대인들이 생각하는 행복과는 다르게 설명한다. 그는 에우다이모니아를 인간 고유의 기능인 이성을 발휘하여 그것을 완전하게 실현한 상태라고 규정하였다. 막스 뮐러는 아리스토텔레스가 말한 에우다이모니아에 시간적 속성을 부여하여 이를 세 가지 측면으로 나누어 설명하였다. 막스 뮐러의 견해는 다음과 같다.

첫째, ㉠'감각적 향유*로서의 에우다이모니아'는 먹고 마시는 행위와 같은 신체적 감각을 통한 향유가 이성의 테두리 안에서 이루어질 때 얻게 되는 것이다. 인간은 정신과 신체의 통일체로서 존재하기 때문에 감각을 통한 향유도 무시할 수 없다. 다만 감각적 향유가 이성을 벗어나 타인을 배려하지 않고 극단적 탐닉*에 빠질 때에는 부정적인 것으로 인식된다. 그런데 감각적 향유 자체는 찰나적인 것이므로 감각적 향유의 과정에서 실현할 수 있는 에우다이모니아는 순간적인 것으로 규정된다.

둘째, '공동체적 삶을 통해 실현할 수 있는 에우다이모니아'는 공동체 속에서 인간이 자유를 누리면서도 이성을 발휘하여 책임 있는 행동을 함으로써 얻게 되는 것이다. 인간의 이성은 공동체의 훈육을 통해서만 개발될 수 있으므로 인간은 공동체를 떠나서 에우다이모니아를 구하려고 해서는 안 된다. 그런데 공동체에서의 인간의 행위는, 수시로 변화하는 역사적 상황 속에서 이루어지기 때문에 이러한 에우다이모니아는 역사적 시간에 의해 규정되는 것이다.

셋째, ㉡'관조(觀照)의 삶을 통해 실현할 수 있는 에우다이모니아'는 인간이 세계의 영원한 질서를 인식하게 됨으로써 얻을 수 있는 것이다. 여기서 '관조'란 쾌락을 목적으로 하는 향락적 활동이나 부를 목적으로 하는 영리적 활동이 아니라, 감각적으로 포착할 수 없는 영원불변한 진리를 학문을 통해 바라보는 영혼의 활동을 말한다. 이는 이성을 통해 이루어지며 인간에게 가장 궁극적인 에우다이모니아를 가져다준다. 이러한 에우다이모니아는 시간적 한계를 뛰어넘는 영원성을 갖는다.

뮐러에 따르면 인간의 이성을 통해 실현되는 에우다이모니아는 모두 그 자체로 의미가 있다. 그리고 그는 에우다이모니아의 순간성, 역사성, 영원성이 서로 무관한 것이 아니므로, 인간은 전 생애에 걸쳐 이 세 가지 에우다이모니아를 함께 구현하기 위해 노력해야 한다고 보았다.

무엇을 물을까?

● '첫째, 둘째, 셋째'로 내용을 나누어 설명하고 있다면, 각 내용 간의 공통점과 차이점을 묻는 것은 당연한 이치지.

● _____

_____

* 향유: 누리어 가짐.
* 탐닉: 어떤 일을 몹시 즐겨서 거기에 빠짐.

0 다음은 글쓴이가 윗글을 쓰기 전에 작성한 글쓰기 계획이다. 윗글에 반영되지 **않은** 것은?

[1문단]
- 중심 화제가 낯설고 어려우니 우리말로 번역해 알려 줘야겠어. ·························· ①
- 아리스토텔레스의 행복 개념과는 별개로 뮐러가 창안한 행복론을 소개해야겠어.
  ··· ②

[2문단]
- 글의 표지를 사용하여 문단 전개의 구조를 분명하게 보여 주어야겠어. ··········· ③
- 감각적 향유의 시간적 속성을 밝혀 행복의 성격을 제시해야겠어.

[3문단]
- 문단의 핵심 주제를 첫머리에 배치하여 주제를 분명히 전달해야겠어. ·············· ④
- 행복을 얻는 방법에 덧붙여 시간적 속성과 관련된 설명을 해야겠어.

[4문단]
- 개념을 정확하게 이해하도록 단어의 뜻을 정의해 주어야겠어.
- 행복을 얻는 방법에 덧붙여 시간적 속성과 관련된 설명을 해야겠어.

[5문단]
- 세 가지 행복의 개념이 서로 어떤 관련성을 지니는지 밝혀야겠어.
- 행복에 이르기 위해 어떤 노력이 필요한지 소개하며 글을 마무리해야겠어. ······ ⑤

내 생각?

글쓴이의 작문 과정을 따라가 볼까?

아리스토텔레스가 행복을 어떻게 규정하고 있는지 먼저 소개해 볼까?

↓

아리스토텔레스가 말한 행복을 막스 뮐러가 세 가지 측면으로 나누어 설명했지.
- 감각적 향유로서의 에우다이모니아: 순간성
- 공동체적 삶을 통해 실현할 수 있는 에우다이모니아: (❶   )
- 관조의 삶을 통해 실현할 수 있는 에우다이모니아: (❷   )

↓

에우다이모니아에 대한 뮐러의 결론을 밝히며 글을 마무리하자!

글쓴이가 이 글에서 말하려는 주제는?

_____

_____

1 **윗글을 통해 파악할 수 있는 내용으로 적절하지 않은 것은?**

① 현대인들은 행복을 물질적 안락이나 쾌감과 동일시하는 경향이 있다.

② 밀러는 시간적 속성을 부여하여 에우다이모니아를 설명하였다.

③ 인간은 공동체 안에서 에우다이모니아를 얻을 수 있다.

④ 관조는 쾌락과 부를 목적으로 하지 않는 영혼의 활동이다.

⑤ 밀러가 설명하는 에우다이모니아는 서로 관련 없이 개별적으로 존재한다.

윗글을 바탕으로 |보기|를 이해

구체적 사례에 적용

↓

|보기|의 각 사례가 에우다이모니아의 세 가지 유형 중 어느 유형에 해당하는지 확인하는 것부터 시작해 볼까?

2 **윗글을 바탕으로 |보기|를 이해한 내용으로 적절하지 않은 것은?**

┤보 기├

ㄱ. 김 씨는 고기가 정말 맛있어서 많이 먹으려고 하다 보니 다른 사람을 고려하지 않고 그들의 몫까지 다 먹어 버렸다.

ㄴ. 이 씨는 자신의 편의를 위해 불법 주차를 자주 했는데 불법 주차 근절을 홍보하는 주민 회의에 지속적으로 참여한 후 자신의 습관을 고치게 되었다.

ㄷ. 윤 씨는 모든 공식들을 설명할 수 있는 불변의 수학적 질서를 알아내기 위해 다양한 수학적 공식들을 활용하여 끊임없이 연구하고 있다.

① ㄱ에서 김 씨가 고기를 모두 먹어 버린 행위는 극단적인 탐닉에 빠진 것이라고 볼 수 있겠군.

② ㄱ에서 김 씨가 다른 사람들을 배려하여 고기를 나누어 먹는다면 에우다이모니아를 실현할 수 있겠군.

③ ㄴ에서 이 씨의 행동이 긍정적으로 변화한 원인은 주민 회의가 공동체의 훈육으로 작용했기 때문이겠군.

④ ㄷ에서 윤 씨가 끊임없이 연구를 하는 것은 궁극적인 에우다이모니아를 실현해 나가는 과정이라고 할 수 있겠군.

⑤ ㄷ에서 윤 씨가 수학적 공식들을 활용하여 연구를 한 것은 수학 자체를 즐기기 위한 향락적 활동이라고 할 수 있겠군.

㉠과 ㉡에 대한 설명

공통점과 차이점 파악

3 **㉠과 ㉡에 대한 설명으로 적절하지 않은 것은?**

① ㉠은 감각적 향유의 과정에서 극단적 탐닉에 빠지지 않음으로써 실현된다.

② ㉡은 감각적 차원을 넘어선 질서에 대한 인식을 통해서 실현된다.

③ ㉠과 ㉡은 모두 이성의 발휘를 통해 이루어질 수 있다.

④ ㉠은 ㉡과 달리 정신을 배제한 신체적 감각을 중시하는 가치 판단을 전제한다.

⑤ ㉡은 ㉠과 달리 시간적 속성에 있어서 순간성이 아니라 영원성에 의해서 규정된다.

'뮐러'의 입장에서 보일 수 있는 반응

관점의 적용

↓

글에 소개된 특정인(뮐러)의 관점에서 판단해야 하는 문제야. 나 자신의 판단을 배제하고 뮐러가 디오게네스를 어떻게 판단할지를 생각해 봐.

4 **윗글을 읽은 학생이 '뮐러'의 입장에서 |보기|의 Ⓐ에 대해 보일 수 있는 반응으로 가장 적절한 것은?**

┤보 기├

Ⓐ디오게네스는 일체의 물질적 욕심을 배제하고 최소한의 생활필수품만으로 살아가는 삶, 즉 자연에 따르는 삶을 통해 인간은 궁극적인 행복을 얻을 수 있다고 보았다. 그는 인간이 자연에 따르는 삶을 살아가기 위해서는 부끄러움을 없애고, 이를 통해 사람들이 지켜야 할 모든 사회적 관습이나 권위에서 벗어나야 한다고 말했다. 인간의 행복은 이와 같이 자유롭고 단순한 생활에서 비롯된다고 본 것이다.

① Ⓐ는 사회적 삶 속에서 인간이 가져야 할 책임을 간과하고 있군.

② Ⓐ는 단순한 생활에서 벗어나 공동체 일원으로서의 자유를 추구하고 있군.

③ Ⓐ는 인간이 이성적인 활동을 하면서 자연을 변화시키는 것을 중시하고 있군.

④ Ⓐ는 역사적 상황의 끊임없는 변화를 인정하면서 궁극적인 행복을 추구하고 있군.

⑤ Ⓐ는 공동체 내에서 자유를 누린다면 물질적인 욕심을 최소화할 수 있다고 보고 있군.

기 출 읽 기

2019학년도 11월 고2 학력평가

정답률 71%
난이도 중
제한시간 7분

무엇을 물을까?

● 공리주의의 세 이론과 함께 그 한계를 제시

했는데, 여기엔 한계와 관련한 문제를 내겠

다는 의도가 들어 있을 거 같아.

●

공리주의는 일반적으로 어떤 행위의 옳고 그름이 공리에 따라, 즉 그 행위가 인간의 이익과 행복을 늘리는 데 결과적으로 얼마나 기여하는가에 따라 결정된다고 보는 이론이다. 이러한 공리주의는 인간이 자신과 더불어 다른 존재들의 이익과 행복을 공평하게 고려해야 한다는 것을 전제로 한다. 그리고 인간은 자신의 이익과 행복을 증진하려 하는데, 그러한 인간이 할 수 있는 행위들 중에서 인간의 최대 이익과 행복이라는 '최선의 결과'를 가져오는 행위를 옳은 행위로 본다. 공리주의는 이러한 최선의 결과를 본래적 가치로 여긴다. 이때 본래적 가치란 그 자체로서 지니는 가치를 의미하는데, 이는 다른 어떤 것을 위한 수단으로서의 가치인 도구적 가치와는 상대되는 개념이다. 그런데 최선의 결과를 무엇으로 보느냐에 따라 공리주의는 크게 쾌락주의적 공리주의, 선호 공리주의, 이상 공리주의 등으로 나누어 볼 수 있다.

㉠쾌락주의적 공리주의는 최선의 결과를 쾌락의 증진으로 보는 이론이다. 다시 말해 인간의 심리적 경험인 쾌락을 본래적 가치로 여기고 있는 것이다. 이 이론에 따르면 도덕적으로 옳은 행위는 자신뿐 아니라, 그 행위가 영향을 미치는 모든 인간들의 쾌락을 가장 많이 증진하는 행위이다. 그러나 쾌락주의적 공리주의는 인간이 어떤 행위를 선택할 때 쾌락만을 추구하는 것이 아니라 다른 것을 추구하기도 한다는 것을 설명하기 어렵다는 한계를 지닌다.

쾌락주의적 공리주의의 이런 한계를 극복하기 위해 등장한 이론이 ㉡선호 공리주의이다. 이 이론은 최선의 결과를 선호의 실현으로 본다. 여기에서 선호란 사람마다 원하는 것 혹은 실현하고자 하는 것을 말한다. 선호 공리주의에 따르면 도덕적으로 옳은 행위는 자신뿐 아니라, 그 행위가 영향을 미치는 모든 사람들 각자가 지닌 선호를 가장 많이 실현시키는 행위이다. 선호 공리주의는 쾌락뿐만 아니라 쾌락이 아닌 다른 것을 추구하기도 하는 인간의 행위가 개인의 선호를 반영한 것이고, 이런 선호의 실현이 곧 최선의 결과라고 설명함으로써 쾌락주의적 공리주의의 한계를 극복했다. 그러나 선호 공리주의는 보편적인 관점에서 볼 때 비정상적인 욕구에 기반을 둔 선호의 실현과 정상적인 욕구에 기반을 둔 선호의 실현이 동일한 비중을 갖지 않는다는 점을 설명하기 어렵다는 한계를 지닌다.

쾌락주의적 공리주의와 선호 공리주의에 대한 대안으로 등장한 것이 ㉢이상 공리주의이다. 이 이론은 앞의 두 이론과 마찬가지로 인간의 최대 이익과 행복을 가져오는 인간의 행위를 옳은 행위로 여긴다. 그러나 이상 공리주의는 쾌락주의적 공리주의와 달리 쾌락을 유일한 본래적 가치라고 생각하지 않는다. 이 이론은 진실, 아름다움, 정의, 평등, 자유, 생명, 배려 등의 이상들도 본래적 가치에 해당한다고 본다. 또 선호 공리주의와 달리 이상 공리주의는 이런 이상들이 인간의 선호와 무관하게 실현되어야 할 본래적 가치라고 주장한다. 결국 이 이론은 이상의 실현을 최선의 결과로 본다. 이상 공리주의에 따르면 본래적 가치에 해당하는 이상들은 인간의 이익과 행복을 구성한다. 그렇기 때문에 이상 공리주의는 인간들의 서로 다른 관심과는 무관하게 실현되어야 할 이상들을 인간이 더 많이 실현하는 것이 곧 최대의 이익과 행복이라고 본다. 그러나 ⓐ이상 공리주의는 본래적 가치에 해당하는 이상들이 갈등하는 경우 어떤 이상의 실현이 최선의 결과일지에 대해 설명하기 어렵다는 한계를 지니고 있다.

공리주의에서 말하는 최선의 결과에 대한 논의는 지금도 계속되고 있다. 인간이 이익과 행복을 증진하려는 노력을 계속하는 한 공리주의 담론에서 최선의 결과에 대한 논의는 계속될 것이다.

윗글의 내용 전개 방식으로 가장 적절한 것은?

① '최선의 결과'에 대한 역사적인 사건을 제시하고 최선의 결과를 다루고 있는 세 이론의 한계를 지적하고 있다.

② '최선의 결과'를 강조하는 세 이론을 제시하고 각각의 입장을 뒷받침하는 예시들을 활용하여 구체화하고 있다.

③ '최선의 결과'에 대해 서로 다른 관점을 지닌 세 이론을 제시하고 각각의 주장과 한계를 중심으로 설명하고 있다.

④ '최선의 결과'를 중심으로 세 이론을 소개하고 이론들이 제기한 문제점이 해결된 사회적 상황을 부각하고 있다.

⑤ '최선의 결과'에 대한 문제점을 제기하는 세 이론을 소개하고 그 문제점을 보완하는 새로운 이론을 제안하고 있다.

내 생각?

글쓴이의 작문 과정을 따라가 볼까?

공리주의가 무엇인지 알려 주고, 세 가지 유형이 있다는 것을 보여 줘야겠어.

↓

'쾌락'을 본래적 가치로 여기는 쾌락주의적 공리주의부터 소개하자.

↓

쾌락주의적 공리주의의 한계를 극복하기 위해 등장한 (❶　　　　　)를 설명하자.

↓

두 공리주의에 대한 대안으로 등장한 이상 공리주의를 설명하자. 이상 공리주의는 다른 무엇보다 이상의 (❷　　　)이 중요하지.

↓

세 견해에 대한 논쟁은 앞으로도 계속될 것이라는 전망을 소개하며 글을 마무리하자.

글쓴이가 이 글에서 말하려는 주제는?

_____

_____

1 **윗글의 내용과 일치하지 <u>않는</u> 것은?**

① 쾌락주의적 공리주의와 선호 공리주의에 대한 대안으로 이상 공리주의가 등장하였다.

② 선호 공리주의는 쾌락을 추구하는 인간의 행위에 개인의 선호가 반영되어 있다고 본다.

③ 공리주의는 인간의 이익과 행복의 증진과는 무관하게 행위의 옳고 그름이 정해진다고 주장한다.

④ 쾌락주의적 공리주의는 인간이 쾌락이 아닌 다른 것을 추구하기도 한다는 것을 설명하기 어렵다.

⑤ 공리주의는 인간이 자신뿐 아니라 다른 존재들의 이익과 행복을 공평하게 고려해야 한다는 것을 전제로 한다.

㉮에 들어갈 말

특정 관점에서의 반응 추론

↓

선지 모두 '~(이)라는 가치를 ~ 도구적(본래적) 가치로 여기고 있기 때문에 적절하다/부적절하다'라는 형식으로 되어 있어.

2 **|보기|는 ⓐ에 관해 학생들이 나눈 대화의 일부이다. ㉮에 들어갈 말로 가장 적절한 것은?**

┌─────────── |보 기| ───────────┐

학생 1: 어떤 경우에 이상들이 갈등할까?

학생 2: 안전벨트 착용을 법제화하는 과정에서 자유와 생명이라는 가치가 갈등했을 거야. 그런데 사회적 차원에서의 인간 행복이라는 가치를 상위의 목적으로 설정하고 이를 실현시키기 위해 자유가 아닌 생명이라는 가치를 실현하는 것이 최선의 결과라고 생각해.

학생 1: 나는 이상 공리주의 관점에서, 너의 의견이 [㉮]고 봐.

└────────────────────────────┘

① 생명이라는 가치를 자유라는 본래적 가치의 실현을 위한 도구적 가치로 여기고 있기 때문에 부적절하다

② 사회적 차원에서의 인간 행복이라는 가치를 생명이라는 본래적 가치의 실현을 위한 도구적 가치로 여기고 있기 때문에 적절하다

③ 생명이라는 가치를 사회적 차원에서의 인간 행복이라는 본래적 가치의 실현을 위한 도구적 가치로 여기고 있기 때문에 부적절하다

④ 사회적 차원에서의 인간 행복이라는 가치를 자유라는 도구적 가치를 통해 실현하고자 하는 본래적 가치로 여기고 있기 때문에 적절하다

⑤ 자유라는 가치를 사회적 차원에서의 인간 행복이라는 도구적 가치를 통해 실현하고자 하는 본래적 가치로 여기고 있기 때문에 부적절하다

3 ㉠~㉢의 관점에서 |보기|에 대해 보인 반응으로 적절하지 <u>않은</u> 것은?

┤ 보 기 ├

　인문학 서적을 읽는 것을 가장 좋아하는 A는 인문학 서적을 더 많이 읽기 위해 같은 성향을 가진 친구들을 모아 동아리를 만들었다. 배려와 관련된 인문학 서적을 읽고 즐거움을 느낀 A는 동아리 첫 시간에 그 서적을 동아리 친구들과 함께 읽었다. 그 인문학 서적을 읽고 A와 동아리 친구들은 모두 큰 즐거움을 느꼈고, 동아리 내에서 서로에 대한 배려를 실현하였다.

① ㉠: A가 인문학 서적을 읽는 것에 대해 동일한 성향을 가진 친구들을 모아 동아리를 만든 행위는 쾌락이라는 심리적 경험을 증진하기 위한 것이라고 볼 수 있겠군.

② ㉠: A가 배려와 관련된 인문학 서적을 동아리 친구들과 함께 읽은 행위는 자신을 포함한 동아리 친구들의 쾌락을 증진하였으므로 동아리 내에서 도덕적으로 옳은 행위라고 볼 수 있겠군.

③ ㉡: A와 동아리 친구들이 인문학 서적을 읽은 것은 A와 동아리 친구들의 선호 실현이라는 인간의 최대 이익과 행복을 가져오는 행위라고 볼 수 있겠군.

④ ㉡: A가 배려와 관련된 인문학 서적을 동아리 친구들과 함께 읽은 행위는 자신과 더불어 동아리 친구들의 선호를 실현시켰으므로 동아리 내에서 도덕적으로 옳은 행위라고 볼 수 있겠군.

⑤ ㉢: A와 동아리 친구들이 배려와 관련된 인문학 서적을 읽고 동아리 내에서 실현한 배려라는 것은 배려에 대한 그들의 관심에 따라 실현되어야 하는 이상이라고 볼 수 있겠군.

기 출 읽 기

3

2021학년도 9월 고2 학력평가

정답률 74%
난이도 중
제한시간 8분

무엇을 물을까?

●ㅡㅡㅡ

ㅡㅡㅡ

●ㅡㅡㅡ

ㅡㅡㅡ

서양 철학에서는 많은 철학자들이 기억을 중요한 사유로 인식하며 논의해 왔다. 플라톤은 사물의 영원하고 불변하는 본질적 원형인 이데아가 기억을 통해 인식될 수 있다고 하였다. 이데아에 대한 기억이 그것에 대한 망각보다 뛰어난 상태라고 이야기함으로써 둘 사이에 가치론적 이분법을 설정한 것이다. 더 나아가 하이데거는 진리가 망각이 없는 상태, 즉 기억이 지배하는 상태를 의미한다고 강조하였다. 이렇듯 전통적 서양 철학에서 기억은 긍정적인 능력으로, 망각은 부정적인 능력으로 인식되어 온 것이다.

이와 같은 철학적 사유 속에서, 피히테는 '자기의식'이라는 개념을 체계적으로 확대하여 설명하는 과정에서 ㉠기억을 세계 경험에 대한 최고 수준의 기능으로 인식하였다. 그는 어떤 대상에 대해 '㉡A는 A이다'라는 명제에 의거하여 주장을 할 때, '나는 나이다'가 성립해야만 한다고 생각하였다. 이는 동일성을 주장하는 '의자는 의자이다'와 같은 명제로 이해할 수 있다. 예전에 친구와 같이 앉았던 의자를 보았을 때, 우리는 이 의자가 바로 그때의 의자라고 주장할 수 있다. 즉 'A는 A이다'라는 명제는 '과거의 A가 현재의 A이다'라는 주장으로 현실화된다. 이러한 주장이 가능하기 위해서는 과거의 의자를 기억하고 있어야 한다는 것이 전제되어야 하고, 이는 과거 그 의자에 앉았던 자신을 기억하는 것과 마찬가지라는 것이었다. 따라서 그가 주장한 ㉢자기의식은 기억의 능력을 통해 과거의 '나'와 현재의 '나'가 같음을 의식하는 것으로 볼 수 있다. 자기의식을 망각한다면 우리는 친구를 만나도 친구인 줄 모를 것이므로, 그의 입장에서는 기억이 없다면 세계도 존재할 수 없는 것이었다.

한편, 니체는 이와 같은 사유 전통을 거부하며 기억 능력에 대해 비판하였다. 그는 기억이 부정적이고 수동적인 능력이라면, 망각은 능동적이며 창조적인 능력이라고 인식하였다. 그에게 있어 망각은 기억을 뛰어넘고자 하는 치열한 투쟁이었다. 그는 망각에 대해 긍정하기 위해 신체와 관련된 사례를 제시하였다. 새로운 음식을 먹으려면 위를 비워야 하며 음식물을 배설하지 못한다면 건강한 삶을 살아갈 수 없듯이, 과거의 기억들이 정신에 가득 차 있다면 무언가를 새롭게 인식하는 것은 불가능하다고 주장하였다. 그에 따르면 기억에만 집착하는 사람들은 새로운 것을 낯설고 불편한 것으로 여겨 변화와 차이를 긍정할 수 없기 때문에 현재를 행복하게 살아갈 수 없는 것이었다.

또한 그는 건강한 망각의 역량을 복원하기 위해서 궁극적으로 순진무구한 아이와 같은 모습이 되어야 한다고 주장하였다. 예를 들어 아이가 바닷가에 놀러가 모래성을 만들었을 때, 이것이 부서지더라도 슬퍼하기보다는 웃으면서 즐거워할 것이라고 보았다. 아이는 그 자리에 다시 새로운 모래성을 만들 수 있음을 직감하기 때문에 부서진 모래성을 기억하면서 좌절하고 우울해할 필요가 없다는 것이었다. 이렇듯 니체에게 아이는 망각의 창조적 능력을 되찾은 인간을 상징하였다. 결국 그는 현재를 행복하게 살아가기 위한 능력으로써 망각을 긍정적으로 바라보았던 것이다.

그러나 니체가 인간이 가진 기억 능력 자체를 완전히 제거하자고 주장했던 것은 아니다. 철저한 망각은 현실적으로 불가능할 뿐만 아니라, 현재를 향유할 수 있도록 어느 정도 지속되는 기억이 필요했기 때문이었다. 마치 음식이 위에서 전혀 머무르지 않고 바로 배설된다면 건강한 삶을 살 수 없는 것처럼 말이다. 그럼에도 불구하고 기억이 주된 사유로 인식되던 서양 철학에서 망각의 능력을 찾아내고자 했다는 점에서 니체의 사유를 주목할 필요가 있을 것이다.

0 다음은 글쓴이가 윗글을 구상하는 과정에서 작성한 메모이다. 윗글에 반영되지 <u>않은</u> 것은?

행복에 대한 니체의 철학 사상에서는 행복의 조건으로 망각의 능력을 강조한 것이 특징적이군. 그런데 이런 니체의 생각은 기억을 중시하고 망각을 부정했던 서양의 전통적인 철학적 사유와 대조되네? 그렇다면 글을 구성할 때 먼저 ① <u>서양 철학의 전통적 사유를 보여 준 다음, 니체의 기억과 망각에 대한 사유를 대조적으로 보여 주어야겠어.</u> 대표적인 서양 철학자인 플라톤과 하이데거의 사유를 예로 들어 글을 시작해 볼까? ② <u>좀 더 깊이 있는 설명을 위해 피히테의 자기의식 성립에 기억이 전제되어 있음을 밝힌 논증을 소개해야겠어.</u> 그런데 독자들이 기억보다 망각을 중시한 니체의 생각을 받아들이기란 쉽지 않겠군. 아, ③ <u>음식을 먹는 상황에 빗대어 유추의 방식으로 설명하면 좀 더 쉽게 설명할 수 있겠지?</u> 그리고 ④ <u>니체가 주장한 순진무구한 아이와 같은 모습이 되어야 한다는 내용은 구체적 사례를 들어서 설명해 주어야겠어.</u> 마지막에는 ⑤ <u>서양 철학의 전통을 부정했던 니체의 생각을 단적으로 보여 주는 격언을 직접 인용해서 니체의 철학이 지닌 의의를 강조해야겠어.</u>

내 생각?

글쓴이의 작문 과정을 따라가 볼까?

기억과 망각에 대해 서양 철학에서는 어떻게 사유하는지 여러 관점들을 소개해 볼까?

↓

전통적 관점에서 (❶   )의 입장을 구체적으로 설명해 보자. 기억은 세계 경험에 대한 최고 수준의 기능이고, 기억이 없다면 세계도 존재할 수 없다고 했지.

↓

전통적 관점과는 다른 (❷   )의 입장을 구체적으로 설명해 보자. 기억이 부정적이고 수동적인 능력이라면 망각은 능동적이고 창의적인 능력이라고 주장했지.

↓

니체가 망각의 긍정적 능력을 찾아내고자 했다는 점에서 의의가 있음을 밝히며 글을 마무리하자.

글쓴이가 이 글에서 말하려는 주제는?

_____

_____

1 **독서의 분야를 고려하여 윗글을 읽는다고 할 때, ㉠에 들어갈 내용으로 가장 적절한 것은?**

┤보 기├
_____ ㉠ _____ 하며 읽어야겠군.

① 인간의 사상을 탐구하고 있으므로, 글에 담긴 관점을 정확하게 파악
② 사회 현상을 다루고 있으므로, 관련된 배경지식을 적극적으로 활용
③ 삶의 문제를 분석하고 있으므로, 글에 반영된 사회적 요구를 논리적으로 평가
④ 사실과 법칙을 인과적으로 설명하고 있으므로, 용어나 개념을 명확하게 이해
⑤ 연구 성과를 실생활에 응용하고 있으므로, 사용된 자료의 신뢰성을 적절히 판단

2 **윗글의 내용과 일치하지 않는 것은?**

① 플라톤은 가치론적 이분법을 통해 기억을 설명하였다.
② 하이데거는 기억이 지배하는 상태를 진리로 인식하였다.
③ 니체는 망각을 긍정적인 능력이라고 판단하며 서양 철학의 전통적 사유를 비판하였다.
④ 니체는 음식물이 위에 가득 남아 있는 상황과 정신이 기억으로 가득 찬 상태가 유사하다고 생각하였다.
⑤ 니체는 현재를 행복하게 살아가기 위해 철저한 망각이 필요하다고 판단하였다.

3 ㉠~㉢에 대한 이해로 가장 적절한 것은?

① ㉠이 없어도 ㉡에 의거한 주장이 가능하다.

② ㉠이 가능해야만 ㉢도 가능하다.

③ ㉡이 성립해야만 ㉠이 성립한다.

④ ㉢은 ㉠을 위해 존재한다.

⑤ ㉢은 ㉡이 전제되어야 한다.

4 윗글을 바탕으로 |보기|에 대해 이해한 내용으로 적절하지 <u>않은</u> 것은?

┤보 기├

갑: 지갑이 많이 낡았네. 하나 새로 사줄까?

을: 아직은 새로 사기 싫어요. 아빠가 생일 선물로 처음 사주신 거라서 저한테는 의미가 있고 익숙해서 좋아요.

갑: 그렇구나. 근데 지난번에는 평소와 달리 국어 시험 못 봤다고 했잖아. 이번 시험 준비는 잘 하고 있니?

을: 지난 시험은 지난 시험일 뿐이죠. 잊을 건 잊고 이번 국어 시험도 열심히 준비하고 있어요.

① 피히테는 을이 선물을 받았던 자신과 현재의 자신이 같음을 기억의 능력을 통해 의식하고 있다고 볼 것이다.

② 피히테는 을의 '지난 시험은 지난 시험이다.'라는 주장은 '시험은 시험이다'라는 명제가 현실화된 것이라고 볼 것이다.

③ 니체는 을이 지갑에 대한 과거의 기억에 집착하여 지갑을 새로 사는 것을 긍정하지 않는다고 볼 것이다.

④ 니체는 을이 국어 시험을 다시 준비하는 것을 보고 기억을 뛰어넘어 현재를 행복하게 살아갈 수 있는 사람이라고 볼 것이다.

⑤ 니체는 을이 지난 시험 결과에 대해 좌절하지 않는 것은 다음 시험에서 좋은 결과를 얻을 수 있을 것임을 직감하기 때문이라고 볼 것이다.

공자니 맹자니 하는 동양사상은 왠지 어렵고 심오한 말들이 오갈 것 같아 선뜻 다가가기 어렵다. 그런데 옛 사상가들의 글을 읽다 보면 어느 순간 머리가 찡하는 느낌을 받을 때가 있다. 옛 사람들이 머리를 쥐어짜며 고민했던 것들이 오늘날 우리가 삶에 대해 갖는 고민과 별 차이가 없다는 사실을 깨닫는 순간, 동양사상은 그리 멀리 있지 않다. 수능 출제자들이 옛 동양 사상가들의 이야기에 주목하는 이유도 여기에 있지 않을까?

기출읽기

2017학년도 6월 고2 학력평가

정답률 72%
난이도 중
제한시간 5분

출제자는
무엇을 물을까?

● '이'와 '기'에 대한 세 학자의 관점이 모두 다르지? 그러니 어떤 점이 다른지 각 관점들을 비교해 보게 하겠지?

● '이'와 '기'에 대한 관점에 따라 현실 문제를 어떻게 해결하는지 구체적 상황에 적용해 보게 할 것 같아.

정반합형 지문 구조에서 내가 묻고 싶은 건…
▶ 구조로 수능독해 29쪽

조선 시대 유학자들은 도덕적이고 규범적이며 사람다운 삶을 강조하는 성리학을 받아들였다. 성리학은 우주의 근원과 질서, 그리고 인간의 심성과 질서를 '이(理)'와 '기(氣)' 두 가지를 통해 설명하고, 이를 바탕으로 인간과 세계를 연구하는 학문이다. 그래서 성리학을 '이기론' 또는 '이기 철학'이라고도 부른다. 성리학에서 일반적으로 '이'는 만물에 ⓐ내재하는 원리이고, '기'는 그 원리를 현실에 드러내 주는 방식과 구체적인 현실의 모습이라 할 수 있다. '이'는 '기'를 통해서 드러난다. '이'는 언제나 한결같지만 '기'는 여러 가지 모습으로 존재하므로, 우주 만물의 원리는 그대로지만 형체는 다양하다. 이러한 '이'와 '기'를 어떻게 보는가에 따라 성리학자들이 현실을 해석하고 인식하는 자세가 달라진다.

'기'를 중시했던 대표적인 성리학자로 서경덕을 들 수 있다. 그는 '기'를 우주 만물의 근원이라고 보았다. 서경덕에 의하면, 태초에 '기'가 음기와 양기가 되고, 음기와 양기가 모이고 흩어지고를 반복하면서 하늘과 땅, 해와 달과 별, 불과 물 등의 만물이 만들어졌다. '기'는 어떤 외부의 원리나 힘에 의해 움직이는 것이 아니라 스스로 움직여 만물을 생성하고 변하게 한다. 하지만 '이'는 '기' 속에 있으면서 '기'가 작용하는 원리로 존재할 뿐 독립적으로 드러나거나 ⓑ작용하지 않는다. 즉, '이'와 '기'는 하나이며, 세계에 드러나는 것은 '기'뿐이라는 것이다. 이와 같은 입장을 '기일원론(氣一元論)'이라 한다. 기일원론의 바탕에는, 현실 세계의 모습은 '기'의 움직임에 의한 것이므로, '기'가 다시 움직이면 현실도 변할 수 있을 것이라는 사고가 깔려 있다.

'이'를 중시했던 대표적인 성리학자는 이황이다. 이황은 서경덕의 논의를 단호하게 ⓒ비판하며 '이'와 '기'는 하나가 아니라는 주장을 펼쳤다. 그는 '이'를 우주 만물의 근원이자 변하지 않는 절대적 가치이며 도덕 법칙이라고 보았다. '이'는 하늘의 뜻, 즉 천도(天道)이며, 만물이 선천적으로 지니고 태어나는 본성이라고 여겼다. 따라서 인간이 '이'를 깨우치고 실행하면 하늘이 부여한 본성을 회복하고, 인간 사회는 천도에 맞는 이상적이고 도덕적인 질서를 확립한다고 보았다. 현실 사회가 비도덕적이고 타락한 모습을 보이는 이유는 인간이 본성을 잃어버리고 사악한 마음을 따르기 때문인데, 이러한 사악한 마음은 인간의 생체적 욕구, 욕망 등인 '기'에서 나오는 것이다. 따라서 '이'와 '기'가 하나일 수는 없으며, 둘은 철저히 ⓓ구분되어야 한다는 것이 이황의 주장이다. 이러한 입장을 '이기이원론(理氣二元論)'이라 한다. 이황은 '이'가 원리로서만 존재하는 것이 아니라 발동*한다고 보았다. '이'가 발동하면 그에 따라 '기'도 작용하여 인간이나 사회는 도덕적인 모습이 되지만, '이'가 발동하지 않고 '기'만 작용하면 인간이나 사회는 비도덕적 모습이 될 수 있다. 이황은 인간이 '이'를 깨우치고 실행하기 위해서는 학문과 수양에 힘써야 한다고 생각하였다. 그는 현실의 문제 상황은 학문과 수양을 통해 '이'를 회복함으로써 해결될 수 있다는 점을 강조하였다.

한편, 이이는 서경덕과 이황의 논의가 양극단*을 달리는 오류를 범하고 있다고 비판하면서, '이'와 '기'의 관계를 새롭게 ⓔ규정하였다. 이이는 '이'를 모든 사물의 근원적 원리로, '기'를 그 원리를 담는 그릇으로 보았다. 둥근 그릇에 물을 담으면 물의 모양이 둥글고 모난 그릇에 물을 담으면 물의 모양이 모나 보이지만, 그 속에 담긴 물의 속성은 달라지지 않는다. 이처럼 '기'는 현실에서 다양한 모습으로 존재하지만 그 속에 담겨 있는 '이'는 달라지지 않는다. 물이 그릇에 담겨 있지만 물과 그릇이 다른 존재이듯이, '이'와 '기'도 한몸처럼 붙어 있지만 '이'와 '기'로 각각 존재한다는 것이다. 이이에 따르면, '이'는 현실에 아무 작용을 하지 않고 '기'만 작용한다. 현실의 모습이 문제를 드러내고 있다면, 이는 '이'가 잘못된 것이 아니라 '기'가 잘못된 것이다. 그러므로 '이'를 회복하기보다는 '기'로 나타난 현실의 모습 자체를 바꾸기 위해 싸워야 한다는 것이 이이의 주장이다. 이이가 조선 사회의 변화를 위한 여러 가지 개혁론을 펼칠 수 있었던 것은 이러한 사고가 바탕을 이루고 있었기 때문이다.

* 발동: 일어나 움직임.
* 양극단: 서로 매우 심하게 거리가 있거나 상반되는 것.

구조읽기 **0** 다음은 윗글을 쓰기 전 작성한 내용이다. 아래의 'ㄱ'과 'ㄴ'에 들어갈 내용으로 가장 적절한 것은?

	서경덕	이황
'이'와 '기'란 무엇인가?	'이'란 만물에 내재하는 원리이고, '기'란 '이'를 현실에 드러내 주는 방식과 구체적인 현실의 모습이다.	
'이'와 '기'의 성격은 어떠한가?	ㄱ	ㄴ

① ㄱ: '이'와 '기'는 하나이다.
　ㄴ: '이'와 '기'는 철저히 구분된다.

② ㄱ: '이'는 '기'와 별도로 작용한다.
　ㄴ: '이'는 '기'와 동시에 작용한다.

③ ㄱ: 현실로 나타나는 것은 '이'이다.
　ㄴ: 현실로 나타나는 것은 '기'이다.

④ ㄱ: '기'는 '이' 속에 포함되어 있다.
　ㄴ: '이'는 '기' 속에 포함되어 있다.

⑤ ㄱ: 생체적 욕구와 욕망을 '기'라고 본다.
　ㄴ: 생체적 욕구와 욕망을 '이'라고 본다.

내 생각?

글쓴이의 작문 과정을 따라가 볼까?

어려운 개념인 '성리학', '이', '기'의 의미를 설명하여 독자들의 이해를 도운 다음, 앞으로 전개될 내용을 안내하면 글의 흐름이 자연스럽겠지?

⬇

대표적인 성리학자들의 관점을 차례대로 하나씩 소개하자. 먼저 '기'를 중시했던 서경덕의 (❶)을 설명해야겠어.

⬇

서경덕의 이론을 비판하고 '이'를 중시했던 이황의 (❷)을 설명하여 독자들이 두 관점을 비교해 볼 수 있게 해야겠어.

⬇

앞선 두 성리학자의 견해를 비판하면서 '이'와 '기'의 관계를 새롭게 규정한 이이의 관점을 제시하면, 조선 시대 성리학자들의 주장들을 고루 파악할 수 있겠지?

글쓴이가 이 글에서 말하려는 주제는?

_____

_____

1 **윗글을 바탕으로 |보기|에 대해 '이이'가 할 수 있는 말로 가장 적절한 것은?**

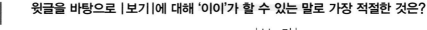

'이이'가 할 수 있는 말

진짜 궁금한 건 이이의 관점

이이는 현실 문제를 어떻게 해결할 수 있다고 보았을까?

┤ 보 기 ├

　양반이 되어야 군포를 면제받을 수 있기 때문에 백성들은 밤낮으로 양반이 되는 길을 모색한다. 고을 호적부에 기록되면 양반이 되고, 거짓 족보를 만들면 양반이 되고, 고향을 떠나 먼 곳으로 이사하면 양반이 되고, 두건을 쓰고 과거 시험장에 드나들면 양반이 된다. 몰래 불어나고, 암암리에 늘어나고, 해마다 증가하고, 달마다 불어나 장차 온 나라 사람들이 모두 양반이 되고 말 것이다.

– 정약용, 「신포의(身布議)」 –

① 양반이 되려는 백성들의 문제는 본성을 잃어버려서 생긴 문제이므로, 학문과 수양을 통해 본성을 회복해야 합니다.

② 편법으로 쉽게 양반이 될 수 있는 현실이 백성을 이렇게 만든 것이므로, 이러한 현실의 모습을 우선적으로 개선해야 합니다.

③ 백성들의 행동은 현실에 내재하는 원리가 잘못되어 나타난 현상이므로, 현실의 문제를 근본부터 해결하기 위해서는 이 원리부터 바꾸어야 합니다.

④ 양반이 되려는 백성들의 모습은 음양의 작용에 의해 생겨난 것이므로, 인위적인 노력보다는 음양의 또 다른 작용을 통해 해결되기를 기다려야 합니다.

⑤ 백성들이 양반이 되고자 하는 것은 군포를 면제받고자 하는 잘못된 욕구에서 나온 것이므로, 이러한 욕구를 따르지 않도록 천도에 맞는 질서를 확립해야 합니다.

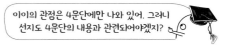

이이의 관점은 4문단에만 나와 있어. 그러니 선지도 4문단의 내용과 관련되어야겠지?

2 **ⓐ~ⓔ의 사전적 의미로 적절하지 않은 것은?**

사전적 의미

문맥 속에서 의미 파악

뜻을 모르겠거든 선지의 풀이를 문맥에 넣어서 이해해 봐. 뭔가 이상한 게 정답!

① ⓐ: 내부적으로 미리 정함.

② ⓑ: 어떤 현상을 일으키거나 영향을 미침.

③ ⓒ: 옳고 그름을 판단하여 밝히거나 잘못을 지적함.

④ ⓓ: 일정한 기준에 따라 갈라 나눔.

⑤ ⓔ: 내용이나 성격 따위를 밝혀 정함.

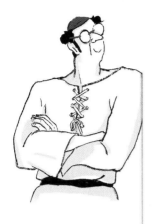

정반합형 지문 구조

"서로 모순되는 주장은 '합'에서 만난다."

하나보다 둘이 낫고, 둘보단 셋이 낫다는 말이 있지? 정반합 구조를 이해할 때 이 말을 기억하면 쉬워. 가령 정과 반이란 두 친구가 다툴 때 이를 중재하거나 둘 사이를 아우르고 종결하는 사람이 필요한데, 정반합에서 '합'이 그 역할을 해. 수능 독서영역에 나오는 지문 구조 중에서 **발전형** 즉, 정반합형 지문 구조의 글을 읽을 때 핵심은 '합'이야. 여기서 '합'은 기존 틀을 극복하는 새로운 대안을 제시하거나 해결책을 제시한다는 점을 기억해!

서로 모순되는 두 주장, '정'과 '반'이 제시될 때는 새로운 '합'에 주목해야 돼!

정반합이란 어떠한 주장과 그에 반대되는 주장이 충돌하면서 종합적인 주장이 만들어지는 과정을 통해 더 나은 결과를 유추하는 방식을 말해. 우리가 어떤 결정을 내려야 할 때 이 정반합의 구조가 자주 쓰여. 가령, 좋은 주장은 수용하고 그렇지 못한 주장은 모순을 제거해 더 나은 논리, 지속적으로 정반합을 만들어 나가는 일이 결국엔 우리 모두의 궁극적인 과제이기도 하니까.

수능에서는 논설문보다는 설명문의 형식으로, 여러 입장을 드러내는 주장을 제시하고 이를 종합해 새로운 합의 의견을 제시하는 경우가 많아.

하나의 주장인 '정'과 이것에 모순되는
또 다른 주장 '반'이 서로 투쟁하여
결국에 '합'에 이르는 구조를 말해!

ISSUE 02 동양사상

기 출 읽 기 1

2018학년도 6월 고1 학력평가

정답률 81%
난이도 중하
제한시간 7분

무엇을 물을까?

● 하늘에 대한 고대 중국인들의 인식이 자세히

설명되어 있으니까, 이에 대해 먼저 물어보지

않을까?

●

[A] 고대 중국인들은 인간이 행하지 못하는 불가능한 일은 그들이 신성하다고 생각한 하늘에 의해서 해결 가능하다고 보았다. 그리하여 하늘은 인간에게 자신의 의지를 심어 두려움을 갖고 복종하게 하는 의미뿐만 아니라 인간의 모든 일을 책임지고 맡아서 처리하는 의미로까지 인식되었다. 그 당시에 하늘은 인간에게 행운과 불운을 가져다줄 수 있는 힘이고, 인간의 개별적 또는 공통적 운명을 지배하는 신비하고 절대적인 존재라는 믿음이 형성되었다. 이러한 하늘에 대한 인식은 결과적으로 하늘을 권선징악의 주재자로 보고, 모든 새로운 왕조의 탄생과 정치적 변천까지도 그것에 의해 결정된다는 믿음의 근거로 작용하였다. 하지만 그러한 하늘에 대한 인식은 인간 지혜의 성숙과 문명의 발달로 인한 새로운 시대의 요구에 의해서 대폭 수정될 수밖에 없었다.

순자의 하늘에 대한 주장은 그 당시까지 진행된 하늘의 논의와 엄격히 구분될 뿐만 아니라 그것을 매우 새롭게 변모시킨 하나의 획기적인 사건으로 규정지을 수 있다. 순자는 하늘을 단지 자연현상으로 보았다. 그가 생각한 하늘은 별, 해와 달, 사계절, 추위와 더위, 바람 등의 모든 자연현상을 가리킨다. 따라서 하늘은 사람을 가난하게 만들 수도 없고, 병들게 할 수도 없고, 재앙을 내릴 수도 없고, 부자로 만들 수도 없으며, 길흉화복*을 줄 수도 없다. 사람들이 치세(治世)*와 난세(亂世)*를 하늘과 연결시키는 것은 심리적으로 하늘에 기대는 일일 뿐이다. 치세든 난세든 그 원인은 사람에게 있는 것이지 하늘과는 무관하다. 사람이 받게 되는 재앙과 복의 원인도 모두 자신에게 있을 뿐 불변의 질서를 갖고 있는 하늘에 있지 않다.

하늘은 그 자체의 운행 법칙을 따로 갖고 있어 인간의 길과 다르다. 천체의 운행은 불변의 정규 궤도에 따른다. 해와 달과 별이 움직이고 비가 내리고 바람이 부는 것은 모두 제 나름의 길이 있다. 사계절은 말없이 주기에 따라 움직일 뿐이다. 물론 일식과 월식이 일어나고 비바람이 아무 때나 일고 괴이한 별이 언뜻 출현하는 경우는 있을 수 있다. 하지만 이런 일이 항상 벌어지는 것은 아니며 하늘이 이상 현상을 드러내 무슨 길흉을 예시하는 것은 더더욱 아니다. 즉, 하늘은 아무 이야기도 하지 않는데 사람들은 하늘과 관련된 이야기를 만들어 낸다는 것이다. 그래서 순자는 천재지변이 일어난다고 해서 하늘의 뜻이 무엇인지 알려고 노력할 필요가 없다고 말한다. 그것이 바로 순자가 말하는 불구지천(不求知天)의 본뜻이다.

순자가 말한 '불구지천'의 뜻은 자연현상으로서의 하늘이 아니라 하늘에 무슨 의지가 있다고 주장하고 그것을 알아내겠다고 덤비는 종교적 사유의 접근을 비판하려는 것이다. 그러니까 억지로 하늘의 의지를 알려고 힘을 쏟을 필요가 없다. 사람들은 자연현상에 대해 특별한 의미를 부여하지 말고 오직 인간 사회에서 스스로가 해야 할 일을 열심히 해야 한다. 즉, 재앙이 닥치면 공포에 떨며 기도나 하는 것이 아니라 적극적인 행위로 그것을 이겨 내야 한다는 것이다.

순자의 관심은 하늘에 있지 않고 사람에 있었다. 특히 인간 사회의 정치야말로 순자가 중점을 둔 문제였다. 순자는 "하늘은 만물을 낳을 수 있지만 만물을 변별할 수는 없다."라고 말한다. 이는 인간도 만물의 하나로 하늘이 낳은 존재이나 하늘은 인간을 낳았을 뿐 인간을 다스리려는 의지는 갖고 있지 않다는 것이다. 따라서 하늘은 혈기나 욕구를 지닌 존재도 아니다. 그저 만물을 생성해 내는 자연일 뿐이다.

* 길흉화복: 길흉(운이 좋고 나쁨.)과 화복(불행한 일과 행복한 일)을 아울러 이르는 말.
* 치세: 잘 다스려져 태평한 세상.
* 난세: 전쟁이나 사회의 무질서 따위로 어지러운 세상.

윗글의 논지 전개 방식으로 가장 적절한 것은?

① 특정 대상에 대한 새로운 관점을 제시하고 그 관점에 대한 내용을 구체화하고 있다.
② 문제를 제기한 후 그 원인을 다양한 측면에서 논리적으로 분석하고 있다.
③ 특정 이론에 대한 비판들을 검토하고 그 이론에 대한 의의를 밝히고 있다.
④ 상반된 입장의 장점과 단점을 종합하여 더 나은 결론을 도출하고 있다.
⑤ 특정한 가설을 설정하고 구체적 사례를 들어 증명하고 있다.

내 생각?

글쓴이의 작문 과정을 따라가 볼까?

하늘에 대한 고대 중국인들의 인식을 제시하면 당시에 순자의 주장이 얼마나 획기적인 것이었는지가 드러나겠지?

고대 중국인들의 하늘에 대한 관점과 대비하여 (❶   )의 관점을 설명하면 하늘에 대한 두 관점을 비교할 수 있을 거야.

'(❷   )'이라는 개념을 도출하는 과정을 통해 순자가 '불구지천'의 개념을 도입한 이유를 밝힌 다음, 인간의 삶의 문제로 자연스럽게 내용을 연결하자.

순자의 관심은 하늘이 아닌 사람에 있음을 밝히며 하늘에 대한 순자의 사상을 정리하면서 마무리하자.

글쓴이가 이 글에서 말하려는 주제는?

_____

_____

1 **[A]에 드러나는 '하늘'에 대한 고대 중국인들의 인식으로 적절하지 않은 것은?**

① 인간에게 자신의 의지를 심어 인간이 두려움을 갖고 복종해야 하는 존재로 인식하였다.
② 인간 왕조의 탄생이나 정치적 변천과 무관한 존재로 인식하였다.
③ 인간이 할 수 없는 불가능한 일을 해결할 수 있다고 인식하였다.
④ 인간의 힘으로 거스를 수 없는 신비한 존재로 인식하였다.
⑤ 인간의 길흉화복을 결정짓는 주체로 인식하였다.

2 **불구지천 에 대한 설명으로 적절한 것을 |보기|에서 있는 대로 모두 고른 것은?**

┤보 기├
ㄱ. 재앙이 닥쳤을 때 하늘에 기대기보다 인간들의 의지를 중시한다.
ㄴ. 자연은 제 나름대로 변화의 길이 있으며 이는 인간의 길과 다르다.
ㄷ. 치세와 난세의 원인을 권선징악의 주재자인 하늘에서 찾고자 한다.
ㄹ. 하늘의 의지를 알아보려는 종교적 사유의 접근을 비판하고자 한다.

① ㄱ, ㄴ   ② ㄱ, ㄷ   ③ ㄷ, ㄹ
④ ㄱ, ㄴ, ㄹ   ⑤ ㄴ, ㄷ, ㄹ

3 윗글의 순자와 |보기|의 맹자의 견해를 비교한 내용으로 가장 적절한 것은?

─────────| 보 기 |─────────

    맹자는 하늘이 인륜의 근원이며, 인륜은 하늘의 덕성이 발현된 것으로 본다. 하늘이라는 존재는 이런 면에서 도덕적으로 의의를 가진다고 했다. 따라서 사람이 하늘의 덕성을 받아 그것을 자신의 덕성으로 삼고, 이를 노력하고 수양하여 실현해 나가면 사람의 덕성과 하늘의 덕성은 서로 통하게 된다는 것이다.

① 순자는 맹자와 달리 하늘은 인간에 내재하는 가장 본질적인 근원이라 생각하였다.
② 순자는 맹자와 달리 비가 내리고 바람이 부는 것을 하늘의 도덕적 의지의 표현이라 생각하였다.
③ 맹자는 순자와 달리 하늘은 인간의 도덕 근거로서의 의미를 지닌다고 생각하였다.
④ 맹자는 순자와 달리 자연의 힘을 이용할 줄 아는 인간의 주체적, 능동적 노력을 강조하였다.
⑤ 순자와 맹자는 인간이 하늘의 덕성을 본받아 자신의 능력을 최대한 발휘해야 할 것을 강조하였다.

순자와 맹자의 견해를 비교

견해 간 공통점과 차이점 파악

'하늘'에 대한 순자와 맹자의 생각이 어떻게 다른지를 파악해 봐.

기 출 읽 기

2016학년도 6월 고2 학력평가

정답률 71%
난이도 중
제한시간 7분

무엇을 물을까?

● 맹자와 순자가 제시한 욕망에 대한 관점이

　나 대처 방법이 서로 비교되니까 그 관련성을

　묻지 않겠어?

●

욕망은 무엇에 부족함을 느껴 이를 탐하는 마음이다. 춘추전국시대를 살았던 제자백가*들에게 인간의 욕망은 커다란 화두*였다. 그들은 권력과 부귀영화를 위해 전쟁을 일삼던 현실 속에서 인간의 욕망을 어떻게 바라볼 것인지, 그것에 어떻게 대처해야 할지를 탐구하였다.

먼저, 맹자는 인간의 욕망이 혼란한 현실 문제의 근본 원인이라고 보았다. 욕망이 과도해지면 사람들 사이에서 대립과 투쟁이 생기기 때문이다. 맹자는 인간이 본래 선한 본성을 갖고 태어나지만, 살면서 욕망이 생겨나게 되고, 그 욕망에서 벗어날 수 없다고 하였다. 그래서 그는 욕망은 경계해야 하지만 그 자체를 없앨 수는 없기에, 욕망을 제어하여 선한 본성을 확충*하는 것이 필요하다고 보았다. 그가 욕망을 제어하기 위해 강조한 것이 '과욕(寡慾)'과 '호연지기(浩然之氣)'이다. 과욕은 욕망을 절제하라는 의미로, 마음의 수양을 통해 욕망을 줄여야 한다는 것이다. 호연지기란 지극히 크고 굳센 도덕적 기상*으로, 의로운 일을 꾸준히 실천해야만 기를 수 있다는 것이다.

맹자보다 후대의 인물인 ㉠순자는 욕망의 불가피성을 인정하면서, 그것이 인간의 본성에서 우러나오는 것이라고 하였다. 인간은 태생적으로 이기적이고 질투와 시기가 심하며 눈과 귀의 욕망에 사로잡혀 있을 뿐만 아니라 만족할 줄도 모른다는 것이다. 또한 개인에게 내재된 도덕적 판단 능력만으로는 욕망을 완전히 제어하기 힘들다고 보았다. 더군다나 이기적 욕망을 그대로 두면 한정된 재화를 두고 인간들끼리 서로 다투어 세상을 어지럽히게 되므로, 왕이 '예(禮)'를 정하여 백성들의 욕망을 조절해야 한다고 생각하였다. 예는 악한 인간성을 교화*하고 개조하는 방법이며, 사회를 바로잡기 위한 규범이라 할 수 있다. 그래서 순자는 사람들이 개인적으로 노력하는 동시에 나라에서 교육과 학문을 통해 예를 세워 인위적으로 선(善)이 발현되도록 노력해야 한다고 주장하였다. ⓐ이는 맹자의 주장보다 한 단계 더 나아간 금욕주의*라 할 수 있다.

이들과는 달리 ㉡한비자는 권력과 재물, 부귀영화를 바라는 인간의 욕망을 부정적으로 바라보지 않았다. 인간의 본성이 이기적이라고 본 점에서는 순자와 같은 입장이지만, 그와는 달리 본성을 교화할 수 없다고 하였다. 오히려 욕망을 추구하는 이기적인 본성이 이익 추구를 위한 동기 부여의 원천이 되고, 부국강병과 부귀영화를 이루는 수단이 된다는 것이다. 그는 세상을 사람들이 이익을 위해 경쟁하는 약육강식의 장으로 여겼기에, 군신 관계를 포함한 모든 인간관계가 충효와 같은 도덕적 관념이 아니라 단순히 이익에 의해 맺어져 있다고 보았다. 따라서 그는 사람들이 자발적으로 선을 행할 것을 기대하기보다는 법을 엄격히 적용하는 것이 필요하다고 강조하였다. 그는 백성들에게 노력하면 부자가 되고, 업적을 쌓으면 벼슬에 올라가 출세를 하며, 잘못을 저지르면 벌을 받고, 공로를 세우면 상을 받도록 해서 특혜와 불로소득을 감히 생각하지 못하도록 하는 것이 올바른 정치라고 주장하였다.

---

* 제자백가: 춘추 전국 시대의 여러 학파.
* 화두: 관심을 두어 중요하게 생각하거나 이야기할 만한 것.
* 확충: 늘리고 넓혀 충실하게 함.
* 기상: 사람이 타고난 기개나 마음씨. 또는 그것이 겉으로 드러난 모양.
* 교화: 가르치고 이끌어서 좋은 방향으로 나아가게 함.
* 금욕주의: 정신적·육체적 욕망이나 욕구 및 세속적 명예나 이익을 탐하는 모든 욕심을 억제하여 종교나 도덕에서 이상을 성취하려는 사상.

0 **윗글에 대한 설명으로 가장 적절한 것은?**

① 욕망에 대한 다양한 입장을 소개하고 그 입장들을 비교하고 있다.

② 욕망의 유형을 제시하고 그것을 일정한 기준에 따라 분류하고 있다.

③ 욕망을 보는 상반된 견해를 나열하고 그것의 현대적 의의를 밝히고 있다.

④ 욕망이 나타나는 사례들을 제시하여 욕망 이론의 타당성을 따지고 있다.

⑤ 욕망을 조절하는 여러 가지 방법을 보여 주고 각각의 장단점을 분석하고 있다.

글쓴이의 작문 과정을 따라가 볼까?

> 욕망의 개념을 먼저 정의하고, 춘추전국시대의 제자백가들이 욕망에 대해 탐구했음을 밝혀 자연스럽게 중심 화제를 안내해야겠어.

↓

> 욕망에 대한 (❶   )의 관점을 설명하고, 그가 제시한 욕망을 제어하는 두 가지 방법을 소개하면 내용이 자연스럽게 연결되겠지?

↓

> 맹자와 비교하면서 순자의 욕망에 대한 관점과 대처 방법을 설명하면, 독자들이 두 관점의 특징을 더 잘 파악할 수 있겠지?

↓

> (❷   )의 욕망에 대한 관점과 대처 방법을 설명하면서 앞의 두 인물과의 공통점 및 차이점을 언급하면, 독자들이 각각의 견해를 구분할 수 있을 거야.

글쓴이가 이 글에서 말하려는 주제는?

_____

_____

ⓐ의 이유

주장의 근거 찾기

1 **ⓐ의 이유로 가장 적절한 것은?**

① '과욕'과 '호연지기'를 통해 인간의 선한 본성이 확충되기에는 한계가 있기 때문이다.

② '예'가 '과욕'과 '호연지기'보다는 인간이 삶 속에서 실천하기 더 힘든 일이기 때문이다.

③ 개인적인 욕망과 사회적인 욕망을 모두 추구하는 인간의 본질을 파악하였기 때문이다.

④ 욕망 조절을 개인의 수양에만 맡기지 않고, 욕망을 외적 규범으로 제어해야 한다고 보았기 때문이다.

⑤ 무엇을 탐하는 마음이 생기는 것이 불가피함을 직시하고, 이것의 조절이 필요함을 강조하였기 때문이다.

|보기|를 맹자의 입장에서 이해

중요한 건 맹자의 입장

욕망에 대한 맹자의 관점에서 볼 때, B음식점 주인이 잘못을 저지른 원인과 그에 대한 대처 방안이 뭘까?

2 **|보기|를 맹자 의 입장에서 이해한 내용으로 가장 적절한 것은?**

┤보 기├

A음식점에서 판매하는 음식에 이물질이 들어 있다는 소문으로 A음식점은 손님이 줄어들어 매출에 타격을 입게 되었다. 이에 A음식점 주인이 소문의 진상 파악을 경찰에 의뢰했고, 이를 조사한 결과 경쟁 관계에 있던 B음식점 주인이 A음식점에 빼앗긴 손님을 되찾고 싶은 마음에 허위 사실을 유포한 것으로 드러났다.

① A음식점의 음식에서 이물질 발생의 진위 여부를 확인하지도 않고 이를 사실로 받아들인 손님들의 도덕성이 의심되는군.

② B음식점 주인이 허위 사실을 유포한 일은 이기적 본성에서 비롯된 것이니 사회적 제재가 필요하겠군.

③ A음식점 주인은 B음식점 주인이 선한 본성을 회복할 수 있도록 기회를 주어야 할 의무가 있겠군.

④ A음식점을 시기하는 마음이 B음식점 주인에게 드는 것은 인간의 나쁜 본성 때문이니 의로운 일을 하면서 변화되어야겠군.

⑤ B음식점 주인이 경쟁 관계인 A음식점의 수익까지 욕심내는 마음이 생기는 것은 수양을 통해 절제해야겠군.

3 ㉮와 ㉯의 공통된 견해로 적절한 내용을 <u>모두</u> 고른 것은?

㉮와 ㉯의 공통된 견해
|
견해 간의 공통점 파악

> ㄱ. 인간은 이기적 본성을 지니고 있다.
> ㄴ. 백성의 욕망을 다스리는 방법을 제시하였다.
> ㄷ. 사회적 규범으로 인간 본성을 교화할 수 있다.
> ㄹ. 인간의 욕망은 부국강병과 부귀영화를 이루는 수단이 된다.

① ㄱ, ㄴ   ② ㄱ, ㄹ   ③ ㄴ, ㄷ

④ ㄴ, ㄹ   ⑤ ㄷ, ㄹ

순자(㉮)와 한비자(㉯)에 대한 내용은 3문단과 4문단에 나오네. '~와 달리', '~와 같은' 등의 표현에 주의하며 공통적 견해를 정리해야겠군.

지문을 읽다가 '~와 같은 입장', '~와 달리'라는 표현들이 나오면 더 주의해야 해. '~와 같은'은 견해 간의 공통점을, '~와 달리'는 견해 간의 차이점을 알려 주는 표지니까.

기출 읽기

3

2013학년도 6월 고1 학력평가

정답률 85%
난이도 중하
제한시간 7분

무엇을 물을까?

●

●

장자는 타자와의 소통이라는 과제를 자신의 철학적인 문제로 끌어안고 집요하게 사유*했던 사람이다. 장자는 다음과 같은 '송나라 상인 이야기'를 통해 타자와 마주친 상황을 설명한다. "송나라 상인이 모자를 밑천 삼아 월나라로 장사를 떠난다. 그러나 월나라 사람들은 머리를 짧게 깎고 문신을 하고 있어 모자가 필요하지 않았다." 월나라에서 모자를 팔려던 송나라 상인은 전혀 다른 문화 속에서 '낯섦'과 마주친 것이다. 장자는 자신에게 낯선 공간이야말로 타자와 만날 수 있는 공간이기 때문에 '낯섦'에 머물러야 한다고 조언한다.

장자가 이렇게 조언한 이유는 무엇일까? 이 질문에 답하기 위해서는 장자가 언급한 '성심(成心)'이라는 말에 주목할 필요가 있다. 성심이란 온전한 마음이 아니라 치우친 마음으로 자기의 입장을 극대화하여 고정된 자기 관점을 고집하는 것이다. 우리는 이러한 성심에 따라 각자의 관점을 절대적 판단 기준으로 삼고, 그 결과 '나는 옳고 남은 그르다'는 분별을 고착*시킨다. 그리고 이러한 성심이 타자와의 소통과 조화를 방해하게 된다.

그렇다면 타자와 만났을 때, 이러한 성심은 어떤 문제를 일으키는가? 장자는 다음과 같은 '바닷새 이야기'를 통해 그 해답을 제시한다. "옛날 바닷새가 노나라 서울 밖에 날아와 앉았다. 노나라 임금은 이 새를 아름다운 종묘 안으로 데리고 와 술을 권하고, 아름다운 궁궐의 음악을 연주해 주고, 소와 돼지, 양을 잡아 대접하였다. 그러나 새는 어리둥절해 하고 슬퍼하기만 하다가 사흘 만에 죽어 버리고 말았다. 이는 ⊙자기를 기르는 방법으로 새를 기른 것이지, ⓒ새를 기르는 방법으로 새를 기른 것이 아니다." 분명 바닷새와 같은 야생의 새는 사람들의 손길을 거부할 것이고, 사람들이 즐기는 것과 먹고 마시는 음식을 함께할 수 없다. 바닷새는 특정 기호가 아니라 그들의 고유한 성질에 따른 특성을 지니고 있기 때문에 그러한 것이다. 여기서 흥미로운 점은 노나라 임금이 새를 가두어 죽이려 한 것도, 자신의 어떤 목적을 위한 수단으로 여긴 것도 아니라는 점이다.

결국 바닷새가 죽은 것은 노나라 임금이 자신의 성심에 따라 '새'라는 타자와 관계를 맺고자 했기 때문이다. 다시 말해서 바닷새를 '나'와는 다른 '새'로서 대하지 못하고 나와 같은 '사람'으로서 대했기 때문이다. 이처럼 우리가 타자를 기성*의 선입견 등으로 가득 찬 마음, 즉 성심에 따라 타자를 나로 인식하고자 할 때 타자와의 소통은 원천적으로 막힐 뿐 아니라 조화로운 관계 또한 어그러지게 된다.

이런 점을 감안할 때 우리는 장자의 철학을 '소통(疏通)'의 개념으로 이해할 수 있다. 즉 '막힌 것을 터 버린다'는 '소(疏)' 개념과 '타자와 연결한다'는 '통(通)' 개념에서, '트임'이라는 타자로의 개방성을 상징하는 '소(疏)' 개념은 결국 '비움'이라는 단계를 거쳐야 한다.

ⓒ성심을 따르는 자기중심적 생각을 비움으로써 타자와의 다름을 인정한다면 타자와의 실질적인 소통이 가능할 수 있다. 장자가 고민한 타자와의 소통의 문제는 갈수록 많은 갈등을 안고 살아가고 있는 현대 사회에서 매우 중요한 의미를 가진다고 볼 수 있다.

---

* 사유: 대상을 두루 생각하는 일.
* 고착: 어떤 상황이나 현상이 굳어져 변하지 않음.
* 기성: 이미 이루어짐. 또는 그런 것.

0 윗글에 대한 적절한 설명을 |보기|에서 골라 바르게 묶은 것은?

─────| 보 기 |─────

ㄱ. 예화를 인용하여 주요 개념에 대한 이해를 돕고 있다.

ㄴ. 질문하는 방식을 활용하여 독자의 주의를 환기하고 있다.

ㄷ. 핵심 쟁점에 대한 상반된 두 관점을 비교, 분석하고 있다.

ㄹ. 문제가 되는 현상을 제시하고 그 변화 과정을 고찰하고 있다.

① ㄱ, ㄴ   ② ㄱ, ㄷ   ③ ㄴ, ㄷ   ④ ㄴ, ㄹ   ⑤ ㄷ, ㄹ

내 생각?

글쓴이의 작문 과정을 따라가 볼까?

타자와의 (❶　　　　)에 대해 사유했던 장자 철학을 소개하되, 독자의 흥미를 끌 만한 예화를 활용하여 타자와의 만남과 낯섦에 대해 이야기해야겠어.

⬇

문답 형식으로 장자 철학의 핵심 개념인 '성심'을 제시하고 그 의미를 구체적으로 알려 주어야겠어.

⬇

'바닷새 이야기' 예화를 들어 성심이 구체적으로 어떤 것인지, 그것의 문제가 무엇인지를 설명하면 독자가 쉽게 이해하겠지?

⬇

'소통'의 의미를 밝힌 뒤 '(❷　　　　)'의 단계를 거쳐 진정한 소통에 이르는 과정을 제시하고 장자 철학이 현대 사회에도 중요한 의미를 지님을 강조하자.

글쓴이가 이 글에서 말하려는 주제는?

_____

_____

1 **윗글의 내용과 일치하는 것은?**

① 장자는 자신을 낯선 존재로 인식할 필요가 있다고 보았다.

② 성심은 온전한 마음으로 자기의 입장을 극대화하는 태도이다.

③ 장자는 타자를 대할 때 타자를 나로 대하는 태도를 지양하였다.

④ 장자는 현대 사회에서 수많은 갈등이 있을 것이라고 예견하였다.

⑤ 노나라 임금은 새를 자기 목적의 성취를 위한 수단으로 이용하였다.

2 **㉠과 ㉡에 대한 설명으로 적절한 것은?**

① ㉠은 성심을 버리지 못한 행위이고, ㉡은 성심에서 벗어난 행위이다.

② ㉠은 상대적 관점에 의한 행위이고, ㉡은 절대적 관점에 의한 행위이다.

③ ㉠은 타자와 소통하려는 행위이고, ㉡은 타자와 조화를 이루려는 행위이다.

④ ㉠은 사물을 있는 그대로 본 결과이고, ㉡은 사물을 있는 그대로 보지 못한 결과이다.

⑤ ㉠은 고정된 자기 관점을 버리지 못했기 때문이고, ㉡은 확고한 신념을 만들지 못했기 때문이다.

3 ⓒ에 담긴 관점을 바탕으로 |보기|의 학생에게 해 줄 조언으로 가장 적절한 것은?

┤ 보 기 ├

질문: 저는 고1 여학생입니다. 부모님과 대화가 통하지 않아 짜증나고 답답할 때가 많아요. 친구 사귀는 것도 일일이 간섭하시고 친구들과 전화하는 것도 싫어하세요. 도대체 왜 그러시는지 정말 이해할 수 없고 집에 있기가 싫어져요.

대답: _____

① 부모님과 갈등이 발생했을 때는 섣부르게 대화를 시도하지 마세요. 억지로 대화를 시도하는 것은 오히려 역효과가 날 수 있습니다.

② 혼자의 힘으로 부모님과의 갈등을 해결하는 것은 어려울 때가 있습니다. 대화를 중재할 수 있는 사람과 함께 부모님과의 대화를 시도해 보시기 바랍니다.

③ 대개 고등학생쯤 되면 부모님과의 대화에 어려움을 느끼게 되지요. 그럴 때는 자신을 먼저 돌아보고 자기중심적인 생각에서 벗어나 열린 마음으로 대화를 해 보세요.

④ 자신의 의사를 존중받기 위해서는 자신의 상황을 부모님께 합리적으로 이해시키는 과정이 매우 중요합니다. 다양한 대화 방법을 통해 부모님을 이해시켜 보시기 바랍니다.

⑤ 오랜 경험에서 얻은 부모님들의 판단이 유익한 경우가 많이 있습니다. 어느 것이 옳은지 스스로 판단하기 어려울 때는 무조건 부모님이 시키는 대로 따르는 자세가 필요합니다.

ISSUE 03

역사 역사를 알면 보이는 것들

수세에도 불구하고 압도적 승리를 거둔 이순신 장군의 리더십이 430여 년이 지난 지금도 뜨거운 반향을 일으키는 이유는 무엇일까? 우리는 흔히 같은 실수를 반복하지 않기 위해서 역사를 배워야 한다고 말한다. 전염병, 전쟁 등으로 전 세계가 어려움에 처한 요즘, 지난한 세월을 견뎌 낸 조상들의 지혜가 그 어느 때보다도 필요하다. **수능 출제자들은 지금 어떤 역사 이슈들에 주목할까? 그리고 그 속에서 어떤 지혜를 찾을까?**

기 출 읽 기

2014학년도 11월 고1 학력평가

정답률 82%
난이도 중하
제한시간 7분

출제자는
무엇을 물을까?

● 역사를 세 가지 유형으로 구분하여 설명했으

니, 각 유형 간의 차이점을 중심으로 정확하

게 이해했는지 묻겠지?

● 세 가지 역사의 유형을 구체적인 역사 해석의

사례에 적용해 보게 하겠지?

역사가 삶을 가르치고 삶을 규정하는 조건이라면, 삶이 역사와 어떤 방식으로 관계를 가질 때 역사의 올바른 의미가 드러나는 것일까? 역사는 삶에 ⓐ기여해야 한다. 삶이 역사와 관계를 맺는 것을 '기념비적 역사', '골동품적 역사', '비판적 역사'로 나누어 볼 수 있다.

㉠기념비적 역사는 과거의 위대함에 대한 회상을 통해 새로운 위대함의 가능성을 ⓑ촉진하는 역사이다. 이는 '인간'의 개념을 더욱 확대하고 아름답게 성취하게 하여 인간 현존의 모습을 보다 차원 높게 만든다. 그러나 기념비적 역사를 통해 과거의 위대함이 우상 숭배적으로 찬양되어 생성과 변화가 무시된다면, 역사적 상황이나 시대적 필요와 아무 관련이 없는 특정한 위대함에 대한 광신주의가 탄생할 것이다. 과거에 대한 일방적 의미 규정, 특정한 역사적 위대함에 대한 숭배와 모방의 강요는 기념비적 역사가 지닌 위험이다.

㉡골동품적 역사는 오래된 과거를 찾아 보존하면서 ⓒ전승하는 역사이다. 여기에서는 실증적* 사실의 확인은 중요하지 않다. 골동품적 역사는 전통과 매개되어, 인간은 이를 통해 비로소 자신의 유래를 알고 자신을 이해하며 더욱 확장하게 된다. 비범한 대상에 대한 관심에서 시작하는 기념비적 역사와는 달리 골동품적 역사는 일상적 습관과 관습을 규정하고 보존하며, 민족의 역사적 고유성 속에서 민족 구성원 모두를 결합시키는 귀속성의 감정을 만들어 낸다. 이는 골동품적 역사를 통해 현재의 인간이 전통과 유래를 인식함으로써 행복을 느낀다는 것이다. 그러나 골동품적 역사는 과거에 대한 미라(mirra)적 숭배로 미래적 삶에 대한 뿌리를 송두리째 뽑아낼 수 있다. 이와 함께 그것은 굳은 관습으로 전락할 수 있다. 즉 골동품적 역사는 삶을 단지 보존할 줄만 알 뿐 생산할 줄은 모르게 되는 것이다.

㉢비판적 역사는 과거를 숭상하거나 보존하기 위해서가 아니라 과거를 부정하기 위한 역사이다. 비판적 역사의 유용성은 과거의 절대화*와 고착화*에 ⓓ대항하여 삶을 과거의 폭력으로부터 해방시킨다는 데 있다. 역사적 전통은 인간에 의해 창출된 것이므로 그 안에는 판결받아야 할 정치적 특권, 지배적 관습 등이 존재한다. 비판적 역사는 이들을 폭로하고 파괴한다. 이때 판결 기준은 절대적이고 선험적*인 정의가 아니라 자기 자신의 욕구에 따른 삶 자체이다. 비판적 역사는 보존되고 전승된 과거와 투쟁을 벌여 새로운 관습과 본능을 창안하고자 한다. 인간은 비판적 역사를 통해 능동적이고 주체적으로 자신이 원하는 과거를 만들고 정당화하는 것이다. 비판적 역사 역시 위험성을 가지고 있다. 억압과 지배로부터 해방의 의지를 품었으나, 새로운 삶의 가능성을 위한 과거 부정의 척도를 세울 수 없는 비판적 역사가는 단지 과거만을 파괴하는 결과를 초래할 수 있다.

인간은 기념비적, 골동품적, 비판적 관점에서 과거를 사용하여 자신이 원하는 역사를 만들어 내야 한다. 이를 통해 역사는 우리의 삶에 의미 있고 ⓔ유용한 것으로 기능해야 하는 것이다.

* 실증적: 사고(思考)에 의하여 논증하는 것이 아니고, 경험적 사실의 관찰과 실험에 따라 적극적으로 증명하는. 또는 그런 것.
* 절대화: 어기거나 변경해서는 안 되는 것이 됨. 또는 그렇게 만듦.
* 고착화: 어떤 상황이나 현상이 굳어져 변하지 않는 상태가 됨. 또는 그렇게 함.
* 선험적: 경험에 앞서서 인식의 주관적 형식이 인간에게 있다고 주장하는. 또는 그런 것. 대상에 관계되지 않고 대상에 대한 인식이 선천적으로 가능함을 밝히려는 인식론적 태도를 말한다.

 구조읽기 **0** **윗글의 내용 전개 방식으로 가장 적절한 것은?**

① 중심 화제를 관점에 따라 유형화하고 각각의 장·단점을 설명하고 있다.

② 중심 화제와 관련한 논의 내용을 정리하고 새로운 이론을 제시하고 있다.

③ 중심 화제를 다룬 두 이론의 차이를 설명하고 구체적 사례에 적용하고 있다.

④ 중심 화제에 대한 통념의 문제점을 지적하고 반대되는 견해를 제시하고 있다.

⑤ 중심 화제의 개념을 정의하며 이론을 소개하고 이론의 발전 가능성을 언급하고 있다.

내 생각?... 을 표현하기 좋은 글의 구조를 선택하고... 썼으니까... **글의 구조 속**에 있지 않을까?

글쓴이의 작문 과정을 따라가 볼까?

역사가 삶과 어떤 관계를 맺을 때 의미가 있는지를 묻고, 이를 기준으로 역사의 유형을 세 가지로 나누어 제시하자.

세 가지 역사의 유형인 '기념비적 역사', '(❶   )', '(❷   )'를 각각 한 문단씩 설명하되, 개념을 정의한 다음 장단점을 제시하면 체계적으로 설명할 수 있겠지?

도입 부분의 질문에 대한 답변으로서 세 가지 역사 모두 우리 인간의 삶에 의미 있고 유용한 것으로 기능해야 한다는 주장을 제시하며 글을 마무리하자.

글쓴이가 이 글에서 말하려는 주제는?

_____

_____

1 ⊙~ⓒ에 대한 설명으로 적절하지 <u>않은</u> 것은?

① ⊙은 과거의 비범한 대상에 주목한다.

② ⓒ은 민족 구성원들의 결속력을 강화할 수 있다.

③ ⊙, ⓒ은 과거에 대한 인식을 바탕으로 새로운 것을 형성하고자 한다.

④ ⊙과 달리 ⓒ, ⓒ은 실제적 검증 과정을 중심으로 과거를 해석한다.

⑤ ⓒ과 달리 ⊙, ⓒ은 과거에 긍정적인 가치를 부여한다.

핵심 정보 비교

⊙, ⓒ, ⓒ의 각각의 특징은 물론, 공통점과 차이점도 파악해야지.

2 윗글을 바탕으로 |보기|를 이해한 내용으로 적절하지 <u>않은</u> 것은?

─────| 보 기 |─────

(가) 조선 시대의 관습이었던 가부장적 가족 제도가 지닌 모순을 밝힘으로써 남녀평등에 근거한 합리적인 가족 제도를 제시하였다.

(나) 이순신 장군을 국가를 구한 영웅으로 높이 평가하여 동상을 세우고 특정한 날을 기념일로 정하고 있다.

(다) 한반도에서 가장 오래된 과거의 정치 공동체로 알려진 고조선을 우리 역사의 시작으로 규정하고 단군을 우리의 시조로 만들어 우리 스스로를 단군의 자손으로 설정했다.

① (가)에서 가부장적 가족 제도에 문제가 있다고 판단한 것은 절대적인 정의에 근거한 것이겠군.

② (가)에서 제시한 새로운 가족 제도는 과거에 대한 부정을 통해 창안한 새로운 관습으로 볼 수 있군.

③ (나)는 이순신의 위대함을 기리고 보존함으로써 인간 현존의 모습을 보다 높은 차원으로 만들기 위한 것이겠군.

④ (다)에서 단군을 시조로 만들 때, 단군의 실체를 규명하는 것은 중요하게 여기지 않았겠군.

⑤ (다)는 우리나라 국민들이 단군의 자손임을 인식하게 하여 한 민족으로서의 귀속성을 느끼게 하기 위한 것이겠군.

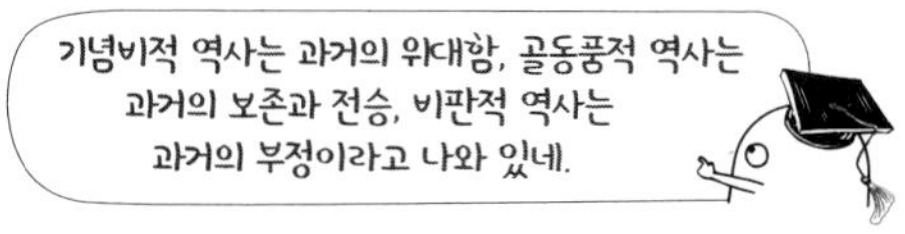

윗글을 바탕으로 |보기|를 이해

각 사례에 해당하는 관점 파악

(가), (나), (다)에서 다루는 대상의 특징이 세 유형의 역사를 구분해 주는 핵심 키워드와 어떻게 연결되는지 파악해야 해.

기념비적 역사는 과거의 위대함, 골동품적 역사는 과거의 보존과 전승, 비판적 역사는 과거의 부정이라고 나와 있네.

3 ⓐ~ⓔ를 바꾸어 쓴 말로 적절하지 <u>않은</u> 것은?

① ⓐ: 이바지해야

② ⓑ: 나타내는

③ ⓒ: 이어 가는

④ ⓓ: 맞서

⑤ ⓔ: 쓸모 있는

바꾸어 쓴 말

문맥적 의미가 통하는 말

↓

선지에 제시된 단어를 문장에 넣어서 읽어 봐. 그리고 원래 문장과 의미가 달라지는 것을 찾는 거야!

기 출 읽 기

2022학년도 6월 고1 학력평가

정답률 82%
난이도 중하
제한시간 8분

무엇을 물을까?

● 중화사상과 홍대용의 사상이 대비되어 있으
니, 두 관점의 차이를 이해했는지 물어보지
않을까?

●

⊙중화(中華)사상은 한족(漢族)이 자신들을 세계의 중심을 의미하는 중화로 생각하고, 주변 국들이 자신들의 발달된 문화와 예법을 받아들여야 한다고 생각한 사상이다. 조선은 중화사 상을 수용하여 한족 왕조인 명나라의 문화를 받아들이는 것을 당연시하였다. 17세기에 이민 족이 ⓐ세운 청나라가 중국 땅을 차지하였지만, 조선은 청나라를 중화라고 생각하지 않고 명 나라의 부활을 고대하였다. 당시 송시열은 '오랑캐는 중국을 차지할 수 없고 금수(禽獸)*는 인 류와 한 부류가 될 수 없다.'라고 하였는데, 이는 청나라를 공격하자는 북벌론과 청나라를 배 척하자는 척화론으로 이어졌다.

18세기에 청나라가 정치적 안정을 이루고 조선이 북벌을 통해 명나라를 회복하기 어렵게 되자, 조선의 유학자들 사이에서는 조선이 중화의 계승자라는 인식이 보편화되었다. 이때 청 나라가 가진 발달된 문물을 도입하자는 북학파가 등장하였다. 그중 홍대용은 청나라의 발달 된 문물은 오랑캐인 청나라가 만든 것이 아니라, 청나라가 중국 땅을 차지하며 가지게 된 한 족의 문물로 보았다. 이런 생각은 청나라와 청나라의 문물을 구별한 것으로, 그가 저술한 「을 병연행록」에서도 발견된다. 이를 통해 이때까지도 그는 조선이 중화의 계승자라는 인식과 중 화사상에서 벗어나지 못했음을 알 수 있다. 하지만 청나라 여행을 계기로 그곳에서 만난 학자 들과 교류를 이어 가며 선진 문물과 새로운 학문을 탐구한 결과, 사상적 전환을 이루었고 이 를 바탕으로 「의산문답」을 저술하였다.

홍대용의 사상적 전환을 잘 보여 주는 것은 「의산문답」에 실려 있는 ⓒ지구설과 무한 우주 설이다. 그는 하늘이 둥글고 땅이 모나다*는 전통적인 천지관을 비판하고, 땅이 둥글다는 지 구설을 주장하면서 그 근거로 일식과 월식을 이야기하였다. 일식과 월식이 둥글게 나타나는 것은 달과 우리가 사는 땅이 둥글기 때문이라는 것이다. 우리가 사는 땅은 둥글기 때문에 상 하나 동서남북은 정해져 있지 않고, 개개인이 서 있는 곳이 각각 기준이 될 수 있다고 주장하 였다. 또한 그는 하늘은 무한하여 형체를 알 수 없고 지구와 같은 땅이 몇 개가 되는지 알 수 없다는 무한 우주설을 주장하였다.

지구설과 무한 우주설은 세상의 중심과 그 주변을 구별하는 중화사상과 다른 생각이다. 홍 대용은 하늘에서 우리가 사는 세상을 본다면 이 땅이 무한한 우주에 비해 티끌만큼도 안 되 며, 안과 밖을 구별하거나 중심과 주변을 나눌 수 없다고 보았다. 따라서 중국 안과 밖을 구별 할 수 없고 중화와 오랑캐라는 구별도 상대적이라고 생각했다. 이에 따라 중화와 오랑캐로 여 겨졌던 국가가 모두 동등하며, 사람들이 각자 제 나라와 제 문화를 기준으로 살아가는 것이 당연하다고 생각하였다. 이러한 그의 생각은 모든 사람들이 중심이 될 수 있고 존재 가치가 있다는 생각으로 이어졌고, 이를 바탕으로 그는 당시 유교적 명분을 내세우며 특권을 누리려 했던 양반들을 비판하였다. 또한 재주와 학식이 있는 자는 신분이 낮은 농부의 자식이라도 높 은 관직에 오를 수 있어야 한다고 주장하였다.

어떤 국가와 문화, 사람도 각자 중심이 될 수 있고 존재 가치가 있다고 생각한 홍대용의 사 상은 평등주의와 다원주의*를 우리 역사에서 선구적으로 보여 주었다는 점에서 의의가 있다.

* 금수: 날짐승과 길짐승이라는 뜻으로, 모든 짐승을 이르는 말.
* 모나다: 사물의 모습에 모가 있거나 일에 드러난 표가 있다.
* 다원주의: 개인이나 여러 집단이 기본으로 삼는 원칙이나 목적이 서로 다를 수 있음을 인정하는 태도.

다음은 글쓴이가 윗글을 집필하는 과정에서 중간 점검한 내용이다. 윗글로 보아, 글쓴이의 점검 내용으로 적절하지 <u>않은</u> 것은?

◈ 2문단까지 썼으니까, 지금까지 쓴 내용을 정리하고 이어질 내용에 대한 계획을 점검해 보자.

지금까지 쓴 내용 정리

• 청나라가 중국 땅을 차지한 후 조선에서는 북벌론과 척화론이 나타났다. ·· ①

• 청나라가 정치적 안정을 이루고 북벌이 힘들어지자 조선의 유학자들은 조선이 중화의 계승자라고 생각하였다. ·········· ②

• 청의 문물을 배우자는 북학파가 등장하였고, 그중 홍대용은 선진 문물과 새로운 학문을 탐구하여 사상적 전환을 이루고 「의산문답」을 저술하였다.

↓

이어질 내용에 대한 계획 점검

• 홍대용이 선진 문물과 새로운 학문을 탐구한 결과 하늘이 둥글다는 것을 깨달았다는 점을 언급해야겠다. ····················· ③

• 「의산문답」의 구체적인 내용을 지구설과 무한 우주설을 중심으로 설명해야겠다. ······································· ④

• 애초에는 홍대용 이외에 다른 북학파 학자들의 다양한 사상을 소개하고자 계획했으나, 그렇게 되면 글의 통일성이 떨어지게 되므로 소개하지 말아야겠다. ······································· ⑤

내 생각?

글쓴이의 작문 과정을 따라가 볼까?

홍대용의 사상과 관련해 독자가 먼저 알아야 하는 (❶   )의 개념을 설명하고, 17세기 청의 등장에 당시 유학자들이 보인 반응을 언급하면 독자의 배경지식을 넓힐 수 있겠지?

↓

18세기 조선 유학자들의 인식을 설명하고 이와 관련지어 홍대용의 사상적 전환을 언급하면서 다음 문단의 내용을 자연스럽게 이끌어 내야겠어.

↓

홍대용의 사상적 전환을 구체적으로 보여 주는 지구설과 (❷   )을 설명하고, 이를 바탕으로 평등주의와 다원주의의 성격을 지닌 홍대용의 사상을 설명하면 내용을 체계적으로 전달할 수 있겠지?

↓

홍대용 사상의 핵심을 요약하고, 그 의의를 제시하며 글을 마무리하자.

글쓴이가 이 글에서 말하려는 주제는?

_____

_____

대조되는 관점의 구분

↓

사람, 동물, 초목의 관계에 대한 갑과 을의 관점을 살펴보고 각각 지문에 제시된 어떤 인물의 생각에 해당하는지 판단해 봐.

1 |보기|의 대화를 윗글과 관련지어 이해한 것으로 적절하지 <u>않은</u> 것은?

┤보 기├

갑: 천지 사이의 생물 가운데 오직 사람만이 귀합니다. 동물과 초목은 지혜가 없고 깨달음도 없으며, 오륜도 모릅니다. 그러므로 사람은 동물보다 귀하고, 초목은 동물보다 천합니다.

을: 오륜은 사람의 예의입니다. 무리 지어 다니고 소리를 내어 새끼들을 불러 먹이는 것은 동물의 예의입니다. 그리고 떨기로 나서 무성해지는 것은 초목의 예의입니다. 사람의 관점을 기준으로 하면 사람이 귀하고 사물이 천하지만, 사물의 관점을 기준으로 하면 사물이 귀하고 사람이 천한 것입니다. 하늘에서 보면 사람과 사물은 똑같습니다.

① 갑은 귀한 대상과 천한 대상을 나누어 생각한다는 점에서 송시열과 공통점이 있다.

② 갑이 동물보다 사람을 높게 평가한 것은 신분이 낮은 농부의 자식이라도 높은 관직에 오를 수 있어야 한다는 생각으로 이어질 수 있다.

③ 을이 동물과 초목이 각자의 예의가 있다고 한 것은 세상 사람들이 자기 나라와 자기 문화를 기준으로 살아가는 것이 당연하다는 생각과 연결될 수 있다.

④ 을이 사물의 관점을 기준으로 하면 사물이 귀하다고 한 것은 모든 사람이 존재 가치가 있다는 생각과 연결될 수 있다.

⑤ 을이 하늘에서 보면 사람과 사물이 똑같다고 한 것은 우리가 사는 이 땅에서 중심과 주변을 나눌 수 없다는 홍대용의 생각과 일맥상통한다.

㉠과 ㉡을 이해

궁금한 건 홍대용의 사상 변화

2 ㉠과 ㉡을 이해한 것으로 가장 적절한 것은?

① ㉠은 ㉡을 통해 조선의 중심 사상으로 자리 잡았다.

② ㉠과 ㉡은 청을 오랑캐라 여기는 생각의 근거가 되었다.

③ ㉠은 북벌론의 바탕이 되었고, ㉡은 척화론의 바탕이 되었다.

④ ㉡은 홍대용이 ㉠에서 벗어났음을 보여 주는 학설이다.

⑤ ㉡은 조선의 유학자들이 가지고 있던 ㉠을 홍대용이 발전시킨 것이다.

3 |보기|는 심화 학습을 위해 조사한 자료이다. (가), (나)에 대해 보인 반응으로 적절하지 <u>않은</u> 것은?

(가), (나)에 대해 보인 반응

출제자의 의도는 관점의 변화 확인

↓

「을병연행록」은 사상적 전환을 이루기 전, 「의산문답」은 사상적 전환을 이룬 후 홍대용의 생각을 보여 주는 자료야.

──────── | 보 기 |────────

(가) 중국 의관이 변한 지 이미 100년이 넘은지라 지금 천하에 오직 우리 조선만이 오히려 명 나라의 제도를 지키거늘, 청나라에 들어오니 무식한 부류들이 우리를 보고 웃지 않는 사 람이 없으니 어찌 가련치 않겠는가? (중략) 슬프다! 번화한 문물을 오랑캐에게 맡기고 백 년이 넘도록 회복할 방법이 없구나.

– 홍대용, 「을병연행록」 –

(나) 피와 살이 있으면 다 똑같은 사람이고, 강토를 지키고 있으면 다 동등한 국가이다. 공자 는 주나라 사람이므로 그가 쓴 『춘추』에서 주나라 안과 밖을 구분한 것은 당연하다. 그가 바다를 건너 주나라 밖에 살았더라면 주나라 밖에서 도를 일으켰을 것이고, 그곳을 기준 으로 생각하는 『춘추』가 나왔을 것이다.

– 홍대용, 「의산문답」 –

① (가): 청나라를 오랑캐라고 말하고 있는 것에서, 홍대용이 중화사상을 가진 적이 있었다는 것을 확인할 수 있군.

② (가): 조선만이 명나라의 제도를 지킨다는 것에서, 홍대용이 조선을 중화의 계승자라고 생각 했었음을 알 수 있군.

③ (가): 번화한 문물을 오랑캐에게 맡겼다고 한 것에서, 홍대용이 청나라와 청나라가 가지고 있는 문물을 구별하려 했음을 확인할 수 있군.

④ (나): 『춘추』에서 주나라 안과 밖을 구분한 것이 당연하다는 것에서, 중국 안과 밖을 구별하 려는 홍대용의 생각이 드러나는군.

⑤ (나): 공자가 주나라 밖에 살았다면 그곳에서 도를 일으켰을 것이라는 부분에서, 중화와 오 랑캐의 구별이 상대적이라는 홍대용의 생각이 드러나는군.

4 문맥상 ⓐ와 의미가 가장 유사한 것은?

문맥상 유사한 의미 찾기

① 그는 새로운 회사를 <u>세웠다</u>.

② 국가의 기강을 바로 <u>세워야</u> 한다.

③ 집을 지을 구체적인 방안을 <u>세웠다</u>.

④ 두 귀를 쫑긋 <u>세우고</u> 말소리를 들었다.

⑤ 도끼날을 잘 <u>세워야</u> 나무를 쉽게 벨 수 있다.

무엇을 물을까?

● 칭원법의 유형을 둘로 구분하고, 이를 하위 항

목으로 구분하여 설명했으니 각 항목들을 구

분할 수 있는지 물을 거야.

●

왕조 시대에 있어서 역대 왕들의 원년을 기산(起算)*하는 방법을 칭원법(稱元法) 혹은 기년법(紀年法)이라 한다. 여기에는 즉위(卽位)칭원법과 ㉠유년(踰年)칭원법이 있다. 즉, 왕이 죽고 다음 임금이 이어받을 때 한 해가 다 간 12월 31일이면 문제가 전혀 생길 이유가 없다. 그러나 대개의 경우 그렇지 못하니 골치 아픈 일이 벌어지는 것이다. 즉, 즉위하는 임금의 해로 보느냐, 아니면 전왕의 해로 보느냐 하는 문제인 것이다. 전왕의 해로 인정할 경우, 승계*하는 이듬해 1월부터 원년이 된다. 그러나 즉위하는 임금의 해로 볼 경우, 즉위하는 그 해를 바로 원년으로 표기해야 한다. 이러한 연대 표기 방법을 기년법이라 하는데, 위에서 말한 바와 같이 대체로 두 가지 방법이 동원된 것이다.

『삼국사기』 권1 남해차차웅 조에 보면, "임금이 즉위하여 해를 넘겨서 원년이라 칭하는 것은 그 법이 『춘추』에 상세한 것으로, 이는 선왕*이 고치지 못할 법전이라."라고 했다. 따라서 유년 칭원법이 동양 역사에 있어서 전형적인 방법이었음을 알 수 있다. 그런데 실제 『삼국사기』의 연표는 즉위 초년을 원년으로 하여 죽은 해까지를 재위 기간으로 하고 있다. 이를 훙년(薨年) 칭원법이라 하기도 한다. 또한 『삼국유사』에는 즉위년 초년을 원년으로 하여 죽은 해 전년까지를 재위 기간으로 하는 방법을 쓰고 있다.

훙년칭원법은 전왕의 말년과 신왕의 원년이 중복되는 불편이 있어, 일자를 정하여 전왕이 죽은 달 내에 신왕의 원년을 정하는 훙월칭원법과, 달로 구분하여 전왕이 죽은 다음 달부터 신왕의 원년으로 ㉡치는 유월칭원법으로 나누기도 한다. 삼국 시대에는 보통 죽은 다음 달부터 신왕의 원년으로 하는 유월칭원을 했다. 따라서 훙월칭원이나 유월칭원 모두 크게 보면 즉위칭원의 한 방법이라 할 수 있겠다.

고려 시대에도 실제로 사용하던 기년법은 임금이 즉위한 해를 원년으로 하는 즉위칭원법이었다. 이는 현존하는 고려 시대 금석문*이나 기타 기록물에 의해 알 수 있다. 그러나 조선 초기 『고려사』가 편찬되면서 즉위한 다음 해를 원년으로 하는 유년칭원법으로 편찬했다. 또 조선 초기에 편찬된 『동국통감』이나 후기에 편찬된 『동사강목』 등도 유년칭원법을 사용하여 연대를 계산했던 것이다. 이것은 성리학적 대의명분을 앞세워 전왕의 해로 인정했기 때문이다.

* 기산: 일정한 때나 장소를 기점으로 잡아서 계산을 시작함.
* 선왕: 선대의 임금.
* 금석문: 쇠로 만든 종이나 돌로 만든 비석 따위에 새겨진 글자.

0 **다음은 윗글을 쓰기 전에 글쓴이가 계획한 내용이다. 윗글에 반영되지 <u>않은</u> 것은?**

- 독자의 이해를 돕기 위해 용어의 개념을 풀이하여 제시해야겠어. ·················· ①
- 글의 내용이 논리적으로 전개되도록 인과의 방법을 활용하여 설명해야겠어. ··· ②
- 독자가 제기할 수 있는 예상 질문을 고려하여 서양의 기년법을 추가해야겠어. ··· ③
- 글에 대한 신뢰도를 높일 수 있도록 실제 역사서에 사용된 사례를 제시해야겠어.
  ·················· ④
- 독자들이 중심 화제를 체계적으로 살펴볼 수 있도록 하위 개념들을 구분 지어
  설명해야겠어. ·················· ⑤

내 생각?

글쓴이의 작문 과정을 따라가 볼까?

중심 화제인 (❶   )이란 용어가
생소하니 뜻부터 제시한 다음, 그 구체적
인 방법을 두 가지 유형으로 나누어 소개
해 주어야겠어.

↓

기록과는 달리 실제 삼국 시대 역사서에
사용된 기년법은 (❷   )이었음
을 사례를 통해 알려 주고, 그중에서 홍년
칭원법을 자세히 설명해야겠어.

↓

삼국 시대가 아닌 다른 시대의 기년법도 언
급해야겠지? 고려 시대와 조선 시대의 기
년법이 어떻게 달라졌는지를 실제 역사서
를 예로 들어 설명하면서 글을 마무리하자.

글쓴이가 이 글에서 말하려는 주제는?

_____

_____

㉠을 사용한 이유

이유 추론

1 **조선 초기에 ㉠을 사용한 이유로 가장 적절한 것은?**

① 역사 기록의 용이성과 편의를 중시했기 때문에

② 선왕에 대한 도리를 다하려는 유교적 사상 때문에

③ 왕이 실제로 즉위한 해를 중요하게 여겼기 때문에

④ 전왕과 신왕의 재위 기간이 중복되는 불편함 때문에

⑤ 재위 기간을 정확하게 계산할 필요성이 있었기 때문에

[2-3] |보기|는 역대 왕들의 원년을 계산하는 방법을 구조화한 것이다. 2번과 3번의 두 물음에 답하시오.

2 **윗글을 바탕으로 |보기|를 이해한 것으로 적절하지 않은 것은?**

① ⓐ는 『삼국유사』에 실질적으로 적용되었다.

② ⓐ와 ⓑ는 즉위 원년 시점에 따라서 구분된다.

③ ⓑ는 동양 역사에 있어서 전형적인 기산법이다.

④ ⓒ와 ⓓ의 구분은 왕의 죽은 달을 기준으로 한다.

⑤ ⓒ는 ⓓ와 달리 전왕이 죽은 다음 달이 신왕의 원년이다.

내용의 구조화

정보 간의 공통점과 차이점 파악

ⓐ~ⓓ의 상하 관계를 살펴보도록! 상
하 관계라면 공통점이 있고, 대등 관계
라면 차이점이 있을 테니 잘 확인해 봐.

3 | 보기 |를 다음 연표에 적용할 때, 적절한 것은?

연표에 적용

칭원법의 종류 적용

칭원법의 종류에 따라 임금이 즉위한 해나 즉위한 다음 해가 원년이 돼. ⓐ ~ⓓ가 둘 중 어느 것을 원년으로 삼는지 파악해 봐.

┤ 보 기 ├

연 대	고구려	백제	신라
	1대 동명왕 B.C. 37년 즉위		1대 혁거세 B.C. 57년 즉위
B.C. (기원 전)	2대 유리왕 B.C. 19년 즉위	1대 온조왕 B.C. 18년 즉위	
A.D. (기원 후)			2대 남해차차웅 A.D. 4년 즉위
	3대 대무신왕 A.D. 18년 즉위	2대 다루왕 A.D. 28년 즉위	3대 유리이사금 A.D. 24년 즉위

① ⓐ에 따르면 유리왕의 즉위 원년은 기원전 20년이다.
② ⓐ에 따르면 온조왕의 즉위 원년은 기원전 17년이다.
③ ⓑ에 따르면 대무신왕의 즉위 원년은 서기 18년이다.
④ ⓒ에 따르면 유리이사금의 즉위 원년은 서기 25년이다.
⑤ ⓓ에 따르면 다루왕의 즉위 원년은 서기 28년이다.

4 ㉡과 문맥적 의미가 같은 것은?

문맥적 의미가 같은 것

사용된 의미가 같은 것

① 실전이라고 <u>치고</u> 미리 연습을 해 보아라.
② 새들이 날개를 <u>치며</u> 하늘 높이 날아갔다.
③ 아들은 대학 입학시험을 <u>치러</u> 서울에 갔다.
④ 아무리 잘못해도 아이의 머리는 <u>치지</u> 마라.
⑤ 연주가 끝나자 관객들이 박수를 <u>치기</u> 시작했다.

기 출 읽 기

3

2020학년도 9월 고3 모의평가

정답률 74%
난이도 중
제한시간 8분

무엇을 물을까?

•
_____
_____
_____

•
_____
_____

과거는 지나가 버렸기 때문에 역사가가 과거의 사실과 직접 만나는 것은 불가능하다. 역사가는 사료를 매개로 과거와 만난다. 사료는 과거를 그대로 재현하는 것은 아니기 때문에 불완전하다. 사료의 불완전성은 역사 연구의 범위를 제한하지만, 그 불완전성 때문에 역사학이 학문이 될 수 있으며 역사는 끝없이 다시 서술된다. 매개를 거치지 않은 채 손실되지 않은 과거와 만날 수 있다면 역사학이 설 자리가 없을 것이다. 역사학은 전통적으로 문헌 사료를 주로 활용해 왔다. 그러나 유물, 그림, 구전 등 과거가 남긴 흔적은 모두 사료로 활용될 수 있다. 역사가들은 새로운 사료를 발굴하기 위해 노력한다. 알려지지 않았던 사료를 찾아내기도 하지만, 중요하지 않게 여겨졌던 자료를 새롭게 사료로 활용하거나 기존의 사료를 새로운 방향에서 파악하기도 한다. 평범한 사람들의 삶의 모습을 중점적인 주제로 다루었던 미시사* 연구에서 재판 기록, 일기, 편지, 탄원서, 설화집 등의 이른바 '서사적' 자료에 주목한 것도 사료 발굴을 위한 노력의 결과이다.

시각 매체의 확장은 사료의 유형을 더욱 다양하게 했다. 이에 따라 역사학에서 영화를 통한 역사 서술에 대한 관심이 일고, 영화를 사료로 파악하는 경향도 나타났다. 역사가들이 주로 사용하는 문헌 사료의 언어는 대개 지시 대상과 물리적·논리적 연관이 없는 추상화된 상징적 기호이다. 반면 영화는 카메라 앞에 놓인 물리적 현실을 이미지화하기 때문에 그 자체로 물질성을 띤다. 즉, 영화의 이미지는 닮은꼴로 사물을 지시하는 도상적* 기호가 된다. 광학적* 메커니즘*에 따라 피사체로부터 비롯된 영화의 이미지는 그 피사체가 있었음을 지시하는 지표적 기호이기도 하다. 예를 들어 다큐멘터리 영화는 피사체와 밀접한 연관성을 갖기 때문에 피사체의 진정성에 대한 믿음을 고양*하여 언어적 서술에 비해 호소력 있는 서술로 비춰지게 된다.

그렇다면 영화는 역사와 어떻게 관계를 맺고 있을까? 역사에 대한 영화적 독해와 영화에 대한 역사적 독해는 영화와 역사의 관계에 대한 두 축을 이룬다. 역사에 대한 영화적 독해는 영화라는 매체로 역사를 해석하고 평가하는 작업과 연관된다. 영화인은 자기 나름의 시선을 서사와 표현 기법으로 녹여내어 역사를 비평할 수 있다. 역사를 소재로 한 역사 영화는 역사적 고증*에 충실한 개연적 역사 서술 방식을 취할 수 있다. 혹은 역사적 사실을 자원으로 삼되 상상력에 의존하여 가공의 인물과 사건을 덧대는 상상적 역사 서술 방식을 취할 수도 있다. 그러나 비단 역사 영화만이 역사를 재현하는 것은 아니다. 모든 영화는 명시적이거나 우회적인 방법으로 역사를 증언한다. 영화에 대한 역사적 독해는 영화에 담겨 있는 역사적 흔적과 맥락을 검토하는 것과 연관된다. 역사가는 영화 속에 나타난 풍속, 생활상 등을 통해 역사의 외연*을 확장할 수 있다. 나아가 제작 당시 대중이 공유하던 욕망, 강박, 믿음, 좌절 등의 집단적 무의식과 더불어 이상, 지배적 이데올로기 같은 미처 파악하지 못했던 가려진 역사를 끌어내기도 한다.

영화는 주로 허구를 다루기 때문에 역사 서술과는 거리가 있다고 보는 사람도 있다. 왜냐하면 역사가들은 일차적으로 사실을 기록한 자료에 기반해서 연구를 펼치기 때문이다. 또한 역사가는 ㉠자료에 기록된 사실이 허구일지도 모른다는 의심을 버리지 않고 이를 확인하고자 한다. 그러나 문헌 기록을 바탕으로 하는 역사 서술에서도 허구가 배격되어야 할 대상만은 아니다. 역사가는 ㉮허구의 이야기 속에서 그 안에 반영된 당시 시대적 상황을 발견하여 사료로 삼으려고 노력하기도 한다. 지어낸 이야기는 실제 있었던 사건에 대한 기록이 아니지만 사고방식과 언어, 물질문화, 풍속 등 다양한 측면을 반영하며, 작가의 의도와 상관없이 혹은 작가의 의도 이상으로 동시대의 현실을 전달해 주기도 한다. 어떤 역사가들은 허구의 이야기에 반영된 사실을 확인하는 것에서 더 나아가 ㉯사료에 직접적으로 나타나지 않은 과거를 재현하기 위해 허구의 이야기를 활용하여 사료에 기반한 역사적 서술을 보완하기도 한다. 역사가가 허구를 활용하는 것은 실제로 존재했던 과거에 접근하고자 하는 고민의 결과이다.

[A]　영화는 허구적 이야기에 역사적 사실을 담아냄으로써 새로운 사료의 원천이 될 뿐 아니라, 대안적 역사 서술의 가능성까지 지니고 있다. 영화는 공식 제도가 배제했던 역사를 사회에 되돌려 주는 '아래로부터의 역사'의 형성에 기여한다. 평범한 사람들의 회고나 증언, 구전 등의 비공식적 사료를 토대로 영화를 만드는 작업은 빈번하게 이루어지고 있다. 그리하여 영화는 하층 계급, 피정복 민족처럼 역사 속에서 주변화된 집단의 묻혀 있던 목소리를 표현해 낸다. 이렇듯 영화는 공식 역사의 대척점에서 활동하면서 역사적 의식 형성에 참여한다는 점에서 역사 서술의 한 주체가 된다.

* 미시사: 전체적인 면에서가 아니라 개별적으로 포착하여 아주 작은 사실들을 파헤치는 역사.
* 도상적: 이미 널리 받아들이고 있거나 쉽게 인지가 가능한 대상과 연관된 행동, 물체, 개념을 표현하는. 또는 그런 것.
* 광학적: 빛의 물리적 성질을 갖는. 또는 그런 것.
* 메커니즘: 사물의 작용 원리나 구조.
* 고양: 정신이나 기분 따위를 북돋워서 높임.
* 고증: 예전에 있던 사물들의 시대, 가치, 내용 따위를 옛 문헌이나 물건에 기초하여 증거를 세워 이론적으로 밝힘.
* 외연: 일정한 개념이 적용되는 사물의 전 범위.

❶ 윗글의 내용 전개 방식으로 가장 적절한 것은?

① 역사의 개념을 밝히면서 영화와 역사 간의 공통점과 차이점을 비교하고 있다.

② 영화의 변천 과정을 통시적으로 밝혀 사료로서 영화가 지닌 의의를 강조하고 있다.

③ 역사에 대한 서로 다른 견해를 대조하여 사료로서 영화가 지닌 한계를 비판하고 있다.

④ 영화의 사료로서의 특성을 밝히면서 역사 서술로서 영화가 지닌 가능성을 제시하고 있다.

⑤ 다양한 영화의 유형별 장단점을 분석하여 영화가 역사 서술의 대안이 될 수 있는지에 대해 평가하고 있다.

내 생각?

글쓴이의 작문 과정을 따라가 볼까?

> 역사 연구에서 사료의 불완전성과 사료 발굴을 위한 다양한 노력을 언급하여 사료에 대한 독자의 관심을 유도해야겠어.

> 새로운 유형의 사료로서 (❶　　　)에 대한 역사학계의 관심과 영화가 가진 매체적 특성을 문헌 사료의 언어와 대조하여 설명해야지.

> 영화와 역사의 관계에 대한 두 축을 (❷　　　)의 설명 방식을 활용하면 독자의 이해를 도울 수 있겠지?

> 영화를 사료로 활용할 수 없다는 반론을 소개한 다음, 이를 재반박하는 주장을 제시하여 영화가 사료로 활용될 수 있음을 강조하자.

> 영화가 사료로서 지니는 의의를 제시하면 주제를 효과적으로 전달할 수 있을 거야.

글쓴이가 이 글에서 말하려는 주제는?

_____

_____

1 윗글에 대한 이해로 가장 적절한 것은?

① 개인적 기록은 사료로 활용하기에 적절하지 않다.

② 역사가가 활용하는 공식적 문헌 사료는 매개를 거치지 않은 과거의 사실이다.

③ 기존의 사료를 새로운 방향에서 파악하는 것은 사료의 발굴이라고 할 수 있다.

④ 문헌 사료의 언어는 다큐멘터리 영화의 이미지에 비해 지시 대상에 대한 지표성이 강하다.

⑤ 카메라를 매개로 얻어진 영화의 이미지는 지시 대상과 닮아 있다는 점에서 상징적 기호이다.

㉮, ㉯의 사례로 적절한 것

㉮와 ㉯의 차이 파악 및 사례 적용

↓

허구적 이야기에서 무언가를 확인하려는 사례인지, 아니면 역사를 서술하는 데 허구의 이야기를 활용하는 사례인지를 구분하는 것이 핵심!

2 ㉮, ㉯의 사례로 적절한 것만을 |보기|에서 있는 대로 찾아 바르게 짝지은 것은?

---| 보 기 |---

ㄱ. 조선 후기 유행했던 판소리를 자료로 활용하여 당시 음식 문화의 실상을 파악하고자 했다.

ㄴ. B.C. 3세기경에 편찬된 것으로 알려진 경전의 일부에 사용된 어휘를 면밀히 분석하여, 그 경전의 일부가 후대에 첨가되었을 가능성을 검토했다.

ㄷ. 중국 명나라 때의 상거래 관행을 연구하기 위해 명나라 때 유행한 다양한 소설들에서 상업 활동과 관련된 내용을 모아 공통된 요소를 분석했다.

ㄹ. 17세기의 사건 기록에서 찾아낸 한 평범한 여성의 삶에 대한 역사서를 쓰면서 그 여성의 심리를 묘사하기 위해 같은 시대에 나온 설화집의 여러 곳에서 문장을 차용했다.

	㉮	㉯		㉮	㉯
①	ㄱ, ㄷ	ㄹ	②	ㄱ, ㄹ	ㄴ
③	ㄴ, ㄷ	ㄱ	④	ㄷ	ㄴ, ㄹ
⑤	ㄹ	ㄱ, ㄴ			

3 **㉠에 나타난 역사가의 관점에서 [A]를 비판한 내용으로 가장 적절한 것은?**

㉠의 관점에서 비판

㉠의 관점에 해당하는 것 찾기

① 영화는 많은 사실 정보를 담고 있기 때문에 사료로서의 가능성을 가지고 있다.

② 하층 계급의 역사를 서술하기 위해서는 영화와 같이 허구를 포함하는 서사적 자료에 주목해야 한다.

③ 영화가 늘 공식 역사의 대척점에 있는 것은 아니며, 공식 역사의 입장에서 지배적 이데올로기를 선전하는 수단으로 활용되곤 한다.

④ 주변화된 집단의 목소리는 그 집단의 이해관계를 반영하기 때문에 그것에 바탕을 둔 영화는 주관에 매몰된 역사 서술일 뿐이다.

⑤ 기억이나 구술 증언은 거짓이거나 변형될 가능성이 있기 때문에 다른 자료와 비교하여 진위 여부를 검증한 후에야 사료로 사용이 가능하다.

4 **윗글을 바탕으로 |보기|를 이해한 내용으로 적절하지 않은 것은?**

사례 적용

영화와 역사의 관계 이해

―| 보 기 |―

　1982년 작 영화 「마르탱 게르의 귀향」은 16세기 중엽 프랑스 농촌의 보통 사람들 간의 사건에 관한 재판 기록을 토대로 한다. 당시 사건의 정황과 생활상에 관한 고증을 맡은 한 역사가는 영화 제작 이후 재판 기록을 포함한 다양한 문서들을 근거로 동명의 역사서를 출간했다. 1993년, 영화 「마르탱 게르의 귀향」은 19세기 중엽 미국을 배경으로 하여 허구적 인물과 사건으로 재구성한 영화 「서머스비」로 탈바꿈되었다. 두 작품에서는 여러 해 만에 귀향한 남편이 재판 과정에서 가짜임이 드러난다. 전자는 당시 생활상을 있는 그대로 복원하는 데 치중했다. 반면 후자는 가짜 남편을 마을에 바람직한 변화를 가져온 지도자로 묘사하면서 미국 근대사를 긍정적으로 평가하고자 하는 대중의 욕망을 반영했다.

① 「서머스비」에 반영된, 미국 근대사를 긍정적으로 평가하려는 대중의 욕망은 영화가 제작된 당시 사회의 집단적 무의식에 해당하는군.

② 실화에 바탕을 둔 영화 「마르탱 게르의 귀향」을 가공의 인물과 사건으로 재구성한 「서머스비」에서는 영화에 대한 역사적 독해를 시도하기 어렵겠군.

③ 영화 「마르탱 게르의 귀향」은 실제 사건의 재판 기록을 토대로 제작됐지만, 그 속에도 역사에 대한 영화인 나름의 시선이 표현 기법으로 나타났겠군.

④ 영화 「마르탱 게르의 귀향」은 역사적 고증에 바탕을 두고 당시 사건과 생활상을 충실히 재현하기 위해 노력했다는 점에서 개연적 역사 서술 방식에 가깝겠군.

⑤ 역사서 『마르탱 게르의 귀향』은 16세기 프랑스 농촌의 평범한 사람들의 삶의 모습을 서사적 자료에 근거하여 다루었다는 점에서 미시사 연구의 방식을 취했다고 볼 수 있군.

ISSUE 04 예술철학 예술과 철학의 만남

전 세계가 열광한 한 천재 피아니스트가 인터뷰에서 단테의 『신곡(神曲)』을 언급했다. 그리고 그의 스승은 그가 반쪽짜리 음악가, 손만 돌아가는 기계가 아니라 자기만의 철학이 있는 예술가가 되길 바라며 지도했다고 한다. 피카소도 세잔도 모네도 단순히 그림만 그리는 화가가 아니라 자기만의 철학을 지닌 예술가로 평가받고 있다. 그렇다면 예술과 철학은 어떤 관계일까? 수능 출제자들이 예술과 철학의 만남에 주목하는 이유는 무엇일까?

기출 읽기

2018학년도 3월 고2 학력평가

정답률 80%
난이도 중하
제한시간 8분

출제자는
무엇을 물을까?

● '근대 이전의 조각은 ~'이라고 글을 시작했으니, 근대 이전과 이후에 조각의 의미가 어떻게 달라졌는지를 묻지 않겠어?

● 근대 이전부터 현대에 이르기까지 논의 대상의 변화 양상을 드러내고 있으니 이같은 서술의 특징에 대해 물을 거야.

통시변화형 지문 구조에서 내가 묻고 싶은 건…
▶ 구조로 수능독해 63쪽

[가]

근대 이전의 조각은 고유한 미술 영역의 독립적인 작품으로서가 아니라 신전이나 사원, 왕궁과 같은 장소의 일부로서 존재했다. 중세 유럽의 성당 곳곳에 성서*와 관련 있는 각종 인물이 새겨지거나 조각상으로 놓였던 것, 왕궁 안에 왕이나 귀족의 인물상들이 놓였던 것이 그 예이다. 이러한 조각은 그것이 놓여 있는 장소의 성격에 따라 종교적인 분위기를 조성하거나 왕의 권력을 상징함으로써 사람들을 감화*시키는 기능을 수행하였다.

조각이 장소와 긴밀한 관련성을 지니고 그 장소의 맥락과 의미를 강조하는 수단으로 활용되는 경향은 근대에 들어서면서 큰 변화를 맞이했다. 종교의 영향력 및 왕권이 약화되면서 관련 장소가 지녔던 권위도 ⓐ퇴색하여, 그 장소에 놓인 조각에 부여되었던 종교적, 정치적 의미도 약해진 것이다. 또 특정 장소의 상징으로서의 조각이 원래의 장소에서 물리적으로 분리되어 기존의 맥락을 ⓑ상실하는 경우도 생겨났다. 이러한 상황이 전시 및 교육을 목적으로 하는 박물관, 미술관 등 근대적 장소가 ⓒ출현하는 상황과 맞물리면서 조각에 대한 새로운 관점이 부각되기 시작했다. 조각이 박물관이나 미술관에 놓이면서 미적 감상의 대상인 '작품'으로서의 성격이 강조된 것이다. 사람들은 조각을 예술적인 기법이나 양식 등 순수한 미적 현상이 구현된 독립적인 작품으로 감상하게 되었다.

이러한 경향은 19세기 이후 미술의 흐름 속에서 더욱 두드러졌고, 작품 외적 맥락에 ⓓ구속되기보다는 작품 자체에서 의미의 완결을 추구하는 경우가 많아졌다. 그래서 작품 바깥의 대상을 지시하거나 재현하기보다는 감상자의 시선을 작품에만 집중시키는 단순하고 추상화된 작품들이 이 시기부터 많이 등장하였다. 이러한 작품들은 대개 미술 전시장의 전형적인 화이트 큐브, 즉 출입구 이외에는 사방이 막힌 실내 공간 안에서 받침대 위에 놓여 실제적인 장소나 현실로부터 분리된 느낌을 주었다.

이렇게 조각이 특정 장소로부터 독립해 가는 경향 속에서 미니멀리즘이 등장하였다. 미니멀리즘은 1960년대에 미국을 중심으로 발달한 예술 사조*로, 작품의 의미가 예술가의 의도에 의해 결정되는 것을 최소화하고 꾸밈과 표현도 최소화하여 극단적으로 단순화된 기하학적 형태를 추구했다. 미니멀리즘 작가들은 가공하지 않은 있는 그대로의 산업 재료들을 사용하는 등의 방법으로 무의도성과 단순성을 구현했기 때문에, 그 결과물은 작품이라기보다는 사물로 인식되기도 하였다. 또한 미니멀리즘 조각은 감상자들이 걸어 다니는 바닥이나 전시실 벽면과 같은 곳에 받침대 없이 놓임으로써 감상자와 작품 간의 거리를 축소하고, 동선에 따라 개별적이고 다양한 경험과 의미 형성이 가능하도록 하였다. 그 결과 미니멀리즘 조각은 단순성과 추상성을 특징으로 한다는 점에서 이전 시기의 추상 조각과 공통점을 지니면서도, 전시장이라는 실제 장소의 물리적 특성을 작품에 의도적으로 결부하여 활용했다는 점에서 차별성을 띠게 되었다. 이런 특징은 근대 이전의 조각이 장소의 특성에 종속되어 있었던 것과도 차별화된다.

이후 미술에서는 미니멀리즘을 통해 부각된 작품과 장소 간의 관련성을 새롭게 실현하려는 시도들이 이어져 왔다. 미니멀리즘 작품이 장소와의 관련성을 모색하고 구현한 것이기는 해도 미술관이라는 공간 내부에 제한된다는 점을 ⓔ간파한 일부 예술가들은, 미술관 바깥의 도시나 자연을 작업의 장소이자 대상으로 삼아 장소와의 관련성을 다양한 방식으로 실현하려 하였다. 대지* 미술은 이러한 시도 중 하나로, 대지의 표면에 형상을 디자인하고 자연 경관 속에 작품을 만들어 냄으로써 지역이나 환경 자체를 작품화하였다. 구체적인 장소의 특성을 작품 의미의 근원으로 삼는 이러한 작품들에서는 작품과 장소, 감상자 간의 상호 작용을 통해 의미가 형성된다는 특징이 드러났다.

* 성서: 기독교의 경전. 신약과 구약으로 되어 있다.
* 감화: 좋은 영향을 받아 생각이나 감정이 바람직하게 변화하게 함.
* 사조: 한 시대의 일반적인 사상의 흐름.
* 대지: 대자연의 넓고 큰 땅.

구조읽기 **0**

윗글의 논지 전개 방식으로 가장 적절한 것은?

① 논쟁이 벌어지게 된 배경을 다각도로 분석하고 있다.
② 통념에 대한 비판을 통해 특정 이론을 도출하고 있다.
③ 하나의 현상을 해석하는 대립적인 관점을 절충하고 있다.
④ 역사적 사건에 영향을 미친 요소를 구체적으로 나열하고 있다.
⑤ 논의의 대상이 변모해 온 양상을 시간적 순서로 설명하고 있다.

내 생각?... 을 표현하기
좋은 글의 구조를 선택하고...
썼으니까... **글의 구조 속**에
있지 않을까?

글쓴이의 작문 과정을 따라가 볼까?

> 근대 이전의 조각이 지닌 의미를 언급하며 글을 시작해 볼까? 조각이 장소와 긴밀한 관련성을 지니고 특정 기능을 수행해왔음을 강조해야지.

⬇

> 근대 이후부터 현대까지 조각의 의미가 어떻게 달라졌는지에 초점을 맞추어 각 시기별로 특징이 잘 드러나게 설명해야겠어.

⬇

> 근대 이후 조각이 특정 장소로부터 독립해 가던 중에 등장한 1960년대 (❶   )을 소개해야겠어. 이전 시기의 조각과 비교하면 변화 양상이 잘 드러나겠지?

⬇

> 현대 (❷   )은 미술관 내부에서 벗어나 조각 작품과 장소의 관련성을 다양한 방식으로 실현하려 했음을 언급하며 글을 마무리하자.

글쓴이가 이 글에서 말하려는 주제는?

_____

_____

내용과 일치

지문의 세부 내용 파악

선지에서 주어부와 서술부로 나눈 뒤,
주어를 지문에서 찾아 서술부의 내용
이 맞는지 확인해 보도록 해.

1 **윗글의 내용과 일치하지 <u>않는</u> 것은?**

① 대지 미술가들은 자연을 창작 작업의 장소이자 대상으로 삼았다.

② 화이트 큐브는 현실로부터 작품이 분리된 느낌을 완화해 주는 역할을 하였다.

③ 왕권이 약해짐에 따라 왕의 모습을 담은 인물상에 부여되는 상징적 의미가 변화되었다.

④ 19세기 이후의 추상 조각은 감상자의 시선을 작품 외적 맥락보다 작품 자체에 집중시키는
경향이 있었다.

⑤ 미니멀리즘 작가들은 가공하지 않은 산업 재료들을 사용하여 무의도성과 단순성을 구현하
기도 하였다.

|보기|를 관련지어 이해

유사성을 토대로 하는 추론

[가]와 |보기|는 그 내용이 유사하지?
따라서 [가]와 |보기|를 종합해 선지의
타당성을 판단하는 게 포인트!

2 **[가]와 |보기|를 관련지어 이해한 것으로 가장 적절한 것은?**

┤ 보 기 ├

중세 시대에 건축, 조각, 회화는 독자적인 예술 분야가 아닌 기술이나 수공업의 영역으로
인식되었으며, 정치, 사회적 기능에 전적으로 의존하였다. 근대에 이르러 미술의 개념이 확립
되고 미가 인간 행위를 지배하는 하나의 독립적 원리로 여겨지면서, 사람들은 종교적 신비감
이 시들해진 상태에서 순수한 미적 체험을 추구하기 시작했다. 미술관을 포함한 박물관의 건
립은 이러한 변화와 맞물린 근대적 현상이었다.

① 박물관에서 원래의 장소로 되돌아온 조각상은 건축, 조각, 회화 영역의 통합에 기여하겠군.

② 근대에 출현한 박물관은 작품이 가진 수공업으로서의 가치를 강화하는 데 초점을 두었겠군.

③ 조각상을 감상의 대상인 '작품'으로 여긴다는 것은 그것에 정치, 사회적 기능을 부여한다는
뜻이겠군.

④ 종교적인 인물상이 사원에서 박물관으로 옮겨지면서 미의 개념이 예술 분야에서 기술 분야
로 확대되었겠군.

⑤ 중세의 종교 건축물의 일부였던 조각상이 원래의 장소에서 물리적으로 분리되면 원래의 종
교적 신비감이 유지되기 어렵겠군.

3 |보기|는 미술 작품을 감상한 사례이다. 윗글을 읽고 |보기|를 이해한 내용으로 적절하지 **않은** 것은?

미술 작품을 감상한 사례

사례는 지문을 이해하는 도구

지문과 문제는 일방통행의 관계가 아니야. 지문에서 잘 이해되지 않고 모호한 부분이 있다면 문제의 |보기|를 역이용해 명확하게 이해하자!

┤보 기├

작품	감상 내용
 ㉠: L자 빔	A는 미술관 안에서 동일한 크기의 'L'자 모양 조형물들을 곳곳에 배치한 ㉠을 보았다. 조형물들 사이를 걸으며 감상해 보니, 보는 위치에 따라 조형물들의 형태와 구도가 다르게 보였다. 서로 다른 동선으로 ㉠을 감상한 B와 그 느낌을 비교해 볼 수도 있었다.
㉡: 나선형 방파제	㉡은 그레이트 솔트 호수에 설치된 작품으로, 돌과 흙으로 만든 나선형의 방파제이다. C는 실제로 방파제 위를 걸어 보았는데, 가장자리의 일부가 물에 잠겼다가 다시 나타나기도 했다. 육지 쪽으로 나와서 바라보니 방파제 위에 하얀 소금 결정들이 덮여 있는 부분도 보여 색다른 느낌을 받았다.

① ㉠은 미술관 내부라는 제한된 공간에 위치하고 있다는 점에서 ㉡과 구별된다.

② ㉠을 감상하는 동선에 따른 A와 B의 상이한 경험은 작품에 대한 각자의 의미 형성에 기여했을 것이다.

③ ㉡은 호수라는 자연에 돌과 흙으로 형상을 만들어 자연 환경을 작품화한 것으로 볼 수 있다.

④ ㉡은 그 위나 주변을 걸으면서 감상하게 되므로, 작품의 의미는 작품, 감상자 및 장소 간의 상호 작용으로 형성된다고 할 수 있다.

⑤ ㉠과 ㉡은 감상자가 한눈에 조망할 수 있는 위치에 있을 때 작가의 의도가 드러난다는 점에서 장소와 긴밀한 연관성을 가진 작품으로 볼 수 있다.

㉠과 ㉡은 각각 4문단과 5문단의 예시 작품이구나. |보기|는 지문의 이해를 돕는 자료니까, 해당 문단을 주의 깊게 살펴봐야겠어!

바꾸어 쓰기

문맥적 의미 대체

다른 어휘로 바꾸어 쓰는 문제는 직접
대입하여 의미 변화의 유무를 살피는
것이 가장 좋은 문제 해결 방법이야.

4 **문맥상 ⓐ~ⓔ와 바꾸어 쓰기에 적절하지 <u>않은</u> 것은?**

① ⓐ: 희미해져

② ⓑ: 잃어버리는

③ ⓒ: 드러나는

④ ⓓ: 얽매이기보다는

⑤ ⓔ: 알아차린

통시변화형 지문 구조

"시간의 흐름에 따라 변화하는 글엔 전환점이 있다."

  수능 독서영역에 나오는 지문 구조 중에서 가장 읽기에 편하다고 할 수 있어. 과거, 중세, 근대 이전 등 시간을 나타내는 표지어가 문단마다 등장해서 글을 읽을 때 도움을 주기 때문이지. **통시형 즉, 통시변화형 지문 구조가 출제되면 시대별 특징과 차이점 등을 잘 이해했는지를 확인하는 문제가 반드시 등장해.** 그러니 시기별로 대상이 어떻게 달라지는지를 잘 파악해야겠지? 출제자가 하나의 화제에 대해 긴 시간을 들여 그 변화하는 양상을 보여 주는 까닭을 생각해 보면 문제의 답도 보일 거야.

| 화제 소개 | 변화 과정 | 변화 과정 | 내용 정리 |

시기별로 대상이 변화할 때는
변화의 지점과 그 계기를 찾아야 돼!

  대상의 변화 과정을 시간적 흐름에 따라 서술하는 방식을 말해. 수능에서 단독으로 자주 볼 수는 없지만 예술사나 경제사, 철학사 등 역사와 연계된 융합 지문들에서 자주 볼 수 있지. 이론의 변천 과정, 관점의 변화, 기술의 발전 과정 등 다양한 화제의 변화 및 흐름을 보여 주는 글들에서도 통시형 구조를 찾을 수 있어.

  통시형 지문 구조의 독해 포인트는 '시대별 특징과 차이점'을 파악하는 거야. 각 시기별로 비슷한 내용이 계속 나열되진 않겠지? 반드시 변화가 나타나고, 이 변화가 생기는 계기나 전환점 역시 등장해. 이것은 대상의 시대별 특징과 차이점에 영향을 줄 거고!

대상 혹은 이론이 시기별로 변화하는
양상을 보여 주거나 일의 처리 단계를
설명할 때 자주 출제돼!

기 출 읽 기

2014학년도 9월 고3 모의평가 B형

정답률 90%
난이도 하
제한시간 7분

무엇을 물을까?

● 핵심 화제인 20세기 미술의 특징을 설명하면

서 시대에 따른 미술의 특징을 살펴보고 있으

니, 각 시기별 특징을 구분할 수 있는지 묻겠지?

●

20세기 미술의 특징은 무한한 다원성에 있다. 어떤 내용을 어떤 재료와 어떤 형식으로 작품화하건 미술적 창조로 인정되고, 심지어 창작 행위가 가해지지 않은 것도 '작품'의 자격을 얻을 수 있어서, '미술'과 '미술 아닌 것'을 객관적으로 구분해 주는 기준이 존재하지 않게 된 것이다. ㉠단토의 '미술 종말론'은 이러한 상황을 설명하기 위한 미학 이론 중 하나이다. 단어가 주는 부정적 어감과는 달리 미술의 '종말'은 결과적으로 모든 것이 미술 작품이 될 수 있게 된 개방적이고 생산적인 상황을 뜻한다. 그런데 이러한 다원성은 전적으로 새로운 상황일까, 아니면 이전부터 이어져 온 하나의 흐름에 속할까?

작품의 형식과 내용이 전적으로 예술가의 주체적 선택에 달려 있다는 관점에서만 보면, 20세기 미술의 양상은 아주 낯선 것은 아니라고 할 수 있다. 르네상스 때 시작된 화가의 서명은 작품이 외부의 주문에 따라 제작되더라도 그것의 정신적 저작권만큼은 예술가에게 있음을 알리는 행위였다. 이는 창조의 자유가 예술의 필수 조건이 되는 시대를 앞당겼다. 즉 미켈란젤로가 예수를 건장한 이탈리아 남성의 모습으로 그렸던 사례에서 보듯, 르네상스 화가들은 주문된 내용도 오직 자신만의 방식으로 이미지화했다.

형식의 이러한 자율화는 내용의 자기 중심화로 이어졌다. 17세기의 네덜란드 화가들은 신이나 성인(聖人)을 그리던 오랜 관행*에서 벗어나 친근한 일상을 집중적으로 그리기 시작했고, 19세기 낭만주의에 와서는 내면의 무한한 표출이 예술의 생명이 되기에 이르렀다. 이런 관점에서 보면 20세기 미술은 예술적 주체성과 자율성의 발휘라는 일관된 흐름의 정점이라고 할 수 있다.

그러나 단토가 주목하는 것은 이러한 흐름과는 결정적으로 구분되는 20세기만의 질적 차별성이다. 이전 시대까지는 '미술'과 '미술 아닌 것'의 구분은 '무엇을 그리는가?' 또는 '어떻게 그리는가?'의 문제, 곧 내용·형식·재료처럼 지각 가능한 '전시적 요소'에 의존하여 가능했다. 반면, 20세기에는 빈 캔버스, 자연물, 기성품* 등도 '작품'으로 인정되는 데에서 보듯, 전시적 요소로는 더 이상 그러한 구분이 불가능해진 것이다. 이제 ㉡그러한 구분은 대상이 어떤 것이든 그것에 미술 작품의 자격을 부여하는 지적인 행위, 곧 작품 밖의 '비전시적 요소'에 의존할 따름이다. 현대 미술이 미술의 개념 자체를 묻는 일종의 철학이 되고, 작품의 생산과 감상을 매개하는 이론적 행위로서 비평의 중요성이 부각된 이유가 바로 여기에 있다.

* 관행: 오래전부터 해 오는 대로 함. 또는 관례에 따라서 함.
* 기성품: 이미 만들어져 있는 물품. 또는 미리 일정한 규격대로 만들어 놓고 파는 물품.

|보기는 윗글을 쓰기 전 글쓴이가 작성한 메모이다. 글에 반영된 것으로 적절한 것은?

---|보 기|---

ㄱ. 다른 대상과 대조하여 대상의 특징을 설명해야겠어.

ㄴ. 의문을 제기한 뒤 그에 대한 답으로 내용을 전개해야겠어.

ㄷ. 유추의 방식으로 대상이 지닌 가치를 알기 쉽게 제시해야겠어.

ㄹ. 두 가지 측면으로 나누어 대상이 지닌 특성을 살펴보아야겠어.

ㅁ. 대상과 관련된 다양한 이론을 소개하여 내용의 신뢰성을 높여야겠어.

① ㄱ, ㄴ, ㄷ   ② ㄱ, ㄴ, ㄹ   ③ ㄴ, ㄷ, ㄹ

④ ㄴ, ㄹ, ㅁ   ⑤ ㄷ, ㄹ, ㅁ

내 생각?

글쓴이의 작문 과정을 따라가 볼까?

20세기 미술의 특징인 다원성에 대해 이야기해 보자. 이를 설명하기 위해서는 단토의 '미술의 종말론'부터 소개하는 게 좋겠지?

↓

20세기 미술의 다원성이 새로운 상황인지 아니면 이전부터 이어져 온 흐름에 속하는지 질문을 던져 중심 화제를 제시해 볼까?

↓

르네상스 때부터 20세기까지 미술의 다원성이 이어져 온 흐름임을 보여 주는 근거로 형식의 자율화와 내용의 (❶　　　　)를 그 사례를 들어 제시해 볼까?

↓

(❷　　　　)가 주목한 20세기만의 질적 차별성은 전시적 요소가 아닌 비전시적 요소에 있다는 것을 이전 시대와 비교해 설명하면 이해가 더 쉽겠지?

글쓴이가 이 글에서 말하려는 주제는?

_____

_____

글의 흐름에 따른 종합적 이해

↓

각 문단에서 시대에 따른 미술의 특징을 제시하고 있으니 각 선지가 어느 시대에 해당하는 내용인지 파악한 다음 그 적절성을 판단하자!

1 윗글을 이해한 것으로 가장 적절한 것은?

① 서명의 시작은 주문에 따른 제작에서도 예술가의 주체성을 표출한 사건이었다.

② 예술가의 자율적인 이미지 창출은 르네상스 이전부터 보편적이었다.

③ 형식의 자율화는 17세기 네덜란드 화가들로부터 비롯되었다.

④ 현대 미술에서는 내용과 형식이 작품의 자격을 결정한다.

⑤ 현대 미술에서는 비평이 전시적 요소를 결정한다.

20세기 미술의 특징

|

주요 관점의 파악

2 ㉠에 따라 '20세기 미술'을 이해한 것으로 적절하지 않은 것은?

① 과거에 비해 예술가의 자율성이 더욱 두드러지게 표출된다.

② 자연 그대로의 사물을 전시하는 것도 작품 창작 행위로 인정될 수 있다.

③ 미술을 정의하는 기준이 해체되어 예술 작품 생산이 정체 상태에 이르렀다.

④ 미술사적 관점에서 볼 때 과거와의 공통점보다는 차이점이 더 본질적이다.

⑤ 과거의 내용과 형식을 그대로 따르는 것도 미술적 창조로 인정될 수 있다.

3 **ⓒ에 해당하는 사례로 가장 적절한 것은?**

① 뒤샹의 〈샘〉은 소변기에 서명을 하여 전시함으로써 일상품도 이론적 해석에 따라 미술에 포함될 수 있는 가능성을 제시한 작품이다.

② 브라크의 〈과일 접시와 유리잔〉은 그림에 벽지를 덧붙여 회화를 3차원화함으로써 회화는 2차원적이라는 고정 관념에서 탈피한 작품이다.

③ 폴록의 〈1950년 32번〉은 캔버스에 물감을 붓거나 떨어뜨려 즉흥적 이미지를 창출함으로써 창조적 무의식과 초현실 세계의 표현을 시도한 작품이다.

④ 칸딘스키의 〈콤퍼지션 Ⅶ〉은 구체적인 대상의 묘사 대신 추상적인 색·선·형태만으로 작가의 내면을 표현함으로써 순수 이미지의 언어적 가능성을 모색한 작품이다.

⑤ 몬드리안의 〈브로드웨이 부기우기〉는 수많은 네모 무늬로 수직·수평의 율동적 흐름을 창출함으로써 뉴욕의 활기찬 생활과 음악적 리듬감의 표현을 추구한 작품이다.

ⓒ에 해당하는 사례

↓

ⓒ의 내용을 뒷받침하는 작품

↓

선지의 작품들이 미술 작품으로 인정받을 수 있는 것이 전시적 요소 때문인지, 비전시적 요소 때문인지 확인하면 되겠지?

기 출 읽 기

2004학년도 6월 고3 모의평가

정답률 50%
난이도 상
제한시간 8분

무엇을 물을까?

● 근대 사진과 현대 사진의 특징을 설명하고

있으니, 각각의 내용을 파악하는 문제가 출제

될 거야.

●

사진은 하나의 고립된 이미지이다. 시간적으로 한 순간이 잡히고 공간적으로 일부분이 찍힐 뿐, 연속된 시간과 이어진 공간이 그대로 찍히지 않는다. 현실이 현실 그대로 나타나지 않는 한, 사진은 결국 한 개의 이미지, 즉 영상일 뿐이다. 따라서 사진에 대한 이해는 사진이 시간적으로 분리되고 공간적으로 고립되어 현실과 따로 떨어진 곳에서 홀로 저를 주장하는 독자적 영상이라는 인식에서부터 출발해야 한다.

근대 사진은 현실과 영상 사이에 ㉠벌어져 있는 이 틈을 미처 발견하지 못했다. 현실이 곧 사진이요, 사진이 곧 현실이라고 생각했다. 현대 사진은 현실과 영상 사이에 벌어져 있는 이 틈을 발견한 데서 출발한다. 그 틈을 정확히 보고, 자기 나름대로 채색도 하고 두께도 만들어 활용하는 것이 현대 사진인 것이다.

근대 사진은 현실이 그대로 사진의 내용이었기 때문에 현실을 어떻게 사진으로 수용할 것인가가 유일한 문제였다. 근대 사진은 현실이 포장지에 불과하다는 것을 간과하고 있었다. 간과한 것이 아니라 현실이야말로 사진이 포장해야 할 내용물로 간주하고 있었다. 사진이 현실 재현 수단이라는 기본 구도 아래, 작가의 사상이나 감정을 표현하기에 알맞은 현실을 골라 이를 영상화한 것이 근대 사진이었다. 따라서 현실을 있는 그대로 재현하는 데 그들의 능력을 집중시켰으며, 영상의 왜곡은 물론, 작가의 주관마저도 가능한 한 배제하고자 노력을 했다.

그에 비해 현대 사진은 현실을 포장지로밖에 생각하지 않는다. 작가의 주관적 사상이나 감정, 곧 주제를 표현하기 위한 하나의 소재로 현실을 인식한다. 따라서 현실 자체의 의미나 가치에는 연연하지 않는다. 그럼에도 불구하고 현대 사진이 현실에 묶여 떠나지 못하는 것은, 대상이 없는 한 찍히지 않고 실체로서의 현실을 떠나서 성립할 수 없는 사진의 메커니즘* 탓이다. 작가의 주관적 사상이나 감정은 구체적 사물을 거치지 않고서는 표현할 길이 없는 것이다. 그러나 사진이 추구하는 바가 현실의 재현이 아니다 보니 현대 사진은 연출을 마음대로 하고, 온갖 기법을 동원해 현실을 재구성하기도 한다. 심지어 필름이나 인화지* 위에 인위적으로 손질을 가해 현실성을 지워 버리기도 한다. 현실이 왜곡되는 것에 아무런 구애를 받지 않는 것이다. 구체적인 사물의 정확한 재현에만 익숙해 있던 눈에는 이런 현대 사진이 난해하기만 하다.

이러한 현대 사진의 특성을 고려할 때, 창조적 사진을 위해서 필요한 것은 자유로운 눈이다. 이는 작가에게만 한정된 요구가 아니다. 사진을 현실로 생각하는 수용자 쪽의 고정 관념 또한 현대 사진의 이해에 장애가 된다. 발신자와 수신자 사이에 암호가 설정되기 위해서는 수신자 쪽에서도 암호를 해독할 수 있는 바탕이 마련되어 있어야 한다. 작가나 수용자나 고정 관념과 인습에서 벗어날 때, 현실과 영상 사이에 벌어진 커다란 틈이 보이게 된다. 그리고 그때 비로소 사진은 자기의 비밀을 털어놓기 시작한다. 현대 사진에 대한 이해의 첫 관문은 그렇게 해서 통과할 수가 있다.

* 메커니즘: 사물의 작용 원리나 구조.
* 인화지: 사진 원판으로 사진을 인화하기 위하여 감광 유제를 바른 종이.

윗글에서 얻은 정보를 바탕으로 기사문을 쓰려고 한다. 표제와 부제로 가장 적절한 것은?

① 창조적 사진 찍기
 – 순간과 찰나를 보는 눈
② 현대 사진의 과제
 – 현실을 어떻게 재현할 것인가
③ 사진이 추구하는 세계
 – 과거와 현재의 끊임없는 대화
④ 사진 예술의 참된 출발
 – 근대 사진과 현대 사진의 만남
⑤ 사진은 어떻게 변모해 왔는가
 – 외형적 모사에서 내면적 창조의 세계로

내 생각?

글쓴이의 작문 과정을 따라가 볼까?

사진을 제대로 이해하려면, 사진이 지닌 기본적인 특징부터 알아야겠지?

↓

근대 사진과 현대 사진이 현실과 영상의 관계에 대한 인식에서 보이는 차이를 제시한 뒤, 현실을 (❶　　　　)하는 데 집중하는 근대 사진의 특징부터 설명해야겠어.

↓

현대 사진은 (❷　　　　)을 그저 주제를 표현하기 위한 소재일 뿐이라고 인식한다는 것을 설명하고 이와 관련해 사진 기법상의 특징을 구체적으로 제시하면 이해에 도움이 되겠지?

↓

현대 사진을 이해하려면, 작가뿐만 아니라 수용자에게도 자유로운 눈이 필요하다는 점을 강조하며 글을 마무리하자.

글쓴이가 이 글에서 말하려는 주제는?

_____

_____

정보에 대한 사실적 이해

각 선지의 내용이 지문의 어느 문단, 어느 부분에 있는지 눈 크게 뜨고 찾아봐.

1 **윗글의 내용과 일치하지 않는 것은?**

① 근대 사진은 현실의 재현이 사진의 본질이라고 생각했다.

② 현대 사진은 현실과 영상 사이의 틈을 좁히려고 노력해 왔다.

③ 사진에서 작가의 사상과 감정은 구체적 사물을 통해 표현된다.

④ 사진의 현실 왜곡은 사진에 대한 인식의 변화에서 비롯되었다.

⑤ 현대 사진은 다양한 표현 기법을 동원해서 현실을 재구성하기도 한다.

|보기|의 사진을 감상

'현대 사진'의 사례

2 **윗글에서 언급한 '현대 사진'의 관점에서 |보기|의 사진을 감상한 것으로 적절하지 않은 것은?**

─| 보 기 |─

① 일상을 뛰어넘는 새로운 시각을 보여 주고 있어.

② 특수한 촬영 기법을 사용하여 실물을 왜곡하고 있군.

③ 이 사람에게 주먹이 갖는 의미가 크다는 것을 보여 주려고 한 게 아닐까?

④ 의도하지는 않았겠지만 주먹이 머리보다 크게 찍혀 색다른 느낌을 주고 있어.

⑤ 작품 속의 인물은 주제 의식을 표현하기 위해 작가가 선택한 소재라고 봐야 해.

3 현대 사진 작가와 |보기|의 샤갈이 공통적으로 전제하고 있는 것은?

| 보 기 |

　　화가 샤갈이 거리에서 캔버스를 세워 놓고 그리기에 열중하고 있을 때, 마침 지나가던 행인 중 한 사람이 큰 소리로 이렇게 외쳤다.

　　"별난 사람도 다 있군. 세상에 날아다니는 여자를 그리는 사람 처음 보겠네."

　　이때 샤갈이 뒤돌아보지도 않고 웃으며 던진 한마디는 이런 것이었다.

　　"그러니까 화가지."

① 예술은 다양한 표현 기법을 써서 시대의 문제의식을 표현한다.

② 예술은 현실에서 멀리 떨어져서 바라보는 관조의 대상이 아니다.

③ 고정 관념에서 벗어날 때 비로소 창조적인 작가 의식을 드러낼 수 있다.

④ 대중이 현대의 난해한 예술 작품을 이해하지 못하는 것은 당연한 일이다.

⑤ 예술 작품이 현실을 모방하는 것은 현실의 본질을 간파하지 못했기 때문이다.

4 ㉠의 의미로 가장 적절한 것은?

① 괴리(乖離)　　　② 단절(斷絕)　　　③ 상충(相衝)

④ 격리(隔離)　　　⑤ 차별(差別)

㉠의 의미

|

현실과 영상 사이의 관계

↓

㉠은 현실과 영상 사이에 간극이 있다는 것을 의미해. 2문단의 문맥을 꼼꼼히 살펴보면 ㉠이 의미하는 바를 알 수 있어!

기 출 읽 기

3

2011학년도 6월 고3 모의평가

정답률 76%
난이도 중
제한시간 8분

무엇을 물을까?

●

●

회화적 재현이 성립하려면, 즉 하나의 그림이 어떤 대상의 그림이 되기 위해서는 그림과 대상이 닮아야 할까? 입체주의의 도래를 알리는 〈아비뇽의 아가씨들〉을 그리기 한 해 전, 피카소는 시인인 스타인을 그린 적이 있었는데, 완성된 그림을 보고 사람들은 놀라움을 금치 못했다. 스타인의 초상화가 그녀를 닮지 않았던 것이다. 이에 대해 피카소는 "앞으로 닮게 될 것이다."라고 말했다고 한다. 이 에피소드는 미술사의 차원과 철학적 차원에서 회화적 재현에 대해 생각해 볼 계기를 제공한다.

우선 어떻게 닮지 않은 그림이 대상의 재현일 수 있는지를 알아보기 위해서는 당시 피카소와 브라크가 중심이 되었던 입체주의의 예술적 실험과 그것을 가능케 한 미술사의 흐름을 고려해 보아야 한다. 르네상스 시대의 화가들은 원근법을 사용하여 '세상을 향한 창'과 같은 사실적인 그림을 그렸다. 현대 회화를 출발시켰다고 평가되는 인상주의자들이 의식적으로 추구한 것도 이러한 사실성이었다. 그들은 모든 대상을 빛이 반사되는 물체로 간주하고 망막에 맺힌 대로 그리는 것을 회화의 목표로 삼았다. 따라서 빛을 받는 대상이면 무엇이든 주제가 될 수 있었고, 대상의 고유한 색 같은 것은 부정되었다. 햇빛의 조건에 따라 다르게 그려진 모네의 낟가리 연작이 그 예이다.

그러나 세잔의 생각은 달랐다. "모네는 눈뿐이다."라고 평했던 그는 그림의 사실성이란 우연적 인상으로서의 사물의 외관보다는 '그 사물임'을 드러낼 수 있는 본질이나 실재에 더 다가감으로써 ⓐ얻게 되는 것이라고 생각하였다. 세잔이 그린 과일 그릇이나 사과를 보면 대부분의 형태는 실물보다 훨씬 단순하게 그려져 있고, 모네의 그림에서는 볼 수 없었던 부자연스러운 윤곽선이 둘려져 있으며, 원근법조차도 정확하지 않다. 이는 어느 한순간 망막에 비친 우연한 사과의 모습 대신 사과라는 존재를 더 잘 드러낼 수 있는 모습을 포착하려 했던 세잔의 문제의식을 보여 주는 것이다.

이를 계승하여 한 발 더 나아간 것이 바로 입체주의이다. 입체주의는 대상의 실재를 드러내기 위해 여러 시점에서 본 대상을 한 화면에 결합하는 방식을 택했다. 비록 스타인의 초상화는 본격적인 입체주의 그림은 아니지만, 세잔에서 입체주의로 이어지는 실재의 재현이라는 관심이 반영된 작품으로 볼 수 있는 것이다.

하지만 여전히 의문인 것은 '닮게 될 것'이라는 말의 의미이다. 실제로 세월이 지난 후 피카소의 예언대로 사람들은 결국 스타인의 초상화가 그녀를 닮았다는 것을 발견하게 되었다고 한다. 어떻게 그럴 수 있었을까? 이를 설명하려면 회화적 재현에 대한 철학적 차원의 논의가 필요한데, 곰브리치와 굿맨의 이론이 주목할 만하다.

이들은 대상을 '있는 그대로' 보는 '순수한 눈' 같은 것은 없으며, 따라서 객관적인 사실성이란 없고, 사실적인 그림이란 결국 한 문화나 개인에게 익숙한 재현 체계를 따른 그림일 뿐이라고 주장한다. ㉠이 이론에 따르면 지각은 우리가 속한 관습과 문화, 믿음 체계, 배경지식의 영향을 받아 구성된다고 한다. 예를 들어 우리가 작가와 작품에 대해 사전 지식을 가지고 있다면 이러한 믿음은 그 작품을 어떻게 지각하느냐에까지도 영향을 준다는 것이다. 이것이 사실이라면, 피카소의 경우에 대해서도, '이 그림이 피카소가 그린 스타인의 초상'이라는 우리의 지식이 종국에는 그림과 실물 사이의 닮음을 발견하는 방식으로 우리의 지각을 형성해 냈을 것이라는 설명이 가능하다. 사실성이라는 것이 과연 재현 체계에 따라 상대적인지는 논쟁의 여지가 많지만 피카소의 수수께끼 같은 답변과 자신감 속에는 회화적 재현의 본성에 대한 이러한 통찰이 깔려 있었다고도 볼 수 있다.

0 **윗글을 읽고 글쓴이의 질문에 답한다고 할 때, ㉮에 들어갈 내용으로 가장 적절한 것은?**

———| 보 기 |———

글쓴이: 피카소는 스타인의 초상화가 스타인을 닮지 않았다는 평가에 대해 "앞으로 닮게 될 것이다."라고 말하였다. 스타인의 초상화와 관련해 피카소가 한 말에 담긴 의도는 무엇일까?

답변: _____㉮_____

① 어느 한순간의 스타인의 외양이 아니라 그녀의 본질을 재현하려 했다.

② 현재의 모습이 아니라 훗날 변하게 될 스타인의 모습을 나타내려 했다.

③ 고전적인 미의 기준에 맞추어 스타인을 이상화된 모습으로 나타내려 했다.

④ 눈으로 관찰할 수 있는 스타인의 모습을 가감 없이 정확히 모사하려 했다.

⑤ 정지된 모습이 아니라 역동적으로 움직이는 스타인의 모습을 재현하려 했다.

내 생각?

글쓴이의 작문 과정을 따라가 볼까?

> 피카소가 그린 스타인의 초상화와 관련된 에피소드를 소개하고 그의 말이 무슨 뜻인지 생각해 보게 할까?

> 피카소의 수수께끼 같은 말을 이해하려면, 르네상스와 (❶)에서 세잔, 입체주의로 이어지는 미술사의 흐름부터 설명해야겠지?

> 회화적 차원에서 피카소의 말을 이해하기엔 여전히 의문이 남을 거야. 그럼 이제 철학적 차원에서 (❷)의 이론을 근거로 대답의 근거를 찾아볼까?

> 이제 정리해 보자. 결국 피카소의 말에는 회화적 재현의 본성에 대한 통찰이 담겨 있어!

글쓴이가 이 글에서 말하려는 주제는?

_____

_____

1 윗글을 바탕으로 |보기|를 바르게 이해한 것은?

보 기
(가) 　　　　 (나) 　　　　 (다)
모네(1891) 〈늦여름 아침의 낟가리〉 　　 세잔(1899) 〈사과와 오렌지〉 　　 피카소(1907) 〈아비뇽의 아가씨들〉

① (가)와 (나)는 모두 뚜렷한 윤곽선이 특징인 그림이군.

② (나)와 (다)는 모두 대상이 빛에 따라 달라지는 모습을 그린 그림이군.

③ (가)와 달리 (나)는 원근법이 잘 지켜지지 않고 있는 그림이군.

④ (가)와 달리 (다)는 사물의 고유색을 인정하지 않고 있는 그림이군.

⑤ (가), (나), (다)는 모두 '세상을 향한 창'이 되고자 하는 목표에서 나온 그림이군.

2 곰브리치와 굿맨 이 인상주의자들 에게 할 수 있는 말로 가장 적절한 것은?

① 망막에 맺힌 상은 오히려 '순수한 눈'을 왜곡할 수 있다.

② 객관적인 사실성은 의식적인 노력의 결과라기보다는 우연의 산물이다.

③ 망막에 맺힌 상을 그대로 그린다고 하더라도 객관적인 사실성은 얻을 수 없다.

④ 대상의 숨어 있는 실재를 지각하기 위해서는 눈 이외의 감각 기관이 필요하다.

⑤ 인상주의의 재현 체계는 다른 유파의 재현 체계에 비해 사실성을 얻기가 어렵다.

3 ㉠을 뒷받침하는 근거로 적절한 것은?

① 서양 사람이라도 동양의 수묵화나 사군자화를 감상하는 데 어려움이 없다.

② 그림에 재현된 대상이 무엇인지 알아보는 능력은 서로 다른 문화에 속한 사람들 간에도 크게 다르지 않다.

③ 대상의 그림자까지 묘사한 그림이 그렇지 않은 그림보다 공간감과 깊이를 더 사실적으로 나타낼 수 있듯이 재현 체계는 발전할 수 있다.

④ 그림에서 대상을 알아보는 능력은 선천적이어서 생후 일정 기간 그림을 보지 않고 자란 아이들도 처음 그림을 대하자마자 자신들이 알고 있는 대상을 그림에서 알아본다.

⑤ 나무를 그린 소묘 속의 불분명한 연필 자국은 나무를 보게 될 것이라는 우리의 사전 지식으로 인해 나무로 보이고, 소 떼 그림에 있는 비슷한 연필 자국은 소로 보인다.

㉠을 뒷받침하는 근거

근거는 이론을 뒷받침하는 사례

↓

㉠의 내용을 정확하게 파악한 뒤 선지에 제시된 근거가 그 의견을 뒷받침하기에 충분한지 하나하나 따져 가면서 해결해 봐.

4 문맥상 ⓐ와 바꾸어 쓸 수 있는 것은?

① 습득(習得)하게

② 체득(體得)하게

③ 취득(取得)하게

④ 터득(攄得)하게

⑤ 획득(獲得)하게

문맥상 ⓐ와 바꾸어 쓸 수 있는 것

한자어로 바꿔 쓰기

모두 '얻다[얻을 得]'의 의미인데, 어떻게 얻게 되었을까?

'사례'
왜 자꾸 나올까?

글쓴이는 왜 '사례'를 들어 썼을까?

낯선 대상을 설명할 때 예를 들지 않는다면 어떨 거 같아? 평소 그 분야에 대해 잘 알고 있는 사람이 아니라면 쉽게 이해하지 못할 거야. 그래서 **낯선 대상을 설명할 때, 어렵고 복잡한 내용을 다룰 때 난 주로 사례를 들어.** 사례를 들면 좀 더 구체적이고 이해하기 쉬운 친절한 글이 되니까. 게다가 글에 설득력이 생겨서 독자가 더욱 빠져들게 되거든! '가령, 예를 들어'와 같은 표현들에 주목해 봐!

[가]

근대 이전의 조각은 고유한 미술 영역의 독립적인 작품으로서가 아니라 신전이나 사원, 왕궁과 같은 장소의 일부로서 존재했다. 중세 유럽의 성당 곳곳에 성서와 관련있는 각종 인물이 새겨지거나 조각상으로 놓였던 것, 왕궁 안에 왕이나 귀족의 인물상들이 놓였던 것이 그 예이다. 이러한 조각은 그것이 놓여 있는 장소의 성격에 따라 종교적인 분위기를 조성하거나 왕의 권력을 상징함으로써 사람들을 감화시키는 기능을 수행하였다.

조각이 장소와 긴밀한 관련성을 지니고 그 장소의 맥락과 의미를 강조하는 수단으로 활용되는 경향은 근대에 들어서면서 큰 변화를 맞이했다. 종교의 영향력 및 왕권이 약화되면서 관련 장소가 지녔던 권위도 ⓐ퇴색하여. 그 장소에 놓인 조각에 부여되었던 종교적, 정치적 의미도 약해진 것이다. 또 특정 장소의 상징으로서의 조각이 원래의 장소에서 물리적으로 분리되어 기존의 맥락을 ⓑ상실하는 경우도 생겨났다. 이러한 상황이 전시 및 교육을 목적으로 하는 박물관, 미술관 등 근대적 장소가 ⓒ출현하는 상황과 맞물리면서 조각에 대한 새로운 관점이 부각되기 시작했다. 조각이 박물관이나 미술관에 놓이면서 미적 감상의 대상인 '작품'으로서의 성격이 강조된 것이다. 사람들은 조각을 예술적인 기법이나 양식 등 순수한 미적 현상이 구현된 독립적인 작품으로 감상하게 되었다.

이러한 경향은 19세기 이후 미술의 흐름 속에서 더욱 두드러졌고, 작품 외적 맥락에 ⓓ구속되기보다는 작품 자체에서 의미의 완결을 추구하는 경우가 많아졌다. 그래서 작품 바깥의 대상을 지시하거나 재현하기보다는 감상자의 시선을 작품에만 집중시키는 단순하고 추상화된 작품들이 이 시기부터 많이 등장하였다. 이러한 작품들은 대개 미술 전시장의 전형적인 화이트 큐브, 즉 출입구 이외에는 사방이 막힌 실내 공간 안에서 받침대 위에 놓여 실제적인 장소나 현실로부터 분리된 느낌을 주었다.

이렇게 조각이 특정 장소로부터 독립해 가는 경향 속에서 미니멀리즘이 등장하였다. 미니멀리즘은 1960년대에 미국을 중심으로 발달한 예술 사조로, 작품의 의미가 예술가의 의도에 의해 결정되는 것을 최소화하고 꾸밈과 표현도 최소화하여 극단적으로 단순화된 기하학적 형태를 추구했다. 미니멀리즘 작가들은 가공하지 않은 있는 그대로의 산업 재료들을 사용하는 등의 방법으로 무의도성과 단순성을 구현했기 때문에, 그 결과물은 작품이라기보다는 사물로 인식되기도 하였다. 또한 미니멀리즘 조각은 감상자들이 걸어 다니는 최근 3년간 수능 오답률 TOP 5에는 추론과 함께 사례 문제가 그 자리를 굳건히 지키고 있어. 그래서 수능에서도 주로 배점 높은 3점 문제로 나오지. 사례, 출제자들이 꽂힌 게 분명하지? 자, 그렇다면 어떻게 읽고 접근해야 할까?

적용할 수 있어야 진짜 이해한 거야.

출제자는 왜 '사례'를 물을까?

글쓴이가 항상 사례를 들어 대상을 설명하거나 주장할까? 경우에 따라서 구체적인 사례를 생략하기도 해. 그럴 때 능동적인 독자라면 내용에 적절한 사례들을 머릿속에 떠올려 볼 수 있어야겠지? **글쓴이는 내용을 쉽게 전달하기 위해 사례를 들지만, 난 반대로 글을 제대로 이해했는지 확인하기 위해 사례를 들어.** 글에 제시된 정보들을 사실적으로 이해하고 이를 구체적인 상황에 적용해 해석하는 능력까지 평가하는 거지!

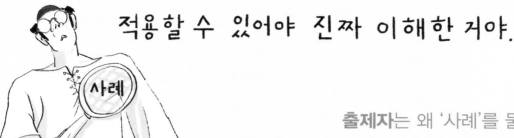

3 |보기|는 미술 작품을 감상한 사례이다. 윗글을 읽고 |보기|를 이해한 내용으로 적절하지 않은 것은?

|보 기|

작품	감상 내용
㉠: L자 빔	A는 미술관 안에서 동일한 크기의 'L'자 모양 조형물들을 곳곳에 배치한 ㉠을 보았다. 조형물들 사이를 걸으며 감상해 보니, 보는 위치에 따라 조형물들의 형태와 구도가 다르게 보였다. 서로 다른 동선으로 ㉠을 감상한 B와 그 느낌을 비교해 볼 수도 있었다.
㉡: 나선형 방파제	㉡은 그레이트 솔트 호수에 설치된 작품으로, 돌과 흙으로 만든 나선형의 방파제이다. C는 실제로 방파제 위를 걸어 보았는데, 가장자리의 일부가 물에 잠겼다가 다시 나타나기도 했다. 육지 쪽으로 나와서 바라보니 방파제 위에 하얀 소금 결정들이 덮여 있는 부분도 보여 색다른 느낌을 받았다.

① ㉠은 미술관 내부라는 제한된 공간에 위치하고 있다는 점에서 ㉡과 구별된다.
② ㉠을 감상하는 동선에 따른 A와 B의 상이한 경험은 작품에 대한 각자의 의미 형성에 기여했을 것이다.

학습자는 '사례 문제'에 어떻게 답할까?

* 글쓴이의 주장을 뒷받침하는 사례는?
* ㉠의 사례로 가장 적절한 것은?
* 윗글을 바탕으로 <보기>에 대해 이해한 것은?

혁!

수능 국어 지문들은 내용 정보의 양도 많고 심화된 내용을 다루고 있어서 한 번에 이해하기 쉽지 않은 것 같아. 내용을 단순히 이해하는 데서 그치지 않고 의미 관계를 비교하거나 심화된 내용으로 발전시키기도 하니까. 하지만 가장 중요한 건, 글의 내용과의 관련성이야. **사례는 반드시 글의 내용과 관련하여 제시된다는 점에 주목하면서 물음에 답해야겠어!**

사회 과학

뭐야? **수능독해 지문.**
별다른 게 없잖아?

내가 그랬잖아.
별다른 게 **이슈?!**

독해, 이슈를 담다

사회 정의와 공정

'정의'라는 화두를 수면 위로 끌어올리며 한국 사회에서 엄청난 반향을 일으킨 마이클 샌델의 『정의란 무엇인가』. 철학책이 이처럼 이슈가 된 이유는 무엇일까? 아마도 '정의'와 '공정'은 우리 사회가 요구하는 시대 정신이고, 앞으로도 훼손되어서는 안 될 절대적 가치이기 때문일 것이다. 다양한 이해관계가 충돌하는 현대 사회에서 **수능 출제자들은 정의로운 사회에 대해 어떤 이슈들을 다룰까?**

기 출 읽 기

2013학년도 11월 **고1** 학력평가

정답률 **94%**
난이도 하
제한시간 **7분**

출제자는
무엇을 물을까?

● '정의로운 사회'에 대한 두 철학자의 견해가

어떻게 다른지를 묻겠지?

● 견해를 잘 이해했는지 확인하기 위해 보통 사

례에 적용하는 문제가 나오는데, 이대 또 다

른 관점을 주고 비교해 보라고 할 수 있어.

비교대조형 지문 구조에서
내가 묻고 싶은 건…
▶ 구조로 수능독해 95쪽

가 사람들은 누구나 정의로운 사회에 살기를 원한다. 그렇다면 정의로운 사회란 무엇일까? 이에 대해 철학자 로버트 노직과 존 롤스는 서로 다른 견해를 보인다.

나 자유지상주의자*인 노직은 타인에게 피해를 주지 않는 한, 개인의 모든 자유가 보장되는 사회를 정의로운 사회라고 말한다. 개인이 정당하게 얻은 결과를 온전히 소유할 수 있도록 자유를 보장하는 것이 정의라는 것이다. 따라서 개인의 소유에 대해 국가가 간섭하는 것은 소유권이라는 개인의 자유를 침해하는 것이기 때문에 정의롭지 못하다고 주장한다. 그렇기 때문에 노직은 선천적인 능력의 차이와 사회적 빈부 격차를 당연한 것으로 본다. 따라서 복지 제도나 누진세* 등과 같은 국가의 간섭에 의한 재분배 시도에 대해서는 강력하게 반대한다. 다만 빈부 격차를 해소하기 위한 사람들의 자발적 기부에 대해서는 인정한다.

다 롤스는 개인의 자유를 보장하면서도 사회적 약자를 배려하는 사회가 정의로운 사회라고 말한다. 롤스는 정의로운 사회가 되기 위해서는 세 가지 조건을 만족해야 한다고 주장한다. 첫 번째 조건은 사회 원칙을 정하는 데 있어서 사회 구성원 간의 합의 과정이 있어야 한다는 것이다. 이러한 합의를 통해 정의로운 세계의 규칙 또는 기준이 만들어진다고 보았다. 두 번째 조건은 사회적 약자의 입장을 고려해야 한다는 것이다. 롤스는 인간의 출생, 신체, 지위 등에는 우연의 요소가 많은 영향을 미칠 수 있다고 본다. 따라서 누구나 우연에 의해 사회적 약자가 될 수 있기 때문에 사회적 약자를 차별하는 것은 정당하지 못한 것이 된다. 마지막 조건은 개인이 정당하게 얻은 소유일지라도 그 이익의 일부는 사회적 약자에게 돌아가야 한다는 것이다. 왜냐하면 사회적 약자가 될 가능성은 누구에게나 있으므로, 자발적 기부나 사회적 제도를 통해 사회적 약자의 처지를 최대한 배려하는 것이 사회 전체로 볼 때 공정하고 정의로운 것이기 때문이다.

라 노직과 롤스는 이윤 추구나 자유 경쟁 등을 허용한다는 면에서는 공통점을 보인다. 그러나 노직은 개인의 자유를 중시하여 사회적 약자의 자연적·사회적 불평등의 해결을 개인의 선택에 맡긴다. 반면에 롤스는 개인의 자유를 중시하는 한편, 사람들이 공정한 규칙에 합의하는 과정도 중시하며, 자연적·사회적 불평등을 복지를 통해 보완해야 한다고 주장한다. 롤스의 주장은 소수의 권익을 위한 이론적 틀을 제시했으며, 평등의 이념을 확장시켜 복지 국가에 대한 이론적 근거를 마련했다고 할 수 있다.

* 자유지상주의자: 자유를 으뜸으로 삼는 사고방식이나 태도를 따르거나 주장하는 사람.
* 누진세: 과세 대상의 수량이나 값이 증가함에 따라 점점 높은 세율을 적용하는 세금. 소득세, 법인세, 상속세 따위이다.

구조읽기 0 **윗글을 쓰기 위해 글쓴이가 머릿속에 떠올렸을 구조도로 적절한 것은?**

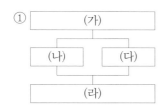

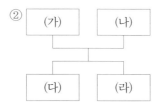

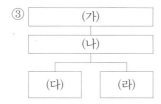

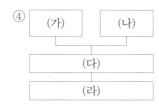

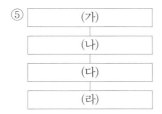

내 생각?... 을 표현하기 좋은 글의 구조를 선택하고... 썼으니까... **글의 구조 속**에 있지 않을까?

글쓴이의 작문 과정을 따라가 볼까?

정의로운 사회에 살기를 원하는 것이 인간의 보편적인 바람임을 언급하며 화제를 제시하고, 그와 관련해 앞으로 전개될 내용을 안내하자.

↓

개인의 모든 자유가 보장되는 사회가 정의로운 사회라고 본 (❶　　　)의 견해를 소개하자. 이때 자연적·사회적 불평등과 국가의 간섭에 대한 그의 관점을 인과적으로 드러내면 이해가 쉽겠지?

↓

개인의 자유를 보장하면서 사회적 약자를 배려하는 사회가 정의로운 사회라고 본 (❷　　　)의 견해를 소개하자. 그런 사회를 이루기 위한 조건들도 함께 제시하면 그의 관점이 보다 분명히 드러나겠지?

↓

두 학자의 견해를 비교한 뒤, 롤스의 견해가 지니는 사회적 의의를 밝히며 글을 마무리하자.

글쓴이가 이 글에서 말하려는 주제는?

_____

_____

1

윗글의 서술 방식으로 가장 적절한 것은?

글의 서술 방식

글의 구조

헷갈리는 용어들에 현혹되지 말고, 결론에서 단순 비교로 끝났는지 절충안 혹은 새로운 문제를 제시하고 끝났는지 생각해 봐.

> ⓐ 두 견해가 서로 인과 관계에 있음을 논증하고 있다.
> ⓑ 상반된 견해에 대하여 절충적 대안을 제시하고 있다.
> ⓒ 논의된 내용을 종합하여 새로운 문제를 제기하고 있다.
> ⓓ 어떤 이론이 다양하게 분화하는 과정을 보여 주고 있다.
> ⓔ 하나의 논점에 대한 두 견해를 소개하면서 비교하고 있다.

① ⓐ   ② ⓑ   ③ ⓒ
④ ⓓ   ⑤ ⓔ

2

윗글을 이해한 학생이 롤스의 입장에서 |보기|에 대해 제기할 수 있는 비판으로 가장 적절한 것은?

제기할 수 있는 비판

비판하는 사람이 롤스의 입장

롤스는 어떤 사회가 정의로운 사회라고 보았을까?

─────── | 보　기 |───────

　공리주의자인 벤담은 '최대 다수의 최대 행복'이 정의로운 것이라 주장했다. 따라서 다수의 최대 행복이 보장된다면 소수의 불행은 정당한 것이 되고, 반대로 다수의 불행이 나타나는 상황은 정의롭지 못한 것이 된다. 벤담은 걸인과 마주치는 대다수의 사람들은 부정적 감정을 느끼기 때문에, 거리에서 걸인을 사라지게 해야 한다며 걸인들을 모두 모아 한곳에서 생활시키는 강제 수용소 설치를 제안했다.

① 다수의 처지를 배려할 때 사회 전체의 행복이 증가하지 않을까요?
② 문제를 강제로 해결하려고 하기보다는 스스로 해결하도록 맡겨 두어야 하지 않을까요?
③ 감정적 차원에서 사람을 싫어하는 것은 인간적 도리를 지키지 않는 태도가 아닌가요?
④ 대다수의 사람들이 걸인에게 부정적 감정을 느낀다고 판단하는 것은 문제가 있지 않을까요?
⑤ 걸인이 된 것은 우연적 요소에 의한 것일 수도 있는데 그들을 차별하지 않아야 정의로운 것이 아닌가요?

롤스의 입장이 무엇인지부터 파악하는 게 좋겠지? 그리고 |보기|에서 비판할 거리를 찾을 거야!

3 윗글의 노직, 롤스가 |보기|의 신문 기사를 읽은 후 보일 반응으로 적절하지 <u>않은</u> 것은?

─────────────| 보 기 |─────────────

'부상 투혼' ○○○, 또 다른 감동을 주다

　프로 야구 선수 ○○○은 발목 부상에도 불구하고 등판하여 승리 투수가 되었다. ○○○은 1승을 올릴 때마다 1백만 원씩 난치병 치료 재단에 기부하기로 했다. 2010년에는 다승왕 상금으로 받은 1천만 원을 내놓기도 했다. 몇 년에 걸쳐 난치병 치료를 위한 기금 1억 원을 여러 사람들과 함께 조성하여 난치병 치료 재단에 기부했다. 그에게 감동 받은 팬들은 정부에 세금으로 난치병 환자를 지원하는 복지법 제정을 청원하고 있다.

－ △△ 신문

① 노직은 기부하는 행동 자체를 반대하겠군.

② 노직은 복지법이 제정되는 것을 반대하겠군.

③ 롤스는 복지법 제정으로 정의로운 사회가 이루어질 수 있다고 생각하겠군.

④ 롤스는 사회적 약자들을 위해 기부한 ○○○ 선수의 행동을 정의롭다고 판단하겠군.

⑤ 노직, 롤스는 모두 ○○○ 선수가 다승왕 상금을 받은 것은 자유 경쟁을 통해 얻은 결과라는 점에서 인정하겠군.

기사를 읽은 후 보일 반응

진짜 궁금한 것은 견해 비교!

↓

신문 기사에 대한 반응을 묻고 있지만, 노직과 롤스의 견해를 잘 이해했는지 묻고 있는 거야.

무엇을 물을까?

● 글의 중심 화제인 회복적 사법에 대해 정확히

이해했는지부터 묻겠지? 구체적 사례를 주고

이 관점에서 분석해 보라고도 할 수 있어.

●

가 1974년 캐나다에서 소년들이 집과 자동차를 파손하여 체포되었다. 보호 관찰관이 소년들의 사과와 당사자 간 합의로 이 사건을 해결하겠다고 담당 판사에게 건의하였고, 판사는 이를 수용했다. 그 결과 소년들은 봉사 활동과 배상 등으로 자신들의 행동을 책임지고 다시 마을의 구성원으로 복귀하였다. 이를 계기로 '피해자-가해자 화해' 프로그램이 만들어졌는데, 이것이 '회복적 사법'이라는 사법 관점의 첫 적용이었다. 이와 같이 회복적 사법이란 범죄로 상처 입은 피해자, 훼손된 인간관계와 공동체 등의 회복을 지향하는 형사 사법의 새로운 관점이자 범죄에 대한 새로운 대응인 것이다. 여기서 형사 사법이란 범죄와 형벌에 관한 사법 제도라 할 수 있다.

나 기존의 형사 사법은 응보형론과 재사회화론을 기저*에 두고 있다. 응보형론은 범죄를 상쇄할* 해악의 부과를 형벌의 본질로 보는 이론으로 형벌 자체가 목적이다. 그런데 지속적인 범죄의 증가 현상은 응보형론이 이미 발생한 범죄와 범죄인의 처벌에 치중하고 예방은 미약하다는 문제를 보여 준다. 재사회화론은 형벌의 목적을 범죄인의 정상적인 구성원으로서의 사회 복귀에 두는 이론이다. 이것은 형벌과 교육으로 범죄인의 반사회적 성격을 교화하여* 장래의 범법* 행위를 방지하는 것에 주안점을 두지만 이도 증가하는 재범률로 인해 비판받고 있다. 또한 응보형론이나 재사회화론에 입각한 형사 사법은, 법적 분쟁에서 국가가 피해자를 대신하면서 국가와 범죄 행위자 간의 관계에 집중하기 때문에 피해자나 지역사회에 대한 관심이 적다는 문제점이 제기되었다.

다 회복적 사법은 기본적으로 범죄에 대해 다른 관점으로 접근한다. 기존의 관점은 범죄를 국가에 대한 거역이고 위법 행위로 보지만 회복적 사법은 범죄를 개인 또는 인간관계를 파괴하는 행위로 본다. 지금까지의 형사 사법은 주로 범인, 침해당한 법, 처벌 등에 관심을 두고 피해자는 무시한 채 가해자와 국가 간의 경쟁적 관계에서 대리인에 의한 법정 공방*을 통해 문제를 해결해 왔다. 그러나 회복적 사법은 피해자와 피해의 회복 등에 초점을 두고 있다. 기본적 대응 방법은 피해자와 가해자, 이 둘을 조정하는 조정자를 포함한 공동체 구성원까지 자율적으로 참여하는 가운데 이루어지는 대화와 합의이다. 가해자가 피해자의 상황을 직접 듣고 죄책감이 들면 그의 감정이나 태도에 변화가 생기고, 이런 변화로 피해자도 상처를 치유받고 변화할 수 있다고 보는 것이다. 이러한 회복적 사법은 사과와 피해 배상, 용서와 화해 등을 통한 회복을 목표로 하며 더불어 범죄로 피해 입은 공동체를 회복의 대상이자 문제 해결의 주체로 본다.

라 회복적 사법이 기존의 관점을 완전히 대체할 수 있는 것은 아니다. 이는 현재 우리나라의 경우 형사 사법을 보완하는 차원 정도로 적용되고 있다. 그럼에도 회복적 사법은 가해자에게는 용서받을 수 있는 기회를, 피해자에게는 회복의 가능성을 부여할 수 있다는 점에서 의미가 있다.

---

* 기저: 사물의 뿌리나 밑바탕이 되는 기초.
* 상쇄할: 상반되는 것에 서로 영향을 주어 효과가 없어지게 만들.
* 교화하여: 가르치고 이끌어서 좋은 방향으로 나아가게 하여.
* 범법: 법을 어김.
* 법정 공방: 소송에서 이기기 위하여 법정에서 서로 공격하고 방어함.

윗글을 읽고 도식화한 것으로 적절한 것은?

①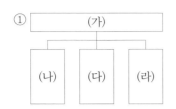

②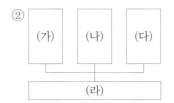

③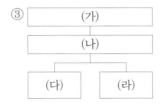

④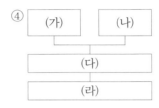

⑤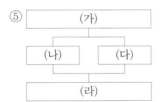

내 생각?

글쓴이의 작문 과정을 따라가 볼까?

실제 일어났던 사례를 들어 회복적 사법의 등장 배경부터 제시하고 회복적 사법의 개념을 밝히면 이해가 쉽겠지?

↓

응보형론과 재사회화론의 개념과 문제점을 살펴본 뒤, 이를 바탕으로 피해자보다는 국가와 가해자에 치중하는 (❶   ) 에 대해 설명해 볼까?

VS

회복적 사법을 기존의 관점과 비교하여 설명하면 피해자의 피해 회복에 초점을 두는 (❷   )의 목표를 좀 더 부각할 수 있겠지?

↓

회복적 사법도 한계가 있지만 가해자와 피해자 모두에게 의미가 있음을 부각하면 글의 완성성을 높일 수 있을 거야.

글쓴이가 이 글에서 말하려는 주제는?

_____

_____

글의 내용 구조

1 **윗글에 대한 설명으로 가장 적절한 것은?**

① 전문가의 의견을 들어 회복적 사법의 한계를 분석하고 있다.
② 구체적 수치를 활용하여 회복적 사법의 특성을 밝히고 있다.
③ 다른 대상과의 대조를 통해 회복적 사법의 특성을 설명하고 있다.
④ 비유적 진술을 통해 회복적 사법의 발전 가능성을 제시하고 있다.
⑤ 두 이론을 절충하여 회복적 사법에 대한 해결책을 제시하고 있다.

세부적인 화제

↓

'회복적 사법', '응보형론과 재사회화론' '기존의 형사 사법' 등 선지에 혼용된 용어들의 위상을 정리해야 헷갈리지 않을 수 있어.

2 **윗글에서 확인할 수 없는 것은?**

① 회복적 사법이 등장하게 된 계기
② 응보형론과 재사회화론의 한계점
③ 회복적 사법이 실현된 사법 제도의 다양한 유형
④ 기존 형사 사법의 토대가 되는 형벌에 대한 관점
⑤ 기존 형사 사법의 관점에서 본 범죄 행위의 의미

3 윗글을 읽고 이해한 내용으로 적절하지 <u>않은</u> 것은?

① 기존 형사 사법에서는 범인과 침해당한 법에 관심을 둔다.

② 응보형론은 저질러진 범죄에 대한 응당한 형벌의 필요성을 인정한다.

③ 재사회화론에서는 응보형론과 달리 범죄인의 교육을 통한 교화를 중시한다.

④ 회복적 사법에서는 범죄 문제 해결에 가해자, 피해자의 자율적 참여를 유도한다.

⑤ 회복적 사법에서는 가해자에 대한 피해자의 응보 심리를 충족하는 것을 목적으로 한다.

이해한 내용

정보 확인과 추론

주어진 정보를 조합해 봐. 가령 '응보형론'에 대한 정보들을 바탕으로 형벌의 필요성을 인정한다고 단정 지을 수 있는지 판단하면 돼.

4 |보기|는 법률 전문가의 견해이다. 이를 수용한 학생이 회복적 사법에 대해 비판적으로 반응한 내용으로 가장 적절한 것은?

──|보 기|──

누구든 법원에서 유죄 판결이 확정되기 전에는 무죄로 추정되어야 합니다. 이는 헌법에도 명시되어 있죠. 그런데 유죄 확정 전에 피해자와 합의하게 하는 것은 이미 가해자를 유죄로 간주하는 것으로 이는 무죄 추정의 원칙에 반하며, 가해자의 재판받을 권리를 침해할 수 있습니다. 더욱이 가해자가 자신에게 내려질 형벌을 감형시킬 목적으로 회복적 사법 프로그램을 악용할 수도 있습니다.

① 국가와 피해자 간의 관계에 집중하기 때문에 가해자의 재판받을 권리를 침해할 수 있겠군.

② 가해자의 교화나 재범의 예방에는 관심이 적으므로 가해자의 유무죄를 따지지 않는다는 문제점이 있겠군.

③ 현재의 헌법 정신에 어긋나기 때문에 피해자와 공동체가 회복되기보다는 오히려 더 상처 입을 수 있겠군.

④ 조정자가 전문성이 없다는 이유로 가해자가 프로그램에 참가를 거부한다면 그 가해자는 유죄로 간주되겠군.

⑤ 가해자가 자신에게 부여될 형벌을 피하기 위한 의도로 참가했을 경우 프로그램의 실시 목적이 달성되기 어렵겠군.

회복적 사법에 대해 비판

회복적 사법의 한계

|보기|에서 회복적 사법과 관련된 내용을 찾고, 이를 선지에서 부정적으로 보고 있는지 확인하면 되겠지?

무엇을 물을까?

● 반론 보도가 정정 보도나 추후 보도와는 다르

다고 했으니 구체적 사례를 통해 이를 구분할

수 있는지를 묻겠지?

●

[A]
　　언론 보도로 명예가 훼손되는 경우 피해를 구제받으려면 어떻게 해야 할까? 우리 민법은 명예 훼손으로 인한 피해를 구제받기 위해 손해 배상과 같은 금전적인 구제와 아울러 비금전적인 구제를 청구할 수 있다고 규정하고 있다. 이러한 비금전적인 구제 방식의 하나가 '반론권'이다. 반론권은 언론의 보도로 피해를 입었다고 주장하는 당사자가 문제가 된 언론 보도 내용 중 순수한 의견이 아닌 사실적 주장(사실에 관한 보도 내용)에 대해 해당 언론사를 상대로 지면이나 방송으로 반박할 수 있는 권리이다. 반론권은 일반적으로 반론 보도를 통해 실현되는데, 이는 정정 보도나 추후 보도와는 다르다. 정정 보도는 보도 내용이 사실과 달라 잘못된 사실을 바로잡는 것이며, 추후 보도는 형사상의 조치를 받은 것으로 보도된 당사자의 무혐의나 무죄 판결에 대한 내용을 보도해 주는 것이다.

　　반론권 제도는 세계적으로 약 30개 국가에서 시행되고 있는데, 우리나라의 반론권 제도는 의견에도 반론권을 적용하는 프랑스식 모델이 아닌 사실적 주장에 대해서만 반론권을 부여하는 독일식 모델을 따르고 있다. 우리나라 반론권 제도의 특징은 정부가 반론권 제도를 도입하면서 이를 언론중재위원회를 통하여 행사하도록 했다는 것이다. 반론권 도입 당시 우리 정부는 언론중재위원회를 통한 반론권 행사가 언론에는 신뢰도 하락과 같은 부담을 주지 않고, 개인에게는 신속히 피해를 구제받을 기회를 주기 때문에 효율적이라고 주장하였다. 이에 대해 언론사와 일부 학자들은 법정 기구인 언론중재위원회를 통해 반론권을 행사하도록 하는 것이 언론의 편집 및 편성권*을 침해하여 궁극적으로 언론 자유의 본질을 훼손할 수 있다는 우려를 나타냈다.

　　그러나 헌법재판소는 반론권 존립 여부에 대해 판단하면서, 반론권은 잘못된 사실을 진실에 맞게 수정하는 권리가 아니라 피해를 입은 자가 문제가 되는 기사에 대해 자신의 주장을 게재*하는 권리로서 합헌적*인 구제 장치라고 보았다. 또한 대법원은 반론권 제도를 이른바 ㉠<u>무기대등원칙(武器對等原則)</u>에 부합하는 것으로 판단하였다. 즉 사회적 강자인 언론을 대상으로 일반인이 동등한 공격과 방어를 할 수 있도록 균형 유지 수단을 제공하는 것이므로 정당하다는 것이다.

　　반론권 청구는 언론중재위원회 또는 법원에 할 수 있으며, 두 기관에 동시에 신청할 수도 있다. 이때 반론권은 해당 언론사의 잘못이나 기사 내용의 진실성 여부에 상관없이 청구할 수 있다. 언론 전문가들은 일부 학자들의 비판적인 시각에도 불구하고 언론과 관련된 분쟁은 법정 밖에서 해결하는 것이 가장 바람직하다는 측면에서 언론중재위원회를 통한 반론권 제도의 중요성을 인정하고 있다. 그러나 그 효율성을 제고*하기 위해서는 당사자가 모두 ㉡<u>만족할</u> 수 있도록 중재의 합의율과 질적 수준을 높여야 할 것이다.

---

* 편성권: 엮어 모아서 책·신문·영화 따위를 만들 권리.
* 게재: 글이나 그림 따위를 신문이나 잡지 따위에 실음.
* 합헌적: 헌법 조항과 충돌하지 않고 헌법 취지에 부합하는. 또는 그런 것.
* 제고: 수준이나 정도 따위를 끌어올림.

0 **윗글의 논지 전개 방식으로 적절한 것은?**

① 외국의 사례를 열거하여 공통적인 논지를 도출한다.

② 일반인의 상식을 제시한 후 이를 논리적으로 비판한다.

③ 새로운 이론을 통해 기존의 주장을 반박하고 재해석한다.

④ 개념을 정의한 후 대립되는 주장을 소개하고 필자의 견해를 밝힌다.

⑤ 현상이나 사실을 설명한 뒤 필자의 생각과 반대되는 견해의 장단점을 분석한다.

내 생각?

글쓴이의 작문 과정을 따라가 볼까?

(❶   )이라는 화제로 글을 쓰려고 하는데, 우선 이에 대해 알고 있는지 질문을 던져 독자의 관심을 끌어야겠지?

↓

우리나라 반론권 제도의 특징을 다른 나라의 경우와 관련지어 설명하면 이해하기 쉬울 거야.

↓

우리나라의 반론권 제도에는 긍정적 시각과 부정적 시각이 있어. 양측의 의견이 팽팽한 만큼 둘 다 제시하면 글의 객관성을 확보할 수 있겠지?

↓

우리나라 반론권 제도의 효율성을 높이려면 중재의 (❷   )과 질적 수준을 높여야 한다고 주장하며 마무리하자.

글쓴이가 이 글에서 말하려는 주제는?

_____

_____

1 **윗글을 통해서 확인할 수 있는 것은?**

① 반론권 제도는 프랑스에서 가장 먼저 도입하였다.

② 보도 내용이 진실한 경우에도 반론권을 청구할 수 있다.

③ 피해자는 반론 보도와 정정 보도를 동시에 청구할 수 있다.

④ 반론권은 개인은 물론이고 법인이나 단체, 조직도 행사할 수 있다.

⑤ 반론권은 문제가 된 보도와 같은 분량의 지면이나 방송으로 행사되어야 한다.

2 **[A]에 근거하여 볼 때, 반론 보도문의 성격에 가장 잘 맞는 것은?**

'반론 보도'와 혼동하기 쉬운 것이 '정정 보도'와 '추후 보도'야. 이 둘과 '반론 보도'를 구분할 수 있는지를 묻는 거야!

① 본지는 2008년 1월 1일자 3면에서 공무원 A 씨가 횡령 혐의로 체포되었다고 보도하였습니다. 그러나 A 씨는 2009년 4월 20일 대법원에서 무죄 판결이 났음을 알려 드립니다.

② ○○ 연구소의 B 소장은 '경제 회복 당분간 어렵다'는 취지의 본지 인터뷰 기사 내용에 대해, 이는 인터뷰 내용 중 일부 대목만을 인용하여 '경기 부양에 적절한 조치가 필요하다'라는 자신의 견해를 확대 해석한 결과라고 밝혀 왔습니다.

③ C 기업은 해당 기업에서 제작한 핵심적 기계 장치의 안전성이 우려된다는 본지의 보도로 인하여 많은 손해를 보았다고 전해 왔습니다. 사실 관계를 확인한 결과 기계 자체가 아닌 사용상의 문제인 것으로 드러나 관련 기업과 독자 여러분께 사과드립니다.

④ 본지는 D 병원장의 예를 들어 병원들이 보험료를 부풀려 신청한다는 보도를 한 바 있습니다. 이에 대해 D 병원장은 기사에서 지적된 사람은 자신이 아니라고 알려 왔으며, 확인 결과 기사의 D 병원장은 E 병원장의 오기(誤記)로 드러났음을 알려 드립니다.

⑤ 본지는 F 금융공사가 미국보다 비싼 학자금 대출 금리로 부당한 이익을 남긴다고 보도한 바 있습니다. 이에 대해 F 금융공사는 미국에서 가장 널리 이용되는 학자금 대출 상품의 금리보다 자사의 금리가 더 낮다고 주장하였습니다. 이는 사실로 확인되었으므로 해당 내용을 수정합니다.

3 ㉠의 취지를 가장 잘 반영하는 것은?

① 피의자가 자신에게 불리한 진술을 거부할 수 있도록 허용한다.
② 모성 보호를 위해 산모에게 일정 기간 유급 휴가를 제공한다.
③ 저소득층 자녀들을 위해 구청에서 무료로 놀이방을 운영한다.
④ 만 65세 이상의 고령자에게 지하철을 무료로 이용할 수 있도록 한다.
⑤ 청소년 보호를 위해 정부에서 지상파 방송 광고에 대해 사전 심의를 실시한다.

㉠의 취지
|
취지는 곧 ㉠의 의미 파악

4 밑줄 친 단어 중, ㉡의 의미를 포함하지 않는 것은?

① 선을 본 사람이 마음에 차지 않았다.
② 엊그제 비가 흡족히 와서 가뭄이 해소되었다.
③ 그는 자기 능력에 상당한 대우를 받고 기뻐했다.
④ 철수는 그 자리에 있는 것이 별로 달갑지 않았다.
⑤ 형의 말을 들은 삼촌의 얼굴이 그리 탐탁해 보이지 않는다.

의미를 포함하는 것은 유의 관계
↓
특정 의미를 포함한다는 것은 두 단어의 의미가 유사하다는 거야. 각 선지에 '만족하다'를 대입시키고 자연스럽지 않은 것을 찾자.

무엇을 물을까?

● _____
_____
_____
_____

● _____
_____

선거 기간 동안 여론 조사 결과의 공표*를 금지하는 것이 사회적 쟁점이 되고 있다. 조사 결과의 공표가 유권자 투표 의사에 영향을 미쳐 선거의 공정성을 훼손한다는 주장과 공표 금지가 선거 정보에 대한 언론의 접근을 제한하여 알 권리를 침해한다는 주장이 맞서고 있기 때문이다.

[A] 찬성론자들은 먼저 ㉠'밴드왜건 효과'와 '열세자 효과' 등의 이론을 내세워 여론 조사 공표의 부정적인 영향을 부각시킨다. 밴드왜건 효과에 의하면, 선거일 전에 여론 조사 결과가 공표되면 사표(死票)* 방지 심리로 인해 표심*이 지지도가 높은 후보 쪽으로 이동하게 된다. 이와 반대로 열세자 효과에 따르면, 열세에 있는 후보자에 대한 동정심이 발동하여 표심이 그쪽으로 움직이게 된다. 각각의 이론을 통해 알 수 있듯이, 여론 조사 결과의 공표가 어느 쪽으로든 투표 행위에 영향을 미치게 되고 선거일에 가까워질수록 공표가 갖는 부정적 효과가 극대화되기 때문에 이를 금지해야 한다는 것이다. 이들은 또한 공정한 여론 조사가 진행될 수 있는 제반* 여건이 아직은 성숙되지 않았다는 점도 강조한다. 그리고 금권*, 관권* 부정 선거와 선거 운동의 과열 경쟁으로 인한 폐해가 많았다는 것이 경험적으로도 확인되었다는 사실을 그 이유로 든다.

[B] 이와 달리 반대론자들은 무엇보다 표현의 자유를 실현하는 수단으로서 알 권리의 중요성을 강조한다. 알 권리는 국민이 의사를 형성하는 데 전제가 되는 권리인 동시에 국민 주권 실천 과정에 참여하는 데 필요한 정보와 사상 및 의견을 자유롭게 구할 수 있음을 강조하는 권리이다. 그리고 이 권리는 언론 기관이 '공적 위탁 이론'에 근거해 국민들로부터 위임받아 행사하는 것이므로, 정보에 대한 언론의 접근이 보장되어야 충족된다. 후보자의 지지도나 당선 가능성 등에 관한 여론의 동향 등은 이 알 권리의 대상에 포함된다. 따라서 언론이 위임받은 알 권리를 국민의 뜻에 따라 대행하는 것이기 때문에, 여론 조사 결과의 공표를 금지하는 것은 결국 표현의 자유를 침해하여 위헌이라는 논리이다. 또 이들은 조사 결과의 공표가 선거의 공정성을 방해한다는 분명한 증거가 제시되지 않고 있기 때문에 조사 결과의 공표가 선거에 부정적인 영향을 미친다는 점이 확실하게 증명되지 않았음도 강조한다.

우리나라 현행 선거법은 선거일 전 6일부터 선거 당일까지 조사 결과의 공표를 금지하고 있다. 선거 기간 내내 공표를 제한했던 과거와 비교해 보면 금지 기간이 대폭 줄었음을 알 수 있다. 이 점은 공표 금지에 대한 찬반 논쟁에 시사하는 바가 크다.

* 공표: 여러 사람에게 널리 드러내어 알림.
* 사표: 선거 때에, 낙선한 후보자에게 던져진 표.
* 표심: 투표 시 어떤 후보자를 선택하는 마음.
* 제반: 어떤 것과 관련된 모든 것.
* 금권: 재력으로 인해서 생기는 권세.
* 관권: 국가 기관 또는 관리의 권력.

[A]와 [B]의 관계를 도식화한 것으로 가장 적절한 것은?

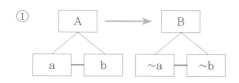

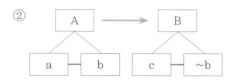

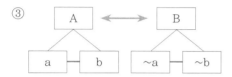

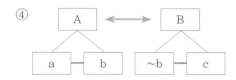

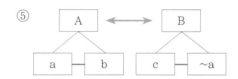

←→	대립 관계
→	인과 관계
——	나열 관계
~	부정 관계
A, B	주장
a, b, c	근거

내 생각?

글쓴이의 작문 과정을 따라가 볼까?

선거 기간 동안 여론 조사 결과 공표를 금지하는 것이 사회적 논란이 됨을 밝히며 글을 시작해 볼까?

↓

찬성론자들이 내세우는 근거 중 밴드왜건 효과와 (❶　　　　　)를 중점적으로 설명하여 여론 조사 결과를 공표하는 게 선거에 부정적 영향을 미침을 강조해야지.

↓

반대론자들은 표현의 자유와 (❷　　　　) 를 근거로 들어 여론 조사 결과의 공표 금지는 결국 위헌이라는 논리를 내세운다는 점을 설명해야지.

↓

과거에 비하면 공표 금지 기간이 대폭 줄어드는 것만 봐도 위 논쟁이 시사하는 바가 있겠지? 이를 언급하며 글을 마무리하자.

글쓴이가 이 글에서 말하려는 주제는?

_____

_____

1 윗글을 읽고 추론한 내용으로 적절하지 <u>않은</u> 것은?

① 언론 기관이 알 권리를 대행하기도 한다.
② 알 권리는 법률에 의해 제한되기도 한다.
③ 알 권리가 제한되면 표현의 자유가 약화된다.
④ 알 권리에는 정보 수집의 권리도 포함되어 있다.
⑤ 공표 금지 기간이 길어질수록 알 권리는 강화된다.

2 ㉠을 바탕으로 |보기|를 적절하게 분석한 것은?

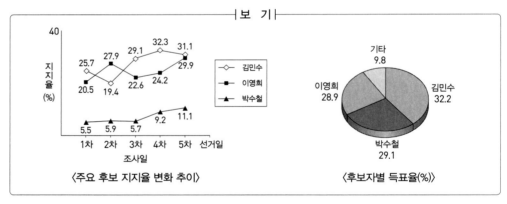

〈주요 후보 지지율 변화 추이〉   〈후보자별 득표율(%)〉

① 이영희 후보의 지지율과 득표율을 보니 밴드왜건 효과가 나타난 것 같군.
② 박수철 후보의 5차 조사 결과와 득표율을 보니 열세자 효과가 나타난 것 같군.
③ 2차와 3차 조사 사이에 김민수 후보에게 밴드왜건 효과가 나타난 것 같군.
④ 3차와 4차 조사 사이에 박수철 후보에게 밴드왜건 효과가 나타난 것 같군.
⑤ 김민수 후보와 이영희 후보의 득표율을 보니 열세자 효과가 나타난 것 같군.

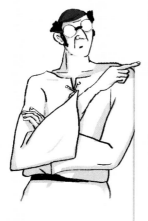

비교대조형 지문 구조

❝서로 다른 대상이나 견해가 나올 때는 충돌이 발생한다.❞

수능 독서영역에 나오는 지문 구조 중에서 출제자의 의도를 예측하기가 가장 쉬운 형식이야. 사실 시험에서 비교와 대조를 구분하는 문제는 잘 나오지 않아. 비교와 대조는 대부분 동시에 이루어지니까. **둘 이상의 견해가 대립하는 글을 읽을 때 핵심은 쟁점에 대해 각각의 견해가 어떻게 다른지를 묻는 문제가 반드시 등장한다는 점이야.** 둘 이상의 대상을 비교할 때도 차이점을 묻는 문제는 늘 등장하니까. 지문에 없던 새로운 의견이나 대상을 끌고 와서 비교하거나 어느 한 편의 입장에서 비판하는 문제에도 대비해야 할 거야.

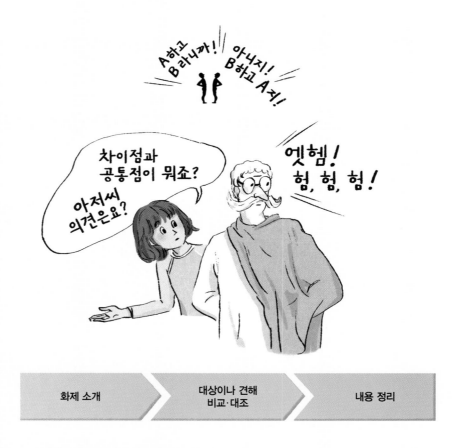

| 화제 소개 | 대상이나 견해
비교·대조 | 내용 정리 |

여러 대상이나 견해가 대립될 때는
차이점과 공통점에 주목해야 돼!

서로 다른 관점이나 대상 간의 차이점이 뚜렷하게 드러나는 지문 구조야. 출제자가 대상을 비교·대조하는 글 혹은 견해가 대립하는 글을 제시한 건 각 대상이나 견해가 어떻게 다른지를 이해하고, 글쓴이의 입장이 어느 방향인지를 묻기 위함이야.

그러니 여러 관점이나 대상이 어떻게 대립하는지 또는 이들을 절충하는 새로운 안을 도출하고 있는지를 우선적으로 파악할 수 있어야 해. 그리고 글쓴이의 의도가 도드라지는 글이라면 소개하는 여러 견해들 중 글쓴이가 무엇을 더 선호하는지를 파악하는 것이 가장 중요해.

서로 다른 관점을 비교하는 지문 구조로
하나의 쟁점을 두고 서로 이견이
엇갈리는 경우에 주로 출제돼!

ISSUE **06** 인체 **우리 몸과 건강**

몇 년째 지속되는 코로나19 팬데믹 상황으로 그 어느 때보다 건강에 대한 관심이 뜨겁다. 특히 바이러스로부터 우리 몸을 보호하는 '면역'이 중요한 키워드로 대두되면서 이에 대한 지속적인 관심이 이어지고 있다. 이러한 사회 분위기를 반영하듯 최근 시험에서 우리 인체, 건강, 의학 지식 등을 다룬 글들이 출제되고 있다. 동시대를 살아가는 사람들이라면 주목해야 할 이슈에 **수능 출제자들도 마찬가지로 주목하고 있는 것이다.**

기 출 읽 기

2017학년도 11월 고1 학력평가

정답률 72%
난이도 중
제한시간 8분

출제자는
무엇을 물을까?

● 심장 박동과 심장음에 대한 궁금증을 해결하기

위해서는 심장의 구조와 혈액의 순환 과정을

살펴봐야 한다고 했으니 이에 대해 묻겠지?

● 심장의 구조와 혈액의 흐름을 [그림]과 관련

지어 묻지 않을까?

원리과정형 지문 구조에서
내가 묻고 싶은 건…

► 구조로 수능독해 101쪽

일반적으로 의사들은 청진기를 통해 들리는 심장음으로 환자의 상태를 점검한다. 심장은 우리 몸에 혈액을 안정적으로 순환시키는 기관으로 펌프와 같은 작용을 하는데, 매우 짧은 시간에 수축과 이완을 반복한다. 이러한 심장의 주기적인 리듬을 '심장 박동'이라고 하며 이 과정에서 심장음이 발생되는 것이다. 그렇다면 심장 박동은 구체적으로 어떤 과정을 거쳐 일어나며, 심장음은 왜 발생하는 것일까?

이 궁금증을 해결하기 위해서는 우선 ㉠심장의 구조와 혈액의 순환 과정을 살펴볼 필요가 있다. 심장은 [그림]과 같이 우심방과 우심실, 좌심방과 좌심실로 구성되어 있다. 각 심방과 심실 사이에는 방실판막이 있고, 우심실과 폐동맥 사이, 좌심실과 대동맥 사이에는 동맥판막이 있다. 여기서 판막은 혈액을 한 방향으로만 흐르게 하는 역할을 한다는 점에서 마치 한쪽으로만 열리는 출입문에 비유될 수 있다. 방실판막은 심방에서 심실로만 열리는데, 심방의 압력이 심실의 압력보다 높을 경우에만 열린다. 동맥판막 역시 압력의 차이로 인해 심실에서 동맥으로만 열린다. 그리고 혈액의 순환 과정은 다음과 같다. 혈액은 몸 전체의 세포와 조직에 산소를 공급하고 이들로부터 이산화탄소를 받은 후 우심방, 우심실을 거쳐 폐동맥을 통해 폐로 이동된다. 이후 폐

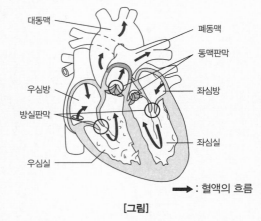

[그림]

에서 산소를 공급받은 혈액은 좌심방으로 되돌아와 좌심실을 거쳐 대동맥을 통해 몸 전체로 나가게 된다. 이 과정에서 우심실과 좌심실은 동시에 수축됨으로써 같은 양의 혈액을 폐나 몸 전체로 내보내는데, 혈액을 폐로 보내는 것보다 몸 전체로 보낼 때 더 강한 힘이 필요하므로 좌심실 벽이 우심실 벽보다 더 두껍다.

㉡심장의 박동은 심실 확장기, 등용적 심실 수축기, 심실 수축기를 포함하는 수축 단계와 등용적 심실 이완기, 심실 채우기를 포함하는 이완 단계를 반복적으로 거친다. 이 과정은 약 0.8초를 주기로 하여 좌심방과 좌심실, 우심방과 우심실에서 동시에 일어난다. 먼저 동방결절*에서 발생한 전기 신호가 심방의 근육으로 전달되면 심방이 수축된다. 이로 인해 심방의 압력이 심실의 압력보다 조금 높아지므로 심방에서 심실로 혈액이 흘러 심실의 크기가 지속적으로 커지는데 이를 심실 확장기라고 한다. 이 시기에는 심방을 수축시킨 전기 신호가 방실판막과 심방 벽을 진동시켜 '제4 심장음'이 발생한다. 그리고 동방결절에서 발생한 그 전기 신호가 방실결절*을 통해 심실 전체로까지 전달되면 심실이 수축되기 시작한다. 이로 인해 심실의 압력이 증가하여 심방의 압력보다 높아지므로 방실판막이 닫힌다. 그런데 심실의 압력은 동맥의 압력보다 여전히 낮기 때문에 동맥판막은 닫혀 있다. 따라서 수축으로 인한 심실의 압력 증가가 일정 수준에 이르기 전까지는 4개의 판막은 모두 닫혀 있다. 이는 혈액의 이동이 순간적으로 중지된 상태이므로 심실의 크기는 일정하게 유지되는데 이를 등용적 심실 수축기라고 한다. 이 시기에는 방실판막이 닫힐 때 길고 둔한 소리가 발생하는데 이를 '제1심장음'이라고 한다. 수축 단계의 마지막 과정인 심실 수축기는, 계속 증가

해 온 심실의 압력이 동맥의 압력보다 높아지게 되어 동맥판막이 열리고 혈액이 심실에서 몸 전체나 폐로 빠져나가는 시기를 말한다. 이 시기에는 심실의 압력이 심방의 압력보다 높기 때문에 방실판막은 여전히 닫혀 있고, 혈액은 심실 밖으로 빠져나갔으므로 심실의 크기는 이전 시기보다 작아진다.

전기 신호로 인한 수축 단계가 끝나고 심실이 이완되면 심실의 압력이 동맥의 압력보다 낮아져 동맥판막이 닫히게 된다. 그런데 심실의 압력은 심방의 압력보다 여전히 높으므로 방실판막은 열리지 않는다. 따라서 이완으로 인한 심실의 압력 감소가 일정 수준에 이르기 전까지는 4개의 판막이 모두 닫혀 있다. 이 상태에서는 등용적 심실 수축기처럼 심실의 크기가 일정하게 유지되는데 이를 등용적 심실 이완기라고 한다. 이 시기에는 동맥판막이 닫힐 때 '제1심장음'보다 짧고 예리한 소리가 발생하는데 이를 '제2심장음'이라고 한다. 이후 심실이 이완되면서 계속 감소해 온 심실의 압력이 심방의 압력보다도 낮아지면 방실판막이 열려 심실로 혈액이 조금씩 들어오는데 이를 심실 채우기라고 한다. 이때 방실판막이 열리면서 '제3심장음'이 발생한다.

이처럼 심장의 박동은 심장의 수축과 이완에 따른 압력 또는 크기의 변화와 밀접한 관련이 있으며 시기별로 일정한 심장음을 발생시킨다는 특성이 있다. '제1심장음'과 '제2심장음'은 일반적으로 의사들이 청진기를 통해 분명하게 들을 수 있다. '제3심장음'은 그 소리가 약해서 소아나 청소년들에게서만 들리며, '제4심장음'은 음정이 낮고 짧아 드물게 들린다. 만약 판막이나 혈관 등에 이상이 생길 경우 정상적인 심장음 이외의 소리가 발생하고 이를 통해 질병이 감지될 수 있는 것이다.

* 동방결절: 전기 신호를 생성하여 심장을 수축시킴으로써 심장 박동의 리듬을 결정하는 심장의 한 부분.
* 방실결절: 특수 심장 근육의 하나로 동방결절에서 진행된 흥분을 심실 근육 쪽으로 전달하는 기능을 가진 심장의 한 부분.

구조읽기 **0** **윗글에 대한 설명으로 가장 적절한 것은?**

① 혈액 순환에서 심장이 담당하는 기능을 바탕으로 심장 질환 연구의 의학적 성과를 설명하고 있다.
② 심장의 구조와 혈액 순환 과정을 바탕으로 심장 박동 과정과 심장음의 발생 원인을 설명하고 있다.
③ 혈액의 이동 경로를 중심으로 심장을 이루는 각 기관의 기능과 그와 관련된 질환을 설명하고 있다.
④ 심장의 박동 원리와 심장음 발생에 대한 이해를 바탕으로 인공 심장의 발달 과정을 설명하고 있다.
⑤ 심장의 박동이 인체에 미치는 영향을 중심으로 다양한 심장음을 통해 알 수 있는 질환을 설명하고 있다.

내 생각?... 을 표현하기 좋은 글의 구조를 선택하고... 썼으니까... **글의 구조 속**에 있지 않을까?

글쓴이의 작문 과정을 따라가 볼까?

심장 박동은 어떤 과정을 거쳐 일어나고, (❶   )은 왜 발생하는지 질문을 던지며 독자의 관심을 유발해 볼까?

↓

중심 화제를 이해하기 위해서는 우선 심장의 구조와 (❷   )의 순환 과정부터 살펴볼 필요가 있겠지?

↓

심장 박동 과정을 단계별로 구체적으로 설명하고 그 과정에서 어떤 심장음이 들리는지를 설명해 주면 의문이 해결될 거야!

글쓴이가 이 글에서 말하려는 주제는?

내용과 일치

세부 내용 파악

↓

각 선지의 핵심어가 무엇인지 찾고 지문에서 관련된 정보를 찾아 비교해 봐.

1 **윗글의 내용과 일치하지 않는 것은?**

① 우심실 벽이 좌심실 벽보다 더 두껍다.

② 판막은 혈액을 한 방향으로만 흐르게 한다.

③ '제3심장음'은 소아나 청소년들에게서만 들린다.

④ 심장은 우리 몸에 혈액을 안정적으로 순환시키는 기관이다.

⑤ 판막이나 혈관에 이상이 생기면 정상적인 심장음 이외의 소리가 발생한다.

㉠을 중심으로 윗글을 이해

㉠에 대한 이해는 곧 핵심 내용 추론

↓

㉠에 대해 설명하고 있다고 2문단만 보고 문제를 풀면 안 돼. 꼼꼼하게 뒤의 내용까지도 보며 적절성을 따져 봐.

2 **㉠을 중심으로 윗글을 이해한 내용으로 적절하지 않은 것은?**

① 심장의 혈액을 심실 밖으로 내보낼 때에는 심실과 동맥 사이의 동맥판막이 열린다.

② 심장의 우심방에 들어온 혈액을 다시 몸 전체로 내보낼 때에는 판막 4개를 거쳐야 한다.

③ 심장의 각 심실로 들어온 혈액을 심장 밖으로 내보낼 때에는 심장의 방실판막은 닫혀 있다.

④ 심장의 각 심방으로 들어온 혈액을 심실로 내보낼 때에는 심방에서 심실 방향으로 판막이 열려야 한다.

⑤ 심장의 혈액을 좌심실에서 내보내기 시작할 때에는 우심실에서 내보내기 시작할 때와 달리 동맥판막이 열린다.

[3-4] |보기|는 ⓒ의 과정을 도식화한 것이다. 윗글과 |보기|를 참고하여 3번과 4번의 두 물음에 답하시오.

|보 기|

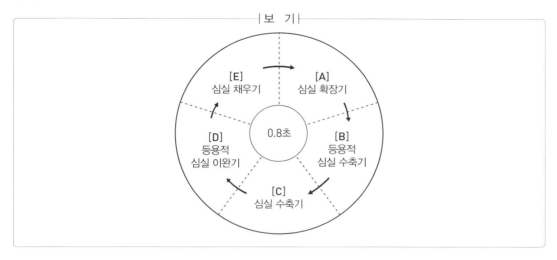

3 윗글을 바탕으로 [A]~[E]에 대해 이해한 내용으로 적절하지 <u>않은</u> 것은?

① [A]에서 [B]로 되면서, 혈액의 이동이 순간적으로 중지되어 심실의 크기가 일정하게 유지된다.

② [B]에서 [C]로 되면서, 심실 속 혈액량은 줄어들며 심실의 크기는 작아진다.

③ [C]에서 [D]로 되면서, 심실은 이완하며 청진기로 들을 수 있는 '제2심장음'이 발생한다.

④ [D]에서 [E]로 되면서, 심실은 이완되어 심실 속의 혈액량이 줄어든다.

⑤ [E]에서 [A]로 되면서, 전기 신호로 인해 심방이 수축되고 '제4심장음'이 발생한다.

지문에서 [A]~[E]가 지시하는 단계를
잘 살펴봐야겠어!

원리나 과정을 도식에 적용

도식으로 묻고 있지만, 결국엔
내용 일치 문제야! 도식에만 집중하지
말고, 지문을 잘 살펴봐야겠지?

㉮~㉰에 들어갈 말

빈칸 문제는 곧 추론 문제

↓

|보기|의 '압력이 높은 순서'라는 말이
핵심이야. 지문에서 압력과 관련된 정
보를 비교해서 어떤 것이 가장 높은지
부터 찾아봐.

4 윗글을 읽은 학생이 [B]와 [D]에 대해 |보기|와 같이 반응했다고 할 때, ㉮~㉰에 들어갈 말로
적절한 것은?

─────────────| 보 기 |─────────────

"이 글을 읽고 심방, 심실, 동맥을 압력이 높은 순서대로 나열했을 때, [B]와 [D]에서 그 순
서가 동일하다는 점을 발견했어. 즉 압력이 가장 높은 것은 (㉮)이고, 그 다음 높은 것은
(㉯)이며, 가장 낮은 것은 (㉰)이라는 사실을 알게 되었어."

	㉮	㉯	㉰
①	심방	심실	동맥
②	심방	동맥	심실
③	심실	심방	동맥
④	동맥	심실	심방
⑤	동맥	심방	심실

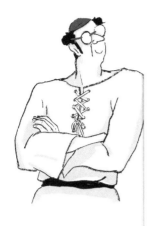

원리과정형 지문 구조

" 현상 그 자체보다 원리에 집중해야 글이 보인다."

수능 독서영역에 나오는 지문 구조 중에서 특히 과학이나 기술 지문에 많이 등장하는 지문 구조로 원리형, 즉 원리과정형이 있어. 최근 들어 경제 영역에서도 이 원리형 지문이 많이 등장하고 있는데, 왜 그럴까? 이 세상 모든 일에는 현상을 일으키는 원리가 담겨 있기 때문이 아닐까? 이 구조의 특징은 지문이나 문제에서 원리를 설명하기 위한 시각 자료가 반드시 등장한다는 점이야. 아무래도 정보량이 많고, 원리나 과정을 순차적으로 설명하다 보니, 이를 제대로 이해했는지를 묻고자 그림 또는 다른 사례에 적용하게 하는 경우가 많기 때문이지. 그러니 **원리과정형 구조의 글을 읽을 땐, 현상 그 자체보단 그 현상을 일으키게 하는 원리에 더 집중하는 게 중요하겠지?**

| 화제 소개 | 원리 설명 | 과정 설명 | 내용 정리 |

원리나 과정을 설명할 때는
그 내용을 그림 또는 사례에 적용할 수 있어야 돼!

과학기술 영역에서 자주 보이는 지문 구조 중 하나로, 대상의 원리나 절차를 설명하기 위해 단계나 과정을 중심으로 설명하는 구조야. 이 지문 구조를 만났을 때는 중심 화제를 파악하고 중심 화제가 다루고 있는 원리나 과정의 순서를 중심으로 지문을 독해해야 해.

특히 '원리, 과정, 단계' 등의 용어가 나오면 지문에서 대상의 작동 원리나 과정을 줄글로 설명하거나, 시각화된 자료를 보여 주고 이를 되묻는 형태가 자주 출제되니까, 글과 그림 자료를 연결 지어 이해하는 데에 익숙해져야 할 거야.

원리나 과정을 단계적으로
설명하는 지문 구조로
과학기술 영역에서 자주 나와!

기 출 읽 기

2011학년도 3월 고1 학력평가

정답률 83%
난이도 중하
제한시간 7분

무엇을 물을까?

● 후각의 감각적 특성이 글의 핵심이니 출제 0순

위! 특성과 관련된 사례를 들 수도 있을 거야.

●

가 일본의 한 가전 회사가 냄새를 전달하는 후각 텔레비전을 개발하겠다고 하여 화제가 된 적이 있었다. 이를테면 피자 광고가 나올 때는 피자 냄새도 전달하여 시청자가 더 실감 나게 느낄 수 있 도록 하겠다는 것이었다. 그러나 3D입체 영상과 음향이 나오는 텔레비전이 상용화된 지금에도 후 각 텔레비전에 대한 이야기는 아이디어 수준에 머무르고 있다. 후각 텔레비전의 개발이 어려운 이 유는 후각이 시각이나 청각과는 근본적으로 다른 특성을 가지고 있기 때문이다.

나 시각으로 인지되는 빛이나 청각으로 인지되는 소리는 파장으로 나타낼 수 있다. 빛과 소리는 물리적으로 표현될 수 있는 실체이기 때문에 신호의 변환과 송신이 비교적 자유롭다. 그리고 신호 의 강약 변화만 파악하면 감각적으로 인지할 수 있다. 반면에 후각의 대상이 되는 냄새는 화학적 인 결합을 통해 만들어지는 것이기 때문에 변환과 송신이 어렵고, 감각으로 인지하는 과정도 시각 이나 청각에 비해 복잡하다.

다 후각이 냄새를 인지하는 과정은 다음과 같다. 먼저 냄새 분자가 호흡을 통해 콧구멍으로 들어 온 후 콧구멍 깊숙한 곳에 있는 후각 상피 쪽으로 이동을 하게 된다. 여기에서 냄새 분자는 후각 상피를 둘러싸고 있는 점막을 통해 후각 세포 쪽으로 이동하게 된다. 점막은 물과 복합 지방으로 구성되어 냄새 분자를 잘 녹인다. 점막으로 녹아 들어간 냄새 분자는 후각 세포의 끝에 있는 후각 수용체 중 꼭 맞는 것과 결합한다. 그러면 후각 세포는 후각 수용체와 결합한 냄새 분자를 전기 신 호로 바꾸어 후신경을 통해 뇌로 전달한다. 이때 어느 후신경을 통해 신호가 들어오느냐에 따라 뇌에서는 각각 다른 냄새로 인지하게 된다.

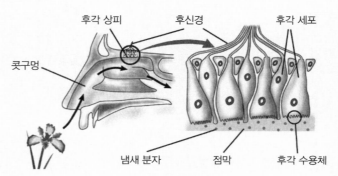

라 인간의 후각은 0.001ppm* 정도 되는 극히 낮은 농도의 ㉠냄새까지 알아낼 수 있고, 3,000여 가지의 냄새를 구별할 수 있을 만큼 예민하다. 그렇지만 이것도 다른 동물에 비해서는 많이 무딘 편이다. 인간은 문명의 발달에 따라 후각의 의존도가 낮아졌지만, 다른 동물들은 지금도 적을 감 지하는 데 가장 효과적인 수단으로 후각을 이용한다. 개의 경우, 후각 상피의 표면적이 130cm²로, 3cm²인 인간에 비해 넓고 후각 세포도 그만큼 더 많기 때문에 냄새를 인지하는 능력이 인간보다 훨씬 더 우수하다.

마 지금까지 후각에 대해 많은 연구를 했지만 아직도 후각과 냄새 분자에 대해 밝히지 못한 부분 이 많다. 냄새 분자는 화학 반응으로 인해 분자 구조가 조금만 달라져도 냄새의 성질이 달라진다. 그리고 두 냄새 분자가 동시에 후각 수용체를 자극하면 제3의 냄새로 인지되는 경우도 있다. 이와 같은 현상을 완전하게 이해하기 위해서는 후각을 자극하는 냄새 분자의 구조를 밝히고, 어떤 후각 수용체가 어떤 냄새를 인지할 수 있는지 알아내야 한다. 만약 이 연구 결과를 바탕으로 냄새 분자 를 인공적으로 만들 수 있다면 그 기술은 후각 텔레비전에 사용되는 것은 물론 악취 제거나, 향기 를 이용한 치료 등에도 유용하게 사용될 수 있을 것이다.

* ppm: 화학이나 생물학 등에서 100만분의 1의 양을 나타내는 단위.

0 **윗글의 서술 방식에 대한 설명으로 적절하지 않은 것은?**

① (가)는 흥미를 유발할 수 있는 사례를 들어 화제를 제시하고 있다.
② (나)는 다른 대상과의 대조를 통해 중심 화제의 특성을 드러내고 있다.
③ (다)는 비유의 방법을 활용하여 과학적 원리를 알기 쉽게 설명하고 있다.
④ (라)는 구체적인 수치를 제시하여 대상에 대해 객관적으로 설명하고 있다.
⑤ (마)는 앞으로의 연구 과제를 제시하며 연구 결과의 활용 가능성을 전망하고 있다.

내 생각?

글쓴이의 작문 과정을 따라가 볼까?

일본에서 화제가 되었던 후각 텔레비전 사례로 글을 시작하면 흥미롭겠지?

↓

(❶)이 시각이나 청각과는 다르다는 내용을 덧붙여 후각의 특성부터 설명해야겠어.

↓

이제 구체적으로 후각이 냄새를 인지하는 (❷)을 그림과 함께 제시해 볼까?

↓

인간의 후각이 얼마나 예민한지 동물의 경우와 비교하고 구체적 수치를 들어 말하면 독자들이 이해하기 쉽겠지?

↓

후각에 대한 연구 과제와 앞으로의 활용 분야에 대해 언급하며 글을 마무리해야겠어.

글쓴이가 이 글에서 말하려는 주제는?

_____

_____

냄새 분자가 인지되는 과정

후각의 인지 과정 이해

냄새 분자가 인지되는 과정은 (다)에 나타나 있으니 ⓐ~ⓒ가 지닌 특성이나 기능이 무엇인지 (다)에서 확인해 봐.

1 |보기는 냄새 분자가 인지되는 과정을 나타낸 것이다. ⓐ~ⓒ에 대한 설명으로 적절하지 <u>않은</u> 것은?

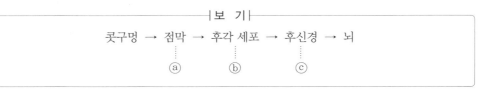

───── |보 기|─────

콧구멍 → 점막 → 후각 세포 → 후신경 → 뇌

ⓐ   ⓑ   ⓒ

① ⓐ는 물과 복합 지방으로 구성되어 있다.

② ⓐ는 냄새 분자를 잘 녹이는 성질을 가지고 있다.

③ ⓑ의 끝에 있는 후각 수용체가 냄새 분자와 결합한다.

④ ⓑ는 냄새 분자를 전기 신호로 바꾼다.

⑤ ⓒ를 통과하는 신호의 강도에 따라 다른 냄새로 인지된다.

㉠의 '-까지'와 의미가 가까운 것

보조사의 쓰임 구분

보조사와 관련된 문법적 지식이 없어도 문제를 풀 수 있어. ㉠에 사용된 '까지'의 문맥적 의미를 파악해 봐.

2 문맥상 ㉠의 '-까지'와 의미가 가장 가까운 것은?

① 내일은 8시<u>까지</u> 학교에 도착해야 한다.

② 서울에서 대전<u>까지</u> 한 시간도 안 걸린다.

③ 오늘은 1번부터 10번<u>까지</u>가 청소를 한다.

④ 우승을 하기<u>까지</u> 세 번을 더 이겨야 한다.

⑤ 경찰은 티끌만 한 것<u>까지</u> 샅샅이 조사했다.

3 윗글을 읽은 학생이 다음 내용에 대해 보인 반응으로 가장 적절한 것은?

생활 상식

질문: 얼마 전에 축농증 수술을 했습니다. 이제 냄새를 잘 맡을 수 있게 되어 좋은데, 악취에 민감해졌습니다. 집 안의 악취를 어떻게 하면 제거할 수 있을까요?

답변: 악취를 없애는 방법은 환기를 하는 방법, 탈취제로 냄새 분자를 산화시키거나 분해하는 화학적인 방법, 숯과 같은 물질로 냄새 분자를 흡수하는 방법이 있습니다. 사람들이 많이 쓰는 방향제는 악취보다 강한 향기를 뿜어 악취를 덜 느끼도록 하는 방법입니다.

---

① 질문자는 현재 후각 세포가 손상된 상태이겠군.

② 질문자는 후각 상피의 면적이 일반인보다 좁겠군.

③ 숯은 후각 텔레비전을 만들 때 핵심적인 재료가 되겠군.

④ 탈취제는 냄새 분자의 구조를 변화시켜 냄새의 성질을 바꾼 것이겠군.

⑤ 방향제는 두 냄새가 합해져 냄새가 없어지는 원리를 이용한 것이겠군.

기 출 읽 기

2020학년도 9월 고2 학력평가

정답률 62%
난이도 중상
제한시간 8분

무엇을 물을까?

● 바이러스가 숙주 세포에 감염하는 과정을 설

명했으니, 구체적인 그림이나 자료를 통해 그

과정을 물을 거야.

●

가 바이러스는 체내에 들어와 문제를 일으킬 수 있어 주의해야 할 대상이다. 생명체와 달리, 바이러스는 세포가 아니기 때문에 스스로 생장*이 불가능하다. 그래서 바이러스는 살아 있는 숙주 세포에 기생하고, 그 안에서 증식함으로써 살아간다. 바이러스는 바깥을 둘러싸는 피막의 유무에 따라 구조가 달라진다. 피막이 있는 바이러스는 피막의 바깥에 부착 단백질이 박혀 있고 피막 안에는 캡시드라는 단백질이 있다. 캡시드 안에는 핵산이 있는데, 핵산은 DNA*와 RNA* 중 하나로만 구성된다. 이러한 구조를 갖는 바이러스는 숙주 세포에 어떻게 감염하는 것일까?

[A]

나 바이러스의 감염 가능 여부는 숙주 세포 수용체의 특성에 따라 결정된다. 바이러스는 감염이 가능한 숙주 세포와 접촉한 후 바이러스 피막의 부착 단백질을 이용해 숙주 세포 수용체에 달라붙는다. 달라붙은 부위를 통해 바이러스가 숙주 세포 내부로 침투하고, 바이러스의 핵산이 캡시드로부터 분리되어 숙주 세포 내부로 빠져나온다. 이후 핵산은 효소를 이용하여 복제된다. 핵산이 DNA일 경우 숙주 세포에 있는 효소를 그대로 이용하고, 반면 RNA일 경우 숙주 세포에 있는 효소를 이용해 자신에 맞는 효소를 합성한다. 또한 핵산은 mRNA라는 전달 물질을 통해 단백질을 합성한다. 합성된 단백질의 일부는 캡시드가 되어 복제된 핵산을 둘러싸고 다른 일부는 숙주 세포막에 부착되어 바이러스의 부착 단백질이 될 준비를 한다. 그 후 단백질이 부착된 숙주 세포막이 캡시드를 감싸 피막이 되면서 증식된 바이러스가 숙주 세포 밖으로 배출된다.

다 우리 몸은 주로 위의 과정을 통해 지속감염이 일어나기도 하고 위와는 다른 과정을 거쳐 급성감염이 일어나기도 한다. ㉠급성감염은 일반적으로 짧은 기간 안에 일어나는데, 바이러스는 감염된 숙주 세포를 증식 과정에서 죽이고 바이러스가 또 다른 숙주 세포에서 증식하며 질병을 일으킨다. 시간이 흐르면서 체내의 방어 체계에 의해 바이러스를 제거해 나가면 체내에는 더 이상 바이러스가 남아 있지 않게 된다. 반면 ㉡지속감염은 급성감염에 비해 상대적으로 오랜 기간 동안 바이러스가 체내에 잔류한다. 지속감염에서는 바이러스가 장기간 숙주 세포를 파괴하지 않으면서도 체내의 방어 체계를 회피하며 생존한다. 지속감염은 바이러스의 발현 양상에 따라 잠복감염과 만성감염, 지연감염으로 나뉜다.

라 잠복감염은 초기 감염으로 증상이 나타난 후 한동안 증상이 사라졌다가 특정 조건에서 바이러스가 재활성화되어 증상을 다시 동반한다. 이때 같은 바이러스에 의한 것임에도 첫 번째와 두 번째 질병이 다르게 발현되기도 한다. 잠복감염은 질병이 재발하기까지 바이러스가 감염성을 띠지 않고 잠복하게 되는데, 이러한 상태의 바이러스를 프로바이러스라고 부른다. 만성감염은 감염성 바이러스가 숙주로부터 계속 배출되어 항상 검출되고 다른 사람에게 옮길 수 있는 감염 상태이다. 하지만 사람에 따라서 질병이 발현되거나 되지 않기도 하며 때로는 뒤늦게 발현될 수도 있다는 특성이 있다. 지연감염은 초기 감염 후 특별한 증상이 나타나지 않다가, 장기간에 걸쳐 감염성 바이러스의 수가 점진적*으로 증가하여 반드시 특정 질병을 유발하는 특성이 있다.

* 생장: 나서 자람. 또는 그런 과정.
* DNA: 생명체의 유전 정보를 담고 있는 화학 물질의 일종.
* RNA: 핵산의 일종으로, 유전자 본체인 디옥시리보 핵산(DNA)이 가지고 있는 유전 정보에 따라 필요한 단백질을 합성할 때 직접적으로 작용하는 고분자 화합물.
* 점진적: 조금씩 앞으로 나아가는. 또는 그런 것.

윗글을 읽고 도식화한 것으로 적절한 것은?

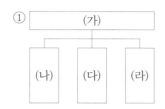

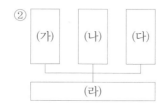

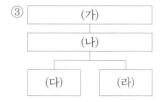

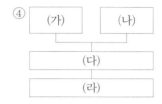

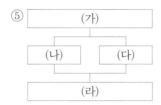

글쓴이의 작문 과정을 따라가 볼까?

> 스스로 생장이 불가능한 (❶ _____)가 어떻게 숙주 세포에 감염하는지 질문을 던져 독자의 궁금증을 유발해 볼까?

> 바이러스의 감염은 (❷ _____)의 특성에 따라 가능 여부가 결정되니까 이를 중심으로 감염 과정을 제시해야겠지?

> 바이러스 감염을 지속감염과 급속감염의 두 유형으로 분류한 뒤, 다시 바이러스의 발현 양상에 따라 지속감염을 세 가지 유형으로 나누어 각각의 특성을 설명해야지.

글쓴이가 이 글에서 말하려는 주제는?

_____

_____

1 **윗글의 내용과 일치하지 <u>않는</u> 것은?**

① 피막이 있는 바이러스는 숙주 세포막의 효소와 결합하여 숙주 세포 내부로 침투한다.

② 피막이 있는 바이러스의 핵산이 DNA라면 캡시드 안에 RNA는 존재하지 않는다.

③ 바이러스가 숙주 세포에 기생하는 이유는 세포가 아니기 때문이다.

④ 피막이 있는 바이러스의 가장 바깥에는 부착 단백질이 있다.

⑤ 피막이 있는 바이러스는 캡시드를 피막이 감싸고 있다.

2 **|보기|는 특정 바이러스 감염 과정의 일부를 그림으로 나타낸 것이다. [A]를 바탕으로 |보기|를 이해한 내용으로 적절하지 <u>않은</u> 것은?**

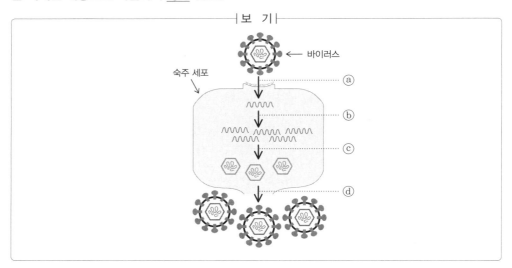

① ⓐ에서 바이러스의 핵산이 숙주 세포 내부로 빠져나오려면, 바이러스 피막의 부착 단백질을 이용하는 과정이 필요하다.

② ⓑ에서 숙주 세포의 효소를 그대로 이용하지 않는다면, 이 바이러스의 핵산은 RNA이다.

③ ⓑ에서 캡시드가 분리되며 빠져나온 효소는 ⓒ에서 다시 캡시드를 형성하는 데 도움을 준다.

④ ⓒ에서 바이러스의 핵산을 둘러싸거나 ⓓ에서 바이러스의 부착 단백질이 되는 물질은 mRNA를 통해 합성된다.

⑤ ⓓ에서는 배출되는 바이러스의 피막이 숙주 세포의 구성 요소를 통해 만들어진다.

3 ㉠과 ㉡에 대한 설명으로 적절한 것은?

① ㉠은 ㉡과 달리 체내에서 감염성 바이러스의 수가 점진적으로 증가한다.

② ㉠은 ㉡에 비해 바이러스가 체내의 방어 체계를 오랫동안 회피한다.

③ ㉡은 ㉠과 달리 바이러스가 증식하는 과정에서 숙주 세포를 소멸시킨다.

④ ㉡은 ㉠에 비해 감염한 바이러스가 체내에 장기간 남아 있게 된다.

⑤ ㉠과 ㉡은 체내의 바이러스가 질병을 발현하는지 여부에 따라 구분된다.

4 윗글을 참고할 때, |보기|에 대한 반응으로 적절하지 <u>않은</u> 것은?

|보 기|

• '수두 – 대상포진 바이러스(VZV)'에 감염되면, 처음에는 미열과 발진성 수포가 생기는 수두가 발병한다. 시간이 지나면 자연적으로 치료되나 'VZV'를 평생 갖고 살아가게 된다. 그러다가 신체의 면역력이 저하되면 피부에 통증과 수포가 생겨날 수 있는데, 이를 대상포진이라 한다.

• 'C형 간염 바이러스(HCV)'에 감염된 환자의 약 80%는 해당 바이러스를 보유하고도 증세가 나타나지 않아 감염 여부를 인지하지 못하다가 우연히 알게 되기도 한다. 하지만 감염 환자의 약 20%는 간에 염증이 나타나고 이에 따른 합병증이 나타나기도 한다.

현상은 다르지만, 원리는 같아.

① 수두를 앓다가 나은 사람은 대상포진이 발병하지 않았을 때 'VZV' 프로바이러스를 갖고 있겠군.

② 'VZV'를 가진 사람의 피부에 통증과 수포가 발생하는 것은 'VZV'가 다시 활성화되는 특정 조건이 되겠군.

③ 'HCV'에 감염된 사람은 간 염증을 앓고 있지 않더라도 타인에게 바이러스를 옮길 수 있겠군.

④ 'HCV'에 감염된 사람은 나이와 상관없이 간 염증이 나타날 수도 있고 전혀 나타나지 않을 수도 있겠군.

⑤ 'VZV'나 'HCV'에 의한 질병이 발현된 상황이라면, 모두 체내에 잔류한 바이러스가 주변 세포를 감염시키고 있겠군.

[A]

　　약은 생체의 작용에 영향을 미쳐 생물학적 효과를 내기 위한 목적으로 이용하는 의약품을 말한다. 약은 생체에서 수용체와 결합하여 유익 작용 및 유해 작용을 나타내는 방식을 취하기도 한다. 이 경우 약은 생체의 리간드와 유사한 화학적 분자 구조를 가진 성분을 포함하는데, 이러한 성분으로 인해 약은 생체 내에서 리간드로 기능한다. 여기서 리간드란 수용체와 결합하여 신경 자극이나 화학 반응과 같은 생물학적 반응을 촉발할 수 있는 물질이다. 생체 내에서 수용체와 친화성이 높은 리간드가 결합하면, 리간드와 결합한 수용체의 작용에 의해 생체의 변화가 일어나기도 하고, 수용체에 의해 리간드의 구조 변화가 일어남으로써 이후의 생물학적 반응이 유도되기도 한다. 이러한 점에서 약은 특정 수용체와 결합할 수 있는 리간드를 인위적으로 생체에 증가시킴으로써 리간드와 결합한 수용체의 수가 일정 시간 동안 일정 수준 이상이 되게 하여 효과를 낸다고 할 수 있다.

　　대체로 약은 병원체에 작용하거나 생체에 직접 작용하는 방식으로 생물학적 효과를 낸다. 박테리아나 바이러스에 의한 질병의 치료에 활용되는 항생제나 항바이러스제 등은 전자의 방식에 해당하는 경우가 많다. 가령 박테리아에 의한 질병 치료에 사용되는 ㉠설파제는, 인간과 박테리아가 모두 대사 과정에서 엽산이라는 물질을 필요로 하는데 엽산을 섭취하여 사용할 수 있는 인간과 달리 박테리아는 엽산을 스스로 만들어야만 한다는 점을 이용한다. 박테리아는 엽산을 만들기 위한 수용체를 가지고 있는데, 파라아미노벤조산(PABA)이 그 수용체와 결합하여 최종적으로 엽산이 된다. 박테리아에 감염된 환자가 설파제를 복용하면 설파제는 체내에서 화학적 변화를 거쳐 PABA와 분자 구조가 매우 유사한 설파닐아마이드가 되어 PABA가 결합할 수용체와 먼저 결합한다. 이로 인해 박테리아는 엽산을 만들지 못하고 결국 죽게 된다.

　　항바이러스제는, 스스로는 증식하지 못하고 다른 세포에 기생하여 DNA 복제 과정을 거치며 증식하는 바이러스의 특성을 활용하여, 바이러스에 감염된 세포의 증식을 막는 방식으로 바이러스 확산을 억제하기도 한다. ㉡뉴클레오사이드 유도체를 포함한 항바이러스제가 이러한 방식의 약에 해당한다. 뉴클레오사이드 유도체는 뉴클레오타이드와 유사하지만, 뉴클레오사이드 유도체가 세포의 DNA나 RNA의 수용체와 결합하면 결과적으로 DNA 복제 과정이 이루어지지 않는다. 또한 뉴클레오사이드 유도체는 바이러스에 감염된 세포와는 쉽게 결합하지만 감염되지 않은 세포와는 잘 결합하지 않는 특성이 있다. 이 때문에 뉴클레오사이드 유도체는 바이러스에 감염된 세포들이 더 이상 증식하지 못하게 할 수 있으며, 이를 통해 바이러스 확산을 억제한다.

　　한편 신경작용제는 신경전달물질의 작용에 관여하는 방식으로 사람의 정신이나 행동에 영향을 주는 생물학적 효과를 내는 약이다. 하나의 뉴런(neuron)*에서 발생한 전기 신호는 뉴런 말단에 도달하여 신경전달물질을 분비하게 하고, 이러한 신경전달물질은 연접한 다른 뉴런에 존재하는 수용체에 화학 신호를 전달함으로써 연접한 뉴런 간에 신호를 전달하는 매개체의 역할을 한다. 우울증과 관련된 것으로 알려진 신경전달물질인 세로토닌이나 노르에피네프린은, 보통 후(後)연접 뉴런 수용체에서 기능을 다하고 전(前)연접 뉴런에 재흡수되는 과정을 거치는데, 이 과정에서 뉴런 간 연접 틈새에서 세로토닌이나 노르에피네프린의 농도가 낮아지면 우울증이 나타나는 것으로 알려져 있다. 항우울제는 연접 틈새에서 이들 신경전달물질의 부족을 해소하는 방식으로 약효를 낸다. TCA 항우울제는 전연접 뉴런의 수용체와 결합하여 신경전달물질의 재흡수가 일어나지 않도록 하는 방식으로, SNRI 항우울제는 신경전달물질의 재흡수를 억제하거나 후연접 뉴런의 수용체와 결합하는 방식으로, 연접 틈새에서 신경전달물질의 농도가 높아진 것과 같은 효과를 낸다.

　　대부분의 약들은 약효가 여러 가지인 경우가 많기 때문에 두 가지 약을 함께 복용하면 이들 약의 일차적인 약효는 서로 다를지라도 이차적인 약효는 같을 수 있어, 공통되는 이차적인 약효가 한층 커질 수 있다. 이와 같이 약들이 서로 도와 약효를 높이는 효과를 상승효과라고 한다. 한편 약을 장기간 남용하게 되면 수용체의 민감도가 떨어지게 되어, 결과적으로 기존과 동일한 효과를 내기 위해서 더 많은 약을 필요로 하게 되는 내성이 생길 수 있다.

* 뉴런: 신경계를 구성하는 신경 세포로, 신경계의 구조적·기능적 단위.

다음은 윗글을 쓰기 위해 작성한 작문 계획서이다. ㉠~㉤ 중 적절하지 않은 것은?

* **집필 의도:** 약이 생체 내에서 기능하는 방식에 대해 독자들에게 설명해야지. ······ ㉠
* **구성:** 약이 생물학적 효과를 내는 두 가지 방식을 제시하고 각각의 사례를 들어 본문을 구성해야지. ······ ㉡
* **표현상 전략:** '리간드'나 '파라아미노벤조산(PABA)', '설파닐아마이드' 등 생소한 개념에 대해서는 유추를 통해 그 기능을 설명해야지. ······ ㉢
* **글의 흐름과 전개 방안:** 앞 내용과 다른 측면의 내용이 전개되는 걸 알리기 위해 '한편'과 같은 표지를 써서 글의 흐름을 이어 가야지. ······ ㉣
* **마무리 부분의 유의 사항:** 약의 상승효과와 더불어 부작용에 대해서도 언급하여 경각심을 드러내야지. ······ ㉤

① ㉠ ② ㉡ ③ ㉢ ④ ㉣ ⑤ ㉤

글쓴이의 작문 과정을 따라가 볼까?

(❶　　　　)의 개념과 약의 효과가 나타나는 원리를 소개하면서 글을 시작해 볼까?

↓

약이 생물학적 효과를 내는 두 방식 중 (❷　　　　)에 작용하여 효과를 내는 방식과 그 사례를 먼저 제시하자. 이때 이 방식을 둘로 나누어 병렬적으로 설명해 볼까?

다음으로 약이 생체에 직접 작용하여 효과를 내는 방식과 그 사례를 제시해야지.

약의 상승효과와 부작용까지 함께 언급하며 글을 마무리하자.

글쓴이가 이 글에서 말하려는 주제는?

_____

_____

1 **[A]를 이해한 내용으로 가장 적절한 것은?**

① 생체에서 리간드에 의해 수용체의 구조에 변화가 일어나면 세포의 기능에 변화가 일어난다.

② 생체에서 생물학적 반응이 일어나면 수용체와 리간드는 동일한 화학적 분자 구조로 변화된다.

③ 약을 복용하면 리간드와 결합된 수용체의 수가 일정 시간 동안 복용 전보다 많은 정도가 유지된다.

④ 약의 효과를 높이기 위해서는 약이 생체의 리간드와 친화성이 높은 리간드를 많이 포함하고 있어야 한다.

⑤ 수용체와 동일한 화학적 분자 구조를 가진 물질을 포함한 약은 생체에서 생물학적 효과를 더 크게 일으킨다.

2 **윗글을 바탕으로 |보기|에 대해 보인 반응으로 적절하지 않은 것은?**

┌─────────────── 보 기 ───────────────┐

생체의 리간드인 히스타민은 알레르기와 염증의 발생, 위산 분비 등에 모두 관여하는 것으로 알려져 있다. 항히스타민약으로 개발된 메피라민은 알레르기와 염증에는 효과가 있지만 위산 분비 조절에는 거의 효과가 없었다. 이에 연구자들은 히스타민과 친화성을 갖는 두 종류 이상의 수용체가 있을 것으로 가정하고, 위산 분비를 조절하는 새 항히스타민약을 개발하였다.

└────────────────────────────────────┘

① 새 항히스타민약을 개발한 연구자들은 히스타민이 알레르기와 염증 발생에 관여하는 수용체 및 위산 분비에 관여하는 수용체 모두와 친화성을 갖는다고 가정했을 것이다.

② 메피라민은 위산 분비에 관여하는 수용체보다 알레르기와 염증 발생에 관여하는 수용체와 친화성이 높을 것이다.

③ 메피라민과 새 항히스타민약은 모두 히스타민과 유사한 화학적 분자 구조를 가진 성분을 포함할 것이다.

④ 메피라민과 새 항히스타민약은 모두 생체에서의 위산 분비 조절을 일차적인 약효로 가질 것이다.

⑤ 새 항히스타민약은 메피라민보다 위산 분비에 관여하는 수용체와 더 높은 친화성을 가질 것이다.

3 ⊙, ⓒ에 대한 설명으로 적절하지 <u>않은</u> 것은?

⊙, ⓒ에 대한 설명

대상의 기능 비교

① ⊙은 생체 내에서 화학적 변화를 거친 후 약효를 발휘한다.

② ⊙은 병원체가 대사 과정에서 필요로 하는 물질의 생성을 방해하여 병원체의 사멸을 유도
한다.

③ ⓒ은 바이러스에 감염된 세포의 DNA 복제 과정에 개입하여 바이러스의 확산을 억제한다.

④ ⊙과 ⓒ 모두 병원체와 병원체에 감염될 수 있는 생체의 차이를 활용하여 생물학적 효과를
낸다.

⑤ ⊙과 ⓒ 모두 병원체와 생체가 공통적으로 필요로 하는 물질을 사용하여 병원체의 확산을
억제한다.

4 |보기|는 항우울제 의 작용을 이해하기 위한 그림이다. |보기|를 이해한 내용으로 적절하지 <u>않</u>
<u>은</u> 것은?

항우울제 의 작용을 이해하기 위한 그림

시각 자료에 적용

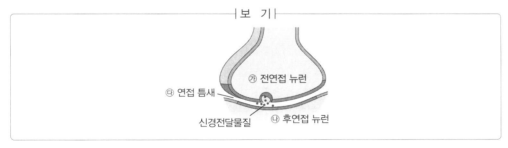

|보 기|

㉮ 전연접 뉴런
㉰ 연접 틈새
신경전달물질 ㉯ 후연접 뉴런

① 보통 ㉮에서 분비된 세로토닌이나 노르에피네프린은 ㉯에 작용한 후 다시 ㉮로 재흡수된다.

② SNRI 항우울제는 ㉮에 지속적으로 흡수됨으로써 ㉰에서 신경전달물질의 농도가 높아지는
효과를 낸다.

③ 우울증의 치료를 위해 ㉰에서 세로토닌이나 노르에피네프린의 농도가 높아지도록 하는 방
식을 활용한다.

④ ㉰에서 신경전달물질의 농도가 높은 상태로 장기간 유지되면 수용체의 민감도가 떨어지게
된다.

⑤ 항우울제는 ㉮나 ㉯의 수용체와 결합하여 우울증이 발현되는 원인을 완화하는 효과를 낸다.

경제 소비와 경제

현대인들은 소비의 시대에 살고 있다고 해도 과언이 아니다. 지금도 사람들은 돈이 생기면 무엇을 살지, 끊임없이 소비를 고민한다. 그런데 이러한 소비가 꼭 필요한 경우도 있지만, 유행을 따르거나 과시를 위해 불필요한 소비를 하는 경우도 많다. 소비와 낭비, 둘 다 돈을 쓴다는 개념이지만, 돈의 가치 측면에서 보았을 땐 완전히 다른 의미가 된다. 그렇다면 **수능 출제자들은 합리적인 소비와 관련해 어떤 이슈들에 주목할까?**

기출 읽기

2022학년도 3월 고1 학력평가

정답률 52%
난이도 상
제한시간 8분

출제자는
무엇을 물을까?

● 사물의 경제적 가치에 대한 마르크스와 보드리야르의 견해가 대립하니까 그 차이를 이해했는지부터 확인하겠지?

● 보드리야르의 견해를 중점적으로 다루고 있으니, 이를 구체적 사례에 적용할 수 있는지 물을 거야.

⊙마르크스는 사물의 경제적 가치를 사용가치와 교환가치로 구분하면서 자본주의 사회에서는 경제적 가치가 교환가치에 의해 결정된다고 보았다. 사용가치는 사물의 기능적 가치를, 교환가치는 시장 거래를 통해 부여된 가치를 의미하는데 사물 자체의 유용성은 고정적이므로 시장에서의 수요와 공급에 의해서만 경제적 가치가 결정된다고 보았기 때문이다. 또한 그는 사물의 거래 가격은 결국 사물의 생산 비용에 의해 결정된다는 점에서 소비를 생산에 종속*된 현상으로 보고 소비의 자율성을 인정하지 않았다.

마르크스의 이러한 주장과 달리 ⓛ보드리야르는 교환가치가 아닌 사용가치가 경제적 가치를 결정하며, 자본주의 사회는 소비 우위의 사회라고 주장했다. 이때 보드리야르가 제시한 사용가치는 사물 자체의 유용성에 대한 가치가 아니라 욕망의 대상으로서 기호(sign)가 지니는 기능적 가치, 즉 기호가치를 의미한다.

기호는 어떤 대상을 지시하는 상징으로서 문자나 음성같이 감각으로 지각되는 기표와 의미 내용인 기의로 구성되는데, 기표와 기의의 관계는 자의적*이다. 가령 '남성'이란 문자는 필연적*으로 어떤 대상을 지시하는 것이 아니며 '여성'이란 기호와의 관계 속에서 의미 내용이 결정된다. 다시 말해, 어떤 기호의 의미 내용을 결정하는 것은 기표와 기의의 관계가 아니라 기호들 간의 관계, 즉 기호 체계이다.

[A] ┌ 보드리야르는 자본주의 사회에서 대량 생산 기술이 급속하게 발전하면서 소비자가 기호가치 때문에 사물을 소비한다고 보았다. 대량 생산 기술의 발전으로 수요를 충족하고 남을 만큼의 공급이 이루어져 사물 자체의 유용성은 더 이상 소비를 결정하는 요인으로 작용할 수 없기 때문이다. 예를 들어 소비자는 특정 계층 또는 집단의 일원이라는 상징을 얻기 위해 명품 가방을 소비한다. 이때 사물은 소비자가 속하고 싶은 집단과 다른 집단 간의 차이를 부각하는 기호로서 기능한다. 따라서 보드리야르에 따르면 자본주의 사회에서 소비의 원인은 사물이 상징하는 └ 특정 사회적 지위에 대한 욕구이다.

보드리야르는 현대인이 자연 발생적인 욕구에 따라 자유롭게 소비하는 것처럼 보이지만 사실은 강제된 욕구에 따르는 것에 불과하다고 보았다. 이는 기호가 다른 기호와의 관계 속에서 그 의미 내용이 결정되는 것과 관계된다. 특정 사물의 상징은 기호 체계, 즉 사회적 상징체계 속에서 유동적*이며, 따라서 ⓒ상징체계 변화에 따라 욕구도 유동적이다. 이때 대중매체는 사물의 기의에 영향을 미침으로써 욕구를 강제할 수 있다. 현실이 대중매체를 통해 전달될 때 현실은 현실 그 자체가 아니라 다른 기호와 조합될 수 있는 기호로서 추상화되기 때문이다. 가령 텔레비전 속 유명 연예인이 소비하는 사물은 유명 연예인이라는 기호에 의해 새로운 의미 내용이 부여된다. 요컨대 특정 사물에 대한 현대인의 욕망은 대중매체를 매개*로 하여 자기도 모르는 사이에 강제된다.

보드리야르는 기술 문명이 초래한 사물의 풍요 속에서 현대인의 일상생활이 사물의 기호가치와 이에 대한 소비에 의해 규정된다고 보고 자본주의 사회를 소비사회로 명명하였다. 그의 이론은 소비가 인간에 미치는 영향을 비판적으로 성찰해야 한다는 점을 시사한다.

* 종속: 자주성이 없이 주가 되는 것에 딸려 붙음.
* 자의적: 일정한 질서를 무시하고 제멋대로 하는. 또는 그런 것.
* 필연적: 사물의 관련이나 일의 결과가 반드시 그렇게 될 수밖에 없는. 또는 그런 것.
* 유동적: 끊임없이 흘러 움직이는. 또는 그런 것.
* 매개: 둘 사이에서 양편의 관계를 맺어 줌.

구조읽기 **0**

다음은 윗글을 읽은 학생이 작성한 학습 활동지의 일부이다. ⓐ~ⓒ에 들어갈 내용으로 적절하지 <u>않은</u> 것은?

학습 항목	학습 내용
도입 문단의 내용 전개 방식을 파악하기	ⓐ
본문의 내용 전개 방식을 파악하기	ⓑ
결론 문단의 내용 전개 방식을 파악하기	ⓒ

① ⓐ: 사물의 경제적 가치를 결정하는 요소에 대해 보드리야르와 대비되는 주장을 한 마르크스의 견해를 먼저 소개하였다.

② ⓐ: 마르크스 견해가 지닌 한계를 밝힘으로써 현대인이 자연 발생적인 욕구에 따라 소비한다고 본 보드리야르의 견해를 부각하였다.

③ ⓑ: 보드리야르의 견해를 이해하는 데 필요한 개념을 분석한 후, 구성 요소들 간의 관계를 제시하며 내용을 전개하였다.

④ ⓑ: 현대인의 소비가 사물의 기호가치와 대중매체에 영향을 받는다고 본 보드리야르의 견해를 사례를 들어 설명하였다.

⑤ ⓒ: 자본주의 사회에 대해 보드리야르가 명명한 용어를 제시하며 그의 이론이 주는 시사점을 언급하였다.

내 생각?... 을 표현하기 좋은 글의 구조를 선택하고... 썼으니까... **글의 구조 속**에 있지 않을까?

글쓴이의 작문 과정을 따라가 볼까?

현대인의 소비에 대해 이야기한 마르크스의 입장을 먼저 제시하고, 이와 대비되는 (❶   )의 입장을 그다음에 제시해 차이를 드러내자.

보드리야르가 사물의 소비에서 소비자의 (❷   )와 강제된 욕구에 초점을 두어 설명하였으므로, 독자의 이해를 도울 수 있는 사례도 함께 제시해야겠어.

앞에서 다룬 보드리야르의 견해를 정리하고, 시사점을 밝히며 글을 마무리하자.

글쓴이가 이 글에서 말하려는 주제는?

_____

_____

㉠, ㉡의 주장

핵심 주장 비교

'자본주의 사회'에 대한 마르크스와 보드리야르의 입장 차이를 아는 게 이 문제의 핵심이야!

1 '자본주의 사회'에 대한 ㉠, ㉡의 주장을 이해한 내용으로 가장 적절한 것은?

① ㉠: 소비가 생산에 종속되므로 사용가치와 교환가치는 결국 동일하다.

② ㉠: 사물 자체의 유용성은 변하지 않으므로 소비자의 욕구를 중심으로 분석해야 한다.

③ ㉡: 소비자에게 소비의 자율성이 존재하므로 교환가치가 사용가치를 결정한다.

④ ㉡: 개인에게 욕구가 강제되므로 소비를 통해 집단 간의 사회적 차이가 소멸한다.

⑤ ㉡: 경제적 가치는 사회적 상징체계에 따라 결정되므로 기호가치가 소비의 원인이다.

핵심 개념 이해

세부 내용 추론

'기호 체계'가 무엇인지 먼저 파악해야 [A]와 연결 지어 이해할 수 있겠지? 3문단에 기호, 기표, 기의 등 여러 용어가 제시되었는데, 각각의 의미를 파악해야 하는 건 당연하고.

2 기호 체계를 바탕으로 [A]를 이해한 내용으로 적절하지 않은 것은?

① 사물은 기표로서의 추상성과 기의로서의 구체성을 갖는다.

② 사물과 그것이 상징하는 특정한 사회적 지위와의 관계는 자의적이다.

③ 사물은 사물 자체가 아닌 사물 간의 관계를 통해 의미 내용이 결정된다.

④ 소비는 사물이라는 기호를 통해 특정 계층 또는 집단의 일원이라는 상징을 얻는 행위이다.

⑤ 기호가치는 사물의 기의와 그에 대한 소비자의 욕구와 관련될 뿐 사물의 기표에 의해 결정되는 것은 아니다.

3 ㉢의 전제로 가장 적절한 것은?

① 상징체계 변화에 의해 사물 자체의 유용성이 변화한다.
② 사물에 대한 욕구는 사람마다 제각기 다른 양상을 보인다.
③ 사물의 기호가치가 변화하면 사물에 대한 욕구도 변화한다.
④ 사물을 소비하는 행위는 개인의 자연 발생적 욕구에 따른 것이다.
⑤ 사물이 지시하는 의미 내용과 사물에 대한 욕구는 서로 독립적이다.

㉢의 전제

개념과 문맥의 이해
↓
전제를 묻고 있지만, 문맥 속에서 ㉢이 어떤 의미인지를 파악하라는 거야. 기호 체계와 사회적 상징체계가 같은 의미로 사용되고 있다는 점에 주목할 필요가 있어.

4 윗글의 '보드리야르'의 관점을 바탕으로 |보기|를 이해한 내용으로 적절하지 <u>않은</u> 것은?

관점을 바탕으로 |보기|를 이해

관점 적용

| 보 기 |

개성이란 타인과 구별되는 개인만의 고유한 특성으로, 현대 사회의 개인은 개성을 추구함으로써 자신의 고유함을 드러내려 한다. 이때 사물은 개성을 드러낼 수 있는 수단이다. 찢어진 청바지를 입는 것, 타투나 피어싱을 하는 것은 사물을 통한 개성 추구의 사례이다. 이런 점에서 '당신의 삶에 차이를 만듭니다'와 같은 광고 문구는 개성에 대한 현대인의 지향을 단적으로 드러낸 것이라 할 수 있다.

① 타인과 구별되는 개성이란 개인이 소속되길 바라는 집단의 차별화된 속성일 수 있겠군.
② 소비사회에서 사물을 통한 개성의 추구는 그 사물의 기호가치에 대한 욕구에서 비롯되겠군.
③ 찢어진 청바지는 개인만의 고유한 특성을 드러내는 수단이자 젊은 세대의 일원이라는 기호를 상징하는 것일 수 있겠군.
④ '당신의 삶에 차이를 만듭니다'라는 광고 문구는 그 광고의 상품을 소비함으로써 사회적 차이를 드러내고 싶다는 욕구를 강제하는 것일 수 있겠군.
⑤ 타투나 피어싱을 한 유명 연예인을 텔레비전에서 보고, 이를 따라하기 위해 돈을 지불하는 것은 대중매체를 매개로 하여 추상화된 기호를 소비하는 것일 수 있겠군.

이 글의 주인공은 보드리야르니까, 그의 관점을 제대로 이해했는지 묻기 위해 관점 적용 문제를 낸 거야!

나왔다! 사례 적용 문제! 보드리야르의 관점을 바탕으로 |보기|의 사례에 적용하는 문제군.

기 출 읽 기

2015학년도 11월 고1 학력평가

정답률 79%
난이도 중
제한시간 7분

무엇을 물을까?

● 최저수용가격과 하한 가격 한계, 최고수용가

격과 상한 가격 한계가 서로 관련이 있으니,

각각 어떤 관계로 연결되는지 묻겠지?

●

어떤 제품에 대해 판매자가 가격을 제시하면 소비자는 그 가격을 해석하고 그 가격에 담겨 있는 의미를 평가해서 제품의 구매 여부를 결정한다. 이 일련의 과정을 가격지각 과정이라 한다.

가보(A. Garbor)와 그레인저(C. Granger)는 소비자들을 대상으로 한 설문조사 결과를 통해 소비자의 가격지각을 설명하고자 했다. 그들은 먼저, 설문 대상자들에게 특정 가격을 제시하여 해당 제품의 구매 의사 여부를 조사했다. 구매한다는 대답이 나오면 다른 가격을 순차적으로 묻는 과정을 계속했고, 구매하지 않는다는 대답이 나오면 그 까닭이 가격이 비싸서 그러한 것인지 아니면 싸서 그러한 것인지를 물었다. 그리하여 소비자들이 수용할 수 있는 '하한 가격 한계'와 '상한 가격 한계'를 발견하였다.

하한 가격 한계는 가격이 너무 낮아서 소비자가 품질을 의심하여 해당 제품을 구매하려는 의사가 전혀 없는 ㉠최저수용가격을 말하고, 상한 가격 한계는 가격이 너무 높아서 소비자가 제품의 구매를 경제적이지 않다고 판단하여 해당 제품을 구매하려는 의사가 전혀 없는 ㉡최고수용가격을 말한다. 조사 결과 설문 대상자들이 수용할 수 있는 하한 가격 한계 위로 가격을 올리면, ㉢지나치게 낮은 가격 때문에 그 제품의 품질을 의심해서 구매하지 않겠다는 확률이 줄어들었다. 그리고 설문 대상자들이 수용할 수 있는 상한 가격 한계 밑으로 가격을 내리면, ㉣가격이 하락함에 따라, 가격이 너무 높아서 구매하지 않겠다는 확률이 줄어들었다. 그리고 최저수용가격과 최고수용가격의 사이, 즉 소비자가 수용할 수 있는 가격 범위 사이에 판매자가 제품을 팔 수 있는 최적가격이 형성된다. 다시 말해, 소비자가 너무 비싸게도 너무 싸게도 느끼지 않아 해당 제품을 구매할 확률이 가장 높은 가격이 판매자가 제품을 효과적으로 팔 수 있는 최적가격인 것이다.

한편 소비자가 새로운 제품의 구매를 고려할 때, 그 제품의 가격이 높거나 낮다고 지각하는 것은 개인이 그 상품에 대해 자신의 기준을 반영하기 때문이다. 일반적으로 소비자가 현재 구매하려는 물건과 유사한 물건을 구매했던 경험이 있다면 그것을 기준으로 준거가격을 설정하고 이를 바탕으로 제품의 구매를 결정한다. 하지만 유사 제품에 대해 구매 경험이 없다면 소비자는 제품에 대해 외적으로 제시되는 새로운 가격 정보를 이용하여 제품의 구매를 결정한다.

이때 전자는 내적준거가격을, 후자는 외적준거가격을 기준으로 제품의 구매 여부를 판단하는 것이라 할 수 있다. 즉 내적준거가격이란 소비자가 경험한 정보를 통해 형성된, 소비자의 마음속에 있는 추상적인 가격을 말하며 외적준거가격이란 특정 제품의 생산자 가격, 상점에서 제시하는 정상 가격, 혹은 경쟁사 가격 등의 새로운 가격 정보를 말한다.

그동안 많은 경제학자들은 소비자들을 판매자가 제시한 가격을 '받아들이는 사람'으로 인식했다. 하지만 소비자들은 판매자들이 제시한 가격을 자신들의 주관적 경험에 따라 다르게 인식할 수 있는 능동적인 존재이다. 따라서 판매자는 소비자들이 가격에 대해 어떻게 지각하고 반응하는지를 고려하여 적절한 가격 전략을 수립해야 한다.

0 다음은 윗글을 쓰기 전 세운 글쓰기 계획이다. 윗글에 반영된 것으로 가장 적절한 것은?

- 소비자의 가격지각 과정에서 내적준거가격의 변화 양상이 어떻게 나타나는
  지 드러내야겠어. ──────────────── ①
- 특정 설문조사를 실시하는 과정에서 전문가의 말을 인용하여 설문조사 결과
  에 대한 신뢰성을 높여야겠어. ──────────── ②
- 개인적 경험을 예로 들며 새로운 제품을 구매할 때 준거가격 설정의 기준을
  설명해야겠어. ──────────────────── ③
- 소비자가 새로운 제품 구매 시 고려하는 외적준거가격에는 어떤 것들이 있
  는지 제시해야겠어. ──────────────── ④
- 소비자의 가격지각 과정에 대한 경제학자들의 인식이 주는 긍정적 시사점을
  언급하며 글을 마무리해야겠어. ──────────── ⑤

내 생각?

글쓴이의 작문 과정을 따라가 볼까?

중심 화제인 소비자의 '(❶   )'
의 개념을 제시하면서 글을 시작하여 독자
들이 집중할 수 있게 해야지.

↓

가격지각 과정에서 알아야 할 하한 가격
한계와 상한 가격 한계에 대해 설명한 뒤,
최저수용가격과 최고수용가격 사이에서
(❷   )이 형성됨을 설명해야겠어.

↓

소비자가 제품 구매를 결정할 때 준거가격
을 어떻게 설정하는지도 덧붙여 설명해야
겠지?

↓

소비자들의 가격 지각 과정을 고려한 판매
자의 가격 전략 수립이 필요함을 강조하며
글을 끝맺어야겠어.

글쓴이가 이 글에서 말하려는 주제는?

_____

_____

1 **윗글을 통해 알 수 <u>없는</u> 것은?**

① 정상 가격의 변화 추이
② 하한 가격 한계의 개념
③ 소비자의 가격지각 과정
④ 내적준거가격 결정의 기준
⑤ 소비자에 대한 두 가지 인식

㉠～㉣에 해당하는 것

개념을 그래프에 적용

그래프의 가로축이 가격, 세로축이 구매하지 않을 확률이라는 것에 주목해야 해. ㉠～㉣은 이 둘의 관계와 관련되니까, 각각에 나타난 가격과 구매 확률의 관계를 파악해서 그래프에 적용해 보자.

2 **㉠～㉣에 해당하는 것을 |보기|에서 찾아 바르게 짝지은 것은?**

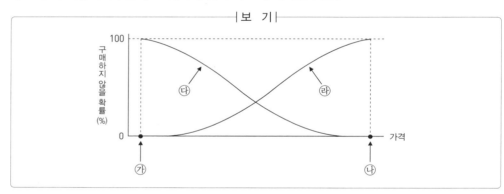

	㉠	㉡	㉢	㉣
①	㉮	㉯	㉰	㉱
②	㉮	㉯	㉱	㉰
③	㉯	㉮	㉰	㉱
④	㉯	㉮	㉱	㉰
⑤	㉯	㉱	㉰	㉮

3 윗글을 바탕으로 |보기|를 이해한 내용으로 적절하지 <u>않은</u> 것은?

구체적 사례에 적용

↓

|보기|에 제시된 용어들의 의미와 관계를 먼저 파악하고, 이들이 소비자의 구매 결정과 어떻게 관련되는지를 판단해 보도록 해.

① Ⓐ에서 소비자는 제품의 품질을 의심할 수 있겠군.

② Ⓐ에서는 최적가격이 형성될 수 있으나 Ⓓ에서는 최적가격이 형성될 수 없겠군.

③ 소비자가 수용할 수 있는 가격은 Ⓑ와 Ⓒ 구간에서 형성되겠군.

④ Ⓓ에서 소비자가 물건을 구매하지 않으려는 것은 경제적이지 않다고 판단한 결과이겠군.

⑤ 동일 물건에 대해 Ⓔ가 사람마다 차이가 날 수 있는 이유는 유사한 물건을 구매했던 과거 경험이 다르기 때문일 수 있겠군.

무엇을 물을까?

● '접근－접근 갈등'과 '인지 부조화'를 설명했

으니, 이를 구체적 사례에 적용할 수 있는지

확인하겠지?

●

소비자들은 어떤 제품이나 서비스를 선택할 때 쉽사리 결정을 내리지 못한다. 이를테면 기능은 만족스럽지만 가격이 비싸거나, 반대로 가격은 만족스러운데 기능은 그렇지 않다거나 하는 경우를 들 수 있다. 이처럼 소비자들은 구매 과정에서 흔히 갈등을 겪게 되는데, 그중 가장 대표적인 것이 ⓐ'접근－접근 갈등'이다. 이는 둘 이상의 바람직한 대안 중에서 하나만을 골라야 하는 경우에 어느 것을 선택해야 할지 결정하지 못해 발생하는 갈등이다. ㉠이때 판매자는 대안들을 함께 묶어 제공함으로써 소비자가 겪는 '접근－접근 갈등'을 해소할 수 있다.

그런데 다른 대안들을 함께 묶어 제공받지 못한 상태에서 하나의 대안만을 선택해야 했던 경우, 소비자들은 선택하지 않은 대안에 대한 아쉬움 때문에 심리적으로 불편함을 느끼게 된다. 소비자들은 이러한 심리적 불편함을 없애려 하는데, 이는 ⓑ인지 부조화* 이론으로 설명할 수 있다. 이 이론에 따르면 사람들은 자신의 생각과 태도가 자신이 한 행동과 서로 일치하기를 바라는데, 그렇지 않으면 심리적 긴장 상태가 발생하게 된다는 것이다. 이런 경우 사람들은 긴장 상태를 해소하기 위해 생각과 행동을 일치시키려 한다. 그렇다면 제품을 구입한 행동과 제품 구입 후에 자신의 선택이 최선이 아닐지도 모른다는 생각 사이의 부조화는 어떻게 극복될 수 있을까?

인지 부조화 상태를 겪고 있는 소비자는 이를 해소하기 위해 선택하지 않은 제품의 단점을 찾아내거나 그 제품의 장점을 무시하기도 한다. 하지만 일반적으로는 자신의 구매 행동을 지지하는 부가정보들을 찾아냄으로써 현명한 선택을 했다는 것을 스스로에게 확신시킨다. 특히 자동차나 아파트처럼 고가의 재화를 구매했을 경우에는 구매 직후의 인지 부조화가 심화되므로 이를 해소하려는 노력도 더 크게 나타난다. 이때 광고가 중요한 역할을 한다. 소비자들은 광고를 통해 자신이 선택한 제품의 장점을 재확인하거나 새로운 선택 이유를 찾아내려고 하는 것이다. ㉡제품을 구매한 고객들을 대상으로 한 광고는 전달할 수 있는 정보가 제한적인 매체보다는 많은 정보를 담을 수 있는 매체를 활용하는 것이 효과적이다.

소비자들이 구매 후에 광고를 탐색하는 것은 인지 부조화를 감소시키고자 하는 노력인데, 기업 입장에서는 또 다른 효과들을 가져오기도 한다. 구매 후 광고는 제품을 구매한 소비자들에게 자신의 구매 행동이 옳았다는 확신이나 만족을 심어 주기 때문에 회사의 이미지를 높이고 브랜드 충성심*을 구축하는 데 크게 기여한다. 따라서 구매 후 광고는 재구매를 유도하거나 긍정적 입소문을 확산시켜 광고의 효과를 극대화할 수 있다. 따라서 기업은 제품을 판매한 이후에도 소비자와 제품의 우호적인 관계가 유지될 수 있도록 지속적으로 광고를 노출할 필요가 있다.

* 부조화: 서로 잘 어울리지 아니함.
* 브랜드 충성심: 소비자가 특정 브랜드에 깊은 애착을 지녀 그 브랜드의 상품이나 서비스를 다시 구매하거나 단골이 되어 있는 몰입 상태.

ⓐ과 ⓑ에 대한 설명으로 가장 적절한 것은?

① ⓐ는 소비자가 자신이 구매한 제품에 대한 불만족으로 심리적 갈등을 겪는 것이다.

② 소비자가 ⓐ를 겪다가 하나의 대안만을 선택한 경우, 선택하지 않는 대안으로 인해 심리적 불편함을 겪을 수 있다.

③ ⓑ에 따르면, 소비자의 구매 행동과 생각 사이에 부조화가 발생하게 되면, 바람직한 대안 중 어느 것을 선택해야 할지 쉽게 결정하지 못한다.

④ ⓑ에 따르면, 소비자들은 인지 부조화 상태가 발생하게 되면, 구매 전에 본 광고를 탐색해 그 제품의 단점을 재확인하고자 하는 경향을 보인다.

⑤ ⓑ에 따르면, 기업들은 광고 효과를 극대화할 수 있도록 소비자가 제품을 구매하기 직전에 제품 광고에 효과적으로 노출될 수 있는 방법을 모색해야 한다.

내 생각?

글쓴이의 작문 과정을 따라가 볼까?

소비자들이 제품을 구매할 때 겪게 되는 (❶   )에 대해 이야기해 볼까? 우선 개념을 밝히고 그 해소 방법도 함께 제시하자.

↓

제품 구매 시 발생하는 인지 부조화에 대해 설명하고, 이를 극복할 방법에 대해 질문을 던지며 내용을 전개해야겠어.

↓

인지 부조화를 극복하는 방법을 제시하고, 그중에서 (❷   )가 소비자에게도 기업에게도 도움을 준다는 점을 알려 주면서 기업이 해야 할 일을 제시하며 글을 마무리하자.

글쓴이가 이 글에서 말하려는 주제는?

_____

_____

⊙의 예

⊙의 구체적 사례 찾기

1 ⊙의 예로 가장 적절한 것은?

① 소비자는 공짜를 좋아하는 경향이 있으므로, 탄산음료를 판매할 때 두 개를 한 개 값으로 주
   는 1+1 전략을 활용한다.
② 소비자는 어떤 사은품을 주는지 주의 깊게 살펴보는 경우가 많으므로, 냄비를 판매하면서
   사은품으로 프라이팬을 제공한다.
③ 소비자는 바지를 살 때 그에 어울리는 티셔츠를 함께 구입하려는 경향이 있으므로, 바지와
   티셔츠를 인접하여 나란히 진열한다.
④ 소비자는 어떻게 하면 저렴한 가격으로 물건을 구입할 수 있을지 고심하는 경향이 있으므
   로, 저녁 무렵에는 야채를 반값에 판매한다.
⑤ 소비자는 중식을 먹을 때 짜장면과 짬뽕을 두고 선택을 망설이는 경우가 많으므로, 두 음식
   을 다 먹을 수 있는 짬짜면을 메뉴에 추가한다.

이유 추론

어떤 결과에 대한 원인이나 이유에 관
한 내용은 주로 앞뒤 문맥 속에 제시된
경우가 많아. 그러니까 ⓛ의 이유도 앞
뒤 문맥을 잘 살펴서 짐작해 봐.

2 ⓛ의 이유로 가장 적절한 것은?

① 광고 매체에 따른 광고 비용의 차이가 제품의 가격에 지대한 영향을 미치기 때문에
② 구매 제품의 가격대가 높을수록 소비자가 광고보다는 다른 사람의 평가를 중시하기 때문에
③ 광고의 노출 횟수가 많을수록 소비자가 제품과 우호적 관계를 형성할 가능성이 있기 때문에
④ 제품을 구매하기 전보다 구매한 이후에 소비자가 경쟁 회사 제품의 광고에 더 많이 주목하
   기 때문에
⑤ 구매 제품에 대한 지지 정보가 많을수록 소비자가 인지 부조화를 효과적으로 해소할 수 있
   기 때문에

3 다음은 한 자동차 회사의 '구매 후 광고 전략 화상 회의'의 일부이다. 윗글을 참고할 때, 발언 내용으로 적절하지 <u>않은</u> 것은?

적용할 구체적 상황은 '회사의 입장'

↓

'한 자동사 회사의 회의'라는 조건이 제시되어 있네. 그리고 회사의 입장에서 소비자를 분석하고 있어. 그렇다면 지문에서 '기업'에 관한 내용이 담긴 부분을 확인해 봐야겠지?

부장
P 자동차는 가격과 성능이 비슷한 경쟁 제품이 많아서 소비자들이 '접근 – 접근 갈등'을 많이 겪는 제품이라고 할 수 있습니다. ┄┄┄┄ ㉠

과장
구매 후 디자인 때문에 심리적 갈등을 겪고 있는 P 자동차 고객들을 위해서 새로운 자동차의 출시가 임박했다는 광고를 늘리면 심리적 갈등의 해소에 도움이 될 수 있습니다. ┄┄ ㉡

사원 A
P 자동차의 고객들은 연비를 첫 번째 구매 요인으로 꼽았는데, 이번에는 고객들의 선택을 지지하는 부가 정보로 승차감을 강조하는 것이 어떨까요? ┄┄┄┄┄┄┄ ㉢

사원 B
P 자동차를 구매한 고객들이 우리 회사의 자동차를 재구매할 때 주는 할인 혜택을 강조하면 고객들이 느끼는 심리적 불편함을 줄일 수 있을 것입니다. ┄┄┄┄┄┄ ㉣

사원 C
P 자동차의 고객들이 광고를 보며 P 자동차 사길 잘했다고 생각하면 P 자동차에 대한 긍정적인 입소문을 만들어 내는 효과도 얻을 수 있습니다. ┄┄┄┄┄┄┄ ㉤

① ㉠   ② ㉡   ③ ㉢   ④ ㉣   ⑤ ㉤

무엇을 물을까?

● ──────────────

   ──────────────

   ──────────────

● ──────────────

   ──────────────

   ──────────────

물가란 시장에서 거래되는 개별 상품의 가격을 종합하여 평균한 것으로, 물가 변동은 전반적인 상품의 가격 변동을 나타낸다. 물가지수는 이러한 물가 변동을 알기 쉽게 지수화한 경제지표를 일컫는다. 지수란 기준이 되는 시점의 수치를 100으로 해서 비교 시점의 수치를 나타낸 것인데, 이를테면 어느 특정 시점의 물가지수가 115라면 이는 기준 시점보다 물가 수준이 15% 높다는 것을 의미한다.

물가지수를 정확하게 측정하려면 모든 재화와 서비스의 가격 변동을 조사해야 하지만 이는 현실적으로 불가능하다. 그래서 정부는 일정 기준에 의해 선정된 대표 품목만을 대상으로 가격을 조사하여 물가지수를 구한다. 이때 선정된 품목들의 가격지수부터 구하게 되는데, 가격지수란 기준이 되는 시점에서 개별 상품의 가격 변동을 지수로 나타낸 수치를 말한다. 이처럼 선정된 품목들의 개별 가격지수의 합을 평균하는 방법으로 물가 수준의 변화를 파악하는 것을 단순물가지수라고 한다. 그러나 모든 품목이 전체 물가에 동일한 영향을 주는 것으로 전제하기 때문에 단순물가지수로 현실적인 물가 상승률을 드러내는 데에는 한계가 있다. 따라서 해당 품목이 차지하는 중요도에 따라 가격지수에 가중치를 부여하여 체감 물가*에 근접한 결과를 측정하고자 한다. 이때 품목별 가중치를 가격지수에 곱한 후 합하여 얻어지는 값을 가중물가지수라고 한다. 가중물가지수는 거래 비중이 큰 품목의 가격 변동이 물가지수에 더 많이 영향을 미치도록 계산한 것이다.

이러한 물가지수는 어떤 용도로 쓰일까? 먼저, 물가지수는 화폐의 구매력을 측정할 수 있는 수단이 된다. 만일 시장에서 물가가 지속적으로 상승하는 경우 구입할 수 있는 상품의 양은 물가가 오르기 전보다 감소하게 되므로 화폐의 구매력*은 떨어지게 된다. 다음으로, 물가지수는 경기판단 지표로서의 역할을 한다. 일반적으로 물가는 경기가 호황일 때 수요 증가에 의하여 상승하고 경기가 불황일 때 수요 감소로 하락한다.

또한 물가지수는 명목 가치를 실질 가치로 바꾸는 역할을 한다. 금액으로 표시되어 있는 통계 자료를 다룰 때 종종 현재의 금액을 과거 어느 시점(T년도)의 금액으로 환산*할 필요성을 느끼게 되는데, 이때 물가지수가 이용된다. 현재의 금액을 두 기간 사이의 물가지수 비율로 나누어 과거 시점의 금액으로 환산할 수 있는 것이다.

$$\text{T년도 금액} = \text{현재 금액} \div \frac{\text{현재물가지수}}{\text{T년도물가지수}}$$

이처럼 금액으로 표시되어 있는 통계 자료를 물가지수 등락률로 나눔으로써 가격 변동 효과를 제거할 수 있는데, 원래의 통계치인 '현재 금액'은 명목 가치에, 환산하여 얻어지는 통계치인 'T년도 금액'은 실질 가치에 해당한다.

물가지수는 이용 목적에 따라 여러 가지 형태로 작성되는데, 그것을 보여 주는 사례가 소비자물가지수와 생산자물가지수이다. 소비자물가지수는 소비자가 일상생활에서 구입하는 상품이나 서비스의 가격 변동을 알아보기 위해, 생산자물가지수는 생산자가 생산을 위해 거래하는 상품의 가격 변동을 알아보기 위해 작성된다. 이때 어떤 품목의 가격 변동이 중요한가는 생산자와 소비자의 입장에 따라 다르다. 예를 들어, 지하철 요금의 인상은 일반 소비자들에게는 물가 상승의 현실로 다가오지만 기업에게는 생산원가의 직접적인 인상 요인으로 다가오지는 않는다. 그러나 철판 가격의 인상은 소비자보다 생산자에게 중요한 영향을 미친다. 따라서 ㉠<u>생산자의 입장에서 유용한 물가지수와 소비자의 입장에서 유용한 물가지수는 다르게 작성된다.</u>

두 물가지수가 같은 품목을 포함한다고 하더라도 품목에 부여하는 가중치는 서로 다르다. 예를 들어 경유는 기업에서 연료로 쓰이는 비중이 크기 때문에 생산자물가지수를 산출할 때 부여하는 가중치가 소비자물가지수에서보다 훨씬 크다. 반면, 채소는 가계에서 소비하는 비중이 커서 소비자물가지수를 산출할 때 부여하는 가중치가 생산자물가지수에서보다 크다. 이는 생산자물가지수의 품목별 가중치는 매출액 기준으로 산출되기 때문에 매출액이 큰 품목일수록 가중치가 큰 데 비하여, 소비자물가지수의 품목별 가중치는 도시가계 소비 지출액 기준이므로 소비 지출액이 큰 품목의 가중치가 더 크게 나타나기 때문이다. 이처럼 조사하는 품목이 다르고, 같은 품목이라고 하더라도 두 지수에서 적용되는 가중치가 다르다 보니 소비자물가지수와 생산자물가지수가 서로 다른 방향의 변동을 나타내거나, 같은 방향으로 움직이더라도 변동 수준에 차이를 보이는 경우를 쉽게 볼 수 있다.

생산자물가지수는 소비자물가지수에 앞서 움직이는 양상을 보이기도 하는데, 이는 가격 조사 단계의 차이에서 원인을 찾을 수 있다. 생산자물가지수는 생산자 판매 단계의 공장도 가격을 조사하여 작성되는 반면, 소비자물가지수는 소비자 구입 단계의 소매가격을 조사하여 작성된다. 원재료, 중간재 등을 포괄하는 생산자물가지수에는 시장 변화의 영향이 곧바로 파급되지만, 소비자물가지수에는 몇 차례의 가공 단계를 거쳐 소비재로 만들어진 후에야 그 영향이 도달하게 되므로 생산자물가지수가 소비자물가지수보다 앞서 변동하게 되는 것이다. 즉, 생산자물가지수의 상승은 시차를 두고 소비자물가지수의 상승으로 이어질 가능성이 높다. 이와 같은 이유로 소비자물가지수의 선행지표로서 생산자물가지수를 이해하기도 한다.

* 체감 물가: 소비자가 시장에서 소비 행위를 하며 실제로 느끼는 물가.
* 화폐의 구매력: 화폐 한 단위로 재화와 용역을 살 수 있는 능력.
* 환산: 어떤 단위나 척도로 된 것을 다른 단위나 척도로 고쳐서 헤아림.

윗글에 대한 설명으로 적절하지 <u>않은</u> 것은?

① 열거의 방식을 활용하여 물가지수의 다양한 용도를 설명하고 있다.
② 정의의 방식을 활용하여 물가지수는 물론 이와 관련된 용어들의 개념을 설명하고 있다.
③ 일정한 기준에 따른 분류의 방식을 활용하여 물가지수의 종류를 나누어 설명하고 있다.
④ 대조의 방식을 활용하여 명목 가치와 달리 실질 가치가 시간의 흐름에 따라 변화되는 양상을 설명하고 있다.
⑤ 구체적인 사례를 활용하여 소비자물가지수와 생산자물가지수에 반영되는 품목에 차이가 나는 이유를 설명하고 있다.

내 생각?

글쓴이의 작문 과정을 따라가 볼까?

(❶   ) 전반에 대해 설명하는 글을 써야겠어. 먼저 개념을 설명하면서 중심 화제를 제시해야지.

↓

물가지수를 측정하는 방법을 가중치가 반영된 경우와 아닌 경우로 나누어 설명하자.

↓

그 다음 물가지수의 용도를 세 가지로 나누어 설명해야겠어.

↓

물가지수에서 가장 많이 언급되는 (❷   )와 생산자물가지수를 소개할 땐 이용 목적에 따른 분류임을 밝히고 각각의 특징을 비교해 설명해야겠어.

글쓴이가 이 글에서 말하려는 주제는?

_____

1 **윗글을 읽고 이해한 내용으로 적절하지 <u>않은</u> 것은?**

① 화폐의 구매력은 물가의 움직임에 따라 변화하는군.

② 물가지수는 시장의 수요 변화에 큰 영향을 미치는군.

③ 명목 가치에서 가격 변동 효과를 제거함으로써 실질 가치를 구할 수 있군.

④ 시장의 수요가 증가하면 같은 소득으로 시장에서 구매할 수 있는 상품의 양이 줄어들겠군.

⑤ 현재의 금액을 과거의 금액으로 환산할 때 현재 물가지수가 과거 물가지수보다 높을수록 환산된 금액이 적어지겠군.

2 **윗글을 바탕으로 |보기|를 설명한 내용으로 적절하지 <u>않은</u> 것은?**

┤보 기├

아래 표는 소비자물가지수를 작성하기 위해 기준 시점 대비 각 품목의 가격 변동을 조사한 자료이다.

구분	A	B	C
가격지수	104	110	110
가중치	0.6	0.3	0.1

① 품목별 소비 지출액은 A>B>C의 순으로 나타난다.

② 단순물가지수를 사용하면 소비자물가지수는 108이다.

③ 단순물가지수에서는 B와 C의 가격 변동이 전체 물가에 동일한 영향을 준다고 전제한다.

④ 단순물가지수를 사용했을 때보다 가중물가지수를 사용할 때 물가 상승률이 높게 나타난다.

⑤ 가중물가지수를 사용하면 거래 비중이 큰 A의 가격 변동이 물가지수에 더 많이 영향을 미치게 된다.

|보기|에 구체적인 수치들이 제시되어 있네. 지문에 계산 방법이 나와 있으니, 이를 찾아서 계산해 보라는 얘기겠지?

|보기|는 소비자물가지수, 가격지수, 가중치에 관한 내용이고, 선지에는 단순물가지수, 가중물가지수를 다루고 있네. 이와 관련된 계산식을 설명한 문단을 찾아봐야겠군.

3 윗글을 바탕으로 |보기|를 이해한 내용으로 적절하지 <u>않은</u> 것은?

―| 보 기 |―

　다음 소식입니다. 올 여름 자연 재해로 인해 농작물의 작황이 나빠 농산물 가격이 크게 올랐습니다. 또한 원유 등 국제 원자재 가격도 올랐습니다. 이로 인해 소비자물가지수와 생산자물가지수에 변동이 있었습니다.

－ ○○ 경제 뉴스－

① 원유 가격의 상승으로 인해 향후 소비자물가지수가 오를 가능성이 있다.

② 다른 조사 품목의 가격 변동이 없다면 농산물의 가격 상승은 소비자물가지수의 상승으로 이어질 것이다.

③ 생산자물가지수는 원재료, 중간재 등을 포괄하므로 원유 가격의 상승이 생산자물가지수에 곧바로 파급될 것이다.

④ 생산자물가지수와 소비자물가지수에서 농산물의 가중치는 다르기 때문에 두 지수의 변동 수준에 차이가 생길 수 있다.

⑤ 농산물의 생산자 판매 단계의 가격은 소비자 구입 단계의 가격보다 낮으므로 생산자물가지수가 소비자물가지수보다 낮을 것이다.

4 ㉠에 대한 이해로 가장 적절한 것은?

① 소비자와 생산자가 물가지수를 이용하는 목적은 동일하다.

② 소비자와 생산자의 입장에 따라 실질 가치를 산출하는 계산식이 다르다.

③ 소비자와 생산자로 대상을 분류하면 보다 쉽게 물가지수를 측정할 수 있다.

④ 소비자물가지수의 조사 대상 품목군과 생산자물가지수의 조사 대상 품목군은 일치하지 않는다.

⑤ 소비자물가지수와 생산자물가지수 중 하나만 가지고는 전반적인 상품 가격의 변화를 판단할 수 없다.

과학기술 과학기술의 발달과 인간

과학기술의 발달은 인류 문명을 크게 발전시켰다. 생명 공학의 발달로 식량 문제를 해결하고, 교통수단의 발달은 활동 범위를 확대하였다. 이제는 인간의 지능과 유사한 로봇까지 등장하고 있으니 그 한계가 어디일지 예측하기 어려울 지경이다. 이처럼 과학기술은 인류 문명과 삶의 변화 요인이기에 과학기술 그 자체에 대한 고찰을 요구하는 문제가 **수능에서도 비중 있게 출제되고 있는 게 아닐까?**

기 출 읽 기

2019학년도 9월 고1 학력평가

정답률 69%
난이도 중상
제한시간 7분

출제자는
무엇을 물을까?

● 전기레인지를 용기 가열 방식에 따라 하이라
이트 레인지와 인덕션 레인지로 나누어 설명
했으니, 둘의 차이를 물어보지 않을까?

● 하이라이트 레인지와 인덕션 레인지의 가열
원리를 제시했으니, 그 원리를 실제 사례에
적용해 보게 하지 않을까?

전기레인지는 용기를 가열하는 방식에 따라 하이라이트 레인지와 인덕션 레인지로 나눌 수 있다. 하이라이트 레인지는 상판 자체를 가열해서 열을 발생시키는 ⊙직접 가열 방식이고, 인덕션 레인지는 상판을 가열하지 않고 전자기유도 현상을 통해 용기에 자체적으로 열을 발생시키는 ⓒ유도 가열 방식이다.

하이라이트 레인지는 주로 니크롬으로 만들어진 열선을 원형으로 배치하고 열선의 열을 통해 그 위의 세라믹글라스 판을 직접 가열한다. 이렇게 발생한 열이 용기에 전달되어 음식을 조리할 수 있게 된다. 하이라이트 레인지는 비교적 다양한 소재의 용기를 쓸 수 있지만 에너지 효율이 낮아 조리 속도가 느리고 상판의 잔열로 인한 화상의 우려가 있다.

인덕션 레인지는 표면이 세라믹글라스 판으로 되어 있고 그 밑에 나선형 코일이 설치되어 있다. 전원이 켜지면 코일에 2만Hz 이상의 고주파 교류 전류가 흐르면서 그 주변으로 1초에 2만 번 이상 방향이 바뀌는 교류 자기장이 발생하게 되고, 그 위에 도체*인 냄비를 놓으면 교류 자기장에 의해 냄비 바닥에는 수많은 폐회로*가 생겨나며 그 회로 속에 소용돌이 형태의 유도 전류인 맴돌이전류가 발생한다. 이때 흐르는 맴돌이전류가 냄비 소재의 저항에 부딪혀 줄열 효과*가 나타나게 되고 이에 의해 냄비에 열이 발생하게 되는데, 이때 맴돌이전류의 세기는 나선형 코일에 흐르는 전류의 세기에 비례한다.

인덕션 레인지의 가열 원리는 강자성체*의 자기 이력 현상과도 관련이 있다. 일반적으로 물체는 자기장의 영향을 받으면 자석의 성질을 갖게 되는데 이것을 자화라고 하며, 자화된 물체를 자성체라고 한다. 자성체의 자화 세기는 물체에 가해 준 자기장의 세기에 비례하여 커지다가 일정값 이상으로는 더 이상 커지지 않는데, 이를 자기 포화 상태라고 한다. 이때 물체에 가해 준 자기장의 세기를 줄이면 자화의 세기도 줄어들기 시작하며, 외부의 자기장이 사라지면 자석의 성질도 사라진다. 그런데 강자성체의 경우에는 외부 자기장의 세기가 줄어들어도 자화의 세기가 상대적으로 천천히 줄어들게 되고 외부 자기장이 사라져도 어느 정도 자화된 상태를 유지하게 되는데, 이를 자기 이력 현상이라고 하며 자성체에 남아 있는 자화의 세기를 잔류 자기라고 한다. 그리고 처음에 가해 준 외부 자기장의 역방향으로 일정 세기의 자기장을 가해 주면 자화의 세기가 0이 되고, 자기장을 더 세게 가해 주면 반대쪽으로 커져 자기 포화 상태가 된다. 이러한 과정을 반복하면 자기장의 세기에 따른 자화의 세기는 일정한 곡선을 그리게 되는데 이를 자기 이력 곡선이라고 한다. 이 과정에서 자기에너지는 열에너지로 전환되어 자성체의 온도를 높이는데, 이때 발생하는 열에너지는 자기 이력 곡선의 내부 면적과 비례한다. 만약 인덕션에 사용하는 냄비의 소재가 강자성체인 경우, 자기 이력 현상으로 인해 냄비에 추가로 열이 발생하게 된다.

이러한 가열 방식 때문에 인덕션 레인지는 음식 조리에 필요한 열을 낼 수 있도록 소재의 저항이 크면서 강자성체인 용기를 사용해야 한다는 제약이 있다. 또한 고주파 전류를 사용하기 때문에 조리 시 전자파에 대한 우려도 있다. 하지만 직접 가열 방식보다 에너지 효율이 높아 순식간에 용기가 가열되기 때문에 상대적으로 빠르게 음식을 조리할 수 있다. 그리고 무엇보다 상판이 직접 가열되지 않기 때문에 발화에 의한 화재의 가능성이 매우 낮고, 뜨거운 상판에 의한 화상 등의 피해로부터 비교적 안전하다는 장점이 있다.

* 도체: 열 또는 전기의 전도율이 비교적 큰 물체를 통틀어 이르는 말.
* 폐회로: 전류가 흐를 수 있도록 구성된 회로.
* 줄열 효과: 도체에 전류를 흐르게 했을 때 도체의 저항 때문에 열에너지가 증가하는 현상.
* 강자성체: 물체가 외부의 자기장에 의하여 강하게 자기화(磁氣化)되어, 자기장을 없애도 자기화가 그대로 남아 있는 성질인 강
  자성을 가지는 물질.

구조읽기 **윗글의 내용 전개 방식에 대한 설명으로 가장 적절한 것은?**

① 일정한 기준에 따라 대상을 분류한 후, 각각의 원리를 제시하고 있다.

② 대상의 개념을 제시한 후, 대상의 변천 과정을 시간순으로 설명하고 있다.

③ 대상 간의 차이점을 밝힌 후, 둘의 차이를 극복할 수 있는 방안을 소개하고 있다.

④ 대상에 대한 의문을 제기한 후 그에 대해 답을 하는 방식으로 내용을 전개하고
   있다.

⑤ 대상을 바라보는 상반된 관점을 소개하고, 그중 어떤 관점이 대상을 이해하기에
   효과적인지 밝히고 있다.

내 생각?... 을 표현하기
좋은 글의 구조를 선택하고...
썼으니까... **글의 구조 속**에
있지 않을까?

글쓴이의 작문 과정을 따라가 볼까?

(❶   )에 따라 전기레인지의
종류를 나누어 소개해 볼까?

먼저 하이라이트 레인지의 가열 원리를 간
단하게 제시한 뒤, 인덕션 레인지의 가열
원리를 설명해야겠어.

특히 '강자성체의 자기 이력 현상'을 활용
해 (❷   )의 가열 원리를 상세
히 설명해야지. 어려운 용어가 많으니 그
개념을 쉽게 풀이해 주자.

인덕션 레인지의 장점과 단점을 하이라이
트 레인지와 비교하면 그 특징이 잘 전달
될 수 있겠지?

글쓴이가 이 글에서 말하려는 주제는?

_____

_____

㉠과 ㉡에 대한 설명

대상 간의 특징 비교

㉠, ㉡은 1문단에 제시되어 있지만 글의 구조로 볼 때 글 전체를 읽어야 제대로 답할 수 있으니까 적절하지 않은 선지를 지워 가며 글을 끝까지 읽자.

1 **㉠과 ㉡에 대한 설명으로 적절한 것은?**

① ㉠은 유도 전류를 이용하여 용기를 가열한다.

② ㉡은 상판을 가열하여 그 열로 음식을 조리한다.

③ ㉠은 ㉡에 비해 상대적으로 화상의 위험이 적다.

④ ㉠은 ㉡과 달리 빠른 시간 안에 용기를 가열할 수 있다.

⑤ ㉡은 ㉠보다 사용할 수 있는 용기 소재에 제약이 많다.

그림의 정보는 대상을 이해하는 단서

원리가 나올 땐, 반드시 그림으로 원리를 잘 이해했는지 묻는다고 했지?

2 **윗글을 바탕으로 |보기|의 '전기레인지'를 이해한 내용으로 적절하지 않은 것은?**

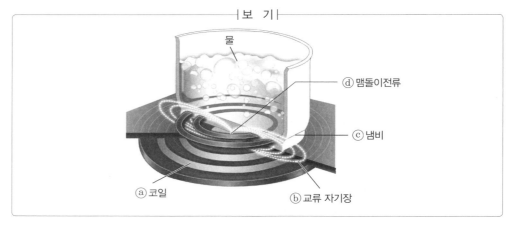

─| 보 기 |─

물

ⓓ 맴돌이전류

ⓒ 냄비

ⓐ 코일

ⓑ 교류 자기장

① ⓐ에 고주파 교류 전류가 흐르면 ⓑ가 만들어지는군.

② ⓑ의 영향을 받으면 ⓒ의 바닥에 ⓓ가 발생하는군.

③ ⓒ 소재의 저항이 커지면 ⓑ의 세기도 커지겠군.

④ ⓓ의 세기는 ⓐ에 흐르는 전류의 세기에 비례하겠군.

⑤ ⓓ가 흐르면 ⓒ 소재의 저항에 의해 열이 발생하는군.

'교류 자기장'과 '맴돌이전류'로 보아 인덕션 레인지를 구현한 그림이잖아? 그러니까 3~4문단을 꼼꼼히 살펴봐야겠어.

3 **윗글을 바탕으로 |보기|를 이해한 내용으로 적절하지 <u>않은</u> 것은?**

윗글을 바탕으로 |보기|를 이해

그래프를 바탕으로 한 원리 이해

↓

4문단을 살펴보면 자화의 세기와 자기장 세기의 관계를 이해할 수 있을 거야!

─| 보 기 |─

아래 그림은 두 물체 A, B의 자기장의 세기에 따른 자화 세기의 변화를 나타낸 자기 이력 곡선이다.

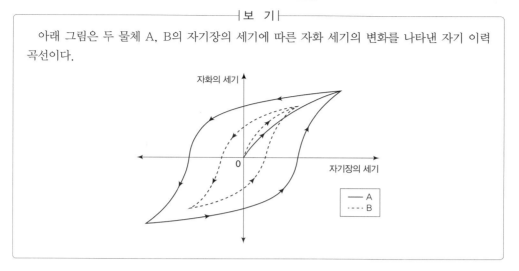

① 외부 자기장이 사라져도 자석의 성질을 지닌다는 점에서 A와 B는 모두 인덕션 레인지 용기의 소재로 적합하겠군.

② A 소재의 용기 외부에 가해지는 자기장의 세기가 커질수록 발생하는 열에너지의 크기는 계속 증가하겠군.

③ 인덕션 레인지의 전원을 차단했을 때 A 소재의 용기가 B 소재의 용기보다 잔류 자기의 세기가 더 크겠군.

④ 용기의 잔류 자기를 제거하기 위해서는 B 소재의 용기보다 A 소재의 용기에 더 큰 세기의 자기장을 가해 주어야겠군.

⑤ B 소재의 용기는 A 소재의 용기보다 자기장의 변화에 따라 발생하는 열에너지가 적겠군.

기 출 읽 기 1

2021학년도 3월 고2 학력평가

정답률 56%
난이도 상
제한시간 8분

무엇을 물을까?

● 여러 가지 구성 요소로 이루어진 기계를 소재

로 한 글에서는 각 구성 요소들의 특징을 제

대로 이해했는지 반드시 물을 거야.

●

_____

_____

고층 건물을 건설하는 현장을 보면 우뚝 솟아 있는 타워 크레인이 사람들의 시선을 끈다. 타워 크레인은 수십 톤에 ⓐ달하는 중량물*을 들어 올리는 건설 기계 장비이다. 그렇다면 타워 크레인은 어떻게 수십 톤의 무거운 건설 자재*를 들어 올릴 수 있는 것일까?

타워 크레인은 〈그림〉과 같이 기초부, 마스트, 텔레스코핑 케이지, 운전실, 지브, 트롤리, 후크 블록 등으로 구성된다. 기초부는 타워 크레인을 지지하는 부분이고, 마스트는 타워 크레인을 지지하는 기둥이다. 텔레스코핑 케이지는 타워 크레인의 높이를 조절하는 장치로, 유압* 장치를 통해 운전실을 들어 올린 후 마스트와 운전실 사이의 빈 공간에 단위 마스트를 끼워 넣어 높이를 조절한다.

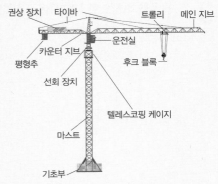

운전실은 타워 크레인을 ⓑ제어하는 곳으로, 하단에는 중량물을 수평으로 이동시키는 선회 장치가 있고, 상단의 타워 헤드에는 지브의 인장력*을 보강하면서 평형 유지를 돕는 타이바가 ⓒ연결되어 있다. 지브는 카운터 지브와 메인 지브로 구성되는데, 카운터 지브는 길이가 짧으며 일정한 무게의 콘크리트 평형추가 고정되어 있는 부분이고, 메인 지브는 길이가 길고 중량물을 들어 올리는 역할을 하는 부분이다. 트롤리는 메인 지브의 레일을 통해 중량물을 수평으로 이동시키는 역할을 한다.

카운터 지브와 메인 지브의 길이가 다름에도 불구하고 지브가 한쪽으로 기울어지지 않고 평형을 이룰 수 있는 것은 무엇 때문일까? 그것은 바로 지레의 원리로 설명할 수 있다. 지레에는 작용점, 받침점, 힘점이 있는데, 작용점에 가하는 힘을 F, 작용점에서 받침점까지의 거리를 D, 힘점에 작용하는 힘을 f, 힘점에서 받침점까지의 거리를 d라고 할 때, FD = fd이면 지레는 어느 한쪽으로 기울어지지 않고 평형을 이루게 된다. 마찬가지로 타워 크레인의 평형추는 작용점, 운전실 지점은 받침점, 트롤리는 힘점에 해당하는데, 타워 크레인은 두 지브의 길이가 다르기 때문에 길이가 짧은 카운터 지브에 무거운 평형추를 설치하여 길이가 긴 메인 지브와 평형을 이루도록 한다. 그런데 타워 크레인은 메인 지브에 있는 트롤리의 위치에 따라 들어 올릴 수 있는 중량물의 무게가 달라진다. 메인 지브의 바깥쪽에서 들어 올린 중량물을 메인 지브 안쪽으로 이동시키는 것은 자유롭지만, ㉠반대로 메인 지브의 안쪽에서 들어 올린 중량물을 메인 지브 바깥쪽으로 이동시키지 못할 수도 있다.

[A]
타워 크레인이 수십 톤에 달하는 무거운 건축 자재를 들어 올릴 수 있는 것은 중량물을 매다는 후크 블록에 움직도르래를 사용하기 때문이다. 후크 블록의 움직도르래는 와이어로프를 통해 권상 장치와 연결되어 있다. 권상 장치는 그 안에 있는 전동기의 회전 방향에 따라 와이어로프를 원통 모양의 드럼에 감거나 풀어 중량물을 들어 올리거나 내린다. 도르래를 사용할 때의 역학 관계는 '일의 양(W) = 줄을 당긴 힘(F) × 감아올린 줄의 길이(S)'로 나타낼 수 있다. 동일한 무게의 물체를 들어 올린 높이가 같다면 권상 장치가 물체를 들어 올리기 위해 한 일의 양이 같다. 그런데 고정도르래만 사용할 때와 비교해, 움직도르래 1개를 사용하여 지상에서 같은 높이로 물체를 들어 올리면, 일의 양은 같지만 도르래 양쪽으로 물체의 무게가 반씩 ⓓ분산되기 때문에 물체를 들어 올리는 힘의 크기는 1/2로 줄어들게 되고, 감아올린 줄의 길이는 2배로 길어진다. 이러한 움직도르래를 타워 크레인에서 추가적으로 사용할 때마다 동일한 무게의 중량물을 같은 높이로 들어 올릴 때 권상 장치가 사용하는 힘의 크기가 더 ⓔ감소하지만, 권상 장치가 감아올리는 와이어로프의 길이는 더 길어지게 된다. 하지만 여러 개의 움직도르래를 사용하게 되면 여러 가닥의 와이어로프가 바람에 의해 꼬여 손상되는 일이 발생할 수 있기 때문에 사용할 수 있는 움직도르래의 개수가 제한된다.

* 중량물: 부피에 비하여 무거운 물건.
* 건설 자재: 건설에 쓰는 재료. 나무, 강철, 벽돌, 철근, 시멘트, 유리 따위를 이른다.
* 유압: 압력을 가한 기름에 의하여 피스톤 따위의 동력 기계를 작동하는 일.
* 인장력: 물체의 중심축에 평행하게 바깥 방향으로 작용하여 물체가 늘어나게 하는 힘.

0 **다음은 윗글을 쓰기 위해 글쓴이가 작성한 메모이다. 윗글에 반영되지 <u>않은</u> 것은?**

- 글의 첫 문단에 질문을 제시하여 독자들의 흥미를 끌어야겠어. ·················· ①
- 타워 크레인의 구조와 각각의 구성 요소들이 하는 역할을 구체적으로 설명해
  야겠어. ················· ②
- 독자들이 내용을 좀 더 쉽게 파악하도록 하기 위해 타워 크레인의 작동 원리를
  크게 둘로 나누어 제시해야겠어. ················· ③
- 타워 크레인이 무거운 물체를 들어 올릴 수 있는 이유를 과학적으로 설명해야
  겠어. ················· ④
- 타워 크레인과 유사한 원리로 작동하는 다른 기계를 소개하며 글을 마무리해
  야겠어. ················· ⑤

내 생각?

글쓴이의 작문 과정을 따라가 볼까?

(**❶**   )은 어떻게 무거운 건설
자재를 들어 올리는지 궁금하지 않을까?

↓

타워 크레인이 어떻게 구성되어 있는지 알
아야 그 작동 원리도 이해할 수 있겠지?
그림을 함께 제시하면 이해하는 데 도움이
될 거야.

↓

타워 크레인의 지브가 평형을 이룰 수 있
는 이유를 지레의 원리로 설명해 볼까?

↓

그럼, 이번엔 타워 크레인이 무거운 자재를
들어 올릴 수 있는 이유를 알려주자. 고정도
르래를 사용하는 경우와 (**❷**   )
를 사용하는 경우를 비교하면 더 쉬울 거야!

글쓴이가 이 글에서 말하려는 주제는?

_____

_____

윗글을 통해 알 수 있는 내용

세부 내용 파악

타워 크레인을 구성하는 요소들이 하는 역할과 특징이 선지에 제시되어 있지? 해당 내용이 포함된 2~3문단을 살펴보자.

1 **윗글을 통해 알 수 있는 내용이 아닌 것은?**

① 타이바는 길이가 다른 두 개의 지브가 한쪽으로 기울어지지 않도록 돕는 역할을 한다.

② 타워 크레인으로 들어 올린 중량물의 수평 이동은 트롤리와 선회 장치에 의해 이루어진다.

③ 후크 블록에 여러 개의 움직도르래가 사용되면 와이어로프가 꼬여 손상될 가능성이 높아진다.

④ 타워 크레인이 중량물을 들어 올릴 때와 내릴 때에 권상 장치에 있는 전동기의 회전 방향은 반대가 된다.

⑤ 타워 크레인의 높이를 높이기 위해서는 텔레스코핑 케이지의 유압 장치를 이용해 마스트를 들어 올려야 한다.

㉠의 이유

숨겨진 내용 추론

2 **㉠의 이유로 가장 적절한 것은?**

① 평형추와 운전실 사이의 거리와 평형추의 무게가 고정되어 있기 때문에

② 평형추와 운전실 사이의 거리에 비해 트롤리와 운전실 사이의 거리가 가까워지기 때문에

③ 트롤리와 운전실 사이의 거리가 멀어질수록 힘점과 받침점 사이의 거리가 가까워지기 때문에

④ 카운터 지브에 설치된 평형추의 무게와 권상 장치에 있는 중량물의 무게의 비가 달라지기 때문에

⑤ 트롤리가 메인 지브의 바깥쪽으로 이동할수록 평형추가 있는 카운터 지브 쪽으로 타워 크레인이 기울어지기 때문에

3 [A]를 바탕으로 |보기 1|을 이해한 내용을 |보기 2|와 같이 정리할 때, (ㄱ), (ㄴ)에 들어갈 말로 적절한 것은?

┤보 기 1├

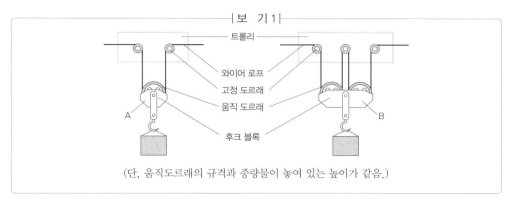

(단, 움직도르래의 규격과 중량물이 놓여 있는 높이가 같음.)

┤보 기 2├

A, B를 이용해 같은 무게의 중량물을 각각 들어 올릴 때, 권상 장치가 감아올린 와이어로프의 길이가 같다면 권상 장치가 중량물을 들어 올릴 때 사용한 힘의 크기는 (ㄱ), 들어 올린 중량물의 높이는 (ㄴ).

	(ㄱ)	(ㄴ)
①	A가 B보다 크고	A가 B보다 높다
②	A가 B보다 크고	A가 B보다 낮다
③	A가 B보다 작고	A가 B보다 높다
④	A가 B보다 작고	A가 B보다 낮다
⑤	A와 B가 같고	A와 B가 같다

4 문맥에 맞게 ⓐ~ⓔ를 바꿔 쓴 것으로 적절하지 **않은** 것은?

① ⓐ: 이르는
② ⓑ: 받치는
③ ⓒ: 이어져
④ ⓓ: 나뉘기
⑤ ⓔ: 줄지만

ⓐ~ⓔ를 바꿔 쓴 것

문맥적 의미 파악

↓

문맥 속에서 어떤 뜻인지 파악해 봐야 하겠지? 앞뒤 부분을 살펴본 뒤 어휘를 바꿔 보고 자연스러운지 판단해 보자!

2019학년도 11월 고2 학력평가

정답률 75%
난이도 중
제한시간 9분

무엇을 물을까?

● 전자요금징수시스템이 어떤 원리로 작동하는

지 이해하는 게 이 글의 핵심이니 이에 대해

묻겠지?

●

고속도로 이용 요금을 요금소에서 납부하는 방법은 여러 가지가 있다. 그중 '전자요금징수시스템(ETC)'을 이용하면 차량이 달리는 중에 자동으로 요금 납부가 가능하기 때문에 편리하다. 그렇다면 전자요금징수시스템은 어떠한 과정과 방식으로 작동하는 것일까?

[A] 전자요금징수시스템이 작동되는 과정은 다음과 같다. 우선 차량이 요금소의 첫 번째 게이트를 통과할 때, 차량 단말기와 첫 번째 게이트에 설치된 제1기지국 간에 통신이 일어난다. 제1기지국은 차량 단말기로부터 전송받은 요금 징수 관련 데이터를 잃어버리지 않도록 임시 저장소에 보관하면서 거의 동시에 지역요금소 ETC 서버로 전송한다. 지역요금소 ETC 서버는 이 데이터를 분석한 후, 도로공사 요금정산센터의 서버로 전송해서 도로공사 요금정산센터의 서버가 징수할 요금에 관한 데이터를 찾도록 요청한다. 이렇게 찾아진 데이터는 다시 지역요금소 ETC 서버를 거쳐 두 번째 게이트에 설치된 제2기지국을 경유하여 차량 단말기로 전송된다. 이때 이 데이터가 수신되면 차량 단말기를 통해 요금이 징수되며, 그 후 요금 징수 결과가 안내표시기를 통해 운전자에게 안내된다.

이러한 과정에서 차량 단말기와 기지국 간에는 무선으로 데이터 전송이 이루어진다. 이때 통신 규약에 따라 정해진 전자요금징수시스템의 데이터 처리 방식은 시분할 방식이다. 이는 동일한 크기로 분할된 시간의 단위인 타임 슬롯을 차량 단말기에서 전송된 각각의 데이터에 할당하여 데이터를 처리하는 방식이다. 타임 슬롯은 차량이 진입하지 않아도 항상 만들어지는데, 차량이 지나가게 되면 규약으로 정해진 데이터 종류의 순서에 따라 데이터에 타임 슬롯이 할당된다. 차량 한 대가 지나가는 경우 데이터에 할당된 타임 슬롯들에 의해 하나의 집합체가 구성되는데 이를 프레임이라고 한다. 이때 타임 슬롯이 데이터에 할당되는 방식과 프레임이 구성되는 방식은 시분할 방식의 종류에 따라 동기식과 비동기식으로 ⓐ나누어 볼 수 있다.

동기식 시분할 방식은 통신 규약에 따라 타임 슬롯을 데이터 종류 각각에 지정해 놓는다. 그리고 데이터가 전송되면 그 데이터의 종류에 지정된 타임 슬롯이 해당 데이터에 할당된다. 하지만 데이터가 전송되지 않으면 타임 슬롯은 빈 채로 남아 있게 된다. 그래서 하나의 프레임에 포함된 타임 슬롯의 개수는 차량마다 동일하다. ㉠결국 동기식 시분할 방식은 데이터를 처리하는 과정에서 오류가 발생할 가능성은 낮지만, 데이터에 할당되지 않은 타임 슬롯이 존재할 수 있다는 점에서 타임 슬롯이 일부 낭비된다.

비동기식 시분할 방식은 전송되는 데이터가 없는 경우 타임 슬롯을 비워 두지 않고 다음 순서에 해당하는 데이터에 타임 슬롯이 할당된다. 그래서 하나의 프레임에 포함된 타임 슬롯의 개수는 차량에 따라 다를 수 있다. 그리고 데이터의 종류에 따라 정해진 타임 슬롯이 해당 종류의 데이터에 할당되지 않기 때문에 전송되는 모든 데이터마다 그 데이터의 종류를 확인할 수 있는 주소 필드*를 포함시켜 프레임이 구성된다. ㉡결국 비동기식 시분할 방식은 타임 슬롯이 낭비되지는 않지만, 데이터를 처리하는 과정에서 오류가 발생할 가능성이 상대적으로 높다.

최근 통신 기술의 발전과 교통 환경의 변화에 의해 새로운 장비가 도입되거나 통신 규약이 바뀌기도 하는 등 전자요금징수시스템의 변화는 계속되고 있다.

* 주소 필드: 컴퓨터 단어에 주소를 지정하거나 주소를 유도해 낼 수 있는 정보를 나타내는 부분.

0 다음은 윗글을 읽기 전에 학생들이 자신의 읽기 목적에 대해 나눈 대화이다. 글쓴이의 집필 의도에 가장 부합하는 읽기 목적을 말한 사람은?

> **지우:** 다른 나라와 비교해 우리나라 전자요금징수시스템은 어떤 차이가 있는지 알고 싶어.
>
> **소민:** 어떤 방식이 차량 단말기와 기지국 간에 데이터 전송을 빠르게 처리하는 방식일까?
>
> **서준:** 고속도로에서 자동차들이 원활하게 통행하려면 제도적으로 어떤 도움이 필요한 걸까?
>
> **가영:** 자동차가 고속도로를 달리는 중에 요금이 자동으로 납부되는 걸 봤는데 어떤 원리로 이렇게 되는 건지 궁금해.
>
> **하민:** 최근에 전자요금징수시스템을 사용하는 사람들이 점점 늘고 있다는 뉴스를 봤어. 사람들이 이러한 기술을 이용할 때 주의할 점은 무엇인지 알고 싶어.

① 지우   ② 소민   ③ 서준   ④ 가영   ⑤ 하민

내 생각?

글쓴이의 작문 과정을 따라가 볼까?

차를 타고 고속도로를 지나가 본 경험이 있다면 (❶ _____)이 어떤 원리로 작동되는지 궁금하겠지? 이 화제를 질문을 통해 제시하면 독자들의 흥미를 끌 수 있을 거야.

⬇

차량이 지나가는 상황을 가정하고 전자요금징수시스템이 작동하는 과정을 순서대로 설명해야겠어.

⬇

전자요금징수시스템의 데이터 처리 방식인 두 가지 (❷ _____)을 비교해 설명하면 둘의 차이점을 잘 파악할 수 있겠지?

⬇

통신 기술의 발달로 전자요금을 징수하는 방법 또한 변하고 있다는 내용으로 글을 마무리하는 게 좋겠어.

글쓴이가 이 글에서 말하려는 주제는?

_____

_____

1 **윗글의 내용과 일치하지 않는 것은?**

① 전자요금징수시스템을 이용하면 요금 납부를 편리하게 할 수 있다.

② 차량 단말기와 기지국 간에는 데이터 전송이 무선으로 이루어진다.

③ 시분할 방식에서 타임 슬롯은 차량이 진입하지 않아도 항상 만들어진다.

④ 타임 슬롯은 동일한 크기로 분할된 시간의 단위들에 의해 구성된 집합체이다.

⑤ 비동기식 시분할 방식은 전송되는 모든 데이터마다 주소 필드를 포함시켜 프레임이 구성된다.

Ⓐ~Ⓒ에 들어갈 말

㉠과 ㉡을 통해 추론한 내용

동기식과 비동기식은 반대되는 개념이야. 어떤 특성이 한쪽이 높으면 다른 한쪽은 반대라는 점을 알고, 그 특성이 무엇인지 확인해 봐.

2 **윗글을 읽은 학생이 ㉠과 ㉡에 대해 |보기|와 같이 정리했다고 할 때, Ⓐ~Ⓒ에 들어갈 말로 가장 적절한 것은?**

┤보 기├

(Ⓐ)은 동기식이 상대적으로 높고, 비동기식이 상대적으로 낮다. 또한 데이터 처리 과정의 효율성은 동기식이 상대적으로 (Ⓑ), 비동기식이 상대적으로 (Ⓒ).

	Ⓐ	Ⓑ	Ⓒ
①	오류 발생 가능성	낮고	높다
②	오류 발생 가능성	높고	낮다
③	데이터 손실 가능성	높고	낮다
④	데이터 처리 과정의 정확성	낮고	높다
⑤	데이터 처리 과정의 정확성	높고	낮다

3 윗글의 [A]를 바탕으로 |보기|의 ㉮~㉺를 이해한 것으로 적절하지 <u>않은</u> 것은?

|보기|의 ㉮~㉺를 이해한 것
⎮
[A]의 정보들을 그림으로 이해

┃보 기┃

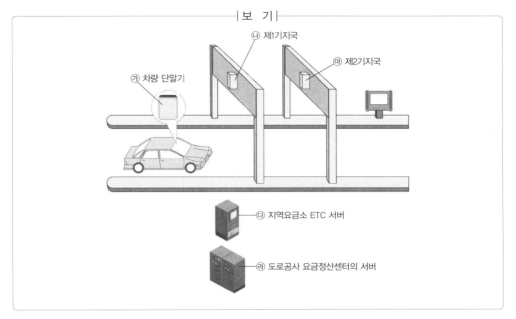

① ㉮에서 ㉯로 '요금 징수 관련 데이터'가 전송된다.

② ㉯에서 ㉰로 '요금 징수 관련 데이터'가 전송된다.

③ ㉱에서 ㉮로 '징수할 요금에 관한 데이터'가 전송된다.

④ ㉰에서 ㉲로 '요금 징수 관련 데이터'가 전송되고, ㉰에서 ㉱로 '징수할 요금에 관한 데이터'가 전송된다.

⑤ ㉲에서 ㉰로 '징수할 요금에 관한 데이터'가 전송되고, ㉲에서 ㉮로 '요금 징수 관련 데이터'가 전송된다.

이 문제 정답률이 50%야! 반은 맞고 반은 틀린 거지! |보기|가 크다고 겁먹으면 안돼! 사실, 이 문제는 동기식과 비동기식 시분할 방식을 구분할 수 있다면 의외로 간단하거든.

4 |보기|는 □□ 요금소에서의 데이터 처리와 관련하여 설정된 내용이다. 윗글을 읽은 학생들이 |보기|에 대해 보인 반응으로 적절하지 <u>않은</u> 것은?

─────────| 보 기 |─────────

[상황]

　□□ 요금소에 전자요금징수시스템으로만 운영하는 하나의 차로를 1번 차량과 2번 차량이 시간의 간격을 두지 않고 순서대로 지나갔다.

[데이터의 전송 유무]

차량 구분(시분할 방식) ＼ 데이터의 종류	I-1	I-2	I-3	I-4
1번 차량(동기식)	유	무	유	유
2번 차량(비동기식)	유	유	유	무

※ 통신 규약에 따라 정해진 내용

I. 데이터 종류의 순서	I-1. 차량이 정상적으로 진입함 I-2. 후불 카드를 사용함 I-3. 차량 소유주와 카드 소지자가 일치함 I-4. 요금 감면 대상임
II. 데이터의 전송 유무	유: 데이터 종류에 해당하는 내용과 일치함
	무: 데이터 종류에 해당하는 내용과 불일치함

[타임 슬롯(TS)의 흐름]

| | TS_1 | TS_2 | TS_3 | TS_4 | TS_5 | TS_6 | TS_7 | TS_8 | |

(단, 두 차량 사이의 타임 슬롯은 존재하지 않고 1번 차량의 타임 슬롯은 TS_1부터 시작함.)

① TS_2는 비워지는 타임 슬롯으로 이는 1번 차량이 후불 카드를 사용하는 차량이 아니기 때문이겠군.

② TS_3과 TS_7은 모두 차량 소유주와 카드 소지자가 일치하는지의 여부를 확인할 수 있는 타임 슬롯이겠군.

③ TS_4에는 요금 감면 대상이라는 데이터가 담겨 있고, TS_8에는 요금 감면 대상이 아니라는 데이터가 담겨 있겠군.

④ TS_1을 통해서는 1번 차량이 정상적으로 진입했는지를, TS_7을 통해서는 2번 차량의 차량 소유주와 카드 소지자가 일치하는지를 파악할 수 있겠군.

⑤ TS_5에는 차량이 정상적으로 진입한 것에 대한 데이터가 담겨 있다는 것을, TS_6에는 후불 카드를 사용한다는 것에 대한 데이터가 담겨 있다는 것을 확인할 수 있겠군.

ⓐ와 가장 유사한 것

문맥적 의미 파악

5 **밑줄 친 부분의 문맥적 의미가 ⓐ와 가장 유사한 것은?**

① 사과를 세 조각으로 <u>나누었다</u>.

② 나는 그와 피를 <u>나눈</u> 형제이다.

③ 학생들을 청군과 백군으로 <u>나누었다</u>.

④ 두 사람이 서로 반갑게 인사를 <u>나누었다</u>.

⑤ 그들은 기쁨과 슬픔을 함께 <u>나누며</u> 산다.

기출 읽기

3

2019학년도 3월 고3 학력평가

정답률 56%
난이도 상
제한시간 8분

무엇을 물을까?

●

●

인터넷 뱅킹이나 전자 상거래를 할 때 온라인상에서 사용자 인증은 필수적이다. 정당한 사용자인지를 인증받는 흔한 방법은 아이디(ID)와 비밀번호를 입력하는 것으로, 사용자가 특정한 정보를 알고 있는지 확인하는 방식이다. 그러나 이러한 방식은 고정된 정보를 반복적으로 사용하기 때문에 정보가 노출될 수 있다. 이러한 문제점을 보완하기 위해 개발된 인증 기법이 OTP(One-Time Password, 일회용 비밀번호) 기술이다. OTP 기술은 사용자가 금융 거래 인증을 받고자 할 때마다 해당 기관에서 발급한 OTP발생기를 통해 새로운 비밀번호를 생성하여 인증받는 방식이다.

OTP 기술은 크게 비동기화 방식과 동기화 방식으로 나눌 수 있다. 비동기화 방식은 OTP발생기와 인증 서버 사이에 동기화된 값이 없는 방식으로, 인증 서버의 질의에 사용자가 응답하는 방식이다. OTP 기술 도입 초기에 사용된 질의 응답 방식은 인증 서버가 임의의 6자리 수, 즉 질윗값을 제시하면 사용자는 그 수를 OTP발생기에 입력하고, OTP발생기는 질윗값과 다른 응답값을 생성한다. 사용자는 그 값을 로그인 서버에 입력하고 인증 서버는 입력된 값을 확인한다. 이 방식은 사용자가 OTP발생기에 질윗값을 직접 입력해 응답값을 구해야 하는 번거로움이 있기 때문에 사용이 불편하다.

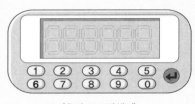

〈초기 OTP발생기〉

이와 달리 동기화 방식은 OTP발생기와 인증 서버 사이에 동기화*된 값을 설정하고 이에 따라 비밀번호를 생성하는 방식으로, 이벤트 동기화 방식과 시간 동기화 방식이 있다. 이벤트 동기화 방식은 기촛값과 카운트값을 바탕으로 OTP발생기는 비밀번호를, 인증 서버는 인증값을 생성하는 방식이다. 기촛값이란 사용자의 신상 정보와 해당 금융 기관의 정보 등이 반영된 고유한 값이며, 카운트값이란 비밀번호를 생성한 횟수이다. 사용자가 인증을 받아야 할 경우 이벤트 동기화 방식의 OTP발생기는 기촛값과 카운트값을 바탕으로 비밀번호를 생성하게 되며, 생성된 비밀번호를 사용자가 로그인 서버에 입력하면 된다. ㉮이때 OTP발생기는 비밀번호를 생성할 때마다 카운트값을 증가시킨다. 인증 서버 역시 기촛값과 카운트값으로 인증값을 생성하여 로그인 서버로 입력된 OTP발생기의 비밀번호와 비교하는 것이다. 이때 인증에 성공하면 인증 서버는 카운트값을 증가시켜서 저장해 두었다가 다음번 인증에 반영한다. 그러나 이 방식은 OTP발생기에서 비밀번호를 생성만 하고 인증하지 않으면 OTP발생기와 인증 서버 간에 카운트값이 달라지는 문제점이 있다.

[가]
시간 동기화 방식은 현재 금융 거래에서 주로 사용되는 방식으로, 기촛값과 인증을 시도한 날짜와 시간을 바탕으로 일정한 시간 간격마다 일방향 함수를 통해 OTP발생기는 비밀번호를, 인증 서버는 인증값을 생성하는 방식이다. 일방향 함수란 계산하기는 쉽지만 역연산*하는 것은 매우 어려운 함수로, 결괏값을 안다고 하더라도 입력값을 구하는 것이 매우 어려운 특성이 있다.

시간 동기화 방식으로 일회용 비밀번호를 생성하는 과정은 다양하지만 다음과 같은 과정을 생각해 볼 수 있다. 사용자가 인증을 받아야 할 경우 시간 동기화 방식의 OTP발생기는 발급 시 동기화된 기촛값과 인증 시도 시간을 바탕으로 r를 구하고, r에 대해 일방향 함수 f를 n번 수행하여 X_n을 생성한다. 이렇게 생성된 X_n을 사용자가 로그인 서버에 입력하면, 로그인 서버는 입력된 X_n을 일방향 함수 f로 한 번 더 계산해 X_{n+1}을 구하고 이 값을 인증 서버로 전달하게 된다. 인증 서버 역시 기촛값과 인증 시도 시간을 바탕으로 r를 구하고, r에 대해 일방향 함수 f를 $n+1$번 수행하여 X_{n+1}을 생성한 후 로그인 서버로부터 전달받은 값과 비교하여 인증을 하게 된다.

시간 동기화 방식의 OTP발생기에는 인증 서버의 시간과 같은 시간을 가리키는 전자시계가 장착되어 있어 시간 동기화가 가능하다. 하지만 인증 서버와 OTP발생기 간에 시간 오차가 발생하면 인증에 실패한다. 또한 시간 동기화 방식은 이벤트 동기화 방식에 비해 입력 시간에도 제약을 받는다. 왜냐하면 사용자의 비밀번호 입력 시간이 길어지면 새로운 비밀번호가 생성되기 때문이다.

* 동기화: 서로 일관성 있게 같은 값을 유지하는 것. 같은 시점에서 특정 작업을 수행하는 것.
* 역연산: 계산을 한 결과를, 계산을 하기 전의 수 또는 식으로 되돌아가게 하는 계산. 뺄셈은 덧셈의 역산, 나눗셈은 곱셈의 역산이다.

0 **다음 중 글쓴이가 윗글에서 해결하려고 한 질문으로 적절하지 않은 것은?**

- OTP 기술은 어떤 문제점을 보완하기 위해 개발된 인증 기법인가? ····················· ①
- OTP 기술 중 OTP발생기와 인증 서버 사이에 동기화된 값이 없는 방식은 무엇인가? ·· ②
- 비동기화 방식이 적용된 OTP발생기를 동기화 방식으로 전환하기 위한 방법은 무엇인가? ·· ③
- 이벤트 동기화 방식과 시간 동기화 방식 중 현재 금융 거래에서 주로 사용되는 것은 무엇인가? ·· ④
- 시간 동기화 방식의 OTP발생기를 사용할 때 사용자가 비밀번호를 늦게 입력하면 어떤 상황이 발생하는가? ·· ⑤

내 생각?

글쓴이의 작문 과정을 따라가 볼까?

요즘 많은 사람들이 인터넷으로 금융 거래를 하잖아. 이때 활용되는 (❶)을 소개해 볼까? 이때 기존의 인증 방식과 관련지어 제시해 보자.

OTP 기술을 크게 둘로 나누어 그중 비동기화 방식부터 설명하는 게 좋겠어. 이때 각 방식의 단점도 함께 제시해 대상의 특징을 잘 파악할 수 있게 해야지.

동기화 방식은 이벤트 동기화 방식과 (❷)으로 나누어서 각각의 개념과 작동 과정, 문제점을 설명하면 이해하는 데 더 도움이 되겠지?

글쓴이가 이 글에서 말하려는 주제는?

_____

_____

1 **윗글에 대한 이해로 가장 적절한 것은?**

① 이벤트 동기화 방식은 시간 동기화 방식에 비해 로그인 서버에 비밀번호를 입력해야 하는 시간에 제약을 받지 않는다.

② 비동기화 방식의 OTP 기술에서는 OTP발생기의 질의에 사용자가 응답값을 인증 서버에 입력해야 인증에 성공한다.

③ 아이디와 비밀번호를 입력하는 방식에서는 고정된 정보를 반복적으로 사용하기 때문에 정보가 노출될 우려가 없다.

④ 시간 동기화 방식에서는 비밀번호 생성 간격을 짧게 할수록 비밀번호가 바뀌는 횟수가 감소할 것이다.

⑤ 질의 응답 방식에서 사용자가 OTP발생기에 입력한 임의의 6자리 수는 응답값과 일치할 것이다.

2 **윗글을 바탕으로 |보기|를 이해한 내용으로 적절하지 않은 것은?**

—| 보 기 |—

ⓐ OTP발생기　　　ⓑ 로그인 서버　　　ⓒ 인증 서버

① 시간 동기화 방식에서 인증에 성공하였다면 사용자가 ⓐ에서 ⓑ로 보낸 비밀번호와 ⓑ에서 생성한 인증값은 같을 것이다.

② 시간 동기화 방식에서 ⓐ와 ⓒ 사이에 시간 오차가 발생하면 ⓐ에서 생성한 비밀번호로는 인증에 성공할 수 없을 것이다.

③ 이벤트 동기화 방식에서는 기촛값과 카운트값을 바탕으로 ⓐ는 비밀번호를, ⓒ는 인증값을 생성할 것이다.

④ 이벤트 동기화 방식에서 ⓐ로 비밀번호를 생성하기만 하고 인증하지 않는다면 ⓐ와 ⓒ의 카운트값이 서로 달라질 것이다.

⑤ 이벤트 동기화 방식에서 ⓐ가 생성한 비밀번호로 인증을 받았다면 ⓒ는 카운트값을 증가시켜 다음번 인증에 반영할 것이다.

3 ㉮의 이유로 가장 적절한 것은?

① 비밀번호가 고정되지 않고 새롭게 생성되도록 하기 위해
② 인증 서버의 응답값과 카운트값을 일치시키기 위해
③ 인증에 성공할 때마다 기촛값을 동기화하기 위해
④ 인증에 실패 시 이전 비밀번호를 복원하기 위해
⑤ OTP발생기의 질윗값이 갱신되도록 하기 위해

㉮의 이유

기술의 작동 원리에 담긴 이유 추론

4 [가]를 바탕으로 |보기|를 이해한 내용으로 적절하지 <u>않은</u> 것은?

─| 보 기 |─

　사용자 A와 사용자 B는 모두 각자의 OTP발생기를 통해 ㉠2019년 3월 7일 오전 10:00에 인증을 시도하고, ㉡오전 10:30에 인증을 다시 시도하였다. 그리고 ㉢다음날 오전 10:30에 다시 인증을 시도하였다.

① ㉠에서 X_n이 노출되더라도 r는 알아내기가 어렵겠군.
② ㉠과 ㉡에서 사용자 A의 r는 서로 다르겠군.
③ ㉡과 ㉢에서 함수 f를 n번 수행한 X_n은 같겠군.
④ ㉢에서 사용자 A와 사용자 B의 기촛값은 서로 다르겠군.
⑤ ㉠~㉢에서 사용자 B의 X_{n+1}들은 서로 다르겠군.

[가]를 바탕으로 |보기|를 이해

시간 동기화 방식 이해

수학 문제가 아니라 국어 문제야!
수식에 당황하지 말고, 지문에서
시간 동기화 방식에 대해 설명한
부분으로 돌아가 내용에 집중해 봐!

'구조'
왜 자꾸 나올까?

글쓴이는 왜 '구조'에 맞춰 썼을까?

한 편의 글은 그 글의 성격에 가장 적절한 모범적인 구조를 선택해. 내가 자주 활용하는 구조로 '주장-근거', '주장-반박', '비교-대조', '의문-대답', '원리-과정', '문제-해결', '원인-결과', '통시-변화', '나열-병렬' 등이 있어. 사람마다 잘 어울리는 옷이 따로 있는 것처럼 글을 쓸 때에도 내용과 **어울리는 구조가 따로 있는 거야.** 이 구조를 뼈대 삼아 내용이라는 살을 붙여서 독자들이 읽을 수 있도록 하는 거지.

2013학년도 11월 고1 학력평가

사람들은 누구나 정의로운 사회에 살기를 원한다. 그렇다면 정의로운 사회란 무엇일까? 이에 대해 철학자 로버트 노직과 존 롤스는 서로 다른 견해를 보인다.

자유지상주의자인 노직 은 타인에게 피해를 주지 않는 한, 개인의 모든 자유가 보장되는 사회를 정의로운 사회라고 말한다. 개인이 정당하게 얻은 결과를 온전히 소유할 수 있도록 자유를 보장하는 것이 정의라는 것이다. 따라서 개인의 소유에 대해 국가가 간섭하는 것은 소유권이라는 개인의 자유를 침해하는 것이기 때문에 정의롭지 못하다고 주장한다. 그렇기 때문에 노직은 선천적인 능력의 차이와 사회적 빈부 격차를 당연한 것으로 본다. 따라서 복지 제도나 누진세 등과 같은 국가의 간섭에 의한 재분배 시도에 대해서는 강력하게 반대한다. 다만 빈부 격차를 해소하기 위한 사람들의 자발적 기부에 대해서는 인정한다.

롤스 는 개인의 자유를 보장하면서도 사회적 약자를 배려하는 사회가 정의로운 사회라고 말한다. 롤스는 정의로운 사회가 되기 위해서는 세 가지 조건을 만족해야 한다고 주장한다. 첫 번째 조건은 사회 원칙을 정하는 데 있어서 사회 구성원 간의 합의 과정이 있어야 한다는 것이다. 이러한 합의를 통해 정의로운 세계의 규칙 또는 기준이 만들어진다고 보았다. 두 번째 조건은 사회적 약자의 입장을 고려해야 한다는 것이다. 롤스는 인간의 출생, 신체, 지위 등에는 우연의 요소가 많은 영향을 미칠 수 있다고 본다. 따라서 누구나 우연에 의해 사회적 약자가 될 수 있기 때문에 사회적 약자를 차별하는 것은 정당하지 못한 것이 된다. 마지막 조건은 개인이 정당하게 얻은 소유일지라도 그 이익의 일부는 사회적 약자에게 돌아가야 한다는 것이다. 왜냐하면 사회적 약자가 될 가능성은 누구에게나 있으므로, 자발적 기부나 사회적 제도를 통해 사회적 약자의 처지를 최대한 배려하는 것이 사회 전체로 볼 때 공정하고 정의로운 것이기 때문이다.

노직과 롤스는 이윤 추구나 자유 경쟁 등을 허용한다는 면에서는 공통점을 보인다. 그러나 노직은 개인의 자유를 중시하여 사회적 약자의 자연적·사회적 불평등의 해결을 개인의 선택에 맡긴다. 반면에 롤스는 개인의 자유를 중시하는 한편, 사람들이 공정한 규칙에 합의하는 과정도 중시하며, 자연적·사회적 불평등을 복지를 통해 보완해야 한다고 주장한다. 롤스의 주장은 소수의 권익을 위한 이론적 틀을 제시했으며, 평등의 이념을 확장시켜 복지 국가에 대한 이론적 근거를 마련했다고 할 수 있다.

구조가 바로 글쓴이 생각의 전개야!

출제자는 왜 '구조'를 물을까?

글쓴이가 내용을 조직할 때 선택한 구조는 글의 내용에 최적화되어 있다고 했지? **난 주로 글의 구조를 서술하거나 글의 내용이 어떻게 조직되어 있는지 도식화해서 파악할 수 있는가를 평가하지.** 글의 구조를 파악한다는 것은 글쓴이의 작문 과정을 거슬러 올라가 보는 것이기도 하니까 글쓴이의 생각과 의도를 파악하는 것과 그 맥락이 같겠지?

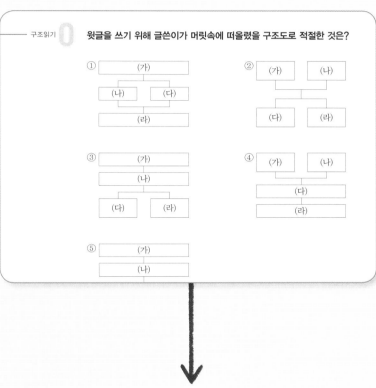

구조읽기

윗글을 쓰기 위해 글쓴이가 머릿속에 떠올렸을 구조도로 적절한 것은?

① (가) / (나) (다) / (라)

② (가) (나) / (다) (라)

③ (가) / (나) / (다) (라)

④ (가) (나) / (다) / (라)

⑤ (가) / (나)

학습자는 '구조 문제'에 어떻게 답할까?

* 이 글의 구조를 도식화한 것은?

* 이 글의 내용 전개 방식은?

헉!

긴 글을 마주했을 때의 경험을 떠올려 보니, 머릿속에 글 전체의 구조가 떠오르지 않으면 읽어도 무슨 내용인지 이해하기가 힘들었던 것 같아. **글의 내용이 각 문단별로 어떻게 나누어져 있으며, 이를 전체 구조로 보았을 때 어떤 모습일지 독해 과정에서 떠올린다면, 글의 윤곽이 분명해지고 내용도 쉽게 이해할 수 있을 거야.**

정답과 해설

Ⅱ

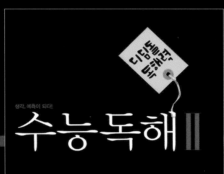

생각, 예측이 되다!

수능독해 Ⅱ

수능독해 II
정답과
해설

기 출 읽 기

01 우리는 행복한가 2008학년도 11월 고1 학력평가

의문
소득과 행복의 관계에 대한 의문 제기

전개
이스털린의 연구 소개

전개
'이스털린의 역설'에 대한 정의

전개
이스털린의 연구 결과

첨가
'이스털린의 역설'이 일어나는 원인을 분석한 다른 학자들의 연구 소개

대답
소득과 행복의 관계에 대한 답변 제시

세계의 여러 나라는 경제 성장이 국민 소득을 높여 주고 물질적인 풍요를 가져다주는 것으로 보고, 이와 관련된 여러 지표를 바탕으로 국가를 경영하고 있다. 만일, 경제 성장으로 인해 우리의 소득이 증가하고 또 물질적인 풍요가 이루어진다면 우리는 행복한 생활을 누리게 되는 것일까?
소득의 증가가 행복을 가져다줄 수 있는가에 대한 의문 제기
▶ 소득과 행복의 관계에 대한 의문 제기

이러한 의문을 처음 제기한 사람은 미국의 이스털린 교수이다. 그는 여러 국가를 대상으로 다년간의 조사를 실시하여 사람들이 느끼는 행복감을 지수화(指數化)하였다. 그 결과 한 국가 내에서는 소득이 높은 사람이 낮은 사람에 비해 행복하다고 응답하는 편이었으나, 국가별 비교에서는 이와 다른 결과가 나타났다. 즉 소득 수준이 높은 국가의 국민들이 느끼는 행복 지수와 소득 수준이 낮은 국가의 국민들이 느끼는 행복 지수가 거의 비슷하게 나온 것이다. 아울러 한 국가 내에서 가난했던 시기와 부유해진 이후의 행복감을 비교해도 행복감을 느끼는 사람의 비율이 별로 달라지지 않았다는 사실을 확인했다.
이스털린의 조사 결과 ①
이스털린의 조사 결과 ②
이스털린의 조사 결과 ③
▶ 소득과 행복의 관련성에 대한 이스털린 교수의 조사 결과

이처럼 최저의 생활 수준만 벗어나 일정한 수준에 다다르면 경제 성장은 개인의 행복에 이바지하지 못하게 되는데, 이러한 현상을 가리켜 ㉠'이스털린의 역설'이라 부른다.
▶ '이스털린의 역설'의 개념 제시

만일 행복이 경제력과 비례한다면 소득 수준이 높을수록 더 행복해져야 하고 또 국민 소득이 높을수록 사회 전체가 행복해져야 할 것이다. 그러나 이스털린의 조사에서 확인할 수 있듯이, 행복과 경제력은 비례하지 않는다. 즉 사회 전체의 차원의 소득 수준이 높아진다고 해서 행복하게 느끼는 사람의 비율이 함께 증가하지 않는 것이다.
이스털린의 조사로 얻은 결론
▶ 행복은 소득에 비례하지 않음.

이스털린 이후에도 많은 학자들은 행복과 소득의 관련성에 관심을 갖고 왜 이러한 괴리 현상이 나타나는지 연구했다. 이들은 우선 사람들이 행복을 자신의 절대적인 수준이 아닌 다른 사람과 비교한 상대적인 수준에서 느끼는 것으로 보았다. 그리고 시간이 지나면서 늘어난 자신의 소득에 적응하게 되면 행복감이 이전보다 둔화된다고 보았다. 또 '인간 욕구 단계설'을 근거로 소득이 높아지면 의식주와 같은 기본 욕구보다 성취감과 같은 자아실현 욕구가 강해지므로 행복의 질이 달라진다고 해석했다. 이러한 연구 결과를 바탕으로 이들은 부유한 국가일수록 경제 성장보다는 분배 정책과 함께 자아실현의 기회를 늘려 주는 정책을 펴야 한다고 주장하고 있다.
행복과 소득이 비례하지 않는 이유 ①
행복과 소득이 비례하지 않는 이유 ②
행복과 소득이 비례하지 않는 이유 ③
▶ 다른 학자들의 연구 결과와 주장

1인당 국민 소득이 1만 달러에서 2만 달러로 올라간다고 해도 사람들이 그만큼 더 행복해진다고 말하기는 어렵다. 즉 경제 성장이 사람들의 소득 수준을 전반적으로 향상시켜 경제적인 부유함을 더 누릴 수 있게 할 수는 있어도 행복감마저 그만큼 더 높여 줄 수는 없는 것이다. 한마디로 　　　　ⓐ　　　　
▶ 경제 성장이 행복감을 높여 줄 수 없음.

중심 화제를 파악했는가?
질문을 통해 행복과 소득의 상관관계에 대한 의문을 제기하며 중심 화제를 언급함.

글의 핵심 개념과 질문에 대한 답을 찾았는가?
이스털린의 조사 결과를 바탕으로 '이스털린의 역설'의 개념을 밝히고, 행복과 소득이 정비례하지 않는다는 결론을 제시함.

행복과 소득의 괴리 현상이 나타나는 이유를 파악했는가?
사람들은 행복을 상대적인 수준에서 느끼고, 시간이 지날수록 행복감은 둔화되며, 소득이 높을수록 행복의 질이 달라지기 때문임을 제시함.

핵심 내용을 한 문장으로 요약할 수 있는가?
경제 성장이 행복감을 높여 줄 수 없다는 결론을 이끌어 내며 강조함.

문답형구조

```
        의문
         ↓
전개  전개  전개
         ↓
        첨가
         ↓
        대답
```

해제 이 글은 '소득과 행복이 비례하는가?'라는 의문에 대한 학자들의 연구 결과를 소개하고 있다. 행복과 소득의 상관관계에 대해 처음으로 연구한 이스털린 교수는 조사를 통해 소득과 행복이 완전히 비례하는 것이 아님을 밝혀냈다. 이를 '이스털린의 역설'이라고 부르는데, 이후 많은 학자들은 이스털린의 역설이 왜 발생하는지에 대해 연구했다. 이러한 연구 결과들은 소득은 일정 수준까지는 행복에 영향을 주지만, 일정 수준을 넘어서면 행복에 영향을 주지 못한다는 사실을 우리에게 알려 주고 있다.

주제 소득과 행복의 상관관계

글쓴이의 작문 과정 ❶ 비례 ❷ 이스털린
주제 소득과 행복의 상관관계

0 글쓰기 전략 파악   ②

4문단에서 '행복이 경제력과 비례한다면'과 같이 사람들의 통념을 보여 주는 상황을 가정하고 있지만 이는 여러 가지 상황을 가정한 것이라고 보기는 어렵다. 또한 이스털린의 조사 결과를 근거로 이러한 가정과 결과에 대해 반박하고 있는데, 이는 '이스털린의 역설'이라는 현상이 지닌 문제점이 아니다. 따라서 ②는 글쓴이가 세운 글쓰기 계획으로 적절하지 않다.

오답풀이 ① 이 글의 주제는 '소득과 행복은 비례하지 않는다.'는 것으로, 이스털린이라는 학자의 연구 결과를 소개하여 주제를 뒷받침하고 글의 신뢰도를 높이고 있다.

③ 5문단에서 '이스털린의 역설' 현상이 발생하는 이유를 밝히는 연구 결과를 소개하고 있다.

④ 마지막 문단에서 경제 성장이 행복감을 높여 줄 수는 없다는, 즉 행복은 소득과 정비례하지 않는다는 이 글의 주제를 요약적으로 제시하고 있다.

⑤ 이 글은 1문단에서 경제 성장으로 인한 물질적 풍요가 행복을 가져다주는가에 대한 의문을 던진 다음, 2~4문단에 걸쳐 그렇지 않다는 답을 찾아가고 있다. 이러한 구성의 글을 읽는 독자들은 그 답이 무엇인지 알고자 하는 지적 흥미를 자극받게 된다.

1 사실적 정보 확인   ③

2문단에 따르면 소득 수준이 높은 국가의 국민들이 느끼는 행복 지수와 소득 수준이 낮은 국가의 국민들이 느끼는 행복 지수가 거의 비슷하다. 따라서 이스털린의 국가별 비교 조사에서는 국가의 소득 수준과 행복은 상관관계가 없다고 이해할 수 있지만, 가난한 국가의 국민일수록 행복감이 높다고 이해하는 것은 적절하지 않다.

오답풀이 ① 2문단의 "그는 ~ 사람들이 느끼는 행복감을 지수화하였다."에서 확인할 수 있다.

② 5문단의 '이스털린 이후에도 많은 학자들은 행복과 소득의 관련성에 관심을 갖고 왜 이러한 괴리 현상이 나타나는지 연구했다.'에서 확인할 수 있다.

④ 5문단에 따르면 이스털린 이후에도 많은 학자들은 '괴리 현상'이 왜 나타나는지 그 이유를 연구했다. 여기서 괴리 현상이란 '이스털린의 역설' 현상을 의미하므로, 이 학자들은 이스털린과 같은 관점을 지녔다고 판단할 수 있다. 그리고 그들은 '부유한 국가일수록 경제 성장보다는 분배 정책과 함께 자아실현의 기회를 늘려 주는 정책을 펴야 한다'고 주장했다.

⑤ 2문단의 '한 국가 내에서 가난했던 시기와 부유해진 이후의 행복감을 비교해도 행복감을 느끼는 사람의 비율이 별로 달라지지 않았다는 사실을 확인했다.'에서 알 수 있다.

2 구체적 대상에 적용   ⑤

3문단에 따르면 ㉠'이스털린의 역설'은 최저의 생활 수준에서만 벗어나 일정한 수준에 다다르면 경제 성장이 개인의 행복에 이바지하지 못하게 되는 현상을 의미한다. 여기서 '최저의 생활 수준'과 '일정한 수준'은 모두 경제적 수준을 의미하므로, 각 선지의 그래프 가로축 '1인당 국민 소득'의 어느 지점을 의미한다. 따라서 '최저의 생활 수준'은 가로축에서 원점에 가까운 지점이 되고, '일정한 수준'은 최저의 생활 수준을 벗어난 어떤 지점이 된다. 한편, 각 그래프의 세로축은 '행복 지수'이다. 그런데 일정한 수준에 다다르면 경제 성장, 즉 소득은 개인의 행복에 영향을 주지 않는다고 정의했다. 따라서 최저의 생활 수준에서 일정한 수준까지는 '1인당 국민 소득'이 증가할수록 '행복 지수'도 증가하는 비례 관계가 성립하지만, '일정한 수준' 이후부터는 '1인당 국민 소득'이 '행복 지수'를 계속해서 높여 주지 못하게 된다. 이를 보여 주는 그래프는 ⑤이다.

3 핵심 정보 파악   ①

글의 흐름을 고려한다는 것은 지문 전체의 흐름 가운데 특히 ⓐ 앞의 문맥을 살펴보아야 한다는 것을 의미한다. 6문단은 지문 전체의 내용을 요약 정리하고 있으며, 특히 ⓐ 앞에서는 1인당 국민 소득이 1만 달러에서 2만 달러로 증가하더라도 행복감을 높여 주지 않는다고 설명하고 있다. 이 글에서는 '이스털린의 역설'이라는 핵심 개념을 중심으로 일정 수준까지는 '행복'과 '소득'이 정비례하지만, 일정 수준 이상이 되면 소득이 증가하더라도 행복이 그에 정비례해 더 커지지 않는다는 주제를 전달하고 있다.

오답풀이 ② 5문단의 '부유한 국가일수록 ~ 자아실현의 기회를 늘려 주는 정책을 펴야 한다'에서, 자아실현이 행복을 가져다준다고 판단할 수 있다. 하지만 이는 글 전체 내용을 포괄하지 못하므로 ⓐ에 들어갈 내용으로 적절하지 않다.

③ 5문단의 '부유한 국가일수록 ~ 자아실현의 기회를 늘려 주는 정책을 펴야 한다'에서, 오히려 '국가가 국민의 행복감'에 영향을 줄 수 있다고 판단할 수 있다.

④ 개개인의 마음가짐이 행복을 결정한다는 것은 이 글의 내용과 관련 없는 진술이다.

⑤ 행복은 일정 수준까지는 성장과 연관되지만, 일정 수준 이상에서는 분배뿐만 아니라 자아실현과도 연관된다.

뮐러가 본 아리스토텔레스의 행복론 2016학년도 11월 고1 학력평가

도입
'에우다이모니아'라는 화제 제시

그리스어인 '에우다이모니아(eudaimonia)'는 일반적으로 '행복'이라고 번역된다. 현대인들은 행복을 물질적인 것을 통해 느끼는 안락이나 단순한 쾌감과 동일시하는 경향이 있다. 그러나 아리스토텔레스는 에우다이모니아를 현대인들이 생각하는 행복과는 다르게 설명한다. 그는 에우다이모니아를 인간 고유의 기능인 이성을 발휘하여 그것을 완전하게 실현한 상태라고 규정하였다. 막스 뮐러는 아리스토텔레스가 말한 에우다이모니아에 시간적 속성을 부여하여 이를 세 가지 측면으로 나누어 설명하였다. 막스 뮐러의 견해는 다음과 같다.

▶ 아리스토텔레스의 '에우다이모니아'를 세 가지 측면으로 설명한 막스 뮐러

중심 화제에 대해 정확히 이해했는가?
아리스토텔레스의 에우다이모니아에 대한 막스 뮐러의 견해를 중심 화제로 소개함.

전개
감각적 향유로서의 에우다이모니아 설명

첫째, ㉠'감각적 향유로서의 에우다이모니아'는 먹고 마시는 행위와 같은 신체적 감각을 통한 향유가 이성의 테두리 안에서 이루어질 때 얻게 되는 것이다. 인간은 정신과 신체의 통일체로서 존재하기 때문에 감각을 통한 향유도 무시할 수 없다. 다만 감각적 향유가 이성을 벗어나 타인을 배려하지 않고 극단적 탐닉에 빠질 때에는 부정적인 것으로 인식된다. 그런데 감각적 향유 자체는 찰나적인 것이므로 감각적 향유의 과정에서 실현할 수 있는 에우다이모니아는 순간적인 것으로 규정된다.

▶ 에우다이모니아의 유형 ①

전개
공동체적 삶을 통해 실현할 수 있는 에우다이모니아 설명

둘째, '공동체적 삶을 통해 실현할 수 있는 에우다이모니아'는 공동체 속에서 인간이 자유를 누리면서도 이성을 발휘하여 책임 있는 행동을 함으로써 얻게 되는 것이다. 인간의 이성은 공동체의 훈육을 통해서만 개발될 수 있으므로 인간은 공동체를 떠나서 에우다이모니아를 구하려고 해서는 안 된다. 그런데 공동체에서의 인간의 행위는, 수시로 변화하는 역사적 상황 속에서 이루어지기 때문에 이러한 에우다이모니아는 역사적 시간에 의해 규정되는 것이다.

▶ 에우다이모니아의 유형 ②

세 가지 유형을 정확하게 구분할 수 있는가?
시간성을 고려하여 감각적 향유로서의 에우다이모니아, 공동체적 삶을 통해 실현할 수 있는 에우다이모니아, 관조의 삶을 통해 실현할 수 있는 에우다이모니아로 구분함.

전개
관조의 삶을 통해 실현할 수 있는 에우다이모니아 설명

셋째, ㉡'관조(觀照)의 삶을 통해 실현할 수 있는 에우다이모니아'는 인간이 세계의 영원한 질서를 인식하게 됨으로써 얻을 수 있는 것이다. 여기서 '관조'란 쾌락을 목적으로 하는 향락적 활동이나 부를 목적으로 하는 영리적 활동이 아니라, 감각적으로 포착할 수 없는 영원불변한 진리를 학문을 통해 바라보는 영혼의 활동을 말한다. 이는 이성을 통해 이루어지며 인간에게 가장 궁극적인 에우다이모니아를 가져다준다. 이러한 에우다이모니아는 시간적 한계를 뛰어넘는 영원성을 갖는다.

▶ 에우다이모니아의 유형 ③

정리
세 가지 에우다이모니아의 실현 강조

뮐러에 따르면 인간의 이성을 통해 실현되는 에우다이모니아는 모두 그 자체로 의미가 있다. 그리고 그는 에우다이모니아의 순간성, 역사성, 영원성이 서로 무관한 것이 아니므로, 인간은 전 생애에 걸쳐 이 세 가지 에우다이모니아를 함께 구현하기 위해 노력해야 한다고 보았다.

▶ 세 가지 '에우다이모니아' 구현의 필요성

세 가지 유형에 대한 뮐러의 견해를 정리할 수 있는가?
세 가지 에우다이모니아는 모두 의미 있고 서로 무관한 것이 아님을 밝힘.

나열형구조

도입
전개 전개 전개
정리

해제 이 글은 아리스토텔레스의 '에우다이모니아(행복)' 개념을 바탕으로 행복의 개념과 유형, 특징을 밝힌 글이다. 이를 위해 행복에 대한 아리스토텔레스의 규정을 먼저 소개한 다음, 여기에 시간적 속성을 부여하여 행복의 유형을 세 가지로 나눈 뮐러의 견해를 하나씩 상세하게 소개하고 있다. 이어 인간은 전 생애에 걸쳐 세 가지 유형의 행복 모두를 추구해야 한다는 뮐러의 주장을 제시하며 글을 마무리하고 있다.

주제 에우다이모니아의 개념과 세 가지 유형

0 글쓰기 전략 파악   ②

1문단을 보면 뮐러는 아리스토텔레스의 '에우다이모니아(행복)' 개념에 시간적 속성을 부여하여 행복에 대해 세 가지 측면으로 설명하였음을 알 수 있다. 따라서 아리스토텔레스의 행복 개념과는 별개로 뮐러가 창안한 행복론을 소개해야겠다는 계획은 적절하지 않다.

오답풀이 ① 1문단에서 그리스어인 '에우다이모니아'는 일반적으로 '행복'으로 번역된다고 하였다.
③ 2~4문단 첫머리의 '첫째, 둘째, 셋째'는 글의 전개 순서를 보여 주는 글의 표지이다.
④ 2~4문단의 첫 문장은 모두 각 문단의 주제문에 해당한다.
⑤ 5문단을 보면 인간은 전 생애에 걸쳐 세 가지 에우다이모니아를 함께 구현하기 위해 노력해야 한다고 하면서 글을 마무리짓고 있다.

1 세부 정보 파악   ⑤

5문단에서는 세 가지 에우다이모니아가 지닌 시간성이 서로 무관하지 않으므로, 인간은 평생 세 가지 에우다이모니아를 구현하기 위해 노력해야 한다고 본 뮐러의 견해를 소개하였다. 따라서 세 가지 에우다이모니아는 서로 관련 없이 개별적으로 존재하는 것이 아니라 연관성을 가진 상태로 존재한다고 판단할 수 있다.

오답풀이 ①, ② 1문단의 행복에 대한 현대인들과 뮐러의 견해에서 확인할 수 있다.
③ 3문단의 "'공동체적 삶을 통해 실현할 수 있는 에우다이모니아'는 공동체 속에서 ~ 얻게 되는 것이다."에서 확인할 수 있다.
④ 4문단에서 '관조'에 대해 설명한 부분을 통해 확인할 수 있다.

2 구체적 사례에 적용   ⑤

㉠은 '감각적 향유로서의 에우다이모니아'에, ㉡은 '공동체적 삶을 통해 실현할 수 있는 에우다이모니아'에, ㉢은 '관조의 삶을 통해 실현할 수 있는 에우다이모니아'에 각각 해당한다. 그런데 ⑤에서는 ㉢을 향락적 활동으로 잘못 이해하고 있다. 4문단에서 '관조'는 향락적 활동이나 영리적 활동이 아니라 감각적으로 포착할 수 없는 영원불변한 진리를 학문을 통해 바라보는 영혼의 활동이라고 설명하였다.

오답풀이 ① ㉠에서 김 씨가 고기를 다른 사람의 몫까지 다 먹어 버린 것은 이성을 벗어나 타인을 배려하지 않고 극단적 탐닉에 빠진 감각적 향유에 해당한다.
② 다른 사람들을 배려하여 고기를 나누어 먹는 것은 먹고 마시는 행위와 같은 신체적 감각을 통한 향유가 이성의 테두리 안에서 이루어지는 것에 해당하므로, 이를 통해 '감각적 향유로서의 에우다이모니아'를 실현할 수 있다.

③ ㉡에서 이 씨가 불법 주차 습관을 고친 것은 공동체 속에서 이성을 발휘하여 책임 있는 행동을 한 것에 해당한다. 이 씨가 이렇게 긍정적으로 변한 것은 이성을 발휘했기 때문인데, 3문단에서는 인간의 이성은 공동체의 훈육을 통해서만 개발될 수 있다고 설명하였다.
④ ㉢에서 윤 씨가 끊임없이 연구를 하는 것은 감각적으로 포착할 수 없는 영원불변한 진리를 학문을 통해 바라보는 영혼의 활동에 해당하므로, 이는 '관조의 삶을 통해 실현할 수 있는 궁극적인 에우다이모니아'를 실현해 나가는 과정으로 판단할 수 있다.

3 핵심 개념 비교   ④

2문단을 보면 ㉠은 '먹고 마시는 행위와 같은 신체적 감각을 통한 향유가 이성의 테두리 안에서 이루어질 때 얻게 되는 것이다.'라고 설명하여, 신체적 감각을 통한 향유와 정신(이성)이 함께 공존할 때 ㉠이 이루어진다는 것을 알 수 있다. 또한 감각적 향유를 중시하는 이유를 '인간은 정신과 신체의 통일체로서 존재하기 때문에'라고 제시하였다. 따라서 ㉠에는 '정신을 배제한 신체적 감각'을 중시하는 가치 판단이 아니라, '정신과 공존하는 신체적 감각'을 중시하는 가치 판단이 전제되어 있다고 판단할 수 있다.

오답풀이 ③ 2문단의 '신체적 감각을 통한 향유가 이성의 테두리 안에서 이루어질 때 얻게 되는 것이다.'를 통해, ㉠이 이성의 발휘를 통해 이루어짐을 확인할 수 있다. 그리고 4문단의 '이는 이성을 통해 이루어지며'에서 ㉡ 역시 이성의 발휘를 통해 이루어질 수 있음을 확인할 수 있다.

4 반응의 적절성 판단   ①

|보기|의 디오게네스는 자연에 따르는 삶을 통해 인간은 궁극적인 행복을 얻을 수 있다고 보았다. 즉 '부끄러움을 없앰. → 모든 사회적 관습이나 권위에서 벗어남. → 자연에 따르는 삶 → 궁극적인 행복'이라는 논리를 펼치고 있다. 이는 사회 공동체를 부정하는 것이다. 그런데 뮐러는 공동체 속에서 인간이 자유를 누리면서도 이성을 발휘하여 책임 있는 행동을 함으로써 에우다이모니아, 즉 행복을 얻을 수 있다고 설명하였다. 따라서 뮐러는 디오게네스의 자연을 따르는 삶을 통한 행복 추구는 개인적인 자유만 추구할 뿐, 사회적 삶 속에서 인간이 가져야 할 책임을 간과한 것이라고 비판적 반응을 보일 수 있다.

오답풀이 ② Ⓐ는 단순한 생활을 추구하며, 공동체 일원이 아닌 개인으로서의 자유를 추구한다.
③ Ⓐ는 자연을 변화시키는 것이 아니라 자연에 따르는 삶을 중시할 뿐이다.
④ Ⓐ의 행복에 대한 관점은 역사적 상황이나 그 변화와는 관련이 없다.
⑤ Ⓐ는 사회적 관습에서 벗어나야 한다는, 즉 공동체를 벗어나야 한다는 주장을 하고 있으므로 공동체 내에서의 자유를 누리는 것을 전제하는 반응은 적절하지 않다.

공리주의 입문 2019학년도 11월 고2 학력평가

도입
공리주의의 개념과 유형 분류

공리주의는 일반적으로 어떤 행위의 옳고 그름이 공리에 따라, 즉 그 행위가 인간의 이익과 행복을 늘리는 데 결과적으로 얼마나 기여하는가에 따라 결정된다고 보는 이론이다. 이러한 공리주의는 인간이 자신과 더불어 다른 존재들의 이익과 행복을 공평하게 고려해야 한다는 것을 전제로 한다. 그리고 인간은 자신의 이익과 행복을 증진하려 하는데, 그러한 인간이 할 수 있는 행위들 중에서 인간의 최대 이익과 행복이라는 '최선의 결과'를 가져오는 행위를 옳은 행위로 본다. 공리주의는 이러한 최선의 결과를 본래적 가치로 여긴다. 이때 본래적 가치란 그 자체로서 지니는 가치를 의미하는데, 이는 다른 어떤 것을 위한 수단으로서의 가치인 도구적 가치와는 상대되는 개념이다. 그런데 최선의 결과를 무엇으로 보느냐에 따라 공리주의는 크게 쾌락주의적 공리주의, 선호 공리주의, 이상 공리주의 등으로 나누어 볼 수 있다.
▶ 공리주의의 개념과 유형

전개
쾌락주의적 공리주의 설명

㉠쾌락주의적 공리주의는 최선의 결과를 쾌락의 증진으로 보는 이론이다. 다시 말해 인간의 심리적 경험인 쾌락을 본래적 가치로 여기고 있는 것이다. 이 이론에 따르면 도덕적으로 옳은 행위는 자신뿐 아니라, 그 행위가 영향을 미치는 모든 인간들의 쾌락을 가장 많이 증진하는 행위이다. 그러나 쾌락주의적 공리주의는 인간이 어떤 행위를 선택할 때 쾌락만을 추구하는 것이 아니라 다른 것을 추구하기도 한다는 것을 설명하기 어렵다는 한계를 지닌다.
▶ 쾌락주의적 공리주의의 개념과 한계

전개
선호 공리주의 설명

쾌락주의적 공리주의의 이런 한계를 극복하기 위해 등장한 이론이 ㉡선호 공리주의이다. 이 이론은 최선의 결과를 선호의 실현으로 본다. 여기에서 선호란 사람마다 원하는 것 혹은 실현하고자 하는 것을 말한다. 선호 공리주의에 따르면 도덕적으로 옳은 행위는 자신뿐 아니라, 그 행위가 영향을 미치는 모든 사람들 각자가 지닌 선호를 가장 많이 실현시키는 행위이다. 선호 공리주의는 쾌락뿐만 아니라 쾌락이 아닌 다른 것을 추구하기도 하는 인간의 행위가 개인의 선호를 반영한 것이고, 이런 선호의 실현이 곧 최선의 결과라고 설명함으로써 쾌락주의적 공리주의의 한계를 극복했다. 그러나 선호 공리주의는 보편적인 관점에서 볼 때 비정상적인 욕구에 기반을 둔 선호의 실현과 정상적인 욕구에 기반을 둔 선호의 실현이 동일한 비중을 갖지 않는다는 점을 설명하기 어렵다는 한계를 지닌다.
▶ 선호 공리주의의 개념과 한계

전개
이상 공리주의 설명

쾌락주의적 공리주의와 선호 공리주의에 대한 대안으로 등장한 것이 ㉢이상 공리주의이다. 이 이론은 앞의 두 이론과 마찬가지로 인간의 최대 이익과 행복을 가져오는 인간의 행위를 옳은 행위로 여긴다. 그러나 이상 공리주의는 쾌락주의적 공리주의와 달리 쾌락을 유일한 본래적 가치라고 생각하지 않는다. 이 이론은 진실, 아름다움, 정의, 평등, 자유, 생명, 배려 등의 이상들도 본래적 가치에 해당한다고 본다. 또 선호 공리주의와 달리 이상 공리주의는 이런 이상들이 인간의 선호와 무관하게 실현되어야 할 본래적 가치라고 주장한다. 결국 이 이론은 이상의 실현을 최선의 결과로 본다. 이상 공리주의에 따르면 본래적 가치에 해당하는 이상들은 인간의 이익과 행복을 구성한다. 그렇기 때문에 이상 공리주의는 인간들의 서로 다른 관심과 무관하게 실현되어야 할 이상들을 인간이 더 많이 실현하는 것이 곧 최대의 이익과 행복이라고 본다. 그러나 ⓐ이상 공리주의는 본래적 가치에 해당하는 이상들이 갈등하는 경우 어떤 이상의 실현이 최선의 결과일지에 대해 설명하기 어렵다는 한계를 지니고 있다.
▶ 이상 공리주의의 개념과 한계

정리
공리주의 담론의 현재와 전망 제시

공리주의에서 말하는 최선의 결과에 대한 논의는 지금도 계속되고 있다. 인간이 이익과 행복을 증진하려는 노력을 계속하는 한 공리주의 담론에서 최선의 결과에 대한 논의는 계속될 것이다.
▶ 공리주의 담론에 대한 전망

공리주의의 유형과 그 구분 기준을 파악했는가?
인간의 최대 이익과 행복이라는 '최선의 결과'를 기준으로 쾌락주의적 공리주의, 선호 공리주의, 이상 공리주의 등으로 나뉨.

세 가지 공리주의 유형의 공통점과 차이점을 구분할 수 있는가?
쾌락주의적 공리주의 > 선호 공리주의 > 이상 공리주의의 순으로 각 이론의 한계를 극복하기 위한 대안으로 등장했음을 설명함.

공리주의 담론에 대한 논의가 계속되는 이유를 파악했는가?
인간의 이익과 행복 증진을 위해 최선의 결과에 대한 논의가 계속될 것임을 전망함.

나열형구조

	도입	
전개	전개	전개
	정리	

해제 이 글은 인간의 이익과 행복을 증진시키는 행위가 도덕적으로 옳은 행위라고 보는 공리주의의 세 가지 하위 이론을 설명한 글이다. 먼저 공리주의의 개념과 공리주의에서 추구하는 '최선의 결과'란 무엇인지 밝힌 다음, 최선의 결과를 무엇으로 보느냐를 기준으로 구분되는 쾌락주의적 공리주의, 선호 공리주의, 이상 공리주의 각각에 대해 상세하게 설명하고 있다. 또한 각각의 공리주의 이론이 지닌 한계점을 제시하고 그 한계를 어떻게 극복하는지를 중심으로 세 이론 간의 차이점을 설명하고 있으며, 앞으로도 공리주의에 대한 논의가 계속될 것임을 밝히면서 글을 마무리하고 있다.

주제 공리주의의 유형과 전망

기출읽기 **0** ③   **1** ③   **2** ③   **3** ⑤

글쓴이의 작문 과정 **❶** 선호 공리주의 **❷** 실현
주제   공리주의의 유형과 전망

0 내용 전개 방식 파악   ③

이 글은 전체적으로 1문단에서 공리주의의 개념을 제시한 다음, 2~4 문단에서 그 하위 이론인 쾌락주의적 공리주의, 선호 공리주의, 이상 공리주의를 각각 상세하게 설명하는 방식으로 내용이 전개되고 있다. 1문단에서 세 가지 유형을 구분하는 기준으로 '최선의 결과를 무엇으로 보느냐'를 제시하고, 2~4문단에서는 각각의 공리주의 이론들의 주장과 한계를 중심으로 설명하고 있다.

오답풀이 ⑤ 세 이론은 '최선의 결과'를 무엇으로 보는지에 따라 구분되는 것이지, 최선의 결과에 대한 문제점을 제기하는 이론이 아니다. 또한 세 이론의 문제점을 보완하는 새로운 이론을 제안하지도 않았다.

1 세부 정보 파악   ③

1문단에 따르면 공리주의에서는 어떤 행위의 옳고 그름이 공리에 따라 정해진다. 여기서 공리란 어떤 행위가 인간의 이익과 행복을 늘리는 데 얼마나 기여하는가를 의미한다. 따라서 이를 종합하면 어떤 행위가 인간의 이익과 행복을 증진하는 정도에 따라 그 행위의 옳고 그름이 정해진다고 판단할 수 있다.

2 내용의 비판적 이해   ③

㉮에는 |보기|의 학생 2의 말에 대한 학생 1의 반응이 들어가야 한다. 학생 2는 '행복'을 상위의 가치로 설정하고, 이는 '생명'의 가치로 실현할 수 있다고 주장하였다. 즉 학생 2는 '행복'을 본래적 가치로, '생명'을 도구적 가치로 설정하고 있으며, '자유'는 도구적 가치로 부적합하다고 주장하는 것이다. 그런데 학생 1은 이상 공리주의 관점을 지니고 있다. 4문단에 따르면 이상 공리주의에서는 진실, 아름다움, 정의, 평등, 자유, 생명, 배려 등의 이상들도 본래적 가치에 해당하며, 이러한 이상들이 인간의 행복을 구성한다고 본다. 따라서 ㉮에는 학생 2의 의견이 부적절하다는 판단이 들어가야 하며, 그 이유

로는 '생명'이라는 가치를 도구적 가치로 여기고 있기 때문이라고 제시해야 한다.

3 구체적 사례에 적용   ⑤

|보기|에서 A와 동아리 친구들은 모두 배려와 관련된 인문학 서적을 읽고 큰 즐거움을 느꼈고, 동아리 내에서 서로에 대한 배려를 실현했다. 여기서 '배려'라는 이상은 이상 공리주의에서의 본래적 가치에 해당한다. 4문단에 따르면 이상 공리주의에서는 사람들의 서로 다른 관심과는 무관하게 실현되어야 할 이상들을 더 많이 실현하는 것이 곧 최대의 이익과 행복이라고 본다. 그러나 |보기|에서 배려를 실현한 것은 A와 동아리 친구들의 관심, 즉 선호를 실천한 것이지, 서로 다른 관심과는 무관하게 이상을 실현한 것으로 보기 어렵다. 따라서 ⑤와 같이 이상 공리주의 관점에서 A와 동아리 친구들의 행위에 대해, 배려에 대한 그들의 관심에 따라 실현되어야 하는 이상이라고 보는 것은 적절하지 않다.

오답풀이 ① 쾌락이란 즐거움으로, 이 쾌락을 본래적 가치로 여기고 쾌락을 증진시키는 행위를 옳은 행위로 보는 것은 ㉠이다. 따라서 ㉠의 관점에서 A가 같은 성향의 친구들을 모아 동아리를 만든 것을 쾌락을 증진하기 위한 행위로 보는 것은 적절하다.

② A와 동아리 친구들은 모두 배려와 관련된 책을 읽고 큰 즐거움을 느꼈으므로, 이는 쾌락이 증진된 것이며 동시에 도덕적으로 옳은 행위에 해당한다.

③ 선호란 사람마다 원하는 것 혹은 실현하고자 하는 것으로, ㉡은 선호를 실현하는 행위를 인간의 최대 이익과 행복을 가져오는 행위이자, 도덕적으로 옳은 행위라고 본다. 따라서 ㉡의 관점에서 A와 동아리 친구들이 인문학 서적을 읽은 것은 선호의 실현 행위로 인간의 최대 이익과 행복을 가져오는 행위라고 볼 수 있다.

④ A와 동아리 친구들이 배려와 관련된 책을 함께 읽은 행위는 더 많은 선호가 실현되게 만드는 행위이므로 도덕적으로 옳은 행위라고 볼 수 있다.

어떻게 썼을까?

니체가 보는 행복의 조건, 망각 2021학년도 9월 고2 학력평가

어떻게 읽을까!

도입
기억에 대한 서양 철학의 전통적 관점 소개

서양 철학에서는 많은 철학자들이 기억을 중요한 사유로 인식하며 논의해 왔다. 플라톤은 사물의 영원하고 불변하는 본질적 원형인 이데아가 기억을 통해 인식될 수 있다고 하였다. 이데아에 대한 기억이 그것에 대한 망각보다 뛰어난 상태라고 이야기함으로써 둘 사이에 가치론적 이분법을 설정한 것이다. 더 나아가 하이데거는 진리가 망각이 없는 상태, 즉 기억이 지배하는 상태를 의미한다고 강조하였다. 이렇듯 전통적 서양 철학에서 기억은 긍정적인 능력으로, 망각은 부정적인 능력으로 인식되어 온 것이다. ▶ 기억을 중시한 전통적 서양 철학

견해
기억을 중시했던 피히테의 견해 제시

이와 같은 철학적 사유 속에서, 피히테는 '자기의식'이라는 개념을 체계적으로 확대하여 설명하는 과정에서 ㉠기억을 세계 경험에 대한 최고 수준의 기능으로 인식하였다. 그는 어떤 대상에 대해 'ⓛA는 A이다'라는 명제에 의거하여 주장을 할 때, '나는 나이다'가 성립해야만 한다고 생각하였다. 이는 동일성을 주장하는 '의자는 의자이다'와 같은 명제로 이해할 수 있다. 예전에 친구와 같이 앉았던 의자를 보았을 때, 우리는 이 의자가 바로 그때의 의자라고 주장할 수 있다. 즉 'A는 A이다'라는 명제는 '과거의 A가 현재의 A이다'라는 주장으로 현실화된다. 이러한 주장이 가능하기 위해서는 과거의 의자를 기억하고 있어야 한다는 것이 전제되어야 하고, 이는 과거 그 의자에 앉았던 자신을 기억하는 것과 마찬가지라는 것이었다. 따라서 그가 주장한 ⓒ자기의식은 기억의 능력을 통해 과거의 '나'와 현재의 '나'가 같음을 의식하는 것으로 볼 수 있다. 자기의식을 망각한다면 우리는 친구를 만나도 친구인 줄 모를 것이므로, 그의 입장에서는 기억이 없다면 세계도 존재할 수 없는 것이었다. ▶ 기억의 중요성 – 피히테의 '자기의식' 논증

견해
피히테의 견해를 반박한 니체의 견해 제시

한편, 니체는 이와 같은 사유 전통을 거부하며 기억 능력에 대해 비판하였다. 그는 기억이 부정적이고 수동적인 능력이라면, 망각은 능동적이며 창조적인 능력이라고 인식하였다. 그에게 있어 망각은 기억을 뛰어넘고자 하는 치열한 투쟁이었다. 그는 망각에 대해 긍정하기 위해 신체와 관련된 사례를 제시하였다. 새로운 음식을 먹으려면 위를 비워야 하며 음식물을 배설하지 못한다면 건강한 삶을 살아갈 수 없듯이, 과거의 기억들이 정신에 가득 차 있다면 무언가를 새롭게 인식하는 것은 불가능하다고 주장하였다. 그에 따르면 기억에만 집착하는 사람들은 새로운 것을 낯설고 불편한 것으로 여겨 변화와 차이를 긍정할 수 없기 때문에 현재를 행복하게 살아갈 수 없는 것이었다. ▶ 망각을 긍정적으로 인식한 니체의 철학

견해
망각을 중시했던 니체의 주장과 사례

또한 그는 건강한 망각의 역량을 복원하기 위해서 궁극적으로 순진무구한 아이와 같은 모습이 되어야 한다고 주장하였다. 예를 들어 아이가 바닷가에 놀러가 모래성을 만들었을 때, 이것이 부서지더라도 슬퍼하기보다는 웃으면서 즐거워할 것이라고 보았다. 아이는 그 자리에 다시 새로운 모래성을 만들 수 있음을 직감하기 때문에 부서진 모래성을 기억하면서 좌절하고 우울해할 필요가 없다는 것이었다. 이렇듯 니체에게 아이는 망각의 창조적 능력을 되찾은 인간을 상징하였다. 결국 그는 현재를 행복하게 살아가기 위한 능력으로써 망각을 긍정적으로 바라보았던 것이다. ▶ 행복의 조건으로 망각을 제시한 니체

결론
니체의 주장과 그 의의 강조

그러나 니체가 인간이 가진 기억 능력 자체를 완전히 제거하자고 주장했던 것은 아니다. 철저한 망각은 현실적으로 불가능할 뿐만 아니라, 현재를 향유할 수 있도록 어느 정도 지속되는 기억이 필요했기 때문이었다. 마치 음식이 위에서 전혀 머무르지 않고 바로 배설된다면 건강한 삶을 살 수 없는 것처럼 말이다. 그럼에도 불구하고 기억이 주된 사유로 인식되던 서양 철학에서 망각의 능력을 찾아내고자 했다는 점에서 니체의 사유를 주목할 필요가 있을 것이다. ▶ 기억에 대한 니체의 관점과 니체 철학의 의의

중심 화제에 대한 전통적인 관점들을 파악했는가?
기억을 중시하고 망각을 부정했던 서양 철학자 플라톤, 하이데거, 피히테 등의 견해를 제시함.

기억과 망각에 대한 니체의 관점은 전통적 관점과 어떻게 다른지 파악했는가?
기억을 중시하고 망각을 부정한 전통적 서양 철학과 달리 기억이 아닌 망각을 긍정적으로 인식한 니체의 관점을 제시함.

서양 철학에서 니체 철학이 가지는 의의는 무엇인가?
예상되는 반박에 대한 반론을 제시해 망각의 능력을 찾아내고자 했던 니체의 사유에 주목할 필요성을 언급함.

충돌형구조

도입

견해

견해 | 견해

결론

해제 이 글은 행복에 이르는 방법으로 '망각'을 제시한 니체 철학에 대해 설명한 글이다. 먼저 기억을 중시하고 망각을 부정했던 서양 철학의 전통적인 관점으로 플라톤, 하이데거, 피히테의 주장을 제시한 다음, 이와 달리 망각을 중시한 니체 철학을 소개하며 글을 전개하고 있다. 특히 2문단에서는 '자기의식'을 주장했던 피히테의 논증 과정을 자세하게 설명하여 기억을 중요하게 여긴 서양 철학의 전통을 강조하고 있다. 또한 기억과 망각에 대한 니체의 관점이 일반적인 생각과는 다르다는 점을 고려하여 쉬운 예를 드는 한편, 유추를 통해 이해하기 쉽게 설명하고 있다.

주제 기억과 망각에 대한 니체의 관점과 그 의의

---

0 ⑤　**1** ①　**2** ⑤　**3** ②　**4** ②

글쓴이의 작문 과정 **1** 피히테 **2** 니체
주제　기억과 망각에 대한 니체의 관점과 그 의의

0 내용 구성 방식 파악　　　　　　　　　　⑤

5문단에서는 기억을 중시하고 망각을 부정했던 서양의 전통적인 철학적 사유와 달리, 망각의 능력을 통해 행복에 이를 수 있다고 본 니체 철학이 지닌 의의를 밝히고 있다. 그러나 니체 철학에 대한 글쓴이의 평가를 서술하고 있을 뿐, 니체의 생각을 단적으로 보여 주는 격언을 직접 인용하고 있지는 않다.

1 읽기 전략 파악　　　　　　　　　　　　①

이 글에 따르면 플라톤, 하이데거, 피히테 등은 기억에 대한 서양의 전통적인 사유를 보여 주는 철학자로, 기억을 중요하게 여기는 철학적 사유를 가지고 있다. 이와는 반대로 니체는 기억보다는 망각을 중시하는 철학적 사유를 했다. 이처럼 이 글은 기억과 망각에 대한 인간의 사상을 탐구하고 있으며, 기억과 망각에 대한 서로 다른 관점을 설명하고 있으므로, 글에 담긴 관점을 정확하게 파악하며 읽어야 한다.

오답풀이 ② 이 글에서는 사회 현상을 다루고 있지 않다.
③ 이 글에는 기억에 대한 사회적 요구가 반영되어 있지 않다.
④ 이 글은 사실과 법칙을 인과적으로 설명하고 있지 않다.
⑤ 이 글은 연구 성과를 실생활에 응용하고 있지 않다.

2 세부 정보 파악　　　　　　　　　　　　⑤

5문단에 따르면, 니체는 현재를 행복하게 살아가기 위한 능력으로 망각을 긍정적으로 바라보았지만 철저한 망각은 현실적으로 불가능하므로 인간의 기억 능력 자체를 완전히 제거하자고 주장했던 것이 아니다.

오답풀이 ①, ② 1문단에 따르면, 플라톤은 이데아가 기억을 통해 인식될 수 있으며, 이데아에 대한 기억이 그것에 대한 망각보다 뛰어난

상태라는 가치론적 이분법을 통해 기억을 설명하였고, 하이데거는 더 나아가 기억이 지배하는 상태를 진리로 인식하였다.
③ 3문단에 따르면 니체는 기억을 중시하는 서양 철학의 전통적 사유를 비판하였고, 기억은 부정적이고 수동적인 능력으로, 망각은 능동적이며 창조적인 능력으로 인식하였다.
④ 3문단의 '새로운 음식을 먹으려면 위를 비워야 하며 음식물을 배설하지 못한다면 건강한 삶을 살아갈 수 없듯이, 과거의 기억들이 정신에 가득 차 있다면 무언가를 새롭게 인식하는 것은 불가능하다고 주장하였다.'에서 확인할 수 있다.

3 글의 내용 추론　　　　　　　　　　　　②

ⓒ'자기의식'은 인간이 자기 스스로를 인식하는 의식을 말한다. 즉 자기의식은 '내가 나임을 아는 의식'인 것이다. 2문단에서 피히테가 말한 '자기의식'은 ㉠'기억'의 능력을 통해 과거의 '나'와 현재의 '나'가 같음을 의식하게 되는 것으로 볼 수 있다. 즉 피히테는 과거의 '나'를 기억하는 능력이 있어야만, 과거의 '나'와 현재의 '나'가 같다는 것을 알 수 있다고 보았으며, 이렇게 과거의 '나'와 현재의 '나'가 같다고 인식하는 것을 '자기의식'이라고 본 것이다. 따라서 '기억'이 가능해야만 '자기의식'이 성립한다고 판단할 수 있다.

오답풀이 ① ㉠'기억'이 없다면 ㉡'A는 A이다'에 의거한 '과거의 A가 현재의 A이다'라는 주장을 할 수 없다.
③ ㉠'기억'이 성립해야만 ㉡'A는 A이다'가 성립하는 것이지, ㉡'A는 A이다'가 성립한다고 해서 ㉠'기억'이 성립되는 것은 아니다.
④ ⓒ'자기의식'이 존재하는 이유가 ㉠'기억'을 위한 것은 아니다.
⑤ 2문단의 '그는 어떤 대상에 대해 ㉡'A는 A이다'라는 명제에 의거하여 주장을 할 때, '나는 나이다'가 성립해야만 한다고 생각하였다.'에서 '나는 나이다'는 ⓒ'자기의식'에 해당한다. 따라서 ⓒ'자기의식'은 ㉡'A는 A이다'에 의거한 주장의 전제가 되는 것이지, ㉡'A는 A이다'가 전제되어야 하는 것은 아니다.

4 구체적 사례에 적용　　　　　　　　　　②

2문단에서 "'A는 A이다'라는 명제는 '과거의 A가 현재의 A이다'라는 주장으로 현실화된다."라고 하였다. 이는 동일성을 주장하는 명제인

'A는 A이다'를 바탕으로 과거의 A와 현재의 A가 같다는 주장을 할 수 있게 된다는 의미이다. 물론 이때 과거의 A를 기억하고 있어야만 한다는 전제가 깔려 있다. 그런데 |보기|의 '지난 시험은 지난 시험일 뿐이죠.'는 'A는 A이다'라는 동일성을 주장하는 명제이다. 그러나 이것은 2문단에서 'A는 A이다'라는 동일성을 주장하는 명제를 '과거의 A가 현재의 A이다'라는 주장으로 현실화한 것이 아니다. 즉 '시험은 시험이다'라는 명제를 현실화하면 '과거 시험은 현재 시험이다'가 되는 것이지, ②에서처럼 '지난 시험은 지난 시험이다.'가 되는 것이 아니다. ②의 '지난 시험은 지난 시험이다.'라는 주장은 'A는 A이다'라는 명제를 반복한 것일 뿐, 'A는 A이다'라는 명제를 현실화한 것으로 볼 수 없다.

오답풀이 ① |보기|에서 을은 이전에 아빠가 선물해 준 지갑이 '아빠가 생일 선물로 처음 사주신 거라서' 여전히 의미가 있다고 말하고 있다. 이것은 을이 과거에 아빠에게 선물을 받았던 기억을 하고 있음을 보여 주는 것이며, 2문단에 따르면 이는 곧 과거에 선물을 받았던 자신을 기억한다는 의미이다. 피히테는 이러한 기억 능력을 통해 과거의 나(선물을 받았던 나)와 현재의 나(지갑 선물을 거절하는 나)가 같음을 의식하고 있다고 볼 것이다.

③ 3문단의 '기억에만 집착하는 사람들은 새로운 것을 낯설고 불편한 것으로 여겨 변화와 차이를 긍정할 수 없기 때문에'에서 확인할 수 있다.

④ 을은 지난 시험을 잊고 국어 시험을 다시 준비하고 있다. 니체가 보기에 이러한 을의 모습은 지난 시험을 못 본 기억을 망각하고 현재를 행복하게 살아가기 위해 노력하는 것이며, 이때의 망각은 기억을 뛰어넘는 것에 해당한다.

⑤ 4문단에서 니체는 바닷가에서 모래성을 만들며 노는 아이의 예를 들어 건강한 망각의 중요성을 설명하고 있다. 아이는 모래성이 부서지더라도 새로운 모래성을 만들 수 있음을 직감하기 때문에 좌절하거나 우울해하지 않는다. |보기|의 을도 아이와 마찬가지로 못 본 지난 시험에 좌절하지 않는 것은 다음 시험에서 좋은 결과를 얻을 수 있다고 직감하기 때문이라고 이해할 수 있다.

기 출 읽 기

조선 성리학 이기론의 발전 2017학년도 6월 고2 학력평가

어떻게 읽을까!

조선 시대 유학자들은 도덕적이고 규범적이며 사람다운 삶을 강조하는 성리학을 받아들였다. 성리학은 <u>우주의 근원과 질서, 그리고 인간의 심성과 질서를 '이(理)'와 '기(氣)' 두 가지를 통해 설명하고, 이를 바탕으로 인간과 세계를 연구하는 학문이다.</u> 그래서 성리학을 '이기론' 또는 '이기 철학'이라고도 부른다. 성리학에서 일반적으로 '이'는 만물에 ⓐ내재하는 원리이고, '기'는 그 원리를 현실에 드러내 주는 방식과 구체적인 현실의 모습이라 할 수 있다. '이'는 '기'를 통해서 드러난다. '이'는 언제나 한결같지만 '기'는 여러 가지 모습으로 존재하므로, 우주 만물의 원리는 그대로지만 형체는 다양하다. 이러한 '이'와 '기'를 어떻게 보는가에 따라 성리학자들이 현실을 해석하고 인식하는 자세가 달라진다.
▶ 성리학에서 보는 '이'와 '기'의 개념

'기'를 중시했던 대표적인 성리학자로 **서경덕**을 들 수 있다. 그는 '기'를 우주 만물의 근원이라고 보았다. 서경덕에 의하면, 태초에 '기'가 음기와 양기가 되고, 음기와 양기가 모이고 흩어지고를 반복하면서 하늘과 땅, 해와 달과 별, 불과 물 등의 만물이 만들어졌다. '기'는 어떤 외부의 원리나 힘에 의해 움직이는 것이 아니라 스스로 움직여 만물을 생성하고 변하게 한다. 하지만 '이'는 '기' 속에 있으면서 '기'가 작용하는 원리로 존재할 뿐 독립적으로 드러나거나 ⓑ작용하지 않는다. 즉, '이'와 '기'는 하나이며, 세계에 드러나는 것은 '기'뿐이라는 것이다. 이와 같은 입장을 '기일원론(氣一元論)'이라 한다. 기일원론의 바탕에는, 현실 세계의 모습은 '기'의 움직임에 의한 것이므로, '기'가 다시 움직이면 현실도 변할 수 있을 것이라는 사고가 깔려 있다.
▶ 서경덕의 기일원론

'이'를 중시했던 대표적인 성리학자는 **이황**이다. 이황은 서경덕의 논의를 단호하게 ⓒ비판하며 '이'와 '기'는 하나가 아니라는 주장을 펼쳤다. 그는 '이'를 우주 만물의 근원이자 변하지 않는 절대적 가치이며 도덕 법칙이라고 보았다. '이'는 하늘의 뜻, 즉 천도(天道)이며, 만물이 선천적으로 지니고 태어나는 본성이라고 여겼다. 따라서 인간이 '이'를 깨우치고 실행하면 하늘이 부여한 본성을 회복하고, 인간 사회는 천도에 맞는 이상적이고 도덕적인 질서를 확립한다고 보았다. 현실 사회가 비도덕적이고 타락한 모습을 보이는 이유는 인간이 본성을 잃어버리고 사악한 마음을 따르기 때문인데, 이러한 사악한 마음은 인간의 생체적 욕구, 욕망 등인 '기'에서 나오는 것이다. 따라서 '이'와 '기'가 하나일 수는 없으며, 둘은 철저히 ⓓ구분되어야 한다는 것이 이황의 주장이다. 이러한 입장을 '이기이원론(理氣二元論)'이라 한다. 이황은 '이'가 원리로서만 존재하는 것이 아니라 발동한다고 보았다. '이'가 발동하면 그에 따라 '기'도 작용하여 인간이나 사회는 도덕적인 모습이 되지만, '이'가 발동하지 않고 '기'만 작용하면 인간이나 사회는 비도덕적 모습이 될 수 있다. 이황은 인간이 '이'를 깨우치고 실행하기 위해서는 학문과 수양에 힘써야 한다고 생각하였다. 그는 현실의 문제 상황은 학문과 수양을 통해 '이'를 회복함으로써 해결될 수 있다는 점을 강조하였다.
▶ 이황의 이기이원론

한편, **이이**는 서경덕과 이황의 논의가 양극단을 달리는 오류를 범하고 있다고 비판하면서, '이'와 '기'의 관계를 새롭게 ⓔ규정하였다. 이이는 '이'를 모든 사물의 근원적 원리로, '기'를 그 원리를 담는 그릇으로 보았다. 둥근 그릇에 물을 담으면 물의 모양이 둥글고 모난 그릇에 물을 담으면 물의 모양이 모나 보이지만, 그 속에 담긴 물의 속성은 달라지지 않는다. 이처럼 '기'는 현실에서 다양한 모습으로 존재하지만 그 속에 담겨 있는 '이'는 달라지지 않는다. 물이 그릇에 담겨 있지만 물과 그릇이 다른 존재이듯이, '이'와 '기'도 한몸처럼 붙어 있지만 '이'와 '기'로 각각 존재한다는 것이다. 이이에 따르면, '이'는 현실에 아무 작용을 하지 않고 '기'만 작용한다. 현실의 모습이 문제를 드러내고 있다면, 이는 '이'가 잘못된 것이 아니라 '기'가 잘못된 것이다. 그러므로 '이'를 회복하기보다는 '기'로 나타난 현실의 모습 자체를 바꾸기 위해 싸워야 한다는 것이 이이의 주장이다. 이이가 조선 사회의 변화를 위한 여러 가지 개혁론을 펼칠 수 있었던 것은 이러한 사고가 바탕을 이루고 있었기 때문이다.
▶ 이이의 '이'와 '기'에 대한 새로운 규정과 현실 개혁론

발전형구조

도입	
견해	견해
종합	

해제 이 글은 조선 시대 성리학의 대표적인 유학자인 서경덕, 이황, 이이가 각각 주장한 이기론에 대해 소개하고 있다. 서경덕은 '기'를 중시하였으며, '이'와 '기'가 하나라는 기일원론을 제시하였고, 현실 세계는 '기'의 움직임에 따라 변할 수 있다고 보았다. 반면에 이황은 '이'를 중시하였으며, '이'와 '기'는 철저히 구분되어야 한다는 이기이원론을 주장하였고, 현실의 문제는 학문과 수양을 통해 '이'를 회복함으로써 해결할 수 있다고 보았다. 서경덕과 이황의 논의 모두를 비판한 이이는 '이'는 모든 사물의 근원이고 '기'는 그 원리를 담는 그릇이라고 보았다. 그리고 현실의 문제는 '기'가 잘못되어 나타나는 것이므로, '이'를 회복하기보다는 '기'로 나타난 현실의 모습 자체를 바꾸기 위해 노력해야 한다고 주장하였다.

주제 서경덕, 이황, 이이의 이기론과 현실 인식 비교

0 ①   **1** ②   **2** ①

글쓴이의 작문 과정 **❶** 기일원론 **❷** 이기이원론
주제   서경덕, 이황, 이이의 이기론과 현실 인식 비교

0 관점의 비교   ①

2문단에 따르면 서경덕은 '이'와 '기'는 하나이며, 세계에 드러나는 것은 '기'뿐이라는 '기일원론'을 주장하였다. 따라서 ㄱ에는 '이'와 '기'가 하나라는 말이 들어가야 한다. 한편, 3문단에서 이황은 '이'와 '기'가 하나일 수는 없으며, 둘은 철저히 구분되어야 한다는 '이기이원론'을 주장하였다. 따라서 ㄴ에는 '이'와 '기'가 둘로 철저히 구분된다는 말이 들어가야 한다.

오답풀이 ② 2문단에서 서경덕은 '이'가 '기' 속에 있으면서 독립적으로 작용하지 않는다고 보았으며, 3문단에서 이황은 '이'가 발동하면 '기'도 작용할 수 있고, '이'가 발동하지 않고 '기'만 작용할 수 있다고 보았음을 알 수 있다.

③ 1문단에 따르면, 성리학에서 '기'는 만물에 내재된 원리인 '이'를 현실에 드러내 주는 방식과 구체적인 현실의 모습으로 보았으므로, 서경덕과 이황 모두 현실로 나타나는 것은 '기'라고 보았음을 알 수 있다. 또한 2문단에서 서경덕이 세계에 드러나는 것은 '기'뿐이라고 한 것에서도 이를 확인할 수 있다.

④ 2문단에서 서경덕은 '이'가 '기' 속에 포함되어 있다고 보았으며, 3문단에서 이황은 '이'와 '기'가 하나일 수는 없으며, 둘은 철저히 구분된다고 설명했다.

⑤ 2문단에서 서경덕의 기일원론에는 생체적 욕구와 욕망이 언급되지 않았으며, 3문단에서 이황은 '기'를 인간의 생체적 욕구, 욕망이라고 보았다.

1 구체적 사례에 적용   ②

|보기|는 군포를 면제받기 위해 갖가지 방법을 동원하여 양반이 되고자 하는 백성들이 늘어나고 있는 현실을 비판하고 있다. 4문단에서 이이는 현실의 모습이 문제를 드러내고 있다면, 이는 '이'가 잘못된 것이 아니라 '기'가 잘못된 것이므로, '이'를 회복하기보다는 '기'로 나타난 현실의 모습 자체를 바꿔야 한다고 주장하였고, 이를 바탕으로 조선 사회의 변화를 위한 여러 가지 개혁론을 펼쳤다고 설명하였다.

따라서 |보기|에 대해서 '이이'가 할 수 있는 말은 '기'가 잘못되어 나타난 현실, 즉 편법으로 쉽게 양반이 될 수 있는 현실을 바꾸어야 한다고 주장하는 ②가 오는 것이 적절하다.

오답풀이 ① 현실의 문제 상황을 학문과 수양을 통해 해결해야 한다고 본 것은 이황이다.

③ 이이는 '이'를 모든 사물의 근본 원리로 보았으므로 현실에 내재하는 원리는 '이'로 볼 수 있다. 그런데 이이는 현실의 문제는 '이'가 잘못되어 나타난 것이 아니라, '기'가 잘못되어 나타난 것으로 보았다.

④ 현실의 문제를 음양의 작용으로 본 것은 이이의 관점과는 관련이 없다. 음양의 작용은 2문단에서 태초에 '기'가 음기와 양기가 되고, 음기와 양기가 모이고 흩어지고를 반복하면서 만물이 만들어졌다고 설명한 서경덕의 관점과 관련된 것이다.

⑤ 현실의 문제를 잘못된 욕구로 보고, '천도에 맞는 이상적이고 도덕적인 질서'의 확립으로 현실 문제를 해결하고자 했던 것은 이이가 아니라 이황이다.

2 어휘의 사전적 의미 파악   ①

ⓐ '내재(內在)'는 '어떤 것의 내부에 들어 있음.'이라는 의미의 단어이다. '내부적으로 미리 정함.'은 '내재'가 아니라 '내정(內定)'이라는 단어의 의미로 볼 수 있다.

순자의 천(天) 사상 2018학년도 6월 고1 학력평가

도입
하늘에 대한 고대 중국인의 인식 소개

고대 중국인들은 인간이 행하지 못하는 불가능한 일은 그들이 신성하다고 생각한 하늘에 의해서 해결 가능하다고 보았다. 그리하여 하늘은 인간에게 자신의 의지를 심어 두려움을 갖고 복종하게 하는 의미뿐만 아니라 인간의 모든 일을 책임지고 맡아서 처리하는 의미로까지 인식되었다. 그 당시에 하늘은 인간에게 행운과 불운을 가져다줄 수 있는 힘이고, 인간의 개별적 또는 공통적 운명을 지배하는 신비하고 절대적인 존재라는 믿음이 형성되었다. 이러한 하늘에 대한 인식은 결과적으로 하늘을 권선징악의 주재자로 보고, 모든 새로운 왕조의 탄생과 정치적 변천까지도 그것에 의해 결정된다는 믿음의 근거로 작용하였다. 하지만 그러한 하늘에 대한 인식은 인간 지혜의 성숙과 문명의 발달로 인한 새로운 시대의 요구에 의해서 대폭 수정될 수밖에 없었다.

전개
하늘에 대한 순자의 주장 제시

순자의 하늘에 대한 주장은 그 당시까지 진행된 하늘의 논의와 엄격히 구분될 뿐만 아니라 그것을 매우 새롭게 변모시킨 하나의 획기적인 사건으로 규정지을 수 있다. 순자는 하늘을 단지 자연현상으로 보았다. 그가 생각한 하늘은 별, 해와 달, 사계절, 추위와 더위, 바람 등의 모든 자연현상을 가리킨다. 따라서 「하늘은 사람을 가난하게 만들 수도 없고, 병들게 할 수도 없고, 재앙을 내릴 수도 없고, 부자로 만들 수도 없으며, 길흉화복을 줄 수도 없다.」 사람들이 치세(治世)와 난세(亂世)를 하늘과 연결시키는 것은 심리적으로 하늘에 기대는 일일 뿐이다. 치세든 난세든 그 원인은 사람에게 있는 것이지 하늘과는 무관하다. 사람이 받게 되는 재앙과 복의 원인도 모두 자신에게 있을 뿐 불변의 질서를 갖고 있는 하늘에 있지 않다.

전개
순자가 제시한 '불구지천'의 개념 설명

하늘은 그 자체의 운행 법칙을 따로 갖고 있어 인간의 길과 다르다. 천체의 운행은 불변의 정규 궤도에 따른다. 해와 달과 별이 움직이고 비가 내리고 바람이 부는 것은 모두 제 나름의 길이 있다. 사계절은 말없이 주기에 따라 움직일 뿐이다. 물론 일식과 월식이 일어나고 비바람이 아무 때나 일고 괴이한 별이 언뜻 출현하는 경우는 있을 수 있다. 하지만 이런 일이 항상 벌어지는 것은 아니며 하늘이 이상 현상을 드러내 무슨 길흉을 예시하는 것은 더더욱 아니다. 즉, 하늘은 아무 이야기도 하지 않는데 사람들은 하늘과 관련된 이야기를 만들어 낸다는 것이다. 그래서 순자는 천재지변이 일어난다고 해서 하늘의 뜻이 무엇인지 알려고 노력할 필요가 없다고 말한다. 그것이 바로 순자가 말하는 **불구지천**(不求知天)의 본뜻이다.

전개
순자가 '불구지천'을 말한 이유 제시

「순자가 말한 '불구지천'의 뜻은 자연현상으로서의 하늘이 아니라 하늘에 무슨 의지가 있다고 주장하고 그것을 알아내겠다고 덤비는 종교적 사유의 접근을 비판하려는 것이다.」 그러니까 억지로 하늘의 의지를 알려고 힘을 쏟을 필요가 없다. 사람들은 자연현상에 대해 특별한 의미를 부여하지 말고 오직 인간 사회에서 스스로가 해야 할 일을 열심히 해야 한다. 즉, 재앙이 닥치면 공포에 떨며 기도나 하는 것이 아니라 적극적인 행위로 그것을 이겨 내야 한다는 것이다.

정리
순자 사상의 핵심 강조

순자의 관심은 하늘에 있지 않고 사람에 있었다. 특히 인간 사회의 정치야말로 순자가 중점을 둔 문제였다. 순자는 "하늘은 만물을 낳을 수 있지만 만물을 변별할 수는 없다."라고 말한다. 이는 인간도 만물의 하나로 하늘이 낳은 존재이나 하늘은 인간을 낳았을 뿐 인간을 다스리려는 의지는 갖고 있지 않다는 것이다. 따라서 하늘은 혈기나 욕구를 지닌 존재도 아니다. 그저 만물을 생성해 내는 자연일 뿐이다.

고대 중국인들의 하늘에 대한 생각을 파악했는가?
하늘을 인간의 삶을 결정하는 절대적 존재로 본 고대 중국인들의 인식을 설명한 후, 이후 하늘에 대한 인식이 변화하게 된 계기를 제시함.

하늘에 대한 순자의 생각을 이해했는가?
하늘을 자연현상으로만 본 순자의 관점을 설명한 다음, 고대 중국인들의 하늘에 대한 관점과 대조함.

순자가 '불구지천'의 개념을 제시한 이유를 파악했는가?
'불구지천'의 개념을 바탕으로 자연현상인 하늘보다 인간의 의지가 중요하다고 본 순자의 주장을 제시함.

하늘에 대한 순자의 관점을 다시 확인했는가?
순자의 관심이 사람, 특히 정치에 있었음을 설명한 다음, 하늘에 대한 순자의 관점을 강조함.

일방형구조

해제 이 글은 하늘에 대한 고대 중국인들의 생각과는 달랐던 순자의 관점을 설명하고 있다. 하늘을 신성하고 절대적인 존재라고 생각한 고대 중국인들은 하늘이 자연현상을 통해 그 뜻을 인간에게 알린다고 여겼다. 그러나 순자는 하늘을 단지 자연현상으로 보고, 천재지변이 일어난다고 해서 하늘의 뜻이 무엇인지 알려고 노력할 필요가 없다는 '불구지천'을 주장하였다. 순자는 자연현상에 특별한 의미를 부여하지 말고 인간 사회에서 스스로가 적극적인 행위를 통해 재앙과 같은 자연현상을 이겨 내야 함을 강조한 것이다.

주제 하늘을 단지 자연현상으로만 본 순자의 천(天) 사상

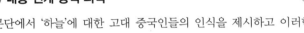

기출읽기　0 ①　1 ②　2 ④　3 ③

글쓴이의 작문 과정 **①** 순자 **②** 불구지천
주제　하늘을 단지 자연현상으로만 본 순자의 천(天) 사상

0 내용 전개 방식 파악 　　　①

1문단에서 '하늘'에 대한 고대 중국인들의 인식을 제시하고 이러한 인식이 바뀌게 된 계기를 밝히며 순자의 천(天) 사상으로 내용을 전환하고 있다. 그리고 2~5문단에서는 하늘에 대한 순자의 관점이 고대 중국인들의 인식과 어떻게 다른지를 설명하며 순자의 천(天) 사상을 구체화하고 있다.

1 세부 내용 파악 　　　②

[A]에 따르면 고대 중국인들의 하늘에 대한 인식은 모든 새로운 왕조의 탄생과 정치적 변천까지도 그것에 의해 결정된다는 믿음의 근거로 작용한다고 보았다. 이는 고대 중국인들이 하늘을 왕조의 탄생과 정치적 변천을 결정하는 존재로 인식했다는 것을 의미한다. 그런데 ②는 이와 반대로 서술하고 있으므로 적절하지 않다.

오답풀이 ① [A]에서 고대 중국인들에게 하늘은 인간에게 자신의 의지를 심어 두려움을 갖고 복종하게 하는 의미를 지녔다고 하였다.
③ [A]에 따르면 고대 중국인들은 인간이 행하지 못하는 불가능한 일도 하늘에 의해서 해결 가능하다고 보았다.
④ [A]에서 고대 중국인들에게 하늘은 인간의 개별적 또는 공통적 운명을 지배하는 신비하고 절대적인 존재라는 믿음이 형성되었다고 하였다. 운명이란 인간의 힘으로 거스를 수 없는 초자연적인 힘을 말하는 것으로, 하늘이 인간의 운명을 지배한다는 것은 하늘이 인간의 힘으로는 거스를 수 없는 존재라는 것을 의미한다.
⑤ [A]에서 고대 중국인들은 하늘을 인간에게 행운과 불운을 가져다줄 수 있는 힘으로 여겼다고 했는데, 이 행운과 불운이 '길흉화복'이다.

2 핵심 내용 파악 　　　④

4문단에 따르면 순자는 재앙이 닥치면 공포에 떨며 기도만 하는 것이 아니라 적극적인 행위로 그것을 이겨 내야 한다고 보았다. 이는 하늘에 기대는 행위보다 인간들의 의지에 따른 행동을 하라는 것이

므로, ㄱ의 설명은 적절하다. 한편, 3문단에서 순자는 하늘은 그 자체의 운행 법칙을 따로 갖고 있어 인간의 길과 다르다고 했으므로, ㄴ도 적절하다. 그리고 4문단에서 순자가 말한 '불구지천'의 뜻은 하늘에 무슨 의지가 있다고 주장하고 그것을 알아내겠다고 덤비는 종교적 사유의 접근을 비판하려는 것이라고 설명했다. 따라서 ㄹ도 적절한 설명이다.

오답풀이 ㄷ. 2문단에 따르면, 순자는 치세든 난세든 그 원인은 사람에게 있는 것이지 하늘과는 무관하다고 보았다. 한편, 하늘을 권선징악의 주재자로 보고, 치세와 난세의 원인을 하늘에서 찾는 것은 순자가 아니라 고대 중국인들의 생각이다.

3 다른 관점과의 비교 　　　③

|보기|에 따르면, 맹자는 하늘을 인륜의 근원으로 보고 사람이 하늘의 덕성을 받아 자신의 덕성으로 삼고 이를 노력하고 수양하여 실천해 나가야 한다고 하였다. 즉 맹자는 하늘에 인간의 도덕 근거로서의 의미를 부여한 것이다. 이는 하늘은 단지 자연현상일 뿐 인간의 삶과는 무관하다고 본 순자의 견해와 차이를 보인다. 따라서 이러한 차이점을 설명한 것으로, ③이 가장 적절하다.

오답풀이 ① 순자는 하늘과 인간의 삶은 무관하다고 보았으며 맹자는 하늘을 인륜의 근원으로 보았으므로, 하늘을 인간에 내재하는 가장 본질적인 근원이라 생각한 것은 순자가 아니라 맹자이다.
② 순자는 비가 내리고 바람이 부는 것을 단지 자연현상으로만 보았다.
④ 순자는 재앙이 닥쳤을 때 적극적으로 이겨 내는 등 인간 스스로가 제 할 일을 열심히 해야 한다고 보았으므로, 인간의 주체적, 능동적 노력을 강조한 것은 순자이다. 맹자는 사람이 하늘의 덕성을 지니기 위해 노력하고 수양하며 실천해야 한다고 강조했을 뿐, 자연의 힘을 이용할 줄 아는 주체적, 능동적인 노력을 강조하지는 않았다.
⑤ 맹자는 인간이 하늘의 덕성을 본받아야 한다고 보았고, 순자는 하늘에 특별한 의미를 부여하지 말고 오로지 인간 스스로 자신의 능력을 발휘해야 한다고 보았으므로, 하늘의 덕성을 본받아 능력을 최대한 발휘하자는 것은 두 학자의 공통적 견해로 보기 어렵다.

제자백가가 바라본 인간의 욕망 2016학년도 6월 고2 학력평가

어떻게 썼을까?

도입
제자백가들의 욕망 탐구 배경 소개

견해
욕망에 대한 맹자의 입장 제시

견해
욕망에 대한 순자의 입장 제시

견해
욕망에 대한 한비자의 입장 제시

욕망은 무엇에 부족함을 느껴 이를 탐하는 마음이다. 춘추전국시대를 살았던 제자백가들에게 인간의 욕망은 커다란 화두였다. 그들은 권력과 부귀영화를 위해 전쟁을 일삼던 현실 속에서 인간의 욕망을 어떻게 바라볼 것인지, 그것에 어떻게 대처해야 할지를 탐구하였다.

먼저, 맹자는 인간의 욕망이 혼란한 현실 문제의 근본 원인이라고 보았다. 욕망이 과도해지면 사람들 사이에서 대립과 투쟁이 생기기 때문이다. 맹자는 인간이 본래 선한 본성을 갖고 태어나지만, 살면서 욕망이 생겨나게 되고, 그 욕망에서 벗어날 수 없다고 하였다. 그래서 그는 욕망은 경계해야 하지만 그 자체를 없앨 수는 없기에, 욕망을 제어하여 선한 본성을 확충하는 것이 필요하다고 보았다. 그가 욕망을 제어하기 위해 강조한 것이 '과욕(寡慾)'과 '호연지기(浩然之氣)'이다. 과욕은 욕망을 절제하라는 의미로, 마음의 수양을 통해 욕망을 줄여야 한다는 것이다. 호연지기란 지극히 크고 굳센 도덕적 기상으로, 의로운 일을 꾸준히 실천해야만 기를 수 있다는 것이다.

맹자보다 후대의 인물인 ㉮순자는 욕망의 불가피성을 인정하면서, 그것이 인간의 본성에서 우러나오는 것이라고 하였다. 인간은 태생적으로 이기적이고 질투와 시기가 심하며 눈과 귀의 욕망에 사로잡혀 있을 뿐만 아니라 만족할 줄도 모른다는 것이다. 또한 개인에게 내재된 도덕적 판단 능력만으로는 욕망을 완전히 제어하기 힘들다고 보았다. 더군다나 이기적 욕망을 그대로 두면 한정된 재화를 두고 인간들끼리 서로 다투어 세상을 어지럽히게 되므로, 왕이 '예(禮)'를 정하여 백성들의 욕망을 조절해야 한다고 생각하였다. 예는 악한 인간성을 교화하고 개조하는 방법이며, 사회를 바로잡기 위한 규범이라 할 수 있다. 그래서 순자는 사람들이 개인적으로 노력하는 동시에 나라에서 교육과 학문을 통해 예를 세워 인위적으로 선(善)이 발현되도록 노력해야 한다고 주장하였다. ⓐ이는 맹자의 주장보다 한 단계 더 나아간 금욕주의라 할 수 있다.

이들과는 달리 ㉯한비자는 권력과 재물, 부귀영화를 바라는 인간의 욕망을 부정적으로 바라보지 않았다. 인간의 본성이 이기적이라고 본 점에서는 순자와 같은 입장이지만, 그와는 달리 본성을 교화할 수 없다고 하였다. 오히려 욕망을 추구하는 이기적인 본성이 이익 추구를 위한 동기 부여의 원천이 되고, 부국강병과 부귀영화를 이루는 수단이 된다는 것이다. 그는 세상을 사람들이 이익을 위해 경쟁하는 약육강식의 장으로 여겼기에, 군신 관계를 포함한 모든 인간관계가 충효와 같은 도덕적 관념이 아니라 단순히 이익에 의해 맺어져 있다고 보았다. 따라서 그는 사람들이 자발적으로 선을 행할 것을 기대하기보다는 법을 엄격히 적용하는 것이 필요하다고 강조하였다. 그는 백성들에게 노력하면 부자가 되고, 업적을 쌓으면 벼슬에 올라가 출세를 하며, 잘못을 저지르면 벌을 받고, 공로를 세우면 상을 받도록 해서 특혜와 불로소득을 감히 생각하지 못하도록 하는 것이 올바른 정치라고 주장하였다.

어떻게 읽을까!

중심 화제를 파악했는가?
춘추전국시대 제자백가들이 욕망을 탐구하게 된 배경을 밝히며, 앞으로 전개될 내용이 욕망에 대한 관점과 그것의 대처 방법임을 드러냄.

욕망에 대한 여러 사상가들의 입장을 비교할 수 있는가?
맹자, 순자, 한비자가 각각 주장하는 인간의 욕망에 대한 관점과 욕망을 제어하는 방법을 설명하고 세 사람 간의 주장이 갖는 공통점과 차이점을 함께 제시함.

나열형구조

```
        도입
견해    견해    견해
```

해제 이 글은 인간의 욕망에 대한 맹자, 순자, 한비자의 입장을 소개하고 그 입장들을 비교하고 있다. 맹자는 인간의 선한 본성을 회복하려면 과욕과 호연지기를 통해 욕망을 절제해야 한다고 주장한 반면, 순자는 인간의 본성은 이기적이므로 사회적 규범인 '예'를 통해 욕망을 제어해야 한다고 주장하였다. 욕망을 이익 추구의 원천으로 본 한비자는 인간의 자발적인 선을 기대할 수 없으므로, 인간의 욕망을 법으로 다스려야 함을 주장하였다.

주제 인간의 욕망에 대한 맹자, 순자, 한비자의 견해

0 ①   1 ④   2 ⑤   3 ①

글쓴이의 작문 과정   ❶ 맹자   ❷ 한비자

주제   인간의 욕망에 대한 맹자, 순자, 한비자의 견해

0 내용 전개 방식 파악   ①

이 글은 1문단에서 욕망의 개념을 제시하고 춘추전국시대의 제자백가들에게 욕망이 철학적 탐구의 핵심적 주제였음을 밝힌 다음, 2문단에서 맹자의 욕망에 대한 관점과 대처 방법을, 3문단에서 순자의 욕망에 대한 관점과 대처 방법을, 4문단에서는 한비자의 욕망에 대한 관점과 대처 방법을 소개하며 각 입장들의 공통점과 차이점을 비교하고 있다.

오답풀이 ② 이 글은 욕망의 유형을 제시한 것이 아니라, 욕망에 대한 철학적 관점을 맹자, 순자, 한비자로 나누어 각 입장을 상세하게 설명하고 있다.

③ 욕망에 대한 상반된 견해는 이 글에 나타나 있지만, 그것의 현대적 의의를 밝히고 있는 것은 아니다.

④ 욕망이 나타나는 사례를 제시하고 있지 않으며, 욕망에 대한 맹자, 순자, 한비자의 관점의 타당성을 따지고 있지도 않다.

⑤ 욕망을 조절하는 방법, 즉 제어하는 방법을 맹자, 순자, 한비자의 각 입장과 관련지어 설명하고 있으나, 그 방법들의 장단점을 분석하고 있지는 않다.

1 이유의 추론   ④

2문단에 따르면, 맹자는 욕망을 경계해야 하지만 없앨 수는 없기에 욕망을 제어해야 한다고 보았고, 그 방법으로 '과욕'과 '호연지기'라는 도덕적 방법을 제시하였다. 그런데 이 두 가지 방법은 모두 개인적 차원의 수양에 해당한다. 이와 달리 3문단에 따르면, 순자는 개인적 차원의 도덕적 판단 능력만으로는 욕망을 완전히 제어하기가 힘들기 때문에, 사람들의 개인적 노력에 더하여 나라에서 사회를 바로잡기 위한 규범인 예를 세워야 한다고 주장하였다. 즉 순자는 욕망을 제어하는 방법으로, 개인적 차원의 수양을 강조한 맹자의 주장에 더해, 사회적 규범인 예까지 더한 것이다. 따라서 ⓐ의 이유로 ④가 가장 적절하다.

오답풀이 ① '과욕'과 '호연지기'는 맹자가 주장한 욕망을 제어하여 선한 본성을 확충하는 방법으로, 개인적 차원에 머무른다는 한계는 있지만, 선한 본성이 확충되는 효과에 한계가 있는지에 대해서는 이 글의 내용만으로 판단할 수 없다.

② 순자가 주장한 '예'와 맹자가 주장한 '과욕'과 '호연지기'를 실천하는 어려움을 비교할 수 있는 근거는 이 글에 제시되지 않았다.

③ 순자는 인간이 가진 욕망의 속성을 부정적으로 파악했을 뿐, 개인적 욕망과 사회적 욕망으로 나누어 파악하지 않았다.

⑤ 맹자와 순자가 모두 동의하는 내용이므로 맹자의 주장보다 순자의 주장이 더 금욕주의적이라는 ⓐ의 이유로 보기는 어렵다.

2 구체적 사례에 적용   ⑤

|보기|의 B음식점 주인은 경쟁 관계에 있는 A음식점에 빼앗긴 손님을 되찾기 위해 허위 사실을 유포하는 범죄를 저질렀고, A음식점 주인에게 손해를 입혔다. 2문단의 내용을 바탕으로 맹자의 입장에서 이 상황을 이해해 보면, B음식점 주인에게도 선한 본성은 있지만, 돈을 많이 벌고자 하는 욕망이 과도해져 잘못된 방식으로 A음식점과 경쟁한 것이다. 따라서 맹자는 B음식점 주인이 마음의 수양을 통해 자신의 과도한 욕망을 절제해야 한다고 판단할 것이다.

오답풀이 ① 맹자는 B음식점 주인의 과도한 욕망에 대해서만 비판할 뿐, 진위 여부를 확인하지 않은 손님들의 도덕성을 비판하지는 않았을 것이다.

② 맹자는 인간의 본성은 선하다고 보았고, 수양이라는 개인적 차원에서 문제를 해결하려 했다. 인간의 이기적 본성을 주장하고 이를 사회적 차원에서 해결해야 한다고 보는 것은 순자의 견해이다.

③ 맹자는 욕망을 제거하기 위해 과욕과 호연지기라는 개인적 차원의 노력을 중시하였다. 따라서 맹자는 B음식점 주인이 선한 본성을 회복하기 위해 주인 스스로 노력해야 한다고 볼 것이므로, A음식점 주인이 B음식점 주인에게 기회를 주어야 할 의무가 있다고 보지는 않았을 것이다.

④ 맹자는 인간의 본성이 선하다고 보았다. 따라서 A음식점을 시기하는 마음이 B음식점 주인에게 드는 것은 인간의 나쁜 본성 때문이 아니라, 본성은 선하지만 욕망이 과도해졌기 때문이라고 볼 것이다.

3 관점의 공통점 파악   ①

4문단에서 한비자는 인간의 본성이 이기적이라고 본 점에서는 순자와 같은 입장이라고 하였으므로, ㄱ은 ㉮와 ㉯의 공통된 견해에 해당한다. 그리고 3문단에서 순자는 왕이 '예(禮)'를 정하여 백성들의 욕망을 조절해야 한다고 보았음을, 4문단에서 한비자는 욕망을 추구하는 이기적인 본성을 긍정하지만, 법을 엄격하게 적용하여 백성들의 욕망을 다스리게 해야 한다고 보았음을 알 수 있다. 즉, 순자가 제시한 '예'와 한비자가 제시한 '법'은 모두 백성의 욕망을 다스리는 방법에 해당한다. 따라서 ㄴ도 ㉮와 ㉯의 공통된 견해에 해당한다.

오답풀이 ㄷ. 4문단에 따르면, 순자는 인간 본성을 교화할 수 있다고 보았지만, 한비자는 인간 본성을 교화할 수 없다고 보았다.

ㄹ. 3문단에 따르면, 순자는 인간의 이기적 본성으로 인해 세상이 어지럽게 될 수 있으므로, 이기적 본성을 부정적으로 바라보고 예를 통해 그 욕망을 조절해야 한다고 주장하였다. 그러나 4문단에 따르면, 한비자는 이기적 본성이 부국강병과 부귀영화를 이루는 수단이 된다며 욕망을 긍정적으로 바라보았다.

⚠ 출제자의 의도읽기 - 공통된 견해를 묻고 있지만 차이점에 주목한다.

여러 사상가들의 견해를 다룬 지문에서는 사상가들 간의 공통된 주장이나 차이점 등을 파악하는 문항이 자주 출제된다. 그런데 공통점이나 차이점 중 하나만을 묻는 문제더라도, 공통점과 차이점을 모두 파악해야 한다. 왜냐하면 출제자는 차이점을 공통점인 것처럼, 또는 공통점을 차이점인 것처럼 함정을 만들기 때문이다. 이 문제에서도 순자와 한비자가 공통적으로 주장한 것인지, 아니면 한 사람만의 주장인지를 구분해 내려면 두 주장의 차이점을 판단할 수 있어야 한다.

3 장자, 소통을 말하다　2013학년도 6월 고1 학력평가

어떻게 썼을까?

도입
타자와의 소통에 관한 장자의 철학 소개

전개
'성심'의 개념과 문제점 제시

예시
장자의 '바닷새 이야기'를 통해 성심의 문제점 제시

예시
성심의 문제점 구체화

결론
장자 철학의 핵심인 소통의 개념 정의

결론
장자 철학의 현대적 의의 언급

장자는 타자와의 소통이라는 과제를 자신의 철학적인 문제로 끌어안고 집요하게 사유했던 사람이다. 장자는 다음과 같은 '송나라 상인 이야기'를 통해 타자와 마주친 상황을 설명한다. "송나라 상인이 모자를 밑천 삼아 월나라로 장사를 떠난다. 그러나 월나라 사람들은 머리를 짧게 깎고 문신을 하고 있어 모자가 필요하지 않았다." 월나라에서 모자를 팔려던 송나라 상인은 전혀 다른 문화 속에서 '낯섦'과 마주친 것이다. 장자는 자신에게 낯선 공간이야말로 타자와 만날 수 있는 공간이기 때문에 '낯섦'에 머물러야 한다고 조언한다.
▶ 타자의 '낯섦'에 머물러야 한다는 장자의 조언

장자가 이렇게 조언한 이유는 무엇일까? 이 질문에 답하기 위해서는 장자가 언급한 '성심(成心)'이라는 말에 주목할 필요가 있다. 성심이란 온전한 마음이 아니라 치우친 마음으로 자기의 입장을 극대화하여 고정된 자기 관점을 고집하는 것이다. 우리는 이러한 성심에 따라 각자의 관점을 절대적 판단 기준으로 삼고, 그 결과 '나는 옳고 남은 그르다'는 분별을 고착시킨다. 그리고 이러한 성심이 타자와의 소통과 조화를 방해하게 된다.
▶ '성심'의 개념과 부정적 기능

그렇다면 타자와 만났을 때, 이러한 성심은 어떤 문제를 일으키는가? 장자는 다음과 같은 '바닷새 이야기'를 통해 그 해답을 제시한다. "옛날 바닷새가 노나라 서울 밖에 날아와 앉았다. 노나라 임금은 이 새를 아름다운 종묘 안으로 데리고 와 술을 권하고, 아름다운 궁궐의 음악을 연주해 주고, 소와 돼지, 양을 잡아 대접하였다. 그러나 새는 어리둥절해 하고 슬퍼하기만 하다가 사흘 만에 죽어 버리고 말았다. 이는 ㉠자기를 기르는 방법으로 새를 기른 것이지, ㉡새를 기르는 방법으로 새를 기른 것이 아니다." 분명 바닷새와 같은 야생의 새는 사람들의 손길을 거부할 것이고, 사람들이 즐기는 것과 먹고 마시는 음식을 함께할 수 없다. 바닷새는 특정 기호가 아니라 그들의 고유한 성질에 따른 특성을 지니고 있기 때문에 그러한 것이다. 여기서 흥미로운 점은 노나라 임금이 새를 가두어 죽이려 한 것도, 자신의 어떤 목적을 위한 수단으로 여긴 것도 아니라는 점이다.
▶ 성심의 문제점을 보여 주는 예화

결국 바닷새가 죽은 것은 노나라 임금이 자신의 성심에 따라 '새'라는 타자와 관계를 맺고자 했기 때문이다. 다시 말해서 바닷새를 '나'와는 다른 '새'로서 대하지 못하고 나와 같은 '사람'으로서 대했기 때문이다. 이처럼 우리가 타자를 기성의 선입견 등으로 가득 찬 마음, 즉 성심에 따라 타자를 나로 인식하고자 할 때 타자와의 소통은 원천적으로 막힐 뿐 아니라 조화로운 관계 또한 어그러지게 된다.
▶ 타자와의 소통을 방해하는 성심

이런 점을 감안할 때 우리는 장자의 철학을 '소통(疏通)'의 개념으로 이해할 수 있다. 즉 '막힌 것을 터 버린다'는 '소(疏)' 개념과 '타자와 연결한다'는 '통(通)' 개념에서, '트임'이라는 타자로의 개방성을 상징하는 '소(疏)' 개념은 결국 '비움'이라는 단계를 거쳐야 한다. ㉢성심을 따르는 자기중심적 생각을 비움으로써 타자와의 다름을 인정한다면 타자와의 실질적인 소통이 가능할 수 있다. 장자가 고민한 타자와의 소통의 문제는 갈수록 많은 갈등을 안고 살아가고 있는 현대 사회에서 매우 중요한 의미를 가진다고 볼 수 있다.
▶ 타자와의 소통에 관한 장자 철학의 현대적 의의

어떻게 읽을까!

중심 화제를 파악했는가?
'송나라 상인 이야기'를 통해 독자의 흥미를 유발하고 '낯섦'에 대한 장자의 조언을 소개함.

장자 철학의 핵심 개념을 이해했는가?
'성심'의 개념을 소개하고 타자와의 소통에서 성심이 갖는 문제점을 제시함.

예화를 통해 '성심'이 일으키는 문제를 파악했는가?
'바닷새 이야기' 예화를 통해 타자의 고유한 특성을 고려하지 않고 자기 관점을 고집함으로써 타자와의 소통이 방해되거나 단절되는 성심의 문제점을 제시함.

장자 철학이 지닌 현대적 의의를 이해했는가?
장자 철학에서 핵심인 '소통'의 개념을 정리하고, 타자와의 소통 문제로 갈등이 심화되는 현대 사회에서 그 의미를 강조함.

일방형구조

도입	
전개	
예시	예시
결론	결론

해제 이 글은 타자와의 진정한 소통을 중시하는 장자 철학을 소개하고, 장자 철학의 현대적 의의를 밝히고 있다. 장자는 치우친 마음으로 고정된 자기 관점을 고집하는 성심이 타자와의 소통을 방해하는 것으로 보고, 이를 '바닷새 이야기'를 통해 구체화하였다. 이 예화에서 장자는 특정한 목적이나 의도와는 상관 없이 성심에 따르는 태도 자체만으로도 타자와의 관계는 막힐 수 있으므로 성심을 비움으로써 타자와의 실질적 소통이 가능하다고 보았다. 장자 철학은 타자와의 관계가 더 복잡해지고 갈등도 많아지는 현대 사회에서 중요한 의미를 가진다.

주제 타자와의 소통에 관한 장자 철학의 현대적 의의

0 내용 전개 방식 파악 ①

ㄱ. 이 글은 타자와의 소통을 중심 과제로 삼았던 장자의 철학을 설명하고 있다. 이를 위해 먼저 1문단에서는 '송나라 상인 이야기'를 인용하여 타자와 마주친 상황이 낯섦과 마주치는 것임을 제시하고 있다. 그리고 3~4문단에서는 타자와 만났을 때 자기 관점만 고집하는 성심이 불러일으키는 문제를 설명하기 위해 '바닷새 이야기'를 인용하고 있다. 따라서 ㄱ은 적절한 설명이다.

ㄴ. 한편, 2문단은 타자와 만나기 위해 낯섦에 머물러야 한다고 장자가 조언한 이유를 물으면서 시작하고 있고, 3문단은 성심이 어떤 문제를 불러일으키는지 물으면서 시작하고 있다. 이렇게 2문단과 3문단에서는 이후 전개될 내용에 대해 질문하는 방식으로 문단을 시작함으로써 독자의 주의를 불러일으켜 글의 내용에 집중하도록 만들고 있다. 따라서 ㄴ은 적절한 설명이다.

오답풀이 ㄷ. 이 글은 장자 철학에 대해서만 설명할 뿐, 어떤 논쟁을 소개하거나, 핵심 쟁점에 대한 상반된 관점을 비교, 분석하지 않았다.
ㄹ. 3~4문단의 '바닷새 이야기'는 타자와의 소통에 실패해 문제가 되는 현상을 제시한 것으로 볼 수 있다. 그러나 문제가 되는 현상의 변화 과정을 설명하고 있지는 않다.

1 세부 내용 파악 ③

4문단에 따르면 장자는 타자를 기성의 선입견 등으로 가득 찬 마음, 즉 성심에 따라 타자를 나로 인식하고자 할 때 타자와의 소통은 막히고 조화로운 관계 또한 어그러지게 된다고 보았다. 따라서 장자가 타자를 대할 때 성심에 따라 타자를 나로 인식하고자 하는 자기 중심적 태도를 지양했다고 이해하는 것은 적절하다.

오답풀이 ① 1문단에서 장자는 타자와의 소통을 위해 자신에게 낯선 공간, 즉 타자와 만날 수 있는 공간에 머물러야 한다고 했지만, 자신을 낯선 존재로 인식할 필요성을 언급하지는 않았다.
② 2문단에 따르면, 성심은 온전한 마음이 아니라 치우친 마음으로 자기의 입장을 극대화하는 태도이다.
④ 6문단에서는 수많은 갈등이 있는 현대 사회에서 장자의 철학이 의미가 있다고 했을 뿐, 현대 사회에 대한 장자의 예견은 제시되지 않았다.
⑤ 3문단에서 노나라 임금이 새를 자신의 목적을 이루기 위한 수단으로 여긴 것은 아니라고 설명하였다.

2 핵심 내용 비교 ①

'바닷새 이야기'는 타자와 만났을 때 성심이 일으키는 문제를 보여 주기 위해 장자가 예로 들었던 이야기이다. 2문단에 따르면, '성심'이란 온전한 마음이 아니라 치우친 마음으로 자기의 입장을 극대화하여 고정된 자기 관점을 고집하는 것, 즉 타자를 있는 그대로 받아들이지 않고 자기 관점에서만 바라보는 태도를 의미한다. 그리고 4문단에 따르면, 바닷새가 죽은 이유는 노나라 임금이 자신의 성심에 따라 '새'라는 타자와 관계를 맺고자 했기 때문이다. 즉 노나라 임금은 자신의 성심을 고집하다가 결국 새를 죽게 만든 것인데, 장자는 이를 ㉠(자기를 기르는 방법으로 새를 기른 것)이라고 표현했다. 이와 달리 ㉡은 성심을 버리고 타자와의 다름을 인정함으로써 소통할 수 있게 되는 바람직한 태도를 의미한다. 따라서 ㉠은 성심을 버리지 못한 행위로, ㉡은 성심에서 벗어난 행위라고 할 수 있다.

오답풀이 ② ㉠은 자신의 주관적 관점을 고집하고 극대화한 것이므로 절대적 관점에 의한 행위에 해당하고, ㉡은 타자를 있는 그대로 바라보려는 것이므로 상대적 관점에 의한 행위에 해당한다.
③ ㉡은 타자와 조화를 이루는 행위로 볼 수 있다. 그러나 ㉠은 성심에 따라 타자를 나로 인식하는 행위로, 이로 인해 타자와의 소통이 불가능하게 된다.
④ 성심에서 벗어나지 못한 ㉠은 사물을 있는 그대로 보지 못한 결과이고, 성심에서 벗어난 ㉡은 사물을 있는 그대로 본 결과에 해당한다.
⑤ ㉠은 고정된 자기 관점을 버리지 못한 행위로 볼 수 있다. 그러나 ㉡은 확고한 신념을 만드는 것과 상관없이 성심을 버릴 때 가능한 행위이다.

3 구체적 사례에 적용 ③

장자의 관점에서 보면, |보기|의 질문자('저')는 자기에, 부모님은 타자에 해당한다. 질문자는 타자인 부모님과 소통이 되지 않아 부모님과 갈등 관계에 놓여 있다. 2~4문단에 따르면, 장자는 이 문제에 대해 질문자가 자신의 관점만 고집하는 성심에 따라 부모님을 인식했기 때문에 타자와의 소통과 조화가 이루어지지 않은 것이라고 볼 것이다. 또한 5문단과 ㉢에 따르면, 장자의 관점에서는 우선 학생 자신이 성심을 따르는 자기중심적 생각을 비워야 하고, 이러한 비움의 단계를 거치면 부모님과의 소통이 가능해지고 조화를 이루어 문제를 해결할 수 있다고 판단할 것이다. 따라서 이러한 내용을 담은 ③의 조언이 적절하다.

오답풀이 ① |보기|의 학생에게 부모님의 태도는 낯선 것이라고 볼 수 있는데, 1문단에서 장자는 '낯섦'을 마주하고 그 속에 머물러야 한다고 조언하였다. 따라서 장자의 관점에서는 서로 다름을 마주할 수 있는 대화를 시도해야 한다고 조언할 것이다.
② 대화를 중재하는 사람의 필요성은 ㉢과는 관련이 없다.
④ 부모님에게 자신을 이해시키는 것은 오히려 성심을 따르는 자기중심적 생각을 부모님에게 강요하는 것에 해당하므로, ㉢의 관점과는 상반된다.
⑤ ㉢의 관점은 타자와의 다름을 인정하라고 했을 뿐, 무조건 타자의 의견을 따라야 한다고 본 것은 아니다.

기 출 읽 기

01 역사, 삶과 어떤 관계를 맺을까 2014학년도 11월 고1 학력평가

역사가 삶을 가르치고 삶을 규정하는 조건이라면, 삶이 역사와 어떤 방식으로 관계를 가질 때 역사의 올바른 의미가 드러나는 것일까? 역사는 삶에 ⓐ기여해야 한다. 삶이 역사와 관계를 맺는 것을 '기념비적 역사', '골동품적 역사', '비판적 역사'로 나누어 볼 수 있다.
▶ 역사와 삶의 관계

㉠기념비적 역사는 과거의 위대함에 대한 회상을 통해 새로운 위대함의 가능성을 ⓑ촉진하는 역사이다. 이는 '인간'의 개념을 더욱 확대하고 아름답게 성취하게 하여 인간 현존의 모습을 보다 차원 높게 만든다. 그러나 기념비적 역사를 통해 과거의 위대함이 우상 숭배적으로 찬양되어 생성과 변화가 무시된다면, 역사적 상황이나 시대적 필요와 아무 관련이 없는 특정한 위대함에 대한 광신주의가 탄생할 것이다. 과거에 대한 일방적 의미 규정, 특정한 역사적 위대함에 대한 숭배와 모방의 강요는 기념비적 역사가 지닌 위험이다.
▶ 기념비적 역사의 개념 및 장단점

㉡골동품적 역사는 오래된 과거를 찾아 보존하면서 ⓒ전승하는 역사이다. 여기에서는 실증적 사실의 확인은 중요하지 않다. 골동품적 역사는 전통과 매개되어, 인간은 이를 통해 비로소 자신의 유래를 알고 자신을 이해하며 더욱 확장하게 된다. 비범한 대상에 대한 관심에서 시작하는 기념비적 역사와는 달리 골동품적 역사는 일상적 습관과 관습을 규정하고 보존하며, 민족의 역사적 고유성 속에서 민족 구성원 모두를 결합시키는 귀속성의 감정을 만들어 낸다. 이는 골동품적 역사를 통해 현재의 인간이 전통과 유래를 인식함으로써 행복을 느낀다는 것이다. 그러나 골동품적 역사는 과거에 대한 미라(mirra)적 숭배로 미래적 삶에 대한 뿌리를 송두리째 뽑아낼 수 있다. 이와 함께 그것은 굳은 관습으로 전락할 수 있다. 즉 골동품적 역사는 삶을 단지 보존할 줄만 알 뿐 생산할 줄은 모르게 되는 것이다.
▶ 골동품적 역사의 개념 및 장단점

㉢비판적 역사는 과거를 숭상하거나 보존하기 위해서가 아니라 과거를 부정하기 위한 역사이다. 비판적 역사의 유용성은 「과거의 절대화와 고착화에 ⓓ대항하여 삶을 과거의 폭력으로부터 해방시킨다는 데 있다.」 역사적 전통은 인간에 의해 창출된 것이므로 그 안에는 판결받아야 할 정치적 특권, 지배적 관습 등이 존재한다. 비판적 역사는 이들을 폭로하고 파괴한다. 이때 판결 기준은 절대적이고 선험적인 정의가 아니라 자기 자신의 욕구에 따른 삶 자체이다. 비판적 역사는 보존되고 전승된 과거와 투쟁을 벌여 새로운 관습과 본능을 창안하고자 한다. 인간은 비판적 역사를 통해 능동적이고 주체적으로 자신이 원하는 과거를 만들고 정당화하는 것이다. 비판적 역사 역시 위험성을 가지고 있다. 억압과 지배로부터 해방의 의지를 품었으나, 새로운 삶의 가능성을 위한 과거 부정의 척도를 세울 수 없는 비판적 역사가는 단지 과거만을 파괴하는 결과를 초래할 수 있다.
▶ 비판적 역사의 개념 및 장단점

인간은 기념비적, 골동품적, 비판적 관점에서 과거를 사용하여 자신이 원하는 역사를 만들어 내야 한다. 이를 통해 역사는 우리의 삶에 의미 있고 ⓔ유용한 것으로 기능해야 하는 것이다.
▶ 바람직한 삶과 역사의 관계

나열형구조

```
        도입
전개  전개  전개
        결론
```

해제 이 글은 역사가 인간의 삶을 의미 있고 유용한 것으로 만들어야 한다는 관점에서, 역사를 세 가지 유형으로 나누어 설명하고 있다. 기념비적 역사는 과거의 위대함에 대한 회상을 통해 새로운 위대함의 가능성을 촉진하는 역사로, 인간의 개념을 확대하고 인간 현존의 모습을 차원 높게 만들지만, 역사적 위대함에 대한 숭배와 모방이 강요될 위험성이 있다. 골동품적 역사는 과거를 보존하고 전승하는 역사로, 인간은 이를 통해 자신의 유래를 알고 자신을 이해하면서 확장하게 되며 민족 구성원으로서 귀속성의 감정을 만들어 내지만, 미래적 삶에 대한 뿌리를 뽑아내고 굳은 관습으로 전락할 위험성이 있다. 마지막으로 비판적 역사는 과거를 부정하기 위한 역사로, 과거와 투쟁을 벌여 인간이 능동적이고 주체적으로 자신이 원하는 과거를 만들고 정당화할 수 있지만, 단지 과거만을 파괴하는 결과를 초래할 수도 있다.

주제 역사와 삶의 관계에 따라 구분되는 세 가지 역사 유형

0 내용 전개 방식 파악　　　　　　　　　　　　　　　　①

이 글의 중심 화제는 '삶과 역사의 관계'이다. 1문단에서 삶과 역사와 어떤 방식으로 관계를 갖는가라는 관점을 기준으로 '기념비적 역사', '골동품적 역사', '비판적 역사'로 역사를 유형화한 뒤, 2~4문단에서 각각의 역사의 개념을 제시하면서 그 유용성과 위험성, 즉 장점과 단점을 설명하고 있다.

오답풀이 ② 5문단에서 중심 화제와 관련한 논의 내용을 정리하고 있지만, 새로운 이론을 제시하고 있지는 않다.
③ 이 글에서는 중심 화제를 다루는 두 이론을 설명하고 있지 않다.
④ 이 글에서는 통념의 문제점을 지적하거나 이와 반대되는 견해를 제시하고 있지 않다.
⑤ 2~4문단에서 중심 화제와 관련하여 세 역사의 유형의 개념을 정의하고 있지만, 이에 대한 이론을 소개하고 이론의 발전 가능성을 언급하는 내용은 찾아볼 수 없다.

1 핵심 내용 파악　　　　　　　　　　　　　　　　　　　④

3문단에서 ⓒ의 특성으로 '실증적 사실의 확인은 중요하지 않다.'라고 설명했다. 이는 어떤 역사적 사실이 과거에 실제로 일어났는지를 증명하는 것을 중요하지 않게 본다는 의미이므로 ⓒ이 실제적 검증 과정을 중심으로 과거를 해석한다는 설명은 적절하지 않다. 한편, ⓙ에서 실제적 검증 과정을 거치지 않고 과거를 해석하는지와, ⓒ에서 실제적 검증 과정을 중심으로 과거를 해석하는지는 이 글만으로는 판단할 수 없다.

오답풀이 ① 3문단의 '비범한 대상에 대한 관심에서 시작하는 기념비적 역사'에서 ⓙ이 과거의 비범한 대상에 주목함을 알 수 있다.
② 3문단에서 ⓒ은 민족 구성원 모두를 결합시키는 귀속성의 감정을 만들어 낸다고 설명했다.
③ 2문단에서 ⓙ을 과거의 위대함에 대한 회상을 통해 새로운 위대함의 가능성을 촉진하는 역사라고 규정했다. 한편, 4문단에서 ⓒ은 과거와 투쟁을 벌여 새로운 관습과 본능을 창안하고자 한다고 설명했다.
⑤ ⓒ은 과거를 부정하기 위한 역사인 것과 달리, ⓙ은 과거를 숭상하고, ⓒ은 과거를 찾아 보존하고 전승한다. 따라서 ⓙ, ⓒ은 과거에 긍정적 가치를 부여한다고 볼 수 있다.

2 구체적 사례에 적용　　　　　　　　　　　　　　　　　①

|보기|의 (가)는 과거에 대한 부정·비판을 담고 있으므로 비판적 역사, (나)는 과거의 위대한 인물에 대한 평가를 담고 있으므로 기념비

적 역사, (다)는 전통과 유래에 관한 역사를 담고 있으므로 골동품적 역사의 사례에 해당한다. 비판적 역사의 관점에 따르면, (가)에서 모순을 밝힌 '가부장적 가족 제도'는 판결받아야 할 지배적 관습에 해당한다. 이때 비판적 역사의 판결 기준은 절대적이고 선험적인 정의가 아니라 자기 자신의 욕구에 따른 삶 자체라고 하였다. 그런데 ①에서는 '가부장적 가족 제도'에 문제가 있다고 판단하는 기준을 '절대적인 정의'라고 서술하고 있으므로, 적절한 이해가 아니다.

오답풀이 ② 4문단에서 비판적 역사는 과거를 부정하기 위한 역사로서 과거와 투쟁을 벌여 새로운 관습과 본능을 창안하고자 하였으므로, (가)의 '남녀평등에 근거한 합리적인 가족 제도'는 '가부장적 가족 제도'라는 과거의 모순을 밝히는 투쟁을 통해 과거를 부정하고 창안한 새로운 관습에 해당한다고 할 수 있다.
③ (나)는 이순신의 위대함을 기리고 보존하는 것에 해당하는데, 2문단에 따르면, 이와 같은 기념비적 역사는 인간 현존의 모습을 보다 차원 높게 만든다는 것을 알 수 있다.
④ (다)는 골동품적 역사의 사례로, 3문단에서 골동품적 역사에서는 실증적 사실의 확인은 중요하지 않다고 하였으므로 단군의 실체 규명을 중요하지 않게 여길 수 있다.
⑤ 3문단에서 골동품적 역사는 민족의 역사적 고유성 속에서 민족 구성원 모두를 결합시키는 귀속성의 감정을 만들어 낸다고 하였으므로, 골동품적 역사의 관점이 반영된 (다)도 우리나라 국민들이 단군의 자손임을 인식시켜 한 민족으로서의 귀속성을 느끼게 하려는 의도를 담고 있다고 이해할 수 있다.

3 어휘의 문맥적 의미 파악　　　　　　　　　　　　　　②

ⓑ '촉진(促進)하다'는 '다그쳐 빨리 나아가게 하다.'라는 의미를 지닌 말이다. 따라서 이를 '나타내는'으로 바꾸면 문장의 의미가 달라지므로, ②는 적절하지 않다.

오답풀이 ① ⓐ '기여(寄與)하다'는 '도움이 되도록 이바지하다.'라는 뜻이다.
③ ⓒ '전승(傳承)하다'는 '문화, 풍속, 제도 따위를 이어받아 계승하다. 또는 그것을 물려주어 잇게 하다.'라는 뜻이다.
④ ⓓ '대항(對抗)하다'는 '굽히거나 지지 않으려고 맞서서 버티거나 항거하다.'라는 뜻이다.
⑤ ⓔ '유용(有用)하다'는 '쓸모가 있다.'라는 뜻이다.

홍대용 사상의 역사적 의의

2022학년도 6월 고1 학력평가

도입
중화사상과 17세기 조선의 분위기 소개

전개
18세기 조선의 중화사상과 홍대용의 등장

전개
홍대용의 사상적 전환을 보여 주는 지구설과 무한 우주설 소개

전개
홍대용의 사상 구체화

정리
홍대용 사상이 지니는 의의 제시

㉠중화(中華)사상은 한족(漢族)이 자신들을 세계의 중심을 의미하는 중화로 생각하고, 주변국들이 자신들의 발달된 문화와 예법을 받아들여야 한다고 생각한 사상이다. 조선은 중화사상을 수용하여 한족 왕조인 명나라의 문화를 받아들이는 것을 당연시하였다. 17세기에 이민족이 ⓐ세운 청나라가 중국 땅을 차지하였지만, 조선은 청나라를 중화라고 생각하지 않고 명나라의 부활을 고대하였다. 당시 송시열은 '오랑캐는 중국을 차지할 수 없고 금수(禽獸)는 인류와 한 부류가 될 수 없다.'라고 하였는데, 이는 청나라를 공격하자는 북벌론과 청나라를 배척하자는 척화론으로 이어졌다.
▶ 중화사상의 개념과 17세기 조선 유학자들의 사상

18세기에 청나라가 정치적 안정을 이루고 조선이 북벌을 통해 명나라를 회복하기 어렵게 되자, 조선의 유학자들 사이에서는 조선이 중화의 계승자라는 인식이 보편화되었다. 이때 청나라가 가진 발달된 문물을 도입하자는 북학파가 등장하였다. 그중 홍대용은 청나라의 발달된 문물은 오랑캐인 청나라가 만든 것이 아니라, 청나라가 중국 땅을 차지하며 가지게 된 한족의 문물로 보았다. 이런 생각은 청나라와 청나라의 문물을 구별한 것으로, 그가 저술한 「을병연행록」에서도 발견된다. 이를 통해 이때까지도 그는 조선이 중화의 계승자라는 인식과 중화사상에서 벗어나지 못했음을 알 수 있다. 하지만 청나라 여행을 계기로 그곳에서 만난 학자들과 교류를 이어 가며 선진 문물과 새로운 학문을 탐구한 결과, 사상적 전환을 이루었고 이를 바탕으로 「의산문답」을 저술하였다.
▶ 18세기 유학자들의 사상과 홍대용의 사상적 전환

홍대용의 사상적 전환을 잘 보여 주는 것은 「의산문답」에 실려 있는 ㉡지구설과 무한 우주설이다. 그는 하늘이 둥글고 땅이 모나다는 전통적인 천지관을 비판하고, 땅이 둥글다는 지구설을 주장하면서 그 근거로 일식과 월식을 이야기하였다. 일식과 월식이 둥글게 나타나는 것은 달과 우리가 사는 땅이 둥글기 때문이라는 것이다. 우리가 사는 땅은 둥글기 때문에 상하나 동서남북은 정해져 있지 않고, 개개인이 서 있는 곳이 각각 기준이 될 수 있다고 주장하였다. 또한 그는 하늘은 무한하여 형체를 알 수 없고 지구와 같은 땅이 몇 개가 되는지 알 수 없다는 무한 우주설을 주장하였다.
▶ 홍대용의 지구설과 무한 우주설

지구설과 무한 우주설은 세상의 중심과 그 주변을 구별하는 중화사상과 다른 생각이다. 홍대용은 하늘에서 우리가 사는 세상을 본다면 이 땅이 무한한 우주에 비해 티끌만큼도 안 되며, 안과 밖을 구별하거나 중심과 주변을 나눌 수 없다고 보았다. 따라서 중국 안과 밖을 구별할 수 없고 중화와 오랑캐라는 구별도 상대적이라고 생각했다. 이에 따라 중화와 오랑캐로 여겨졌던 국가가 모두 동등하며, 사람들이 각자 제 나라와 제 문화를 기준으로 살아가는 것이 당연하다고 생각하였다. 이러한 그의 생각은 모든 사람들이 중심이 될 수 있고 존재 가치가 있다는 생각으로 이어졌고, 이를 바탕으로 그는 당시 유교적 명분을 내세우며 특권을 누리려 했던 양반들을 비판하였다. 또한 재주와 학식이 있는 자는 신분이 낮은 농부의 자식이라도 높은 관직에 오를 수 있어야 한다고 주장하였다.
▶ 홍대용의 사상과 현실 비판

어떤 국가와 문화, 사람도 각자 중심이 될 수 있고 존재 가치가 있다고 생각한 홍대용의 사상은 평등주의와 다원주의를 우리 역사에서 선구적으로 보여 주었다는 점에서 의의가 있다.
▶ 홍대용 사상의 의의

중화사상의 개념을 이해하고, 이에 대한 조선 유학자들의 반응을 파악했는가?
조선 유학자들의 주류 사상이었던 중화사상의 개념을 설명하고, 조선의 유학자들이 청에 대해 배척했던 상황과 이러한 중화사상에서 벗어나지 못한 홍대용의 초기 사상을 소개함.

'지구설'과 '무한 우주설'을 바탕으로 홍대용의 사상을 이해했는가?
홍대용의 사상적 전환을 보여 주는 「의산문답」에 실린 지구설과 무한 우주설을 설명하고, 중화사상과 양반의 특권 의식을 비판한 홍대용의 주장을 제시함.

홍대용의 사상이 지닌 의의를 이해했는가?
평등주의와 다원주의를 보여 준 홍대용 사상의 역사적 의의를 제시함.

일방형구조

도입

전개　전개　전개

정리

해제 이 글은 북학파 실학자인 홍대용의 사상과 그 의의를 설명하고 있다. 중화사상을 수용한 17세기 조선의 유학자들은 청나라를 중화라고 생각하지 않아 배척하고 공격하였으며, 18세기에 이르러서는 조선이 중화의 계승자라는 인식이 보편화되었다. 홍대용의 「을병연행록」에는 이러한 내용이 반영되어 있으나, 홍대용은 청나라 여행을 계기로 사상적 전환을 이루었다. 「의산문답」에 실려 있는 지구설과 무한 우주설은 홍대용이 중화사상에서 벗어났음을 보여 주는 것으로, 국가와 문화, 사람도 각자 중심이 될 수 있고 존재 가치가 있다는 그의 사상을 잘 보여 준다.

주제 중화사상에서 벗어난 홍대용의 사상과 그 의의

기출읽기

0 ③　　**1** ②　　**2** ④　　**3** ④　　**4** ①

글쓴이의 작문 과정　❶ 중화사상　❷ 무한 우주설
주제　중화사상에서 벗어난 홍대용의 사상과 그 의의

0 글쓰기 계획 평가 ③

2문단 마지막 부분에서 홍대용이 선진 문물과 새로운 학문을 탐구한 결과, 사상적 전환을 이루었고 이를 바탕으로 「의산문답」을 저술했다고 하였다. 그리고 3문단에서는 「의산문답」에 실려 있는 지구설의 구체적인 내용을 제시하고 있는데, 그 내용은 '하늘이 둥글고 땅이 모나다는 전통적인 천지관을 비판하고, 땅이 둥글다는 지구설을 주장'했다는 것이다. 따라서 홍대용이 선진 문물과 새로운 학문을 탐구한 결과 깨달은 내용으로 '하늘이 둥글다'라고 제시하는 것은 적절하지 않은 계획이다.

오답풀이 ① 1문단에서 17세기 청나라가 중국 땅을 차지한 후, 조선에서는 청나라를 공격하자는 북벌론과 청나라를 배척하자는 척화론이 나타났다고 설명하고 있다.

② 2문단에서 '18세기에 청나라가 정치적 안정을 이루고 조선이 북벌을 통해 명나라를 회복하기 어렵게 되자, 조선의 유학자들 사이에서는 조선이 중화의 계승자라는 인식이 보편화되었다.'라고 하였다.

④ 3문단에서 「의산문답」에 실려 있는 지구설과 무한 우주설을 상세하게 설명하고 있다.

⑤ 2문단에서 '이때 청나라가 가진 발달된 문물을 도입하자는 북학파가 등장하였다.'라고 하며 북학파를 언급한 뒤, 그 대표적인 학자인 홍대용에 초점을 맞추어 설명하고 있다. 그리고 이어지는 3~5문단에서는 홍대용의 사상만 설명하고 있다. 만일 홍대용 이외의 북학파 학자의 사상을 소개했다면 글의 주제에서 벗어나게 되어 통일성을 해치게 되므로, 소개하지 않겠다는 계획이 반영된 것으로 볼 수 있다.

1 핵심 관점의 파악 ②

|보기|의 '갑'은 생물 중 오직 사람만이 귀하다면서, 유일한 존재 가치를 지닌 사람만을 중심으로 보고 나머지 존재를 주변으로 구분짓는 생각을 가지고 있다. 이는 중국 한족을 중심으로 두고 나머지 존재들을 주변으로 생각하는 중화사상과 유사하며, 송시열로 대표되는

17세기 조선의 유학자들의 관점과도 유사하다. 이런 점에서 '갑'이 동물보다 사람을 높게 평가한 것은 중화사상을 가진 유학자들의 생각과 대응된다고 판단할 수 있다. 그런데 '신분이 낮은 농부의 자식이라도 높은 관직에 오를 수 있어야 한다'는 생각은 4문단의 '재주와 학식이 있는 자는 신분이 낮은 농부의 자식이라도 높은 관직에 오를 수 있어야 한다.'라는 홍대용의 주장에 해당한다. 이는 중화사상에서 벗어나 모든 사람들이 중심이 될 수 있고 존재 가치가 있다는 것으로 갑의 말과는 다른 생각이므로, ②의 이해는 적절하지 않다.

오답풀이 ① 갑은 오로지 사람만이 귀하고 나머지 생물은 천하다는 인식을 보이는데, 이는 금수는 인류와 한 부류가 될 수 없다고 하며 오랑캐와 구별하여 중화를 더 귀하게 생각하는 송시열과 공통적이라고 볼 수 있다.

③ 을이 사람, 동물, 초목이 모두 각자의 예를 가지고 있다고 한 것은 서로 동등하여 각자 자기의 기준을 가지고 있다는 생각에 해당한다. 이는 중심과 주변을 구별할 수 없고 모든 국가가 동등하며 사람들이 각자 제 나라와 제 문화를 기준으로 살아가는 것이 당연하다고 본 홍대용의 생각과 연결된다.

④, ⑤ 을이 '사람의 관점을 기준으로 하면 사람이 귀하고 사물이 천하지만, 사물의 관점을 기준으로 하면 사물이 귀하고 사람이 천한 것입니다. 하늘에서 보면 사람과 사물은 똑같습니다.'라고 한 말은 귀하고 천함을 구별하는 것은 상대적이며 각자 가치가 있다는 의미이므로, 홍대용의 무한 우주설과 일맥상통한다. 4문단에서 홍대용은 안과 밖을 구별하거나 중심과 주변을 나눌 수 없으며, 모든 존재는 동등하다고 보았으므로, 모든 사람들이 중심이 될 수 있고 존재 가치가 있다고 생각했음을 알 수 있다.

2 정보 간 관계 파악 ④

2문단에서 홍대용이 처음에는 당시의 다른 유학자들과 마찬가지로 조선이 중화의 계승자라는 인식을 가지고 있었으며 ㉠ '중화사상'에서 벗어나지 못했다고 하였다. 하지만, 청나라 여행을 계기로 사상적 전환을 이루었는데, 3문단에서 그의 사상적 전환을 잘 보여 주는 것이 「의산문답」에 실려 있는 ㉡ '지구설'과 무한 우주설이라고 설명했다. 따라서 ㉡은 홍대용이 ㉠에서 벗어나 사상적 전환을 보여 주는 학설이라고 판단할 수 있다.

오답풀이 ① ㉠은 홍대용이 ㉡을 주장하기 훨씬 전부터 조선의 중심 사상으로 자리 잡고 있었다.

② ㉠은 청이 오랑캐라 여기는 생각의 근거가 되었지만, ㉡은 중화인 명(또는 조선)과 오랑캐라고 여겨졌던 청이 모두 동등하다는 생각의 근거가 되었다.

③ 1문단에서 인용한 송시열의 주장은 중화사상에 입각한 것으로, 이는 청나라를 공격하자는 북벌론과 청나라를 배척하는 척화론으로 이어졌다고 하였다. 따라서 북벌론과 척화론의 바탕이 된 것은 ㉠일 뿐, ㉡과는 관련이 없다.

⑤ 조선의 유학자들이 ㉠을 가지고 있었던 것은 맞지만, 홍대용이 ㉠을 ㉡으로 발전시킨 것이 아니라, ㉠을 부정하고 사상적 전환을 이루어 ㉡을 창안한 것이다.

3 구체적 사례에 적용   ④

|보기|의 (가)는 「을병연행록」의 일부로, 이 글의 2문단을 참고할 때 홍대용이 여전히 조선이 중화의 계승자라는 인식과 중화사상에서 벗어나지 못했음을 보여 주고 있다. 이에 비해 (나)는 「의산문답」의 일부로, 3~4문단을 참고할 때 모든 사람과 국가가 동등하며, 중국의 안과 밖을 구별할 수 없다는 홍대용의 생각이 반영되어 있다. (나)에서 홍대용이 공자의 『춘추』를 언급한 까닭은, 공자가 단지 주나라 사람이었기 때문에 주나라를 기준으로 주나라의 안과 밖을 구별했을 뿐 주나라 밖에 살았다면 주나라 밖을 기준으로 삼았을 것이라며 안과 밖을 구별하거나 중심과 주변을 나눌 수 없다고 보는 홍대용의 생각을 드러내기 위해서이다. 그런데 ④는 이와 반대로 서술하여 홍대용이 중국의 안과 밖을 구별한다고 했으므로 적절하지 않다.

오답풀이 ①, ③ 2문단에서 '홍대용은 청나라의 발달된 문물은 오랑캐인 청나라가 만든 것이 아니라, 청나라가 중국 땅을 차지하며 가지게 된 한족의 문물로 보았다. 이러한 생각은 청나라와 청나라의 문물을 구별한 것'으로 홍대용은 중화사상에서 벗어나지 못한 모습을 보였다고 하였다. 그리고 이러한 생각은 「을병연행록」에서 발견된다고 하였다. 따라서 (가)에서 '청나라를 오랑캐'라고 한 것이나 '변화한 문물을 오랑캐에게 맡겼다고 한 것'은 중화사상을 가지고 있던 홍대용이 청나라와 청나라의 문물을 구별했음을 보여 주는 것이라 할 수 있다.

② 2문단에서 「을병연행록」을 통해 홍대용이 아직도 조선이 중화의 계승자라는 인식에서 벗어나지 못했음을 알 수 있다고 설명했다. 따라서 (가)에서 홍대용이 조선만이 명나라의 제도를 지킨다고 말한 것에는 조선이 중화의 계승자라는 생각이 담겨 있다.

⑤ (나)의 '공자가 주나라 밖에 살았다면 그곳에서 도를 일으켰을 것'이라는 말은 주나라가 아닌 곳에서도 공자가 도를 일으킬 수 있다는 의미이다. 이는 중국의 안과 밖을 구별할 수 없고 중화와 오랑캐라는 구별도 상대적이라는 홍대용의 생각을 보여 준다.

⚠ 출제자의 의도읽기 – |보기|의 자료와 관련된 지문의 내용을 파악하는 것이 중요하다.

|보기|에 자료가 제시되는 경우, 그 자료는 지문에 설명된 내용과 밀접한 관련이 있다. |보기|에 제시된 「을병연행록」과 「의산문답」은 이미 지문에서 언급한 자료로, 지문을 통해 두 책에 반영된 홍대용의 사상이 서로 다름을 확인할 수 있다.

그렇기 때문에 이 문제 풀이에 중요한 열쇠가 되는 것은 |보기|에 제시된 책의 구체적인 내용이라기보다는 두 책에 대한 지문의 설명이다. 즉 지문에 제시된 「을병연행록」은 중화사상이 반영된 것, 「의산문답」은 중화사상에서 벗어난 것이라는 점을 구분해 파악하는 것이 우선되어야 한다.

4 어휘의 문맥적 의미 파악   ①

ⓐ의 '세우다'는 '나라나 기관 따위를 처음으로 생기게 하다.'라는 의미이다. ①의 '회사'는 기관에 해당하며 처음 만들었다는 의미이므로, ⓐ의 의미와 가장 유사하다.

오답풀이 ② '질서나 체계, 규율 따위를 올바르게 하거나 짜다.'라는 의미이다.

③ '계획, 방안 따위를 정하거나 짜다.'라는 의미이다.

④ '처져 있던 것을 똑바로 위로 향하여 곧게 하다.'라는 의미이다.

⑤ '무딘 것을 날카롭게 하다.'라는 의미이다.

역사서의 시간 기록법, 칭원법 2011학년도 3월 고2 학력평가

도입
칭원법의 개념과 유형 소개

예시
삼국 시대 역사서에 사용된 칭원법의 사례 제시

분류
훙년칭원법의 문제를 보완한 칭원법 설명

예시
고려 시대와 조선 시대 역사서에 사용된 칭원법의 사례 제시

왕조 시대에 있어서 역대 왕들의 원년을 기산(起算)하는 방법을 칭원법(稱元法) 혹은 기년법(紀年法)이라 한다. 여기에는 즉위(卽位)칭원법과 ⊙유년(踰年)칭원법이 있다. 즉, 왕이 죽고 다음 임금이 이어받을 때 한 해가 다 간 12월 31일이면 문제가 전혀 생길 이유가 없다. 그러나 대개의 경우 그렇지 못하니 골치 아픈 일이 벌어지는 것이다. 즉, 즉위하는 임금의 해로 보느냐, 아니면 전왕의 해로 보느냐 하는 문제인 것이다. 전왕의 해로 인정할 경우, 승계하는 이듬해 1월부터 원년이 된다. 그러나 즉위하는 임금의 해로 볼 경우, 즉위하는 그 해를 바로 원년으로 표기해야 한다. 이러한 연대 표기 방법을 기년법이라 하는데, 위에서 말한 바와 같이 대체로 두 가지 방법이 동원된 것이다.
▶ 원년 기산 방법과 칭원법의 두 종류

『삼국사기』 권1 남해차차웅 조에 보면, "임금이 즉위하여 해를 넘겨서 원년이라 칭하는 것은 그 법이 『춘추』에 상세한 것으로, 이는 선왕이 고치지 못할 법전이라."라고 했다. 따라서 유년칭원법이 동양 역사에 있어서 전형적인 방법이었음을 알 수 있다. 그런데 실제『삼국사기』의 연표는 즉위 초년을 원년으로 하여 죽은 해까지를 재위 기간으로 하고 있다. 이를 훙년(薨年)칭원법이라 하기도 한다. 또한 『삼국유사』에는 즉위년 초년을 원년으로 하여 죽은 해 전년까지를 재위 기간으로 하는 방법을 쓰고 있다.
▶ 『삼국사기』와 『삼국유사』에 사용된 칭원법 – 즉위칭원법

훙년칭원법은 전왕의 말년과 신왕의 원년이 중복되는 불편이 있어, 일자를 정하여 전왕이 죽은 달 내에 신왕의 원년을 정하는 훙월칭원법과, 달로 구분하여 전왕이 죽은 다음 달부터 신왕의 원년으로 치는 유월칭원법으로 나누기도 한다. 삼국 시대에는 보통 죽은 다음 달부터 신왕의 원년으로 하는 유월칭원을 했다. 따라서 훙월칭원이나 유월칭원 모두 크게 보면 즉위칭원의 한 방법이라 할 수 있겠다.
▶ 훙년칭원법의 종류와 기산 방법

고려 시대에도 실제로 사용하던 기년법은 임금이 즉위한 해를 원년으로 하는 즉위칭원법이었다. 이는 현존하는 고려 시대 금석문이나 기타 기록물에 의해 알 수 있다. 그러나 조선 초기 『고려사』가 편찬되면서 즉위한 다음 해를 원년으로 하는 유년칭원법으로 편찬했다. 또 조선 초기에 편찬된『동국통감』이나 후기에 편찬된『동사강목』 등도 유년칭원법을 사용하여 연대를 계산했던 것이다. 이것은 성리학적 대의명분을 앞세워 전왕의 해로 인정했기 때문이다.
▶ 고려 시대와 조선 시대 역사서의 칭원법

칭원법의 의미와 종류를 파악했는가?
왕들의 원년을 기산하는 방법인 칭원법의 개념을 제시하고 그 종류로 즉위칭원법과 유년칭원법을 소개함.

삼국 시대 역사서에 사용된 칭원법이 무엇인지 파악했는가?
유년칭원법이 전형적인 동양의 칭원법이었지만, 실제 『삼국사기』와 『삼국유사』에는 즉위칭원법이 사용되었음을 언급하고 훙년칭원법의 문제를 보완하는 두 가지 기산 방법을 제시함.

칭원법이 시대별로 어떻게 변화되었는지 파악했는가?
고려 시대에는 즉위칭원법이 사용되었으나, 조선 시대에 성리학적 대의명분을 이유로 유년칭원법으로 변화되었음을 설명함.

집중형 구조

	도입	
예시	분류	예시

해제 이 글은 역사서에서 왕들의 원년을 기록하는 방법인 칭원법(기년법)의 개념과 그 유형을 상세하게 설명하고 있다. 역대 왕들의 원년을 기산하는 방법인 칭원법에는 즉위칭원법과 유년칭원법이 있다. 동양의 역사 기록에서는 유년칭원법이 전형적인 방법이었지만, 우리나라에서는 왕이 즉위한 해를 원년으로 삼는 즉위칭원법이 사용되었으며, 그 방법 중 하나로 왕이 즉위한 해부터 죽은 해까지를 재위 기간으로 하는 훙년칭원법이 있다. 훙년칭원법은 훙월칭원법과 유월칭원법으로 다시 나뉘는데, 삼국 시대에는 즉위칭원법의 하나인 유월칭원법을, 고려 시대에는 즉위칭원법을, 조선 시대에는 성리학적 대의명분을 앞세워 유년칭원법을 사용하여 연대를 계산하였다.

주제 칭원법의 개념과 종류 및 시대별 칭원법

0 글쓰기 계획 점검   ③

이 글에서는 우리나라에서 사용되었던 기년법인 즉위칭원법과 유년칭원법을 설명하면서, 동양 역사에서는 유년칭원법이 전형적인 방법이었음을 언급하고 있다. 이처럼 동양과 우리나라에서의 기년법에 대해서는 설명하였으나, 서양의 기년법은 언급하지 않았다.

오답풀이 ① 1문단에서는 칭원법의 개념을, 2문단에서는 흥년칭원법의 개념을, 3문단에서는 흥월칭원법과 유월칭원법의 개념을 풀이하여 제시하고 있다.
② 3문단에서 흥년칭원법의 문제점(원인)을 제시하고, 이를 해결하기 위해 흥월칭원법과 유월칭원법이 나오게 된 결과를 제시하는 인과의 방식으로 내용을 전개하고 있다. 또한 4문단에서도 조선에서 유년칭원법을 사용하는데(결과), 이는 성리학적 대의명분을 앞세워 전왕의 해를 인정했기 때문(원인)이라며 인과의 방식을 사용하고 있다.
④ 『삼국사기』, 『삼국유사』, 『고려사』, 『동국통감』, 『동사강목』 등 역사서에 사용된 기년법을 사례로 제시하고 있다.
⑤ 중심 화제인 칭원법을 하위 개념들인 즉위칭원법과 유년칭원법으로 나누어 제시하고, 즉위칭원법의 하나인 흥년칭원법도 하위 개념인 흥월칭원법과 유월칭원법으로 나누어 제시하고 있다.

1 이유의 추론   ②

4문단에 따르면 조선 초기에 편찬된 역사서인 『고려사』와 『동국통감』에서는, 고려 시대와 달리 ㉠을 사용했는데, 그 이유는 성리학적 대의명분을 앞세워 전왕의 해로 인정했기 때문이라고 설명했다. 여기서 성리학적 대의명분이란 유교적 사상의 핵심 가치인 효와 충이라고 할 수 있다. 따라서 성리학을 국가 통치의 이념으로 삼은 조선은 건국 이후 역사서를 편찬하면서 이러한 유교적 사상이 반영되어 선왕에 대한 도리를 다하기 위해 ㉠을 사용한 것으로 볼 수 있다.

오답풀이 ① 역사 기록을 쉽고 편하게 하기 위해 ㉠을 사용한 것은 아니다.
③ 왕이 실제로 즉위한 해를 중요하게 여긴다면 ㉠이 아니라, 즉위한 해를 원년으로 삼는 즉위칭원법을 사용해야 한다.
④ 전왕과 신왕의 재위 기간이 중복되는 불편함 때문에 사용한 것은 ㉠이 아니라 흥월칭원법이나 유월칭원법이며, 이는 모두 즉위칭원법에 해당한다.
⑤ ㉠은 즉위년도가 아닌 전왕이 죽고 난 다음 해를 원년으로 삼으므로, 즉위부터 시작되는 재위 기간의 일부가 계산에서 빠지게 된다. 따라서 재위 기간의 정확한 계산이 필요하다면 ㉠이 아닌 즉위칭원법을 사용해야 한다.

2 핵심 내용 파악   ⑤

3문단에서 ©는 일자를 정하여 전왕이 죽은 달 내에 신왕의 원년을 정하고, ⓓ는 달로 구분하여 전왕이 죽은 다음 달부터 신왕의 원년으로 정한다고 설명했다. 따라서 전왕이 죽은 다음 달이 신왕의 원년이 되는 것은 ©가 아니라 ⓓ이다.

오답풀이 ① 1문단의 내용과 4문단의 '임금이 즉위한 해를 원년으로 하는 즉위칭원법'이라는 부분에서 ⓐ는 즉위하는 그 해를 원년으로 삼는다는 것을 알 수 있다. 그런데 2문단에서 『삼국유사』에는 즉위년 초년을 원년으로 한다고 하였으므로, ⓐ가 적용된 것이다.
② ⓐ는 선왕이 죽고 신왕이 즉위하는 그 해를 원년으로 삼고, ⓑ는 선왕이 죽은 그 다음 해를 신왕의 즉위 원년으로 삼는다. 따라서 ⓐ와 ⓑ는 즉위 원년 시점이 언제이냐에 따라 구분되는 것이다.
③ 2문단에서 유년칭원법(ⓑ)이 동양 역사에 있어서 전형적인 방법이라고 설명했다.
④ 3문단에서 ©는 전왕이 죽은 달 내에 신왕의 원년을 정하고, ⓓ는 전왕이 죽은 다음 달부터 신왕의 원년으로 정한다고 설명했다. 즉, ©와 ⓓ는 전왕이 죽은 달을 기준으로 구분되는 것이다.

3 구체적 사례에 적용   ⑤

3문단에서 흥월칭원(©)이나 유월칭원(ⓓ) 모두 크게 보면 즉위칭원(ⓐ)의 한 방법이라고 설명하였다. 따라서 달이 아니라 연을 기준으로 작성한 연표에서 즉위년도를 파악할 때 ⓓ에 따르는 것은 곧 ⓐ를 적용하는 것이다. ⓐ는 신왕이 즉위한 해를 원년으로 삼으므로, A.D. 28년에 즉위한 다루왕의 즉위 원년은 서기 28년이 된다.

오답풀이 ① ⓐ에 따르면, 즉위한 해가 원년이 되므로 유리왕의 즉위 원년은 기원전 20년이 아니라 기원전 19년이다.
② ⓐ에 따르면, 즉위한 해가 원년이 되므로 온조왕의 즉위 원년은 기원전 17년이 아니라 기원전 18년이다.
③ ⓑ에 따르면, 승계하는 이듬해, 즉 즉위한 다음 해가 원년이 되므로 대무신왕의 즉위 원년은 서기 18년이 아니라 서기 19년이다.
④ ©에 따르는 것은 ⓐ에 따르는 것과 같으므로, 유리이사금의 즉위 원년은 서기 25년이 아니라 서기 24년이다.

4 어휘의 문맥적 의미 파악   ①

'전왕이 죽은 다음 달부터 신왕의 원년으로 치는 유월칭원법'이라는 맥락을 고려해 보면, ㉡의 '치다'는 '어떠한 상태라고 인정하거나 사실인 듯 받아들이다.'라는 의미이다. 이와 가장 비슷한 의미로 사용된 것은 ①이다. ①에서 '치고'는 실전이라는 것을 사실인 듯 받아들이다라는 맥락에서 사용되고 있다.

오답풀이 ② '날개나 꼬리 따위를 세차게 흔들다.'라는 의미이다.
③ '시험을 보다.'라는 의미이다.
④ '손이나 손에 든 물건이 세게 닿거나 부딪게 하다.'라는 의미이다.
⑤ '손이나 물건 따위를 부딪쳐 소리 나게 하다.'라는 의미이다.

3 영화와 역사의 관계 2020학년도 9월 고3 모의평가

어떻게 읽을까!

어떻게 썼을까?

도입
역사 연구에서 사료 발굴을 위한 노력 언급

과거는 지나가 버렸기 때문에 역사가가 과거의 사실과 직접 만나는 것은 불가능하다. 역사가는 사료를 매개로 과거와 만난다. 사료는 과거를 그대로 재현하는 것은 아니기 때문에
_{역사 연구에서 사료의 역할}
불완전하다. 사료의 불완전성은 역사 연구의 범위를 제한하지만, 그 불완전성 때문에 역사
_{사료의 불완전성으로 인한 한계}
학이 학문이 될 수 있으며 역사는 끝없이 다시 서술된다. 매개를 거치지 않은 채 손실되지
_{사료의 불완전성으로 인한 장점}
않은 과거와 만날 수 있다면 역사학이 설 자리가 없을 것이다. 역사학은 전통적으로 문헌 사
_{역사학의 사료 ①}
료를 주로 활용해 왔다. 그러나 유물, 그림, 구전 등 과거가 남긴 흔적은 모두 사료로 활용
_{역사학의 사료 ②}
될 수 있다. 역사가들은 새로운 사료를 발굴하기 위해 노력한다. 알려지지 않았던 사료를
찾아내기도 하지만, 중요하지 않게 여겨졌던 자료를 새롭게 사료로 활용하거나 기존의 사료
를 새로운 방향에서 파악하기도 한다. 평범한 사람들의 삶의 모습을 중점적인 주제로 다루
_{미시사에서 다루는 주제}
었던 미시사 연구에서 재판 기록, 일기, 편지, 탄원서, 설화집 등의 이른바 '서사적' 자료에
_{미시사에서 주로 활용하는 사료}
주목한 것도 사료 발굴을 위한 노력의 결과이다. ▶ 역사가들의 새로운 사료 발굴 노력

역사학에서 사료 발굴이 갖는 의미를 이해했는가?
역사가가 과거와 만나는 매개로써 사료의 역할을 설명하고, 새로운 사료 발굴의 필요성과 역사가들의 다양한 노력을 설명함.

전개
새로운 사료 유형으로서 영화 제시

시각 매체의 확장은 사료의 유형을 더욱 다양하게 했다. 이에 따라 역사학에서 영화를 통
_{새로운 사료의 유형 등장}
한 역사 서술에 대한 관심이 일고, 영화를 사료로 파악하는 경향도 나타났다. 역사가들이
_{영화가 새로운 유형의 사료이자 역사 서술 형태가 됨.}
주로 사용하는 문헌 사료의 언어는 대개 지시 대상과 물리적·논리적 연관이 없는 추상화된
상징적 기호이다. 반면 영화는 카메라 앞에 놓인 물리적 현실을 이미지화하기 때문에 그 자
체로 물질성을 띤다. 즉, 영화의 이미지는 닮은꼴로 사물을 지시하는 도상적 기호가 된다.
_{영화의 물질성}   _{영화의 이미지가 지닌 특성 ①}
광학적 메커니즘에 따라 피사체로부터 비롯된 영화의 이미지는 그 피사체가 있었음을 지시
하는 지표적 기호이기도 하다. 예를 들어 다큐멘터리 영화는 피사체와 밀접한 연관성을 갖
_{영화의 이미지가 지닌 특성 ②}
기 때문에 피사체의 진정성에 대한 믿음을 고양하여 언어적 서술에 비해 호소력 있는 서술
로 비춰지게 된다.
_{문헌 사료의 서술}   ▶ 사료로서의 영화와 영화 이미지의 특징

역사 연구에서 영화를 사료로 파악하는 이유를 파악했는가?
역사학에서 영화를 사료로 파악하는 경향이 있음을 언급하고, 영화 이미지와 문헌 사료의 언어를 대조함.

전개
영화와 역사의 관계 설명

그렇다면 영화는 역사와 어떻게 관계를 맺고 있을까? 역사에 대한 영화적 독해와 영화에
_{문답 형식으로 내용 전환 – 영화와 역사의 관계}
대한 역사적 독해는 영화와 역사의 관계에 대한 두 축을 이룬다. 역사에 대한 영화적 독해
는 영화라는 매체로 역사를 해석하고 평가하는 작업과 연관된다. 영화인은 자기 나름의 시
_{'역사에 대한 영화적 독해'의 의미}
선을 서사와 표현 기법으로 녹여내어 역사를 비평할 수 있다. 역사를 소재로 한 역사 영화는
_{역사에 대한 영화적 독해의 방식 ①}
역사적 고증에 충실한 개연적 역사 서술 방식을 취할 수 있다. 혹은 역사적 사실을 자원으로
삼되 상상력에 의존하여 가공의 인물과 사건을 덧대는 상상적 역사 서술 방식을 취할 수도
_{역사에 대한 영화적 독해의 방식 ②}
있다. 그러나 비단 역사 영화만이 역사를 재현하는 것은 아니다. 모든 영화는 명시적이거나
우회적인 방법으로 역사를 증언한다. 영화에 대한 역사적 독해는 영화에 담겨 있는 역사적
흔적과 맥락을 검토하는 것과 연관된다. 역사가는 영화 속에 나타난 풍속, 생활상 등을 통
_{'영화에 대한 역사적 독해'의 의미}
해 역사의 외연을 확장할 수 있다. 나아가 제작 당시 대중이 공유하던 욕망, 강박, 믿음, 좌
_{영화에 대한 역사적 독해의 방법 ①}
절 등의 집단적 무의식과 더불어 이상, 지배적 이데올로기 같은 미처 파악하지 못했던 가려
진 역사를 끌어내기도 한다.
_{영화에 대한 역사적 독해의 방법 ②}   ▶ 영화와 역사의 관계에 대한 두 축

영화와 역사의 관계에 대한 두 축의 차이를 파악했는가?
역사에 대한 영화적 독해와 영화에 대한 역사적 독해를 제시하고 각각의 특징을 설명함.

전개
영화의 사료 활용에 대한 견해 대립

영화는 주로 허구를 다루기 때문에 역사 서술과는 거리가 있다고 보는 사람도 있다. 왜냐
_{영화를 사료로 활용할 수 있다는 입장에 대한 반론}
하면 역사가들은 일차적으로 사실을 기록한 자료에 기반해서 연구를 펼치기 때문이다. 또한
역사가는 ㉠자료에 기록된 사실이 허구일지도 모른다는 의심을 버리지 않고 이를 확인하고
_{역사 : 사실 ↔ 영화 : 허구}
자 한다. 그러나 문헌 기록을 바탕으로 하는 역사 서술에서도 허구가 배격되어야 할 대상만
_{「 」: 영화를 역사 사료로 활용할 수 있다는 입장 – 반론에 대한 반박}
은 아니다. 역사가는 ㉰허구의 이야기 속에서 그 안에 반영된 당시 시대적 상황을 발견하여
사료로 삼으려고 노력하기도 한다. 지어낸 이야기는 실제 있었던 사건에 대한 기록이 아니
지만 사고방식과 언어, 물질문화, 풍속 등 다양한 측면을 반영하며, 작가의 의도와 상관없
_{허구의 이야기인 영화 속에도 사실(당시의 현실, 시대 상황 등)이 반영됨.}
이 혹은 작가의 의도 이상으로 동시대의 현실을 전달해 주기도 한다. 어떤 역사가들은 허구
의 이야기에 반영된 사실을 확인하는 것에서 더 나아가 ㉲사료에 직접적으로 나타나지 않
은 과거를 재현하기 위해 허구의 이야기를 활용하여 사료에 기반한 역사적 서술을 보완하기

정리
사료로서 영화가 지닌 가치 강조

도 한다. 역사가가 허구를 활용하는 것은 실제로 존재했던 과거에 접근하고자 하는 고민의 결과이다.

▶ 영화가 사료로 활용될 수 있는 근거

[A]
　　영화는 허구적 이야기에 역사적 사실을 담아냄으로써 새로운 사료의 원천이 될 뿐

새로운 유형의 사료로서 영화가 지닌 의의

아니라, 대안적 역사 서술의 가능성까지 지니고 있다. 영화는 공식 제도가 배제했던 역사를 사회에 되돌려 주는 '아래로부터의 역사'의 형성에 기여한다. 평범한 사람들의 회고나 증언, 구전 등의 비공식적 사료를 토대로 영화를 만드는 작업은 빈번하게 이루어지고 있다. 그리하여 영화는 하층 계급, 피정복 민족처럼 역사 속에서 주변화된 집단의 묻혀 있던 목소리를 표현해 낸다. 이렇듯 영화는 공식 역사의 대척점에서 활동하면서

역사 서술의 주체로서 영화가 지닌 의의

역사적 의식 형성에 참여한다는 점에서 역사 서술의 한 주체가 된다.

▶ 역사 연구에서 사료로서 영화가 지닌 의의

사료로서의 영화의 의의를 이해했는가?
영화가 새로운 사료의 원천이자 대안적 역사 서술의 가능성을 지니고, 역사 서술의 주체가 된다며 그 의의를 설명함.

집중형 구조

해제 이 글은 시각 매체인 영화가 역사 연구에서 사료로 활용될 수 있다는 주장을 펼치고 있다. 역사가는 사료를 매개로 과거와 만나는데, 전통적으로는 문헌 사료가 주로 활용되었다. 그런데 문헌 사료의 언어가 추상화된 상징적 기호라면 영화의 이미지는 도상적 기호이면서 지표적 기호이기도 하여 호소력 있는 서술로 비추어진다. 이러한 맥락에서 영화와 역사의 관계를 보면 역사에 대한 영화적 독해와 영화에 대한 역사적 독해가 두 축을 이루고 있다. 주로 허구를 다루는 영화가 역사 서술과는 거리가 있다고 보는 사람들도 있지만, 영화에는 당시의 현실이나 시대 상황과 같은 사실이 반영되어 있다. 그리고 이로 인해 영화는 역사적 서술을 보완해 줄 수 있어 새로운 사료의 원천이 되며 대안적 역사 서술의 가능성까지 지니고 있다.

주제 역사적 사료로서 영화의 특성과 가능성

기출읽기 3

0 ④　　1 ③　　2 ①　　3 ⑤　　4 ②

글쓴이의 작문 과정 ❶ 영화 ❷ 대조
주제 역사적 사료로서 영화의 특성과 가능성

0 내용 전개 방식 파악 　　　　④

1문단에서 역사가들이 새로운 사료를 발굴하기 위해 다양한 노력을 한다고 언급하면서, 2문단에서 새로운 사료의 유형으로 영화를 제시하고 있다. 그리고 3문단에서 영화가 역사의 외연을 확장할 수 있다는 점과 가려진 역사를 끌어내기도 한다는 점, 4문단에서 영화가 당시의 시대적 상황을 발견할 수 있다는 점과 실제로 존재했던 과거에 접근할 수 있다는 점, 5문단에서 영화가 주변화된 집단의 묻혀 있는 목소리를 표현해 낸다는 점 등을 들어 영화가 지닌 사료로서의 특성을 밝히고 있다. 그리고 5문단에서 영화가 새로운 사료의 원천이 될 뿐 아니라, 대안적 역사 서술의 가능성까지 지니고 있다며 영화가 지닌 가능성을 제시하고 있다.

오답풀이 ① 이 글에서 영화가 허구, 역사가 사실이라는 차이점을 언급하고 있기는 하지만, 역사의 개념이나 영화와 역사 간의 공통점 등은 제시하지 않았다.
② 이 글에 사료로서 영화가 지닌 의의는 나타나 있지만, 영화의 변천 과정을 설명하고 있지는 않다.
③ 이 글에는 역사에 대한 서로 다른 견해가 나타나지 않는다.

⑤ 이 글에서는 영화가 역사 서술의 대안이 될 수 있는지에 대해 평가하고 있지만, 영화의 유형별 장단점을 분석하고 있지는 않다.

1 세부 내용 파악 　　　　③

1문단에서 역사가들은 새로운 사료를 발굴하기 위해 노력한다고 언급하면서, 그 노력으로 알려지지 않았던 사료를 찾아내거나, 중요하지 않게 여겨졌던 자료를 새롭게 사료로 활용하고, 기존의 사료를 새로운 방향에서 파악하기도 한다고 구체적으로 설명하였다. 따라서 ③이 정답이 된다.

오답풀이 ① 1문단에서 일기, 편지와 같은 개인적인 기록도 사료로 활용된다는 것을 알 수 있다.
② 1문단에서 역사가는 사료를 매개로 과거와 만나며 역사학은 전통적으로 문헌 사료를 주로 활용했다고 하였다. 이로 볼 때, 문헌 사료가 곧 과거의 사실을 만날 수 있게 하는 매개에 해당한다는 것을 알 수 있다.
④ 2문단에서 문헌 사료의 언어는 지시 대상과 물리적·논리적 연관이 없는 추상화된 상징적 기호인 반면, 영화의 이미지는 그 피사체가 있었음을 지시하는 지표적 기호라고 설명하였다. 따라서 문헌 사료의 언어보다 다큐멘터리 영화의 이미지가 지시 대상에 대한 지표성이 더 강하다고 볼 수 있다.
⑤ 2문단에서 문헌 사료의 언어가 상징적 기호이고 영화의 이미지는 닮은꼴로 사물을 지시하는 도상적 기호라고 하였다.

2 구체적 사례에 적용 ①

㉮는 허구의 이야기에 반영된 시대적 상황을 발견한다는 의미이고, ㉯는 사료에 없는 내용은 허구의 이야기를 활용해 역사 서술을 보완한다는 의미이다. ㄱ의 경우, 허구의 이야기인 판소리에서 당대의 음식 문화의 실상이라는 시대적 상황을 확인하려 하므로, ㉮의 사례에 해당한다. ㄷ의 경우, 허구의 이야기인 명나라 때 유행한 소설들에서 상업 활동과 관련된 공통 요소를 분석하여 상거래 관행을 연구했다. 이는 허구의 이야기에서 당대의 시대적 상황을 발견하여 사료로 삼으려는 노력에 해당하므로, ㉮의 사례에 해당한다. ㄹ의 경우, 역사서를 쓰면서 17세기 설화집에 사용된 문장을 차용하고 있는데, 이는 역사가의 역사 서술에서 허구의 이야기를 활용하고 있으므로, ㉯의 사례에 해당한다.

오답풀이 ㄴ의 경우, 경전의 일부에 사용된 어휘를 분석하는 연구에 해당하는데, 어휘를 중심으로 하는 역사 연구는 ㉮, ㉯ 모두 해당하지 않는다.

3 비판의 적절성 판단 ⑤

[A]에서는 허구적 이야기인 영화가 역사적 사실을 담아냄으로써 새로운 사료의 원천이 되고 대안적 역사 서술의 가능성을 지니게 되었다고 하면서 평범만 사람들의 회고나 증언, 구전 등의 비공식적 사료를 토대로 영화를 만드는 작업이 빈번하게 이루어지고 있다고 하였다. 그런데 ㉠의 관점은 사료로 활용될 수 있는 모든 자료가 사실인지 허구인지 철저하게 확인해야 한다는 것이다. 따라서 ㉠의 관점을 가진 역사가가 평범한 사람들의 회고나 증언, 구전 등의 비공식적 사료를 토대로 만든 영화를 사료로 활용하려 한다면, 그 비공식적 사료가 사실인지 허구인지를 확인해야 한다고 생각할 것이다. 그러므로 기억이나 구술 증언에 대해 진위 여부의 검증 필요성을 강조한 ⑤가 [A]에 대한 비판의 내용으로 가장 적절하다.

오답풀이 ① ㉠은 사실이라고 생각했던 것도 허구일 수 있다고 의심하는 것이므로, 허구의 이야기인 영화가 사실 정보를 담고 있다고 보는 것은 ㉠의 관점에 해당하지 않는다.
② ㉠은 사실을 중시하므로, 허구를 포함하는 서사적 자료에 주목하지 않을 것이다.
③ ㉠은 사료에 담긴 사실의 진위 여부에 관심을 갖는 관점을 설명한 것으로, 사료가 어떻게 활용되는지와는 관련이 없다.
④ ㉠은 사실을 중시하므로, 영화에 반영된 주변화된 집단의 목소리가 사실인지 여부에 관심을 두어 비판할 뿐, 주관에 매몰된 역사 서술이라는 것을 문제 삼아 [A]를 비판하지는 않을 것이다.

4 구체적 사례에 적용 ②

|보기|에서 설명한 영화 「마르탱 게르의 귀향」은 16세기 중엽 프랑스 농촌 사람들 간의 사건에 대한 재판 기록을 토대로 제작된 영화로, 역사에 대한 영화적 독해를 거친 결과로 탄생했으며, 이 영화는

개연적 역사 서술 방식을 취하고 있다고 할 수 있다. 그리고 이 영화를 바탕으로 허구적 사건과 인물로 재구성한 영화 「서머스비」 역시 역사에 대한 영화적 독해를 거쳐 제작되었으며, 이 영화는 상상적 역사 서술 방식을 취하고 있다. 그런데 3문단에서 '영화에 대한 역사적 독해'를 통해 제작 당시 대중이 공유하던 욕망, 강박, 믿음, 좌절 등의 집단적 무의식과 같은 미처 파악하지 못했던 가려진 역사를 끌어내기도 한다고 설명했다. 따라서 역사가는 제작 당시의 대중들의 욕망, 즉 집단적 무의식을 반영한 영화 「서머스비」에 대해서 역사적 독해를 시도할 수 있다고 할 수 있다. 그런데 ②에서는 이를 시도하기 어렵다고 이해했으므로 적절하지 않다.

오답풀이 ① 3문단에서 영화에는 제작 당시 대중이 공유하던 욕망, 강박, 믿음, 좌절 등의 집단적 무의식이 반영되기도 한다고 하였다. 따라서 영화 「서머스비」에 반영된, 미국 근대사를 긍정적으로 평가하려는 대중의 욕망은, 영화 제작 당시인 1993년 미국 대중이 공유하던 욕망, 즉 집단적 무의식이 반영된 것이다.
③ 3문단에서 역사에 대한 영화적 독해는 영화라는 매체로 역사를 해석하고 평가하는 작업으로, 영화인은 자기 나름의 시선을 서사와 표현 기법에 녹여 내어 역사를 비평할 수 있다고 하였다. |보기|에서 실제 사건의 재판 기록을 토대로 제작된 영화 「마르탱 게르의 귀향」은 '역사에 대한 영화적 독해'를 한 결과에 해당하므로, 역사에 대한 영화인 나름의 시선이 표현 기법으로 나타났을 것으로 볼 수 있다.
④ 3문단에서 '역사를 소재로 한 역사 영화는 역사적 고증에 충실한 개연적 역사 서술 방식을 취할 수 있다.'라고 하였다. |보기|에 제시된 영화 「마르탱 게르의 귀향」은 16세기 중엽에 일어난 사건의 재판 기록을 토대로 당시 사건의 정황과 생활상을 고증하여 있는 그대로 복원해 만든 역사 영화이므로, '개연적 역사 서술 방식'을 취했다고 할 수 있다.
⑤ 역사서 『마르탱 게르의 귀향』은 재판 기록을 포함한 다양한 문서들을 근거로 영화 「마르탱 게르의 귀향」을 고증한 결과를 담고 있다. 1문단에서 평범한 사람들의 삶의 모습을 중점적인 주제로 다루었던 미시사 연구에서 재판 기록 등의 서사적 자료에 주목한다고 설명했으므로, 역사서 『마르탱 게르의 귀향』은 미시사 연구의 방식을 취했을 것으로 볼 수 있다.

기 출 읽 기

미술사로 보는 조각 예술의 풍경 2018학년도 3월 고2 학력평가

도입
근대 이전의 조각의 특징과 기능 소개

근대 이전의 조각은 고유한 미술 영역의 독립적인 작품으로서가 아니라 신전이나 사원, 왕궁과 같은 장소의 일부로서 존재했다. (근대 이전의 조각은 장소와 긴밀한 관련성을 지니고 그 장소의 맥락과 의미를 강조하는 수단이었음.) 중세 유럽의 성당 곳곳에 성서와 관련 있는 각종 인물이 새겨지거나 조각상으로 놓였던 것, 왕궁 안에 왕이나 귀족의 인물상들이 놓였던 것이 그 예이다. (조각이 특정 장소의 일부였음을 보여 주는 예) 이러한 조각은 그것이 놓여 있는 장소의 성격에 따라 종교적인 분위기를 조성하거나 왕의 권력을 상징함으로써 사람들을 감화시키는 기능을 수행하였다. (근대 이전의 조각의 기능)
▶ 근대 이전의 조각의 특징과 기능

전개
근대에 나타난 조각에 대한 새로운 관점 제시

[가]
조각이 장소와 긴밀한 관련성을 지니고 그 장소의 맥락과 의미를 강조하는 수단으로 활용되는 경향은 근대에 들어서면서 큰 변화를 맞이했다. (근대에 들어 조각이 독립된 작품으로서의 성격이 강조되기 시작함.) 종교의 영향력 및 왕권이 약화되면서 관련 장소가 지녔던 권위도 ⓐ퇴색하여, 그 장소에 놓인 조각에 부여되었던 (신전이나 사원, 왕궁 등) (조각에 대한 새로운 관점이 부각된 이유 ①) 종교적, 정치적 의미도 약해진 것이다. 「또 특정 장소의 상징으로서의 조각이 원래의 장소에서 물리적으로 분리되어 기존의 맥락을 ⓑ상실하는 경우도 생겨났다.」 (「」: 조각에 대한 새로운 관점이 부각된 이유 ②) 이러한 상황이 「전시 및 교육을 목적으로 하는 박물관, 미술관 등 근대적 장소가 ⓒ출현하는 상황과 맞물리면서 조각에 대한 새로운 관점이 부각되기 시작했다.」 (「」: 조각에 대한 새로운 관점이 부각된 이유 ③) 조각이 박물관이나 미술관에 놓이면서 미적 감상의 대상인 '작품'으로서의 성격이 강조된 것이다. 사람들은 조각을 예술적인 기법이나 양식 등 순수한 미적 현상이 구현된 독립적인 작품으로 (조각의 위상 변화(장소의 맥락에서 분리)) 감상하게 되었다. (조각의 독립된 작품으로서의 성격이 강조됨.)
▶ 근대에 들어 나타난 조각에 대한 새로운 관점

전개
19세기 이후 조각의 특징 설명

이러한 경향은 19세기 이후 미술의 흐름 속에서 더욱 두드러졌고, 작품 외적 맥락에 ⓓ구속되기보다는 작품 자체에서 의미의 완결을 추구하는 경우가 많아졌다. (19세기 이후 추상 조각의 특징) 그래서 작품 바깥의 대상을 지시하거나 재현하기보다는 감상자의 시선을 작품에만 집중시키는 단순하고 추상화된 작품들이 이 시기부터 많이 등장하였다. (작품 자체의 미적 특성이 강조된 시대 - 단순화, 추상화) 이러한 작품들은 대개 미술 전시장의 전형적인 화이트 큐브, 즉 출입구 이외에는 사방이 막힌 실내 공간 안에서 받침대 위에 놓여 실제적인 (작품 자체에만 집중하게 된 배경) (화이트 큐브의 의미) 장소나 현실로부터 분리된 느낌을 주었다. (조각이 장소로부터 독립됨.)
▶ 19세기 이후 조각의 특징

전개
1960년대 미니멀리즘 조각의 특징 설명

이렇게 조각이 특정 장소로부터 독립해 가는 경향 속에서 미니멀리즘이 등장하였다. (미니멀리즘의 등장 - 기하학적 형태 추구, 전시장의 의도적 활용) 미니멀리즘은 1960년대에 미국을 중심으로 발달한 예술 사조로, 작품의 의미가 예술가의 의도에 (「」: 미니멀리즘의 특징) 의해 결정되는 것을 최소화하고 꾸밈과 표현도 최소화하여 극단적으로 단순화된 기하학적 형태를 추구했다. 미니멀리즘 작가들은 가공하지 않은 있는 그대로의 산업 재료들을 사용하는 등의 방법으로 무의도성과 단순성을 구현했기 때문에, 그 결과물은 작품이라기보다는 사물로 인식되기도 하였다. 또한 미니멀리즘 조각은 감상자들이 걸어 다니는 바닥이나 전시실 벽면과 같은 곳에 받침대 없이 놓임으로써 감상자와 작품 간의 거리를 축소하고, 동선에 따라 개별적이고 다양한 경험과 의미 형성이 가능하도록 하였다. (미니멀리즘 조각의 전시 방법과 효과) 그 결과 미니멀리즘 조각은 단순성과 추상성을 특징으로 한다는 점에서 이전 시기의 추상 조각과 공통점을 지니면서도, (미니멀리즘 조각과 이전 시기 추상 조각의 공통점) 전시장이라는 실제 장소의 물리적 특성을 작품에 의도적으로 결부하여 활용했다는 점에서 차별성을 띠게 되었다. (미니멀리즘 조각과 이전 시기 추상 조각의 차이점) 이런 특징은 근대 이전의 조각이 장소의 특성에 종속되어 있었던 것과도 차별화된다.
▶ 1960년대 미니멀리즘 조각의 특징

정리
미니멀리즘 이후 대지 미술의 특징 제시

이후 미술에서는 미니멀리즘을 통해 부각된 작품과 장소 간의 관련성을 새롭게 실현하려는 시도들이 이어져 왔다. (작품과 장소 간의 관련성을 외부 장소에서 실현하는 대지 미술이 등장함.) 미니멀리즘 작품이 장소와의 관련성을 모색하고 구현한 것이기는 해도 미술관이라는 공간 내부에 제한된다는 점을 ⓔ간파한 일부 예술가들은, 미술관 바깥의 도시나 자연을 작업의 장소이자 대상으로 삼아 장소와의 관련성을 다양한 방식으로 실현하려 하였다. 대지 미술은 이러한 시도 중 하나로, 대지의 표면에 형상을 디자인하고 자연 경관 속에 작품을 만들어 냄으로써 지역이나 환경 자체를 작품화하였다. (대지 미술의 개념) 구체적인 장소의 특성을 작품 의미의 근원으로 삼는 이러한 작품들에서는 작품과 장소, 감상자 간의 상호 작용을 통해 의미가 형성된다는 특징이 드러났다. (대지 미술의 특징)
▶ 대지 미술의 특징

어떻게 읽을까!

중심 화제를 파악했는가?
근대 이전 조각이 담당한 기능을 언급하며 논의 대상과 내용 전개 방향을 안내함.

근대에 접어들면서 조각과 장소의 관련성이 어떻게 변화되었는지 이해했는가?
조각이 원래의 장소에서 분리되어 독립적인 작품으로서 의미를 지니게 되었음을 시대적 변화 및 박물관·미술관의 등장과 관련지어 설명함.

19세기 이후의 조각의 두드러진 특징을 파악했는가?
작품 외적인 맥락보다는 작품 자체에 집중하여, 단순하고 추상적인 경향을 띠게 되었음을 화이트 큐브와 관련지어 설명함.

1960년대 미니멀리즘 조각의 특징을 이전 시기의 조각과 비교할 수 있는가?
이전 시기의 추상 조각과 비교할 때 단순성과 추상성은 공통적이나 전시장의 특성을 의도적으로 활용한 점에서는 차별성을 지닌다고 시기별 특징을 설명함.

대지 미술에서 조각과 장소의 관련성을 파악했는가?
도시나 자연을 대상으로 삼아 장소와의 관련성을 다양한 방식으로 실현하려 했음을 언급하며 대지 미술의 특징을 제시함.

통시형구조

해제 이 글은 장소와의 관련성을 중심으로 조각 예술이 변화해 온 양상을 통시적으로 설명하고 있다. 근대 이전에는 조각이 신전, 사원, 왕궁과 같은 장소의 맥락과 의미를 강조하는 수단이었으나, 근대 이후에는 원래의 장소에서 분리되어 독립된 '작품'으로서의 성격이 강조되었다. 이런 경향 속에서 조각은 작품 외적인 요소보다 작품에만 집중하여 단순하고 추상화되었으며, 실제 장소나 현실로부터 분리된 느낌을 주었다. 1960년대 등장한 미니멀리즘은 전시장이라는 실제 장소의 특성을 작품에 결부하였는데, 이는 자연 경관 속에 작품을 만들어 내는 대지 미술과 같이 작품과 장소 간의 관련성을 새롭게 실현하려 하는 시도들로 이어졌다.

주제 미술사의 흐름으로 살펴본 조각 예술과 장소의 관련성 변화

기출읽기 0

0 ⑤   1 ②   2 ⑤   3 ⑤   4 ③

글쓴이의 작문 과정 ❶ 미니멀리즘 ❷ 대지 미술
주제 미술사의 흐름으로 살펴본 조각 예술과 장소의 관련성 변화

0 글의 전개 방식 파악 　　　　　　　　　　　　　⑤

이 글은 조각이 장소에 귀속되었던 근대 이전부터, 조각이 장소로부터 분리되어 박물관이나 미술관에 전시되어 미적 감상의 대상으로서의 성격이 강조된 근대, 이런 경향이 더욱 두드러져 작품 자체의 미적 특성이 강조된 19세기 이후, 1960년대 등장한 미니멀리즘과 장소와의 관련성을 외부 장소에서 실현한 대지 미술의 순서로 시간적 순서에 따라 조각 예술과 그것이 놓여 있는 장소 간의 관련성이 변모해 온 양상을 설명하고 있다.

오답풀이 ① 논쟁은 서로 다른 의견을 가진 사람들이 각자 자신의 주장을 말이나 글로 논하여 다투는 것을 말한다. 이 글은 시간의 흐름에 따른 조각 예술과 장소의 관련성 변화를 다루고 있을 뿐, 이와 관련된 논쟁 및 논쟁이 벌어지게 된 배경을 분석하고 있지 않다.
② 통념은 일반적으로 널리 통하는 개념을 말한다. 이 글은 조각 예술과 장소의 관련성에 대한 통념을 제시하거나, 이에 대한 비판을 통해 특정 이론을 도출하지 않았다.
③ 조각 예술과 장소의 관련성이 긴밀했는지 미미했는지를 대립적 요소로 볼 여지는 있으나 이를 하나의 현상에 대한 대립적인 관점에서의 해석으로 보기 어렵다.
④ 이 글은 시대적 흐름에 따라 조각 예술과 장소의 관련성 변화를 서술하고 있을 뿐 역사적 사건이나 그에 영향을 미친 요소를 나열하고 있지 않다.

1 세부 내용 파악 　　　　　　　　　　　　　　②

3문단을 보면 화이트 큐브란 출입구 이외에는 사방이 막힌 실내 공간을 의미하는 것으로, 작품들이 이 공간 안에서 받침대 위에 놓임으로써 실제적인 장소나 현실로부터 분리된 느낌을 주었다고 하였다. 따라서 화이트 큐브가 현실로부터 작품이 분리된 느낌을 완화해 주는 역할을 하였다는 것은 적절하지 않다.

오답풀이 ① 5문단에서 미술관 바깥의 도시나 자연을 작업 장소이자 대상으로 삼아 장소와의 관련성을 다양한 방식으로 실현하려 한 시도 중 하나가 대지 미술이라고 하였다.
③ 2문단에서 왕권이 약화되면서 관련 장소의 권위가 퇴색하고 그 장소에 놓인 조각의 정치적 의미도 약해졌다고 한 데서 알 수 있다.
④ 3문단에서 19세기 이후 감상자의 시선을 작품에만 집중시키는 단순하고 추상화된 작품들이 많이 등장하였다고 하였다.
⑤ 4문단에서 미니멀리즘 작가들은 가공하지 않은 있는 그대로의 산업 재료를 사용하는 방법 등으로 무의도성과 단순성을 구현했다고 하였다.

2 외적 자료에 따른 추론 　　　　　　　　　　　　⑤

[가]에서 조각이 원래의 장소에서 물리적으로 분리되어 기존의 맥락을 상실하는 경우가 생겨났다고 하였다. 또 |보기|에서 중세 시대 예술은 정치, 사회적 기능만을 수행하였고, 근대 이후 종교적 신비감이 시들어진 상태에서 순수한 미적 체험을 통한 예술의 독립적 기능이 인식되었다고 하였다. 따라서 중세 시대 종교 건축물의 일부였던 조각상이 원래의 장소에서 물리적으로 분리되어 박물관으로 옮겨지면서 원래 지녔던 종교적 신비감은 퇴색되었을 것이라고 추측할 수 있다.

오답풀이 ① 근대에 이르러 조각상은 신전이나 왕궁과 같은 원래의 장소에서 박물관이나 미술관에 놓이게 된 것이므로 조각상이 박물관에서 원래의 장소로 되돌아왔다고 이해하는 것은 적절하지 않다. 또한 조각상이 건축, 조각, 회화 영역의 통합에 기여할 수 있는지 여부도 [가]와 |보기| 모두에서 확인할 수 없다.
② 근대에 이르러 예술을 기술이나 수공업의 영역으로 보았던 인식에서 벗어나 독립적인 분야로 인식하게 된 것과 맞물려 박물관이 건립되었다고 하였으므로, 근대에 출현한 박물관은 작품이 가진 수공업으로서의 가치가 아니라 미적 감상의 대상인 '작품'으로서의 가치, 즉 예술적 가치를 강화하는 데 도움을 주었다고 할 수 있다.
③ 중세에는 예술의 정치, 사회적 기능에 의존하고 근대에는 예술의 독립성을 인식하였으므로, 조각상을 미적 감상의 대상인 작품으로 여긴다는 것은 조각상을 미적 체험을 추구할 수 있는 대상으로 인식하는 것이다. 이는 곧 조각상에 부여되어 있던 정치, 사회적 기능이 상실되었다는 것을 의미한다.

④ 종교적인 인물상이 사원에서 박물관으로 옮겨지면서 본래의 종교적 의미는 약화되고 작품으로서의 미적 의미가 부각되는데, 이는 예술이 기술이나 수공업 영역으로 인식되었던 것에서 벗어나 독립적인 영역으로 인식된 것이므로 예술 분야에서 기술 분야로 미의 개념이 확대되었다고 이해하는 것은 적절하지 않다.

3 구체적 사례에 적용 ⑤

㉠은 작품이 박물관 안에 단순한 형태로 있는 것으로 볼 때 미니멀리즘 작품이며, ㉡은 자연에 설치되어 있는 것으로 볼 때 대지 미술 작품이다. 그런데 4문단에 따르면 미니멀리즘은 무의도성을 구현하고 동선에 따라 개별적이고 다양한 경험과 의미 형성이 가능하도록 하였으며, 5문단에서 대지 미술은 작품과 장소, 감상자 간의 상호 작용을 통해 의미가 형성된다고 하였다. |보기|에서 A는 조형물들 사이를 걸으며 보는 위치에 따라 달라지는 조형물들의 형태와 구도를 감상했고, C도 방파제 위를 걷거나 육지 쪽에서 방파제를 바라보며 작품을 감상했다. 즉 ㉠과 ㉡ 모두 감상자가 서 있는 위치에 따라 저마다 다른 의미가 형성된다고 볼 수 있다. 따라서 한눈에 조망할 수 있는 위치에서만 작가의 의도가 드러난다는 ⑤의 설명은 적절하지 않다.

오답풀이 ① ㉠은 미술관 내부, ㉡은 그레이트 솔트 호수에 위치해 있다.

② 4문단에서 미니멀리즘은 동선에 따라 개별적이고 다양한 경험과 의미 형성이 가능하도록 한다고 하였고, 감상자 A, B는 서로 다른 동선으로 ㉠을 감상했다고 하였다. 따라서 감상자 A, B는 동선에 따라 서로 상이한 경험을 하였을 것이고, 감상자 A, B가 동선에 따라 서로 상이한 경험을 하는 것 또한 작품 의미 형성에 기여했을 것이라고 짐작할 수 있다.

③ ㉡은 자연 경관인 호수에 돌과 흙으로 나선형의 방파제를 만든 것으로, 자연 환경을 작품화하는 대지 미술의 예이다.

④ 5문단에서 구체적인 장소의 특성을 작품 의미의 근원으로 삼는 작품은 작품과 장소, 감상자 간의 상호 작용을 통해 의미가 형성된다고 하였다. ㉡에서 C는 방파제 위를 걸으며 방파제가 놓인 호수, 방파제가 호수의 물 때문에 보여 주는 변화를 감상한 것이므로 작품, 감상자, 장소가 상호 작용하여 작품의 의미가 형성된다고 할 수 있다.

⚠ 출제자의 의도읽기 – |보기|의 특정 단어에 주목해 단서를 찾는다.
|보기|에 미술 작품이 제시된 경우 그 미술 작품은 지문에서 설명하고 있는 특징을 반영하는 작품일 것이다. 따라서 지문과 관련지어 |보기| 미술 작품의 특징을 파악해야 하는데, 미술 작품 자체에서 지문에 제시된 대상의 특징을 읽어 낼 수도 있지만 |보기|에 미술 작품이 여러 개 제시된 경우 미술 작품에서 그 특징을 쉽게 파악하지 못할 수도 있다. 이때는 |보기|의 설명에서 재빨리 단서가 될 만한 단어를 찾아야 한다. 가령, '미술관 안에서'라는 부분과 'L'자 모양'의 단순한 형태라는 점에서 ㉠이 미니멀리즘 조각과 연관되며, '그레이트 솔트 호수에 설치된 작품'이라는 부분에서 ㉡이 대지 미술과 관련됨을 알아내야 한다. 그리고 지문에서 미니멀리즘 조각과 대지 미술을 설명한 문단을 찾아 선지의 내용이 맞는지를 일일이 확인하도록 한다.

4 어휘의 문맥적 의미의 파악 ③

'근대적 장소가 출현하는 상황과 맞물리면서 조각에 대한 새로운 관점이 부각되기 시작했다.'에서 '출현'은 없었던 것이 생긴다는 의미이므로 '가려 있거나 보이지 않던 것이 보이게 된다.'라는 뜻의 '드러나다'보다는 '나타나다'로 바꾸어 쓰기에 적합하다.

오답풀이 ① '퇴색하다'는 '무엇이 낡거나 몰락하면서 그 존재가 희미해지거나 볼품없이 되다.'라는 의미이므로 '희미해지다'와 바꾸어 쓸 수 있다.

② '상실하다'는 '어떤 것을 아주 잃거나 사라지게 하다.'라는 의미이므로 '잃어버리다'와 바꾸어 쓸 수 있다.

④ '구속되다'는 '행동이나 의사의 자유가 제한되거나 속박되다.'라는 의미이므로 '얽매이다'와 바꾸어 쓸 수 있다.

⑤ '간파하다'는 '속내를 꿰뚫어 알아차리다.'라는 의미이므로 '알아차리다'와 바꾸어 쓸 수 있다.

20세기 미술의 특징

2014학년도 9월 고3 모의평가 B형

의문
20세기 미술의 다원성과 그 연속성에 대한 의문 제기

20세기 미술의 특징은 무한한 다원성에 있다. 「어떤 내용을 어떤 재료와 어떤 형식으로 작품화하건 미술적 창조로 인정되고, 심지어 창작 행위가 가해지지 않은 것도 '작품'의 자격을
20세기 미술의 특징 「 」: 20세기 미술의 다원성
얻을 수 있어서, '미술'과 '미술 아닌 것'을 객관적으로 구분해 주는 기준이 존재하지 않게 된 것이다.」 ⊙단토의 '미술 종말론'은 이러한 상황을 설명하기 위한 미학 이론 중 하나이다. 단
20세기 미술이 무한한 다원성을 띠는 상황
어가 주는 부정적 어감과는 달리 미술의 '종말'은 결과적으로 모든 것이 미술 작품이 될 수
단토가 말하는 미술의 '종말'의 의미
있게 된 개방적이고 생산적인 상황을 뜻한다. 그런데 이러한 다원성은 전적으로 새로운 상황일까, 아니면 이전부터 이어져 온 하나의 흐름에 속할까?
　　　　　　　　　　　　　　　　　　　　　　　　► 20세기 미술의 특징인 다원성
20세기 미술의 다원성의 연속성 여부에 대한 의문 제기

전개
르네상스 때부터 시작된 20세기 미술의 다원성 설명

작품의 형식과 내용이 전적으로 예술가의 주체적 선택에 달려 있다는 관점에서만 보면,
20세기 미술의 다원성이 연속성을 지니는 의미
20세기 미술의 양상은 아주 낯선 것은 아니라고 할 수 있다. 르네상스 때 시작된 화가의 서명은 작품이 외부의 주문에 따라 제작되더라도 그것의 정신적 저작권만큼은 예술가에게 있
르네상스 시대 화가의 서명에 담긴 의미
음을 알리는 행위였다. 이는 창조의 자유가 예술의 필수 조건이 되는 시대를 앞당겼다. 즉 미켈란젤로가 예수를 건장한 이탈리아 남성의 모습으로 그렸던 사례에서 보듯, 르네상스 화가들은 주문된 내용도 오직 자신만의 방식으로 이미지화했다.　► 20세기 미술의 연속성 ① – 형식의 자율화
르네상스 시대에도 작품의 형식은 예술가의 주체적 선택에 달려 있었음

전개
17세기의 네덜란드 화가들과 19세기 낭만주의로 이어진 20세기 미술의 다원성 설명

형식의 이러한 자율화는 내용의 자기 중심화로 이어졌다. 17세기의 네덜란드 화가들은 신
17세기의 네덜란드 화가들과 19세기 낭만주의의 특징
이나 성인(聖人)을 그리던 오랜 관행에서 벗어나 친근한 일상을 집중적으로 그리기 시작했
내용의 자기 중심화 ①
고, 19세기 낭만주의에 와서는 내면의 무한한 표출이 예술의 생명이 되기에 이르렀다. 이런
내용의 자기 중심화 ②
관점에서 보면 20세기 미술은 예술적 주체성과 자율성의 발휘라는 일관된 흐름의 정점이라
20세기 미술의 다원성이 연속성을 지님.(르네상스 미술부터 19세기 낭만주의를 거쳐 이어져 옴.)
고 할 수 있다.
　　　　　　　　　　　　　　　　　► 20세기 미술의 연속성 ② – 내용의 자기 중심화

대답
단토가 주목한 20세기 미술만의 질적 차별성 제시

그러나 단토가 주목하는 것은 이러한 흐름과는 결정적으로 구분되는 20세기만의 질적 차
1문단의 의문 제기와 관련해 볼 때, 20세기 미술의 다원성이 전적으로 새로운 상황임을 나타냄.
별성이다. 이전 시대까지는 '미술'과 '미술 아닌 것'의 구분은 '무엇을 그리는가?' 또는 '어떻
작품의 내용
게 그리는가?'의 문제, 곧 내용·형식·재료처럼 지각 가능한 '전시적 요소'에 의존하여 가능
작품의 형식　　　　　　　　　　　　　 20세기 이전에 '미술'과 '미술 아닌 것'을 구분 짓는 요소
했다. 반면, 20세기에는 빈 캔버스, 자연물, 기성품 등도 '작품'으로 인정되는 데에서 보듯, 전시적 요소로는 더 이상 그러한 구분이 불가능해진 것이다. 이제 ⓒ그러한 구분은 대상이 어떤 것이든 그것에 미술 작품의 자격을 부여하는 지적인 행위, 곧 작품 밖의 '비전시적 요
20세기 미술의 질적 차별성
소'에 의존할 따름이다. 현대 미술이 미술의 개념 자체를 묻는 일종의 철학이 되고, 작품의
미술 작품에 자격을 부여하는 것을 지적인 행위(비전시적 요소)에 의존하게 됨.
생산과 감상을 매개하는 이론적 행위로서 비평의 중요성이 부각된 이유가 바로 여기에 있다.
　　　　　　　　　　　　　　　　　　　　　　► 20세기 미술만의 질적 차별성

이 글에서 제기하는 의문이 무엇인지 파악했는가?
20세기 미술의 특징인 다원성을 설명하기 위해 단토의 '미술 종말론'을 언급한 뒤, 다원성의 연속성 여부에 대한 의문을 제기함.

20세기 미술의 다원성이 연속성을 지니는 까닭이 무엇인지 이해했는가?
예술적 주체성과 자율성이라는 관점에서 보면 20세기 미술의 다원성은 르네상스 미술, 17세기 네덜란드 화가들, 19세기 낭만주의 미술로부터 이어져 온 하나의 흐름이었음을 설명함.

단토가 주목한 20세기 미술만의 질적 차별성이 무엇인지 이해했는가?
'미술'과 '미술 아닌 것'의 구분은 '전시적 요소'가 아닌 대상에 미술 작품의 자격을 부여하는 지적인 행위인 '비전시적 요소'에 있음을 언급함.

문답형구조

의문	
전개	전개
대답	

해제 이 글은 20세기 미술의 특징이 '다원성'임을 언급한 뒤, '다원성'의 연속성 여부에 대해 의문을 던지며 시작하고 있다. 이에 20세기 미술은 예술가의 주체적 선택이라는 관점에서는 르네상스 때와 다르지 않으며, 17세기 네덜란드 화가들, 19세기 낭만주의와도 일관된 흐름을 보인다고 의문에 대해 답한다. 그리고 20세기 미술은 이와 같은 일관된 흐름의 정점이기는 하지만 단토가 주목한 것은 이러한 흐름과 구분되는 20세기 미술만의 질적 차별성임을 제시하고 있다. 20세기 미술만의 질적 차별성은 '미술'과 '미술 아닌 것'의 구분이 '전시적 요소'에 의존했던 이전 시대와 달리 작품 밖의 '비전시적 요소'에 의존하게 되었음을 의미하는 것이다. 이제 현대 미술은 대상이 어떤 것이든 상관없이 대상에 미술 작품의 자격을 부여하는 행위에 의존하게 됨으로써 일종의 철학이 되고 비평의 중요성이 부각되었다.

주제 20세기 미술의 연속성과 질적 차별성

0 글의 전개 방식 파악 ②

이 글은 20세기의 미술의 특징을 다원성이라고 단정한 뒤, 이 다원성이 전적으로 새로운 상황인지, 이전부터 이어져 온 흐름에 속하는지 의문을 제기하고, 그에 대한 대답으로 20세기 미술의 특징을 연속성과 질적 차별성이라는 두 가지 측면에서 설명하고 있다(ㄴ, ㄹ). 그리고 4문단에서는 '미술'과 '미술 아닌 것'의 구분을 이전 시대 미술은 전시적 요소에 의존한 반면 20세기 미술은 비전시적 요소에 의존한다고 하며 두 시기의 미술의 특징을 대조하여 설명하고 있다(ㄱ).

오답풀이 ㄷ. 20세기 미술이 예술적 주체성과 자율성을 발휘했고 이전 시대와 질적 차별성을 지닌다는 것을 대상의 가치로 볼 수는 있으나, 이를 유추의 방식으로 제시하고 있지는 않다.
ㄹ. 단토의 '미술 종말론'이라는 이론을 바탕으로 20세기 미술의 특징을 설명하고 있으나, 다양한 이론을 소개하고 있지는 않다.

1 세부 내용 파악 및 추론 ①

2문단에서 르네상스 때 시작된 '화가의 서명'은 '작품이 외부의 주문에 따라 제작되더라도 그것의 정신적 저작권만큼은 예술가에게 있음을 알리는 행위'라고 하였다. 이는 곧 서명의 시작을 예술가의 주체성을 표출한 사건으로 보는 것이라고 할 수 있다.

오답풀이 ② 2문단의 '미켈란젤로가 예수를 건장한 이탈리아 남성의 모습으로 그렸던 사례에서 보듯, 르네상스 화가들은 주문된 내용도 오직 자신만의 방식으로 이미지화했다.'를 통해 르네상스 때 예술가들이 자율적인 이미지를 창출했다는 것을 알 수 있다. 그러나 예술가들의 자율적인 이미지 창출이 르네상스 이전부터 보편적이었는지는 이 글에 제시되어 있지 않다.
③ 2문단과 3문단의 '형식의 이러한 자율화는 ~'라는 첫 문장을 통해 형식의 자율화가 르네상스 때 이미 이루어졌음을 알 수 있다. 또한, 3문단에서 17세기 네덜란드 화가들이 신이나 성인을 그리던 관행에서 벗어나 친근한 일상을 집중적으로 그리기 시작했다고 하였는데, 이는 내용의 자기 중심화와 관련된다.
④ 4문단에서 현대 미술에서 '미술'과 '미술 아닌 것'을 구분 짓는 요소는 내용·형식·재료와 같은 '전시적 요소'가 아니라, 작품 밖의 '비전시적 요소'라고 하였다.
⑤ 4문단을 보면 현대 미술에서 비평이 중요시되는 이유는 작품에 자격을 부여하는 지적인 행위, 즉 '비전시적 요소'에 의존하게 되었기 때문이라고 하였다. 따라서 현대 미술에서 비평이 전시적 요소를 결정한다고 볼 수 없다.

2 핵심 내용 파악 ③

단토의 '미술 종말론'(㉠)에 따르면 20세기 미술에서 미술을 정의하는 종래의 기준이 해체되었음을 알 수 있다. 그러나 미술을 정의하는 기준이 해체되어 예술 작품 생산이 정체 상태에 이르렀다는 것은 핵심 정보를 잘못 이해한 것이다. 1문단에서 미술의 '종말'은 결과적으로 모든 것이 미술 작품이 될 수 있게 된 개방적이고 생산적인 상황을 뜻한다고 하였기 때문이다.

오답풀이 ① 3문단에서 '20세기 미술은 예술적 주체성과 자율성의 발휘라는 일관된 흐름의 정점'이라고 하였다. 이를 통해 20세기 미술에는 과거에 비해 예술가의 자율성이 더욱 두드러지게 나타났음을 알 수 있다.
② 4문단에서 20세기에는 빈 캔버스, 자연물, 기성품 등도 '작품'으로 인정된다고 하였으므로, 자연 그대로의 사물을 전시하는 것도 작품의 창작 행위로 볼 수 있다.
④ 4문단에서 단토가 주목한 것은 20세기 미술의 연속성보다는 과거의 미술과 20세기 미술을 결정적으로 구분 짓는 '질적 차별성'이라고 하였으므로, 미술사적 관점에서 볼 때 20세기 미술은 과거와의 공통점보다 차이점이 더 본질적이라고 볼 수 있다.
⑤ 1문단에서 20세기 미술은 어떤 재료와 형식으로 작품화하건 미술적 창조로 인정된다고 하였고, 4문단에서 20세기 미술은 '대상이 어떤 것이든 그것에 미술 작품의 자격을 부여하는 지적인 행위인 비전시적 요소에 의존'한다고 하였다. 그러므로 과거의 내용과 형식을 따르는 것도 미술 작품의 자격을 부여하는 지적인 행위인 비전시적 요소만 있다면 미술적 창조로 인정될 수 있다고 볼 수 있다.

3 구체적 사례에 적용 ①

뒤샹의 〈샘〉은 '소변기'라는 일상품에 이론적 해석을 가해 미술에 포함될 수 있는 가능성을 제시했다는 점에서 대상이 어떤 것이든 그것에 미술 작품의 자격을 부여하는 지적인 행위에 의해 작품으로 인정받았으므로 ㉡에 해당하는 사례로 볼 수 있다.

오답풀이 ② 브라크의 〈과일 접시와 유리잔〉은 그림에 벽지를 붙여 3차원화함으로써 회화는 2차원적이라는 고정 관념을 탈피하기는 했으나 지각 가능한 전시적 요소에 의해 작품으로 인정된 경우이다.
③ 폴록의 〈1950년 32번〉은 캔버스에 물감을 붓거나 떨어뜨려 즉흥적 이미지를 창출해 창조적 무의식과 초현실 세계를 표현하였으므로 지각 가능한 전시적 요소에 의해 작품으로 인정된 경우이다.
④ 칸딘스키의 〈콤퍼지션 Ⅶ〉은 순수 이미지의 언어적 가능성을 모색하기 위해 색·선·형태를 사용하였으므로 지각 가능한 전시적 요소에 의해 작품으로 인정된 경우이다.
⑤ 몬드리안의 〈브로드웨이 부기우기〉는 수많은 네모 무늬로 수직·수평의 율동적 흐름을 창출함으로써 뉴욕의 활기찬 생활과 음악적 리듬감을 표현하였으므로 지각 가능한 전시적 요소에 의해 작품으로 인정된 경우이다.

현대 사진에 대한 이해 2004학년도 6월 고3 모의평가

어떻게 썼을까?

도입
사진 이해의 출발점 제시

사진은 하나의 고립된 이미지이다. 시간적으로 한 순간이 잡히고 공간적으로 일부분이 찍힐 뿐, 연속된 시간과 이어진 공간이 그대로 찍히지 않는다. 현실이 현실 그대로 나타나지 않는 한, 사진은 결국 한 개의 이미지, 즉 영상일 뿐이다. 따라서 사진에 대한 이해는 사진이 시간적으로 분리되고 공간적으로 고립되어 현실과 따로 떨어진 곳에서 홀로 저를 주장하는 독자적 영상이라는 인식에서부터 출발해야 한다. ▶ 사진의 특징

전개
근대 사진과 현대 사진 비교

근대 사진은 현실과 영상 사이에 ⊙벌어져 있는 이 틈을 미처 발견하지 못했다. 현실이 곧 사진이요, 사진이 곧 현실이라고 생각했다. 현대 사진은 현실과 영상 사이에 벌어져 있는 이 틈을 발견한 데서 출발한다. 그 틈을 정확히 보고, 자기 나름대로 채색도 하고 두께도 만들어 활용하는 것이 현대 사진인 것이다. ▶ 근대 사진과 현대 사진의 근본적인 차이

전개
근대 사진의 특징 제시

근대 사진은 현실이 그대로 사진의 내용이었기 때문에 현실을 어떻게 사진으로 수용할 것인가가 유일한 문제였다. 근대 사진은 현실이 포장지에 불과하다는 것을 간과하고 있었다. 간과한 것이 아니라 현실이야말로 사진이 포장해야 할 내용물로 간주하고 있었다. 사진이 현실 재현 수단이라는 기본 구도 아래, 작가의 사상이나 감정을 표현하기에 알맞은 현실을 골라 이를 영상화한 것이 근대 사진이었다. 따라서 현실을 있는 그대로 재현하는 데 그들의 능력을 집중시켰으며, 영상의 왜곡은 물론, 작가의 주관마저도 가능한 한 배제하고자 노력을 했다. ▶ 근대 사진의 특징

전개
근대 사진과 구별되는 현대 사진의 특징 제시

그에 비해 현대 사진은 현실을 포장지로밖에 생각하지 않는다. 작가의 주관적 사상이나 감정, 곧 주제를 표현하기 위한 하나의 소재로 현실을 인식한다. 따라서 현실 자체의 의미나 가치에는 연연하지 않는다. 그럼에도 불구하고 현대 사진이 현실에 묶여 떠나지 못하는 것은, 대상이 없는 한 찍히지 않고 실체로서의 현실을 떠나서 성립할 수 없는 사진의 메커니즘 탓이다. 작가의 주관적 사상이나 감정은 구체적 사물을 거치지 않고서는 표현할 길이 없는 것이다. 그러나 사진이 추구하는 바가 현실의 재현이 아니다 보니 현대 사진은 연출을 마음대로 하고, 온갖 기법을 동원해 현실을 재구성하기도 한다. 심지어 필름이나 인화지 위에 인위적으로 손질을 가해 현실성을 지워 버리기도 한다. 현실이 왜곡되는 것에 아무런 구애를 받지 않는 것이다. 구체적인 사물의 정확한 재현에만 익숙해 있던 눈에는 이런 현대 사진이 난해하기만 하다. ▶ 현대 사진의 특징

결론
현대 사진의 이해를 위해 필요한 태도 강조

이러한 현대 사진의 특성을 고려할 때, 창조적 사진을 위해서 필요한 것은 자유로운 눈이다. 이는 작가에게만 한정된 요구가 아니다. 사진을 현실로 생각하는 수용자 쪽의 고정 관념 또한 현대 사진의 이해에 장애가 된다. 발신자와 수신자 사이에 암호가 설정되기 위해서는 수신자 쪽에서도 암호를 해독할 수 있는 바탕이 마련되어 있어야 한다. 작가나 수용자나 고정 관념과 인습에서 벗어날 때, 현실과 영상 사이에 벌어진 커다란 틈이 보이게 된다. 그리고 그때 비로소 사진은 자기의 비밀을 털어놓기 시작한다. 현대 사진에 대한 이해의 첫 관문은 그렇게 해서 통과할 수가 있다. ▶ 현대 사진을 이해하기 위해 필요한 것

어떻게 읽을까!

사진을 이해하려면 어떤 인식이 필요한지 파악했는가?
사진에 대한 이해는 사진이 현실과 떨어져 홀로 존재하는 독자적 영상이라는 인식에서부터 출발해야 함을 전제함.

근대 사진과 현대 사진의 차이를 이해했는가?
근대 사진은 사진과 현실이 같다고 생각했고 현대 사진은 사진과 현실 사이의 틈을 발견하여 출발한 것임을 설명함.

근대 사진과 현대 사진의 특징을 비교할 수 있는가?
근대 사진은 현실을 왜곡 없이 있는 그대로 사진에 담는 데 집중한 반면, 현대 사진은 다양한 연출과 기법을 통해 현실을 왜곡하거나 재구성하였음을 설명함.

현대 사진을 이해하기 위해 무엇이 필요한지 파악했는가?
현대 사진을 이해하기 위해서는 사진 작가뿐 아니라 수용자에게도 자유로운 시선이 필요하다는 것을 강조함.

충돌형구조

```
        도입
전개   전개   전개
        결론
```

해제 이 글은 시간과 공간으로부터 분리되어 찰나의 고립된 순간을 담는 사진의 특징을 전제로, 사진을 근대 사진과 현대 사진으로 나누어 각각의 특징을 설명하고 있다. 근대 사진은 현실을 사진의 가장 중요한 내용으로 보았기에, 현실을 있는 그대로 사진에 담아내기 위해서 노력했다. 그래서 영상을 왜곡하거나 작가의 주관이 개입되어 현실을 변형하는 것을 배제했다. 반면에 현대 사진은 현실을 주제를 표현하기 위한 하나의 소재로 여기며 현실 자체에 의미를 두지 않았다. 그래서 사진을 통해 현실을 왜곡하거나 재구성하는 것, 작가의 주관에 의해 필름을 편집하는 것 등에 대해서도 허용적이다. 글쓴이는 이러한 현대 사진이 담고 있는 의미를 이해하기 위해서는 무엇보다 자유로운 시선이 필요하다고 강조하고 있다.

주제 현대 사진의 특징과 이해 태도

글쓴이의 작문 과정 ❶ 재현 ❷ 현실
주제 현대 사진의 특징과 이해 태도

0 핵심 내용 파악   ⑤

이 글은 근대 사진에서 현대 사진으로 사진이 어떻게 변화했는지를 설명하고 있다. 이 글에 따르면, 근대 사진은 현실을 사진 속에 그대로 재현하는 것을 목적으로 삼은 데 비해, 현대 사진은 현실을 주제를 표현하기 위한 소재로 여기고 다양한 연출과 기법을 통해 작가의 주관적 사상이나 감정을 담아낸 창조적 사진을 만든다. 따라서 표제로는 '사진은 어떻게 변모해 왔는가', 부제로는 근대 사진에서 현대 사진으로의 변화를 나타내는 '외형적 모사에서 내면적 창조의 세계로'가 적절하다.

오답풀이 ① '창조적 사진 찍기'는 현대 사진의 특징에만 해당하므로 글 전체를 아우르는 표제로는 적절하지 않다.
② '현대 사진의 과제'는 근대 사진에 관한 내용을 포함하지 못하므로 글 전체를 아우르는 표제로는 적절하지 않다.
③ '사진이 추구하는 세계'는 글의 내용을 아우르기에 모호한 표제이다.
④ '사진 예술의 참된 출발'은 모호한 표제이고 부제인 '근대 사진과 현대 사진의 만남'은 둘의 대조적 특징으로 볼 때 적절하지 않다.

1 세부 내용 파악   ②

2문단에서 현대 사진은 현실과 영상 사이에 벌어져 있는 틈을 발견하는 데서 출발하여 그 틈을 활용한다고 하였다. 또 4문단에 따르면 현대 사진은 현실을 포장지에 불과한 것으로 보고 현실 자체의 의미나 가치에는 연연하지 않는다. 따라서 현대 사진이 현실과 영상 사이의 틈을 좁히려고 노력해 왔다는 것은 적절하지 않다.

오답풀이 ① 3문단에서 근대 사진은 현실이 그대로 사진의 내용이 되었으며, 사진을 현실 재현 수단으로 보았다고 하였다. 따라서 근대 사진이 현실의 재현을 사진의 본질이라고 생각했다는 진술은 적절하다.
③ 4문단에 따르면 현대 사진에서 사진이란 대상이 없는 한 찍히지 않고 실체로서의 현실을 떠나서는 성립할 수 없으므로 작가의 주관적 사상이나 감정은 구체적 사물을 거치지 않고서는 표현할 길이 없다고 하였다. 따라서 사진에서 작가의 사상과 감정이 구체적 사물을 통해 표현된다는 것은 적절하다.
④ 2, 3문단에서 근대 사진은 현실과 사진을 동일시하고 사진을 현실 재현 수단으로 보았다고 하였다. 그러나 4문단에서 현대 사진은 현실을 주제를 표현하기 위한 소재로 여기고 사진이 현실 재현을 목적으로 하지 않으므로 현실을 왜곡하는 데 구애를 받지 않는다고 하였다. 따라서 현대 사진에서 일어나는 현실 왜곡이 사진에 대한 인식 변화에서 비롯되었다는 진술은 적절하다.
⑤ 4문단에서 현대 사진은 연출을 마음대로 하고, 온갖 기법을 동원해 현실을 재구성하기도 한다고 하였다.

2 구체적 상황에 적용   ④

4문단에 따르면, 현대 사진은 현실을 작가의 사상이나 감정을 표현하기 위한 소재로 인식한다. |보기|는 실물을 왜곡해 주먹을 머리보다 크게 표현하였는데, 여기에는 인물에게 주먹이 갖는 의미가 크다는 것을 보여 주려는 작가의 의도가 담겨 있다고 할 수 있다. 이는 작가의 사상이나 감정, 곧 주제를 표현하기 위해 의도적으로 연출한 것이다.

오답풀이 ① 평범한 사람의 손을 있는 그대로 표현한 것이 아니라 새로운 시각으로 손의 모양을 형상화하였으므로 적절한 감상이다.
② 손이 크게 표현된 것은 실물을 왜곡한 것이므로 적절한 감상이다.
③ 현대 사진에서 작가는 자신이 강조하고 싶은 대상을 사실보다 크게 과장하여 표현할 수 있으므로 적절한 감상이다.
⑤ 작품 속 인물은 '현실'에 해당하며 주제를 표현하기 위한 하나의 소재에 불과하므로 적절한 감상이다.

3 공통된 전제 추론   ③

4, 5문단에 따르면 현대 사진에서는 현실을 있는 그대로 담아내지 않고 작가의 개성에 따라 현실을 재구성하며, 사진에 창조성을 담아내는 것이 중요하다. |보기|의 샤갈은 실제로 날아다니는 사람은 없지만 현실에 존재하지 않는 장면을 그려 낼 수 있는 사람이야말로 화가라는 생각을 갖고 있다. 이를 통해 현대 사진 작가와 샤갈이 공통적으로 전제하고 있는 것은 창조적인 작가 의식임을 알 수 있다.

오답풀이 ① 다양한 표현 기법을 사용하는 것은 현대 사진의 특징이지만, |보기|의 내용만으로는 이에 대한 샤갈의 생각을 알기는 어렵다.
② 현대 사진은 현실을 하나의 소재로 생각했을 뿐 큰 의미를 두지는 않았고, 샤갈 또한 현실을 있는 그대로 표현하는 것을 중시하지 않았다. 그러나 둘 다 현실을 관조의 대상으로 삼은 것은 아니다.
④ 현대 사진이나 샤갈의 그림은 작가의 연출이 더해져서 난해하게 느껴질 수 있으나, 대중이 어려운 작품을 이해하지 못하는 것이 당연하다는 생각을 전제로 작품을 창조했다고 보기는 어렵다.
⑤ 현대 사진 작가들은 현실의 본질에 관해서 관심이 없었고, 현실을 하나의 소재일 뿐이라고 생각하였다. |보기|에 따르면 샤갈도 현실의 본질을 구현하는 데 큰 관심이 없었음을 알 수 있다.

4 어휘의 문맥적 의미 파악   ①

'괴리'는 '서로 어그러져 동떨어짐.'이라는 뜻이다. 현실과 영상 사이에 벌어진 틈은 현실과 영상이 서로 다른 영역에 속한다는 의미로 이해되므로 ㉠의 의미로 '괴리'가 적절하다.

오답풀이 ② '단절'은 '유대나 연대 관계를 끊음.'이라는 뜻이다.
③ '상충'은 '맞지 아니하고 서로 어긋남.'이라는 뜻이다.
④ '격리'는 '다른 것과 통하지 못하게 사이를 막거나 떼어 놓음.'이라는 뜻이다.
⑤ '차별'은 '둘 이상의 대상을 각각 등급이나 수준 위의 차이를 두어서 구별함.'이라는 뜻이다.

회화적 재현의 본성에 대한 통찰 　2011학년도 6월 고3 모의평가

어떻게 썼을까?

의문
회화적 재현에 대한 의문 제기

전개
사실성을 추구한 르네상스 시대의 화가들과 인상주의자들 소개

전개
사물의 외관보다 본질이나 실재를 포착하려 한 세잔의 문제 의식 소개

전개
실재의 재현에 관심을 둔 입체주의 설명

전환
회화적 재현에 관한 철학적 차원의 논의의 필요성 제시

대답
곰브리치와 굿맨의 이론을 근거로 회화적 재현에 대한 피카소의 통찰 제시

회화적 재현이 성립하려면, 즉 하나의 그림이 어떤 대상의 그림이 되기 위해서는 그림과 대상이 닮아야 할까? 입체주의의 도래를 알리는 〈아비뇽의 아가씨들〉을 그리기 한 해 전, 피카소는 시인인 스타인을 그린 적이 있었는데, 완성된 그림을 보고 사람들은 놀라움을 금치 못했다. 스타인의 초상화가 그녀를 닮지 않았던 것이다. 이에 대해 피카소는 "앞으로 닮게 될 것이다."라고 말했다고 한다. 이 에피소드는 미술사의 차원과 철학적 차원에서 회화적 재현에 대해 생각해 볼 계기를 제공한다.
▶ 미술사의 차원과 철학적 차원에서의 회화적 재현에 대한 고찰

우선 어떻게 닮지 않은 그림이 대상의 재현일 수 있는지를 알아보기 위해서는 당시 피카소와 브라크가 중심이 되었던 입체주의의 예술적 실험과 그것을 가능케 한 미술사의 흐름을 고려해 보아야 한다. 르네상스 시대의 화가들은 원근법을 사용하여 '세상을 향한 창'과 같은 사실적인 그림을 그렸다. 현대 회화를 출발시켰다고 평가되는 [인상주의자들]이 의식적으로 추구한 것도 이러한 사실성이었다. 그들은 모든 대상을 빛이 반사되는 물체로 간주하고 망막에 맺힌 대로 그리는 것을 회화의 목표로 삼았다. 따라서 빛을 받는 대상이면 무엇이든 주제가 될 수 있었고, 대상의 고유한 색 같은 것은 부정되었다. 햇빛의 조건에 따라 다르게 그려진 모네의 낟가리 연작이 그 예이다.
▶ 르네상스 시대의 화가들과 인상주의자들이 추구한 사실성

그러나 세잔의 생각은 달랐다. "모네는 눈뿐이다."라고 평했던 그는 그림의 사실성이란 우연적 인상으로서의 사물의 외관보다는 '그 사물임'을 드러낼 수 있는 본질이나 실재에 더 다가감으로써 ⓐ얻게 되는 것이라고 생각하였다. 세잔이 그린 과일 그릇이나 사과를 보면 대부분의 형태는 실물보다 훨씬 단순하게 그려져 있고, 모네의 그림에서는 볼 수 없었던 부자연스러운 윤곽선이 둘러져 있으며, 원근법조차도 정확하지 않다. 이는 어느 한순간 망막에 비친 우연한 사과의 모습 대신 사과라는 존재를 더 잘 드러낼 수 있는 모습을 포착하려 했던 세잔의 문제의식을 보여 주는 것이다.
▶ 세잔의 문제의식

이를 계승하여 한 발 더 나아간 것이 바로 입체주의이다. 입체주의는 대상의 실재를 드러내기 위해 여러 시점에서 본 대상을 한 화면에 결합하는 방식을 택했다. 비록 스타인의 초상화는 본격적인 입체주의 그림은 아니지만, 세잔에서 입체주의로 이어지는 실재의 재현이라는 관심이 반영된 작품으로 볼 수 있는 것이다.
▶ 입체주의의 등장

하지만 여전히 의문인 것은 '닮게 될 것'이라는 말의 의미이다. 실제로 세월이 지난 후 피카소의 예언대로 사람들은 결국 스타인의 초상화가 그녀를 닮았다는 것을 발견하게 되었다고 한다. 어떻게 그럴 수 있었을까? 이를 설명하려면 회화적 재현에 대한 철학적 차원의 논의가 필요한데, [곰브리치와 굿맨]의 이론이 주목할 만하다.
▶ 회화적 재현에 관한 철학적 차원의 논의의 필요성

이들은 대상을 '있는 그대로' 보는 '순수한 눈' 같은 것은 없으며, 따라서 객관적인 사실성이란 없고, 사실적인 그림이란 결국 한 문화나 개인에게 익숙한 재현 체계를 따른 그림일 뿐이라고 주장한다. ㉠이 이론에 따르면 지각은 우리가 속한 관습과 문화, 믿음 체계, 배경지식의 영향을 받아 구성된다고 한다. 예를 들어 우리가 작가와 작품에 대해 사전 지식을 가지고 있다면 이러한 믿음은 그 작품을 어떻게 지각하느냐에까지도 영향을 준다는 것이다. 이것이 사실이라면, 피카소의 경우에 대해서도, '이 그림이 피카소가 그린 스타인의 초상'이라는 우리의 지식이 종국에는 그림과 실물 사이의 닮음을 발견하는 방식으로 우리의 지각을 형성해 냈을 것이라는 설명이 가능하다. 사실성이라는 것이 과연 재현 체계에 따라 상대적인지는 논쟁의 여지가 많지만 피카소의 수수께끼 같은 답변과 자신감 속에는 회화적 재현의 본성에 대한 이러한 통찰이 깔려 있었다고도 볼 수 있다.
▶ 회화적 재현의 본성에 관한 피카소의 통찰

어떻게 읽을까!

중심 화제를 파악했는가?
스타인의 초상화가 대상과 닮지 않은 것을 언급하면서 '회화적 재현'의 의미에 대한 의문을 제기함.

미술사의 흐름을 통해 회화적 재현의 의미를 파악했는가?
르네상스 시대의 회화와 인상주의는 대상을 사실적으로 재현하고자 하였음을 설명함.

회화적 재현에 대한 세잔의 문제의식과 입체주의의 관련성을 파악했는가?
세잔이 그림의 사실성은 사물의 외관이 아닌 본질이나 실재에 있다고 보았음을 사례를 들어 제시하고, 이를 입체주의가 계승했다고 설명함.

곰브리치와 굿맨의 이론에 주목해야 하는 이유를 이해했는가?
회화적 재현에 대한 철학적 논의의 필요성을 언급하며 곰브리치와 굿맨의 이론을 설명함.

피카소의 말에 담긴 의미를 제대로 파악했는가?
사전 지식이 작품의 지각에 영향을 주는 점을 들어, 첫 문단에 제시된 피카소의 말에는 회화적 재현의 본성에 대한 통찰이 담겨 있음을 제시함.

문답형 구조

	의문	
전개	전개	전개
	전환	
	대답	

해제 이 글은 회화적 재현이 지니는 의미에 대해 미술사의 차원과 철학적 차원에서 통시적으로 고찰하고 있다. 먼저 스타인을 닮지 않은 초상화를 그린 피카소가 "앞으로 닮게 될 것이다."라고 말한 일화를 소개해 회화적 재현의 의미에 대한 의문을 제기한다. 미술사의 흐름에서 살펴보면, 르네상스 시대의 화가들과 인상주의자들은 대상을 있는 그대로 재현하는 사실성을 강조한 반면, 세잔은 이에 문제의식을 가지고 우연적 인상으로서의 사물의 외관보다 본질이나 실재를 드러내려 했으며, 이를 계승한 입체주의는 여러 시점에서 본 대상을 결합하는 방식으로 대상의 실재를 드러내려 했다. 하지만 여전히 피카소의 말에 대한 의문은 풀리지 않는데, 이에 철학적 차원에서 곰브리치와 굿맨의 이론을 근거로 그 답을 찾고 있다. 이들은 사실적인 그림이란 한 문화나 개인에게 익숙한 재현 체계를 따른 그림이며, 지각은 관습, 문화, 믿음 체계, 배경지식의 영향을 받는다고 주장한다. 따라서 '이 그림이 피카소가 그린 스타인의 초상'이라는 사전 지식이 그림과 실물의 닮음을 연결해 지각을 형성했을 것이라고 보는 것이다.

주제 미술사와 철학적 차원에서 본 회화적 재현에 대한 고찰

기출읽기 **0** ① **1** ③ **2** ③ **3** ⑤ **4** ⑤

글쓴이의 작문 과정 ❶ 인상주의 ❷ 곰브리치와 굿맨
주제 미술사와 철학적 차원에서 본 회화적 재현에 대한 고찰

0 핵심 내용 파악 ①

1문단에 따르면 피카소가 그린 스타인의 초상화는 그녀의 모습을 닮지 않았는데, 이에 대해 피카소는 초상화가 앞으로 그녀를 닮게 될 것이라는 말을 했다. 이 말에 담겨 있는 피카소의 의도를 알기 위해서는 피카소가 회화적 재현을 어떻게 보고 있는가를 파악해야 한다. 이는 피카소가 중심이 되었던 입체주의와 관련된 미술사의 흐름을 통해 알 수 있는데, 4문단에 따르면 입체주의는 우연적 인상으로서의 사물의 외관보다는 사물의 본질이나 실재를 드러내고자 했던 세잔의 문제의식을 계승하고 여기서 한 발 더 나아가, 대상의 실재를 드러내기 위해 여러 시점에서 본 대상을 한 화면에 결합하는 방식을 택했다. 또 스타인의 초상화는 본격적인 입체주의 그림은 아니지만, 세잔에서 입체주의로 이어지는 실재의 재현이라는 관심이 반영된 작품이라고 하였다. 따라서 스타인의 초상화에는 어느 한순간의 스타인의 외양이 아니라 그녀의 본질을 재현하고자 하는 의식이 반영되어 있는 것이라고 할 수 있다.

오답풀이 ② 피카소가 나타내려고 한 것은 현재이든 미래이든 겉으로 보이는 모습이 아니었다.

③ 피카소의 그림은 고전적 미의 기준과는 관련이 없으며, 이상화된 모습이 아닌 본질을 추구했다.

④ 2문단을 보면, 사물을 있는 그대로 재현하려 했던 사람들은 르네상스 시대의 화가들이므로 피카소의 의도와는 관련이 없다.

⑤ 피카소가 주목한 것은 정지나 움직임의 문제가 아니라 외양과 본질 사이의 문제이다.

1 구체적 사례에 적용 ③

2문단을 보면 (가)를 그린 모네와 같은 인상주의자들이 원근법을 사용하여 사실적인 그림을 그린 르네상스 시대 화가들의 사실성을 의식적으로 추구하며 모든 대상을 빛이 반사되는 물체로 간주하고 망

막에 맺힌 대로 그리는 것을 목표로 삼았다는 것을 알 수 있다. 이와 달리 3문단을 보면, (나)를 그린 세잔은 본질이나 실재를 담아내기 위해 대상을 실물보다 훨씬 단순하게 그렸으며 윤곽선을 그리고, 원근법을 사용하지 않았다. 따라서 (가)와 달리 (나)는 원근법이 잘 지켜지지 않은 그림임을 알 수 있다.

오답풀이 ① 3문단에서 세잔의 그림에는 모네의 그림에서 볼 수 없었던 부자연스러운 윤곽선이 둘러져 있다고 하였으므로, 윤곽선이 뚜렷한 그림은 세잔이 그린 (나)이다.

② 2문단에서 인상주의자들은 빛에 따라 대상이 망막에 맺힌 대로 그렸으며, 모네의 낟가리 연작은 햇빛의 조건에 따라 다르게 그려졌다고 하였으므로, 대상이 빛에 따라 달라지는 모습을 그린 그림은 인상주의자인 모네가 그린 (가)이다.

④ 2문단을 참고할 때, 사물의 고유색을 인정하지 않는 사람들은 (가)의 모네와 같은 인상주 화가들이다. 1문단에 따르면 (다)는 입체주의의 도래를 알리는 그림인데, 4문단으로 볼 때 피카소는 여러 시점에서 본 대상의 모습을 한 화면에 담아냈다.

⑤ 2문단을 참고할 때, '세상을 향한 창'과 같은 사실적 그림을 목표로 한 사람들은 르네상스 시대의 화가들이며, 인상주의자들은 이러한 사실성을 의식적으로 추구했다고 하였으므로 인상주의자들 역시 이와 비슷한 생각을 가지고 있다. 따라서 인상주 화가인 모네가 그린 그림인 (가)만 여기에 해당된다.

2 관점의 비교 ③

6문단에 따르면 곰브리치와 굿맨의 이론에서 핵심은 대상을 있는 그대로 보는 '순수한 눈'은 없으며, 객관적인 사실성도 없고, 사실적인 그림이란 한 문화나 개인에게 익숙한 재현 체계를 따른 그림일 뿐이라는 것이다. 그런데 2문단에 따르면, 인상주의자들은 의식적으로 사실성을 추구했으며 망막에 맺힌 대로 그리는 것을 회화의 목표로 삼았다. 그러므로 곰브리치와 굿맨은 인상주의자들이 아무리 있는 그대로 사물을 그리려 노력해도 그들은 객관적인 사실성을 얻을 수 없다고 말할 것이다.

오답풀이 ① 6문단에서 곰브리치와 굿맨은 '순수한 눈'을 인정하지 않는다고 하였다.

② 6문단에서 곰브리치와 굿맨은 객관적인 사실성은 없다고 하였다.
④ 곰브리치와 굿맨은 '숨어 있는 실재'에 대해 언급하지 않았다.
⑤ 곰브리치와 굿맨이 다른 유파의 재현 체계에 견주어 인상주의의
사실성을 비판한 것은 아니다. 곰브리치와 굿맨에 따르면, 사실적인
그림이란 익숙한 그림이며 이는 관습과 문화 등에 따라 변할 수 있
는 것이다.

3 구체적 사례 파악 ⑤

6문단에서 곰브리치와 굿맨은 우리의 지각은 관습과 문화, 믿음 체
계, 배경지식의 영향을 많이 받으며 작가와 작품에 대한 사전 지식
이 작품의 지각에도 영향을 준다고 하였다. 따라서 사전 지식이 나
무를 그린 소묘 속 불분명한 연필 자국을 나무로 인식하게 만든다거
나, 소 떼 그림에 있는 연필 자국을 소로 보게 만든다는 진술이 ㉠을
뒷받침하는 근거로 가장 적절하다.

오답풀이 ① 곰브리치와 굿맨은 지각은 배경지식의 영향을 받는다고
하였다. 그런데 제시된 경우는 배경지식의 영향력을 받지 않으므로
적절하지 않다.
② 곰브리치와 굿맨은 지각은 우리가 속한 문화 등에 영향을 받는다
고 하였다. 그런데 제시된 경우는 문화의 차이를 강조하지 않으므로
적절하지 않다.
③ 곰브리치와 굿맨은 객관적인 사실성이란 없고, 사실적인 그림이
란 한 문화나 개인에게 익숙한 재현 체계를 따른 그림일 뿐이라고
하였다. 그런데 제시된 경우는 대상의 그림자까지 묘사한 그림이 객
관적으로 더 사실적이라고 하였으므로 적절하지 않다.
④ 곰브리치와 굿맨은 지각은 자신이 속한 관습과 문화, 믿음 체계,
배경 지식에 영향을 받는다고 하였다. 그런데 제시된 경우는 대상을
알아보는 선천적인 능력을 강조하므로 적절하지 않다.

⚠ **출제자의 의도읽기** – 선지에서 핵심에 어긋나는 내용을 지워 나간다.
뒷받침하는 근거를 찾는 문제는 구체적 사례로 제시되는 경우가 많아 어려움을
겪을 수 있다. 이때 주장이나 대상의 핵심을 파악해 이에 대치되는 내용이 있는
지 확인하며 선지를 지워 가는 방법이 효율적이다. 곰브리치와 굿맨 이론의 핵심
은 첫째, 사실적인 그림이란 한 문화나 개인에게 익숙한 재현 체계를 따른 것일
뿐 객관적인 사실성이란 없다는 점, 둘째, 지각은 자신이 속한 관습과 문화, 믿음
체계, 배경지식에 영향을 받는다는 점이다. 이를 바탕으로 선지를 살펴보면, ①
은 문화에 따른 배경지식을 인정하지 않으므로 pass, ②도 문화 차이를 인정하
지 않으므로 pass, 이렇게 곰브리치와 굿맨의 이론을 뒷받침하는 근거로 적절하
지 않은 것을 지워 나가며 정답을 찾도록 한다.

4 어휘의 문맥적 의미 파악 ⑤

'본질이나 실재에 더 다가감으로써 얻게 되는 것'에서 '얻다'의 문맥
적 의미는 '구하거나 찾아서 가지다.'이다. 따라서 '얻어 내거나 얻어
가지다.'의 의미를 가진 '획득(獲得)하다'와 문맥적 의미가 유사하므
로 바꿔 쓸 수 있다.

오답풀이 ① '습득(習得)하다'는 '학문이나 기술 따위를 배워서 자기
것으로 하다.'의 의미이다.

② '체득(體得)하다'는 '몸소 체험하여 알다.' 또는 '뜻을 깊이 이해하
여 실천으로써 본뜨다.'의 의미이다.
③ '취득(取得)하다'는 '자기 것으로 만들어 가지다.'의 의미이다.
④ '터득(攄得)하다'는 '깊이 생각하여 이치를 깨달아 알아내다.'의 의
미이다.

기 출 읽 기

01 정의로운 사회란 무엇일까 2013학년도 11월 고1 학력평가

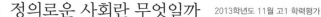

가 사람들은 누구나 정의로운 사회에 살기를 원한다. 그렇다면 정의로운 사회란 무엇일까? 이에 대해 철학자 로버트 노직과 존 롤스는 서로 다른 견해를 보인다. ▶ 논제 제시

나 자유지상주의자인 노직은 타인에게 피해를 주지 않는 한, 개인의 모든 자유가 보장되는 사회를 정의로운 사회라고 말한다. 개인이 정당하게 얻은 결과를 온전히 소유할 수 있도록 자유를 보장하는 것이 정의라는 것이다. 따라서 개인의 소유에 대해 국가가 간섭하는 것은 소유권이라는 개인의 자유를 침해하는 것이기 때문에 정의롭지 못하다고 주장한다. 그렇기 때문에 노직은 선천적인 능력의 차이와 사회적 빈부 격차를 당연한 것으로 본다. 따라서 복지 제도나 누진세 등과 같은 국가의 간섭에 의한 재분배 시도에 대해서는 강력하게 반대한다. 다만 빈부 격차를 해소하기 위한 사람들의 자발적 기부에 대해서는 인정한다. ▶ 정의로운 사회에 대한 노직의 견해

다 롤스는 개인의 자유를 보장하면서도 사회적 약자를 배려하는 사회가 정의로운 사회라고 말한다. 롤스는 정의로운 사회가 되기 위해서는 세 가지 조건을 만족해야 한다고 주장한다. 「첫 번째 조건은 사회 원칙을 정하는 데 있어서 사회 구성원 간의 합의 과정이 있어야 한다는 것이다. 이러한 합의를 통해 정의로운 세계의 규칙 또는 기준이 만들어진다고 보았다. 두 번째 조건은 사회적 약자의 입장을 고려해야 한다는 것이다. 롤스는 인간의 출생, 신체, 지위 등에는 우연의 요소가 많은 영향을 미칠 수 있다고 본다. 따라서 누구나 우연에 의해 사회적 약자가 될 수 있기 때문에 사회적 약자를 차별하는 것은 정당하지 못한 것이 된다. 마지막 조건은 개인이 정당하게 얻은 소유일지라도 그 이익의 일부는 사회적 약자에게 돌아가야 한다는 것이다. 왜냐하면 사회적 약자가 될 가능성은 누구에게나 있으므로, 자발적 기부나 사회적 제도를 통해 사회적 약자의 처지를 최대한 배려하는 것이 사회 전체로 볼 때 공정하고 정의로운 것이기 때문이다.」 ▶ 정의로운 사회에 대한 롤스의 견해

라 노직과 롤스는 이윤 추구나 자유 경쟁 등을 허용한다는 면에서는 공통점을 보인다. 그러나 「노직은 개인의 자유를 중시하여 사회적 약자의 자연적·사회적 불평등의 해결을 개인의 선택에 맡긴다. 반면에 롤스는 개인의 자유를 중시하는 한편, 사람들이 공정한 규칙에 합의하는 과정도 중시하며, 자연적·사회적 불평등을 복지를 통해 보완해야 한다고 주장한다.」 롤스의 주장은 소수의 권익을 위한 이론적 틀을 제시했으며, 평등의 이념을 확장시켜 복지 국가에 대한 이론적 근거를 마련했다고 할 수 있다. ▶ 노직과 롤스의 견해의 공통점과 차이점 및 롤스 견해의 의의

충돌형구조

도입	
견해	견해
정리	

해제 이 글은 '정의로운 사회란 무엇일까?'라는 질문에 대한 두 철학자의 상반된 견해를 설명하고 있다. 자유지상주의자인 노직은 타인에게 피해를 주지 않는 한, 개인의 모든 자유가 보장되는 사회를 정의로운 사회라고 말한다. 따라서 노직은 선천적인 능력의 차이와 사회적 빈부 격차를 당연한 것으로 보며 국가의 간섭에 의한 재분배 시도에 대해 반대한다. 반면 롤스는 개인의 자유를 보장하면서도 사회적 약자를 배려하는 사회가 정의로운 사회라 말한다. 롤스는 정의로운 사회가 되기 위한 세 가지 조건으로 사회 구성원 간의 합의 과정, 사회적 약자에 대한 고려, 개인이 정당하게 얻은 이익의 일부가 사회적 약자에게 돌아가야 함을 주장하고 있다. 두 철학자의 견해는 이윤 추구나 자유 경쟁 등을 허용한다는 점에서 공통점이 있지만, 자연적·사회적 불평등의 해결을 노직은 개인의 선택에 맡기는 반면 롤스는 복지를 통해 보완해야 한다고 주장한다는 점에서 차이를 보인다.

주제 정의로운 사회에 대한 노직과 롤스의 상반되는 관점

0 글의 구조 파악   ①

(가)에서 '정의로운 사회란 무엇일까?'라는 화제(논제)를 제시하고 이에 대해 노직과 롤스가 상반된 견해를 보이고 있음을 언급한 뒤, (나)에서 노직의 견해를, (다)에서 롤스의 견해를 설명하고 있으며, (라)에서는 이 두 견해의 공통점과 차이점을 제시하고 있다. 따라서 (가)는 도입, (나)와 (다)는 대등한 관계, (라)는 (나)와 (다)를 아우르는 정리의 성격을 지니므로 ①이 이 글의 구조도로 적절하다.

1 서술 방식 파악   ⑤

이 글은 (가)에서 '정의로운 사회란 무엇일까?'라는 화제(논제)를 제시하고, (나)와 (다)에서 화제에 대한 노직과 롤스의 견해를 차례로 소개한 뒤, (라)에서 노직의 견해와 롤스의 견해의 공통점과 차이점을 제시하고 있다. 따라서 이 글은 정의로운 사회에 대한 노직과 롤스의 견해를 소개하고 둘을 비교하고 있다고 할 수 있다.

오답풀이 ① 노직과 롤스의 주장을 각각 인과적으로 설명하고 있지만, 두 철학자의 견해가 서로 인과 관계에 있다는 것은 이 글을 통해 확인할 수 없다.
② '정의로운 사회란 무엇일까?'에 대한 상반된 견해를 제시하고 있지만, 두 견해를 절충하는 대안을 제시하고 있지는 않다.
③ 노직과 롤스의 견해를 제시하고 있지만, 두 견해를 종합하여 새로운 문제를 제기하고 있지는 않다.
④ 노직과 롤스의 이론을 소개하고 있지만, 각 이론이 다양하게 분화되는 과정을 보여 주고 있지는 않다.

2 비판의 타당성 평가   ⑤

|보기|에는 '최대 다수의 최대 행복'을 정의라고 본 공리주의자 벤담의 견해가 제시되어 있다. 벤담은 걸인과 마주치는 대다수의 사람들이 부정적 감정을 느끼므로 걸인들을 모두 모아 한곳에서 생활하게 하는 강제 수용소 설치를 제안했다. 롤스는 이러한 벤담의 생각에 비판할 것이다. 왜냐하면 롤스는 인간의 출생, 신체, 지위 등에는 우연적 요소가 개입하며 누구나 우연에 의해 사회적 약자가 될 수 있으므로 사회적 약자를 차별하는 것은 정의롭지 않다고 보았기 때문이다.

오답풀이 ① 롤스는 다수의 행복이 아닌 사회적 약자를 배려하는 사회가 정의로운 사회라고 주장하였다.
② (다)에서 롤스가 정의로운 사회가 되기 위해 제시한 첫 번째 조건을 통해 사회적 약자의 불평등 문제는 사회 구성원 간에 합의한 원칙에 따라 해결해야 한다고 주장할 것임을 확인할 수 있다.

③, ④ (다)에서 롤스가 정의로운 사회가 되기 위해 제시한 세 가지 조건을 보면, 롤스는 인간의 감정적 차원을 언급하고 있지 않다.

⚠ **출제자의 의도읽기 –** |보기|에서만 언급하는 내용인지 확인한다.
|보기|가 제시된 문제를 쉽게 해결하는 방법 중에 하나는 선지에 제시된 내용이나 표현이 지문에서 언급되지 않고 |보기|에서만 언급된 것인지를 확인하는 것이다. 이는 |보기|에서 언급한 내용만으로도 선택하거나 지울 수 있는 선지가 존재하기 때문이다. 예를 들어, '다수의 최대 행복', '부정적 감정' 등은 |보기|에만 존재하는 핵심어이다. 따라서 이와 관련된 단어가 들어간 선지는 정답이 될 가능성이 낮다.

3 다른 상황에 적용   ①

노직은 복지 제도나 누진세 등과 같은 국가의 간섭에 의한 재분배 시도에 대해서 강력하게 반대하지만 빈부 격차를 해소하기 위한 사람들의 자발적 기부에 대해서는 인정하고 있다. 따라서 |보기|의 야구 선수가 기부하는 행동 자체를 노직이 반대하겠다고 보는 것은 적절하지 않다.

오답풀이 ② (나)에서 노직이 복지 제도와 같은 국가의 간섭에 의한 재분배 시도에 대해 반대한다는 내용을 확인할 수 있다. 따라서 노직은 |보기|에 제시된 난치병 환자를 지원하는 복지법이 제정되는 것에 반대할 것이다.
③ |보기|에서는 프로 야구 선수의 기부 행위에 감동 받은 팬들이 정부에 세금으로 난치병 환자를 지원하는 복지법 제정을 청원하고 있다. (다)와 (라)를 통해 롤스가 사회적 약자의 자연적·사회적 불평등을 자발적 기부나 사회적 제도, 복지를 통해 보완해야 한다고 주장하고 있음을 알 수 있다. 따라서 롤스는 |보기|의 난치병 환자를 지원하는 복지법의 제정으로 정의로운 사회가 이루어질 수 있다고 볼 것이다.
④ (다)에서 롤스가 제시한 세 가지 조건 중 마지막 조건과 관련된 내용으로, 롤스는 자발적 기부나 사회적 제도를 통해 사회적 약자의 처지를 최대한 배려하는 것이 공정하고 정의로운 사회라고 본다는 점을 확인할 수 있다. 따라서 롤스는 |보기|의 야구 선수가 기부하는 행동을 정의롭다고 볼 것이다.
⑤ (라)에서 노직과 롤스 모두 이윤 추구나 자유 경쟁 등을 허용한다는 점을 확인할 수 있다. 따라서 노직과 롤스는 |보기|의 야구 선수가 다승왕 상금을 받은 것은 자유 경쟁을 통해 얻은 결과로 보고 인정할 것이다.

회복적 사법 2015학년도 4월 고3 학력평가 A형

도입
회복적 사법의 등장 배경과 개념 소개

관점
기존 형사 사법의 문제점 제시

관점
피해자와 피해의 회복에 중점을 둔 회복적 사법 설명

정리
회복적 사법의 의의

어떻게 읽을까!

사례를 들어 제시하려는 화제가 무엇인지 파악했는가?
구체적 사례를 통해 회복적 사법의 등장 배경을 소개하며 회복적 사법이라는 화제를 제시함.

기존의 형사 사법과는 다른 회복적 사법의 특징을 이해했는가?
기존의 형사 사법이 지닌 문제점을 언급한 뒤, 피해자와 피해의 회복에 초점을 두는 회복적 사법의 특징을 부각함.

회복적 사법의 역할과 의의를 파악했는가?
회복적 사법의 대안적 성격과 회복적 사법이 가해자와 피해자에 대해 갖는 의미를 언급하며 그 가치를 드러냄.

⑦ 1974년 캐나다에서 소년들이 집과 자동차를 파손하여 체포되었다. 보호 관찰관이 소년들의 사과와 당사자 간 합의로 이 사건을 해결하겠다고 담당 판사에게 건의하였고, 판사는 이를 수용했다. 그 결과 소년들은 봉사 활동과 배상 등으로 자신들의 행동을 책임지고 다시 마을의 구성원으로 복귀하였다. 이를 계기로 '피해자 – 가해자 화해' 프로그램이 만들어졌는데, 이것이 '회복적 사법'이라는 사법 관점의 첫 적용이었다. 이와 같이 회복적 사법이란 범죄로 상처 입은 피해자, 훼손된 인간관계와 공동체 등의 회복을 지향하는 형사 사법의 새로운 관점이자 범죄에 대한 새로운 대응인 것이다. 여기서 형사 사법이란 범죄와 형벌에 관한 사법 제도라 할 수 있다.
▶ 회복적 사법의 등장 배경과 그 개념

⑭ 기존의 형사 사법은 응보형론과 재사회화론을 기저에 두고 있다. 응보형론은 범죄를 상쇄할 해악의 부과를 형벌의 본질로 보는 이론으로 형벌 자체가 목적이다. 그런데 지속적인 범죄의 증가 현상은 응보형론이 이미 발생한 범죄와 범죄인의 처벌에 치중하고 예방은 미약하다는 문제를 보여 준다. 재사회화론은 형벌의 목적을 범죄인의 정상적인 구성원으로서의 사회 복귀에 두는 이론이다. 이것은 형벌과 교육으로 범죄인의 반사회적 성격을 교화하여 장래의 범법 행위를 방지하는 것에 주안점을 두지만 이도 증가하는 재범률로 인해 비판받고 있다. 또한 응보형론이나 재사회화론에 입각한 형사 사법은, 법적 분쟁에서 국가가 피해자를 대신하면서 국가와 범죄 행위자 간의 관계에 집중하기 때문에 피해자나 지역사회에 대한 관심이 적다는 문제점이 제기되었다.
▶ 기존 형사 사법의 문제점

⑮ 회복적 사법은 기본적으로 범죄에 대해 다른 관점으로 접근한다. 기존의 관점은 범죄를 국가에 대한 거역이고 위법 행위로 보지만 회복적 사법은 범죄를 개인 또는 인간관계를 파괴하는 행위로 본다. 지금까지의 형사 사법은 주로 범인, 침해당한 법, 처벌 등에 관심을 두고 피해자는 무시한 채 가해자와 국가 간의 경쟁적 관계에서 대리인에 의한 법정 공방을 통해 문제를 해결해 왔다. 그러나 회복적 사법은 피해자와 피해의 회복 등에 초점을 두고 있다. 기본적 대응 방법은 피해자와 가해자, 이 둘을 조정하는 조정자를 포함한 공동체 구성원까지 자율적으로 참여하는 가운데 이루어지는 대화와 합의이다. 가해자가 피해자의 상황을 직접 듣고 죄책감이 들면 그의 감정이나 태도에 변화가 생기고, 이런 변화로 피해자도 상처를 치유받고 변화할 수 있다고 보는 것이다. 이러한 회복적 사법은 사과와 피해 배상, 용서와 화해 등을 통한 회복을 목표로 하며 더불어 범죄로 피해 입은 공동체를 회복의 대상이자 문제 해결의 주체로 본다.
▶ 회복적 사법의 목표

⑯ 회복적 사법이 기존의 관점을 완전히 대체할 수 있는 것은 아니다. 이는 현재 우리나라의 경우 형사 사법을 보완하는 차원 정도로 적용되고 있다. 그럼에도 회복적 사법은 가해자에게는 용서받을 수 있는 기회를, 피해자에게는 회복의 가능성을 부여할 수 있다는 점에서 의미가 있다.
▶ 회복적 사법의 의의

충돌형구조

도입	
관점	관점
정리	

해제 이 글은 기존 형사 사법의 대안으로 제시된 회복적 사법에 대해 설명하고 있다. 회복적 사법은 응보형론과 재사회화론에 바탕을 둔 기존의 형사 사법이 지닌 문제점을 지적하면서 범죄에 대해 다른 관점으로 접근하였다. 기존의 관점이 범죄를 국가에 대한 거역이자 위법 행위로 보았다면, 범죄를 개인 또는 인간관계를 파괴하는 행위로 보는 회복적 사법은 사과, 용서 등을 통한 회복을 목표로 하며, 피해자와 피해의 회복에 초점을 두면서도 범죄로 피해를 입은 공동체를 회복의 대상으로 본다. 회복적 사법은 기존의 관점을 완전히 대체할 수 없다는 점에서 한계는 있지만 가해자와 피해자 모두에게 도움이 될 수 있다는 점에서 의의가 있다.

주제 기존 형사 사법의 대안적 기능을 할 수 있는 회복적 사법

0 ⑤   1 ③   2 ③   3 ⑤   4 ⑤

글쓴이의 작문 과정 ❶ 형사 사법 ❷ 회복적 사법
주제   기존 형사 사법의 대안적 기능을 할 수 있는 회복적 사법

0 글의 구조 파악 ⑤

이 글은 (가)에서 회복적 사법의 등장 배경과 그 개념을 소개하고, (나)에서 기존의 형사 사법의 문제점을 설명한 뒤, (다)에서 '회복적 사법은 기본적으로 범죄에 대해 다른 관점으로 접근한다.'라고 하며 회복적 사법을 기존의 형사 사법과 대조하여 설명하고 있다. 그리고 (라)에서 회복적 사법이 지닌 의의를 제시하고 있다. 따라서 이 글의 구조를 알맞게 도식화한 것으로 ⑤가 적절하다.

1 내용의 전개 방식 파악 ③

이 글은 형사 사법의 새로운 관점인 회복적 사법에 대해 설명하고 있다. 특히 (나)에서 기존의 형사 사법의 문제점을 살펴본 뒤, (다)에서 회복적 사법을 기존의 형사 사법과 범죄에 대한 관점, 문제에 대한 대응·해결 방식, 목표점 등을 대조하여 설명하고 있다.

오답풀이 ① (라)에서 회복적 사법의 한계를 언급하고는 있으나, 그 한계와 관련해 전문가의 의견을 제시하고 있지는 않다.
② 회복적 사법의 특성을 밝히고는 있으나, 그 특성을 구체적 수치를 활용하여 제시하고 있지는 않다.
④ 비유적 진술은 나타나 있지 않으며, 회복적 사법이 지니는 의의를 제시했을 뿐 회복적 사법의 발전 가능성에 대해서는 언급하고 있지 않다.
⑤ 이 글에는 응보형론과 재사회화론이라는 두 가지 이론이 제시되어 있으나 이는 기존 형사 사법과 관련된 이론이며, 회복적 사법에 대한 해결책은 제시되어 있지 않다.

2 세부 내용 파악 ③

(가)에서 1974년 캐나다 사례에 회복적 사법의 관점이 적용되었다고 했으나, 회복적 사법이 실현된 사법 제도의 다양한 유형은 제시되어 있지 않다.

오답풀이 ① (가)에서 1974년 캐나다의 사례를 계기로 '피해자 – 가해자 화해' 프로그램이 만들어졌는데, 이것이 회복적 사법이라는 관점의 첫 적용이라고 제시하고 있다.
② (나)에서 지속적인 범죄 증가 현상과 증가하는 재범률이 응보형론과 재사회론의 한계임을 제시하고 있다.
④ (나)에서 기존 형사 사법이 응보형론과 재사회화론을 기저에 두고 있다고 언급하며, 기존 형사 사법의 토대가 되는 형벌에 대한 관점을 제시하고 있다.
⑤ (다)에서 기존 형사 사법의 관점은 범죄 행위를 국가에 대한 거역이고 위법 행위로 본다는 것을 알 수 있다.

3 세부 내용 추론 ⑤

(다)에 회복적 사법은 사과와 피해 배상, 용서와 화해 등을 통한 회복을 목표로 한다는 내용이 제시되어 있다. 회복적 사법에서 응보 심리의 충족을 목표로 한다는 내용은 찾아볼 수 없다. 응보 심리의 충족을 목적으로 하는 것은 응보형론이다.

오답풀이 ① (다)에서 '지금까지의 형사 사법은 주로 범인, 침해당한 법, 처벌 등에 관심을 두고'라는 내용에서 확인할 수 있다.
② (나)의 '응보형론은 범죄를 상쇄할 해악의 부과를 형벌의 본질로 보는 이론으로 형벌 자체가 목적이다.'라는 내용을 통해 응보형론이 저질러진 범죄에 대한 응당한 형벌의 필요성을 인정함을 알 수 있다.
③ (나)에서 재사회화론은 형벌과 교육으로 범죄인의 반사회적 성격을 교화하여 장래의 범법 행위를 방지하는 것에 주안점을 두고, 응보형론은 형벌 그 자체에 목적을 둔다는 내용에서 확인할 수 있다.
④ (다)에서 '기본적 대응 방법은 피해자와 가해자, 이 둘을 조정하는 조정자를 포함한 공동체 구성원까지 자율적으로 참여하는 가운데 이루어지는 대화와 합의이다.'라는 내용에서 확인할 수 있다.

4 비판의 타당성 평가 ⑤

회복적 사법은 가해자가 피해자의 상황을 직접 들으면 죄책감이 들어 그의 감정과 태도에 변화가 생기고, 이로 인해 사과와 화해가 이루어져 피해자도 상처를 치유받고 변화할 수 있다고 본다. 그러나 |보기|와 같이 가해자가 자신의 형벌을 감형시킬 목적으로 회복적 사법 프로그램에 참가하면 진정한 태도 변화와 진정한 사과와 화해가 이루어질 수 없으므로 프로그램을 실시하는 목적이 달성되기 어렵다.

오답풀이 ① (다)를 통해 회복적 사법은 국가와 피해자 간의 관계에 집중하는 것이 아니라 피해자와 피해의 회복에 초점을 둔다는 점을 알 수 있다.
② (다)의 회복적 사법은 가해자의 태도 변화를 바탕으로 한 사과와 피해 배상, 용서와 화해 등을 통한 회복을 목표로 한다는 점으로 미루어 회복적 사법이 가해자의 교화나 재범의 예방에 관심이 많음을 알 수 있다.
③ |보기|에서 회복적 사법이 헌법 정신에 위배되는 이유는 무죄 추정의 원칙에 반하며, 가해자의 재판받을 권리를 침해하기 때문이다. 이로 인해 피해자와 공동체가 더 상처를 입는다고 판단할 수는 없다.
④ |보기|에서 유죄 확정 전에 피해자와 합의하게 하는 것은 가해자를 유죄로 간주하는 것이며, 가해자가 자신의 형벌을 감형시킬 목적으로 회복적 사법 프로그램을 악용할 수도 있다고 하였다.

언론도 반박할 수 있다 2010학년도 6월 고3 모의평가

도입
언론 보도로 입은 피해에 대한 비금전적 구제 방법인 '반론권' 소개

[A]
　　언론 보도로 명예가 훼손되는 경우 피해를 구제받으려면 어떻게 해야 할까? 우리 민법은 명예 훼손으로 인한 피해를 구제받기 위해 손해 배상과 같은 금전적인 구제와 아울러 비금전적인 구제를 청구할 수 있다고 규정하고 있다. 이러한 비금전적인 구제 방식의 하나가 '반론권'이다. 반론권은 언론의 보도로 피해를 입었다고 주장하는 당사자가 문제가 된 언론 보도 내용 중 순수한 의견이 아닌 사실적 주장(사실에 관한 보도 내용)에 대해 해당 언론사를 상대로 지면이나 방송으로 반박할 수 있는 권리이다. 반론권은 일반적으로 반론 보도를 통해 실현되는데, 이는 정정 보도나 추후 보도와는 다르다. 정정 보도는 보도 내용이 사실과 달라 잘못된 사실을 바로잡는 것이며, 추후 보도는 형사상의 조치를 받은 것으로 보도된 당사자의 무혐의나 무죄 판결에 대한 내용을 보도해 주는 것이다.
▶ 언론 보도로 입은 피해의 비금전적 구제 방법인 반론권

입장
우리나라 반론권 제도의 특징과 긍정적·부정적 시각 제시

　　반론권 제도는 세계적으로 약 30개 국가에서 시행되고 있는데, 우리나라의 반론권 제도는 의견에도 반론권을 적용하는 프랑스식 모델이 아닌 사실적 주장에 대해서만 반론권을 부여하는 독일식 모델을 따르고 있다. 우리나라 반론권 제도의 특징은 정부가 반론권 제도를 도입하면서 이를 언론중재위원회를 통하여 행사하도록 했다는 것이다. 반론권 도입 당시 우리 정부는 언론중재위원회를 통한 반론권 행사가 언론에는 신뢰도 하락과 같은 부담을 주지 않고, 개인에게는 신속히 피해를 구제받을 기회를 주기 때문에 효율적이라고 주장하였다. 이에 대해 언론사와 일부 학자들은 법정 기구인 언론중재위원회를 통해 반론권을 행사하도록 하는 것이 언론의 편집 및 편성권을 침해하여 궁극적으로 언론 자유의 본질을 훼손할 수 있다는 우려를 나타냈다.
▶ 우리나라 반론권 제도의 특징

입장
반론권에 대한 법리적 해석

　　그러나 헌법 재판소는 반론권 존립 여부에 대해 판단하면서, 반론권은 잘못된 사실을 진실에 맞게 수정하는 권리가 아니라 피해를 입은 자가 문제가 되는 기사에 대해 자신의 주장을 게재하는 권리로서 합헌적인 구제 장치라고 보았다. 또한 대법원은 반론권 제도를 이른바 ㉠무기대등원칙(武器對等原則)에 부합하는 것으로 판단하였다. 즉 사회적 강자인 언론을 대상으로 일반인이 동등한 공격과 방어를 할 수 있도록 균형 유지 수단을 제공하는 것이므로 정당하다는 것이다.
▶ 반론권에 대한 법리적 해석

결론
반론권 제도 유지의 중요성 강조

　　반론권 청구는 언론중재위원회 또는 법원에 할 수 있으며, 두 기관에 동시에 신청할 수도 있다. 이때 반론권은 해당 언론사의 잘못이나 기사 내용의 진실성 여부에 상관없이 청구할 수 있다. 「언론 전문가들은 일부 학자들의 비판적인 시각에도 불구하고 언론과 관련된 분쟁은 법정 밖에서 해결하는 것이 가장 바람직하다는 측면에서 언론중재위원회를 통한 반론권 제도의 중요성을 인정하고 있다.」 그러나 그 효율성을 제고하기 위해서는 당사자가 모두 ㉡만족할 수 있도록 중재의 합의율과 질적 수준을 높여야 할 것이다.
▶ 반론권 청구 기관과 반론권 제도의 중요성

질문을 통해 소개하려는 개념이 무엇인지 파악했는가?
언론 보도로 명예가 훼손되는 피해를 입은 경우, 비금전적 구제 방법으로 반론권이 있음을 소개함.

우리나라 반론권 제도의 특징과 제도에 대한 상반된 견해를 파악했는가?
언론중재위원회를 통해 행사하는 우리나라의 반론권 제도의 특징을 소개하고, 정부의 긍정적 입장과 이에 대한 우려를 모두 제시함.

반론권에 대한 헌법재판소와 대법원의 입장을 파악했는가?
헌법재판소와 대법원의 법리적 해석을 제시함으로써 언론중재위원회를 통한 반론권 행사의 장점을 부각함.

반론권 제도에 대한 글쓴이의 주장을 이해했는가?
언론중재위원회를 통한 반론권 청구는 언론과 관련된 분쟁을 법정 밖에서 해결할 수 있는 중요한 제도이므로 그 효율성을 높이기 위해 노력할 것을 당부함.

충돌형구조

도입	
입장	입장
결론	

해제 이 글은 언론 보도로 피해를 입었을 때 해당 언론사를 상대로 지면이나 방송으로 반박할 수 있는 권리인 '반론권'에 대해 설명하고 있다. 우리나라의 반론권 제도는 언론 보도 내용 중 의견이 아닌 사실적 주장에 대해서만 반론권을 부여하는 독일식 모델을 따르고 있으며, 반론권은 언론중재위원회나 법원에 청구할 수 있다. 언론중재위원회를 통한 반론권 행사는 언론의 자유를 훼손할 수 있다는 우려가 있지만, 일반인이 사회적 강자인 언론을 대상으로 동등한 공격과 방어를 할 수 있도록 하는 장점도 있다. 글쓴이는 언론중재위원회를 통한 반론권 제도의 중요성을 인정하면서도, 그 효율성을 제고하기 위해서는 당사자 모두가 만족할 수 있도록 중재의 합의율과 질적 수준을 높여야 함을 강조하고 있다.

주제 반론권의 개념과 우리나라 반론권 제도의 특징

0 글의 전개 방식 파악 ④

1문단에서 이 글의 중심 화제인 '반론권'의 개념을 설명하고, 이어서 2문단에서는 우리나라의 반론권 제도에 대한 긍정적 시각과 비판적 시각을 소개하고 있다. 그리고 3문단에서 반론권에 대한 헌법재판소와 대법원의 해석을 제시하며 반론권이 지니는 의의를 밝힌 후, 마지막 문단에서는 우리나라 반론권 제도의 효율성을 제고하기 위해서는 중재의 합의율과 질적 수준을 높여야 한다며 필자 자신의 의견을 밝히면서 글을 마무리하고 있다.

오답풀이 ① 반론권 제도에 대한 프랑스식 모델과 독일식 모델을 간단히 소개하고 있으나, 외국의 사례로 볼 수 있는 구체적인 내용은 제시되어 있지 않다.
② 반론권과 관련해 일반인의 상식이나 이에 대한 비판은 제시되어 있지 않다.
③ 반론권 제도에 대한 기존의 주장을 반박하기 위해 새로운 이론을 활용하고 있지 않다.
⑤ 마지막 문단에 반론권에 대한 필자의 의견이 제시되어 있지만, 필자의 생각과 반대되는 견해나 그 견해가 가진 장단점에 대해서는 제시되어 있지 않다.

1 세부 내용 파악 ②

4문단에서 '반론권은 해당 언론사의 잘못이나 기사 내용의 진실성 여부에 상관없이 청구할 수 있다.'라고 하였으므로 보도 내용이 진실인 경우에도 반론권을 청구할 수 있음을 알 수 있다.

오답풀이 ① 2문단에서 '프랑스식 모델'을 언급하고 있지만, 반론권 제도가 프랑스에서 가장 먼저 도입했는지는 이 글에서 알 수 없다.
③ 1문단에 반론 보도는 정정 보도나 추후 보도와 다르다는 내용이 제시되어 있지만, 반론 보도와 정정 보도를 동시에 청구할 수 있는지에 대한 내용은 이 글에 제시되어 있지 않다.
④ 2, 3문단에서 반론권 청구의 주체를 '개인', '일반인'으로 한정하고 있으므로 그 주체를 법인이나 단체, 조직으로 보기는 어렵다.
⑤ 1문단에서 반론권을 '해당 언론사를 상대로 지면이나 방송으로 반박할 수 있는 권리'라고 설명하고 있을 뿐, 반론 보도가 문제가 된 보도와 같은 분량이어야 한다는 내용은 언급되어 있지 않다.

2 구체적 사례에 적용 ②

반론권은 언론의 보도로 피해를 입었다고 주장하는 당사자가 문제가 된 언론 보도 내용 중 순수한 의견이 아닌 사실적 주장(사실에 관한 보도 내용)에 대해 해당 언론사를 대상으로 지면이나 방송으로 반박할 수 있는 권리를 말한다. ②의 경우는 이미 방송된 인터뷰 기사 내용에 대해 '자신의 견해를 확대 해석한 결과'라며 반박하고 있으므로 '반론 보도'로 볼 수 있다.

오답풀이 ① 형사상의 조치를 받은 것으로 보도된 당사자(A 씨)의 무죄 판결에 대한 내용을 보도하고 있으므로 '추후 보도'에 해당한다.
③ 보도 내용이 사실과 달라 그 잘못된 내용을 바로잡고 있으므로 '정정 보도'에 해당한다.
④ 기존 보도 내용이 오기(誤記)에 의한 것이었음을 알리고 있으므로 '정정 보도'에 해당한다.
⑤ 사실을 확인하여 금리에 대한 보도 내용이 잘못되었음을 알리고 잘못된 사실을 수정하고 있으므로 '정정 보도'에 해당한다.

3 다른 상황에 적용 ①

3문단에 따르면 '무기대등원칙'은 '사회적 강자인 언론을 대상으로 일반인이 동등한 공격과 방어를 할 수 있도록 균형 유지 수단을 제공하는 것'을 의미한다. 그러므로 사회적 강자를 상대로 약자가 공격이나 방어를 통해 균형을 유지할 수 있도록 하는 제도 혹은 수단을 찾아야 한다. 피의자가 자신에게 불리한 진술을 거부하는 것은 사회적 강자인 국가나 법 기관을 상대로 개인이 법적 다툼을 벌이는 경우 상대적으로 약자인 개인이 진술 거부를 통해 방어함으로써 강자와 약자 사이에서 균형을 유지하는 것으로 볼 수 있다.

오답풀이 ② 산모를 보호·배려하는 제도는 맞지만, 사회적 강자에게 일반인이 동등한 공격과 방어를 할 수 있도록 한다는 취지와는 거리가 멀다.
③ 저소득층의 자녀를 배려하는 제도이지만, 사회적 강자에게 일반인이 동등한 공격과 방어를 할 수 있도록 한다는 취지와는 거리가 멀다.
④ 고령자를 배려하는 제도이지만, 사회적 강자에게 일반인이 동등한 공격과 방어를 할 수 있도록 한다는 취지와는 거리가 멀다.
⑤ 청소년을 보호·배려하는 제도이지만, 사회적 강자에게 일반인이 동등한 공격과 방어를 할 수 있도록 한다는 취지와는 거리가 멀다.

4 어휘의 문맥적 의미 파악 ③

ⓛ의 '만족하다'는 '흡족하게 여기다.', '모자람이 없이 넉넉하다.'의 의미이다. ③의 '상당하다'는 '어느 정도에 가깝거나 알맞다.'의 의미로 ⓛ의 '만족하다'의 의미를 포함하고 있지 않다.

오답풀이 ① '어떤 대상이 흡족하게 마음에 들다.'의 의미이다.
② '조금도 모자람이 없을 정도로 넉넉하고 만족하게.'의 의미이다.
④ '거리낌이나 불만이 없어 마음이 흡족하다.'의 의미이다.
⑤ '모양이나 태도, 또는 어떤 일 따위가 마음에 들어 만족하다.'의 의미이다.

여론 조사 결과 공표가 선거에 미치는 영향

2009학년도 9월 고3 모의평가

어떻게 썼을까?

도입
여론 조사 결과의 공표
금지 논쟁

견해
찬성론자의 견해와 근거
제시

견해
반대론자의 견해와 근거
제시

정리
우리나라 현행 선거법이
주는 시사점 언급

선거 기간 동안 여론 조사 결과의 공표를 금지하는 것이 사회적 쟁점이 되고 있다. 조사 결과의 공표가 유권자 투표 의사에 영향을 미쳐 선거의 공정성을 훼손한다는 주장과 공표 금지가 선거 정보에 대한 언론의 접근을 제한하여 알 권리를 침해한다는 주장이 맞서고 있기 때문이다.

[A]
　　찬성론자들은 먼저 ㉠'밴드왜건 효과'와 '열세자 효과' 등의 이론을 내세워 여론 조사 공표의 부정적인 영향을 부각시킨다. 밴드왜건 효과에 의하면, 선거일 전에 여론 조사 결과가 공표되면 사표(死票) 방지 심리로 인해 표심이 지지도가 높은 후보 쪽으로 이동하게 된다. 이와 반대로 열세자 효과에 따르면, 열세에 있는 후보자에 대한 동정심이 발동하여 표심이 그쪽으로 움직이게 된다. 각각의 이론을 통해 알 수 있듯이, 여론 조사 결과의 공표가 어느 쪽으로든 투표 행위에 영향을 미치게 되고 선거일에 가까워질수록 공표가 갖는 부정적 효과가 극대화되기 때문에 이를 금지해야 한다는 것이다. 이들은 또한 공정한 여론 조사가 진행될 수 있는 제반 여건이 아직은 성숙되지 않았다는 점도 강조한다. 그리고 금권, 관권 부정 선거와 선거 운동의 과열 경쟁으로 인한 폐해가 많았다는 것이 경험적으로도 확인되었다는 사실을 그 이유로 든다.

[B]
　　이와 달리 반대론자들은 무엇보다 표현의 자유를 실현하는 수단으로서 알 권리의 중요성을 강조한다. 알 권리는 국민이 의사를 형성하는 데 전제가 되는 권리인 동시에 국민 주권 실천 과정에 참여하는 데 필요한 정보와 사상 및 의견을 자유롭게 구할 수 있음을 강조하는 권리이다. 그리고 이 권리는 언론 기관이 '공적 위탁 이론'에 근거해 국민들로부터 위임받아 행사하는 것이므로, 정보에 대한 언론의 접근이 보장되어야 충족된다. 후보자의 지지도나 당선 가능성 등에 관한 여론의 동향 등은 이 알 권리의 대상에 포함된다. 따라서 언론이 위임받은 알 권리를 국민의 뜻에 따라 대행하는 것이기 때문에, 여론 조사 결과의 공표를 금지하는 것은 결국 표현의 자유를 침해하여 위헌이라는 논리이다. 또 이들은 조사 결과의 공표가 선거의 공정성을 방해한다는 분명한 증거가 제시되지 않고 있기 때문에 조사 결과의 공표가 선거에 부정적인 영향을 미친다는 점이 확실하게 증명되지 않았음도 강조한다.

　　우리나라 현행 선거법은 선거일 전 6일부터 선거 당일까지 조사 결과의 공표를 금지하고 있다. 선거 기간 내내 공표를 제한했던 과거와 비교해 보면 금지 기간이 대폭 줄었음을 알 수 있다. 이 점은 공표 금지에 대한 찬반 논쟁에 시사하는 바가 크다.

어떻게 읽을까!

이 글의 쟁점을 파악했는가?
선거 기간 동안 여론 조사 결과 공표 금지에 대한 찬반 입장이 대립하고 있음을 소개함.

쟁점에 대한 찬성론자의 근거를 파악했는가?
여론 조사 결과 공표 금지에 대한 찬성론자들의 근거 네 가지를 병렬적으로 제시함.

쟁점에 대한 반대론자의 근거를 파악했는가?
여론 조사 결과 공표 금지에 대한 반대론자들의 근거 두 가지를 병렬적으로 제시함.

우리나라 현행 선거법을 언급한 까닭이 무엇인지 이해했는가?
여론 조사 결과의 공표 금지 기간이 대폭 줄어든 현행 선거법을 제시하며 '알 권리'를 보장하는 방향으로 전환되고 있음을 제시함.

충돌형구조

도입	
견해	견해
정리	

해제 이 글은 선거 기간 동안 여론 조사 결과의 공표를 금지하는 것에 대한 찬성 측과 반대 측의 주장과 근거를 제시하고 있다. 여론 조사 결과의 공표 금지를 찬성하는 사람들은 밴드왜건 효과와 열세자 효과를 근거로 여론 조사의 공표 결과가 선거에 부정적인 영향을 미친다는 점과 아직까지 공정한 여론 조사가 진행될 수 있는 여건이 성숙하지 않았다는 점, 그리고 폐해가 많았던 과거의 선거 경험을 근거로 들어 공표를 금지하는 데 찬성하고 있다. 이에 대해 여론 조사 결과의 공표 금지에 반대하는 사람들은 표현의 자유를 실현하는 수단으로서 국민들의 알 권리를 중시해야 한다는 점과 여론 조사 결과 공표가 선거에 부정적인 영향을 미친다는 것이 입증되지 않았다는 점을 근거로 들어 반대의 견해를 보이고 있다.

주제 선거 기간 중 여론 조사 결과의 공표 금지에 대한 상반된 입장

0 정보의 논리적 관계 파악   ⑤

선거 기간 동안 여론 조사 결과의 공표 금지에 관한 쟁점을 정리하면 다음과 같다.

⑴ 여론 조사 결과의 공표 금지를 찬성하는 사람들(A)의 근거
     a. 여론 조사 결과의 공표가 선거에 부정적인 영향을 미침.
     b. 공정한 여론 조사가 진행될 수 있는 제반 여건이 아직 성숙되지 않았음.

⑵ 여론 조사 결과의 공표 금지를 반대하는 사람들(B)의 근거
     c. 국민들의 알 권리를 보장해야 함.
     d. 여론 조사 결과의 공표가 선거에 부정적인 영향을 미친다는 점이 확실하게 증명되지 않았음.

그런데 d는 a와 부정 관계의 근거이다. 그러므로 d는 '~a'라고 표현할 수 있다. 따라서 A와 B가 대립한다는 것(↔)을 표시했고, a와 b와 c가 대등한 자격을 가지고 있으며, c 다음에 a를 부정한다는 뜻으로 '~a'라고 표시한 ⑤가 답이 된다.

오답풀이 ① A, B가 인과 관계라는 표시부터 적절하지 않다. 그리고 B가 A의 a, b를 순서대로 부정한 것도 아니다.
② A, B의 관계는 인과 관계가 아니며, B가 A의 b를 부정한 것이 아니라 A의 a를 부정한 것이다.
③ B가 A의 a, b를 순서대로 부정한 것이라고 분석한 부분이 적절하지 않다.
④ B가 A의 b를 부정한 후, 새로운 근거인 c를 제시한 것이 아니라 새로운 근거인 c를 제시한 후, A의 a를 부정한 것이다.

1 세부 내용 추론   ⑤

3문단의 반대론자들의 견해에 따르면, 선거 기간 동안 여론 조사 결과의 공표를 금지하는 것은 국민들의 '알 권리'를 침해하는 것이고 이는 표현의 자유를 침해하는 것이다. 그러므로 공표 금지 기간이 길어질수록 '알 권리'는 강화되는 것이 아니라 더 침해되는 것으로 볼 수 있다.

오답풀이 ① 3문단의 "언론 기관이 '공적 위탁 이론'에 근거해 국민들로부터 위임받아 행사하는 것", '언론이 위임받은 알 권리를 국민의 뜻에 따라 대행하는 것'이라는 부분에서 언론 기관이 알 권리를 대행하기도 한다는 것을 알 수 있다.
② 여론 조사 결과의 공표 금지는 국민들의 알 권리를 제한하는 것이다. 4문단에서 '우리나라 현행 선거법은 선거일 전 6일부터 선거 당일까지 조사 결과의 공표를 금지하고 있다'라고 밝힌 부분에서 알 권리가 법률에 의해 제한되기도 한다는 것을 알 수 있다.
③ 3문단에서 표현의 자유를 실현하는 수단으로서 알 권리가 중요한데, 여론 조사 결과의 공표 금지가 표현의 자유를 침해할 수 있음

을 언급하고 있으므로 알 권리가 제한되면 표현의 자유가 약화된다고 할 수 있다.
④ 3문단에서 '알 권리는 국민이 의사를 형성하는 데 전제가 되는 권리인 동시에 국민 주권 실천 과정에 참여하는 데 필요한 정보와 사상 및 의견을 자유롭게 구할 수 있음을 강조하는 권리'라고 설명하고 있다. 그러므로 알 권리에는 정보 수집의 권리도 포함되어 있다고 할 수 있다.

2 구체적 사례에 적용   ②

'밴드왜건 효과'는 선거일 전에 여론 조사 결과가 공표되면 사표 방지 심리로 인해 표심이 지지도가 높은 후보 쪽으로 이동하는 것이고, '열세자 효과'는 열세에 있는 후보자에 대한 동정심이 발동하여 표심이 열세에 있는 후보자 쪽으로 움직이게 되는 것을 말한다. |보기|에서 박수철 후보는 5차 조사에서 지지율이 11.1%로 최하위였으나 최종 득표율을 보면 29.1%이다. 이는 열세에 몰린 후보에게 표가 몰린 것이므로 박수철 후보에게 '열세자 효과'가 나타난 것으로 분석할 수 있다.

오답풀이 ① 이영희 후보는 2차 조사에서 지지율이 가장 높은 후보였다. 만약 '밴드왜건 효과'가 나타났다면 2차 조사 결과부터 최종 득표율까지 최고 득표율이 유지되어야 한다. 그런데 3차 조사부터는 2위로 밀려났기 때문에 '밴드왜건 효과'가 나타났다고 할 수 없다.
③ 2차 조사에서 지지율이 2위였던 김민수 후보가 3차 조사에서 1위가 된 것으로 보아 '열세자 효과'가 나타난 것으로 보아야 한다. 만약 '밴드왜건 효과'가 나타났다면 2차 조사에서 지지율이 가장 높은 이영희 후보에게 표가 이동해야 한다.
④ 박수철 후보는 3차 조사 때보다 4차 조사 때 지지율이 상승했다. 이로 볼 때 박수철 후보는 '열세자 효과'를 본 것이지, '밴드왜건 효과'를 본 것은 아니다.
⑤ 5차 조사에서 1위였던 김민수 후보가 그 지지율보다 최종 득표율이 상승한 것으로 보아 김민수 후보에게는 '밴드왜건 효과'가 나타난 것이지 '열세자 효과'가 나타났다고 할 수 없다. 그리고 5차 조사 때 2위였던 이영희 후보는 최종 득표율이 지지율보다 하락했으므로 이 상황은 '밴드왜건 효과'나 '열세자 효과'로는 설명할 수 없다.

⚠ 출제자의 의도읽기 – 그래프보다 글이 우선이다.

글의 내용을 바탕으로 그래프나 표를 분석해야 하는 경우, 우리가 흔히 하는 실수는 그래프를 먼저 본다는 것이다. 그래프나 표와 같은 매체 자료를 제시하는 모든 문항은 예외 없이, 반드시, 지문의 내용과 관련지어서 풀게끔 되어 있다. 그렇기 때문에 무조건 그래프나 표와 관련된 지문의 내용을 먼저 확인하고 그 의미를 정확하게 파악해야 한다. 그런 후에 그래프나 표를 보아야 그것들이 의미하는 바를 읽어 낼 수 있다. 제시된 매체 자료를 먼저 보는 것은 어차피 다시 지문으로 가서 관련된 부분을 파악해야 하고, 그런 다음 다시 매체 자료로 돌아와 생각하게 되므로 불필요한 사고 과정을 거치게 되는 소모적이고 비효율적인 방법이다.

기출읽기

01 심장음이 발생하는 이유 2017학년도 11월 고1 학력평가

도입
심장 박동 과정에 대한 의문 제기

일반적으로 의사들은 청진기를 통해 들리는 심장음으로 환자의 상태를 점검한다. 심장은 우리 몸에 혈액을 안정적으로 순환시키는 기관으로 펌프와 같은 작용을 하는데, 매우 짧은 시간에 수축과 이완을 반복한다. 이러한 심장의 주기적인 리듬을 '심장 박동'이라고 하며 이 과정에서 심장음이 발생되는 것이다. 그렇다면 심장 박동은 구체적으로 어떤 과정을 거쳐 일어나며, 심장음은 왜 발생하는 것일까?

어떻게 읽을까!

질문을 통해 중심 화제를 파악했는가?
심장 박동 과정과 심장음의 발생 원인이 글의 중심 화제임을 안내함.

원리
심장의 구조와 혈액의 순환 과정 설명

이 궁금증을 해결하기 위해서는 우선 ㉠심장의 구조와 혈액의 순환 과정을 살펴볼 필요가 있다. 심장은 [그림]과 같이 우심방과 우심실, 좌심방과 좌심실로 구성되어 있다. 각 심방과 심실 사이에는 방실판막이 있고, 우심실과 폐동맥 사이, 좌심실과 대동맥 사이에는 동맥판막이 있다. 여기서 판막은 혈액을 한 방향으로만 흐르게 하는 역할을 한다는 점에서 마치 한쪽으로만 열리는 출입문에 비유될 수 있다. 방실판막은 심방에서 심실로만 열리는데, 심방의 압력이 심실의 압력보다 높을 경우에만 열

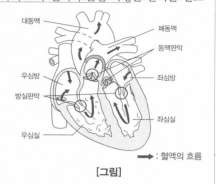

[그림]

대동맥 / 폐동맥 / 동맥판막 / 우심방 / 좌심방 / 방실판막 / 좌심실 / 우심실 / ➡ : 혈액의 흐름

린다. 동맥판막 역시 압력의 차이로 인해 심실에서 동맥으로만 열린다. 그리고 혈액의 순환 과정은 다음과 같다. 「혈액은 몸 전체의 세포와 조직에 산소를 공급하고 이들로부터 이산화탄소를 받은 후 우심방, 우심실을 거쳐 폐동맥을 통해 폐로 이동된다. 이후 폐에서 산소를 공급받은 혈액은 좌심방으로 되돌아와 좌심실을 거쳐 대동맥을 통해 몸 전체로 나가게 된다.」이 과정에서 우심실과 좌심실은 동시에 수축됨으로써 같은 양의 혈액을 폐나 몸 전체로 내보내는데, 혈액을 폐로 보내는 것보다 몸 전체로 보낼 때 더 강한 힘이 필요하므로 좌심실 벽이 우심실 벽보다 더 두껍다.

그림을 활용하여 심장의 구조와 혈액의 순환 과정을 확인했는가?
우심방, 우심실, 좌심방, 좌심실, 방실판막, 동맥판막으로 이루어진 심장의 구조와 '우심방 → 우심실 → 폐동맥 → 폐 → 좌심방 → 좌심실 → 대동맥 → 몸 전체'로 이루어지는 혈액의 순환 과정을 그림을 제시해 쉽게 설명함.

과정
심장 박동의 수축 단계 과정에서 발생하는 심장음 소개

㉡심장의 박동은 심실 확장기, 등용적 심실 수축기, 심실 수축기를 포함하는 수축 단계와 등용적 심실 이완기, 심실 채우기를 포함하는 이완 단계를 반복적으로 거친다. 이 과정은 약 0.8초를 주기로 하여 좌심방과 좌심실, 우심방과 우심실에서 동시에 일어난다. 먼저 동방결절에서 발생한 전기 신호가 심방의 근육으로 전달되면 심방이 수축된다. 이로 인해 심방의 압력이 심실의 압력보다 조금 높아지므로 심방에서 심실로 혈액이 흘러 심실의 크기가 지속적으로 커지는데 이를 심실 확장기라고 한다. 이 시기에는 심방을 수축시킨 전기 신호가 방실판막과 심방 벽을 진동시켜 '제4심장음'이 발생한다. 그리고 동방결절에서 발생한 그 전기 신호가 방실결절을 통해 심실 전체로까지 전달되면 심실이 수축되기 시작한다. 이로 인해 심실의 압력이 증가하여 심방의 압력보다 높아지므로 방실판막이 닫힌다. 그런데 심실의 압력은 동맥의 압력보다 여전히 낮기 때문에 동맥판막은 닫혀 있다. 따라서 수축으로 인한 심실의 압력 증가가 일정 수준에 이르기 전까지는 4개의 판막은 모두 닫혀 있다. 이는 혈액의 이동이 순간적으로 중지된 상태이므로 심실의 크기는 일정하게 유지되는데 이를 등용적 심실 수축기라고 한다. 이 시기에는 방실판막이 닫힐 때 길고 둔한 소리가 발생하는데 이를 '제1심장음'이라고 한다. 수축 단계의 마지막 과정인 심실 수축기는, 계속 증가해 온 심실의 압력이 동맥의 압력보다 높아지게 되어 동맥판막이 열리고 혈액이 심실에서 몸 전체나 폐로 빠져나가는 시기를 말한다. 이 시기에는 심실의 압력이 심방의 압력보다 높기 때문에 방실판막은 여전히 닫혀 있고, 혈액은 심실 밖으로 빠져나갔으므로 심실의 크기는 이전 시기보다 작아진다.

심장 박동 과정에서 발생하는 심장음의 특성을 이해했는가?
심장의 박동을 크게 수축 단계와 이완 단계로 나누어 설명하고, 그 과정에서 시기별로 발생하는 다양한 심장음을 소개함.

과정
심장 박동의 이완 단계 과정에서 발생하는 심장음 소개

전기 신호로 인한 수축 단계가 끝나고 심실이 이완되면 심실의 압력이 동맥의 압력보다 낮아져 동맥판막이 닫히게 된다. 그런데 심실의 압력은 심방의 압력보다 여전히 높으므로

방실판막은 열리지 않는다. 따라서 이완으로 인한 심실의 압력 감소가 일정 수준에 이르기 전까지는 4개의 판막이 모두 닫혀 있다. 이 상태에서는 등용적 심실 수축기처럼 심실의 크기가 일정하게 유지되는데 이를 **등용적 심실 이완기**라고 한다. 이 시기에는 동맥판막이 닫

<small>등용적 심실 이완기에 나타나는 현상   심장 박동의 과정 ④</small>

힐 때 '제1심장음'보다 짧고 예리한 소리가 발생하는데 이를 '제2심장음'이라고 한다. 이후

<small>제2심장음의 발생</small>

심실이 이완되면서 계속 감소해 온 심실의 압력이 심방의 압력보다도 낮아지면 방실판막이

열려 심실로 혈액이 조금씩 들어오는데 이를 **심실 채우기**라고 한다. 이때 방실판막이 열리

<small>심실 채우기에 나타나는 현상 – 혈액의 양이 늘어남.   심장 박동의 과정 ⑤</small>

면서 '제3심장음'이 발생한다.   ▶ 심장의 이완 단계와 제2, 제3심장음의 발생

<small>제3심장음의 발생</small>

정리
심장 박동의 발생 원인과 심장음의 다양한 특성 제시

이처럼 심장의 박동은 심장의 수축과 이완에 따른 압력 또는 크기의 변화와 밀접한 관련

<small>심장 박동이 일어나는 원인</small>

이 있으며 시기별로 일정한 심장음을 발생시킨다는 특성이 있다. 「제1심장음'과 '제2심장음'

<small>각 수축 단계와 각 이완 단계에 따라 일정한 심장음이 발생함.</small>

은 일반적으로 의사들이 청진기를 통해 분명하게 들을 수 있다. '제3심장음'은 그 소리가 약

해서 소아나 청소년들에게서만 들리며, '제4심장음'은 음정이 낮고 짧아 드물게 들린다.」만

<small>「 」: 심장음의 특성</small>

약 판막이나 혈관 등에 이상이 생길 경우 정상적인 심장음 이외의 소리가 발생하고 이를 통

해 질병이 감지될 수 있는 것이다.   ▶ 심장 박동의 발생 원인과 심장음의 다양한 특성

<small>의사들이 청진기로 질병을 감지할 수 있는 이유</small>

첫 문단에서 제기한 의문에 대한 대답을 확인했는가?
심장 박동이 일어나는 원인을 제시하고, 이때 발생하는 심장음의 종류별 특성을 언급함.

원리형구조

해제 이 글은 심장 박동의 구체적인 과정과 심장음의 발생 원인을 체계적으로 설명하고 있다. 심장은 우심방과 우심실, 좌심방과 좌심실로 구성되며, 혈액은 우심방, 우심실을 거쳐 폐동맥을 통해 폐로 이동된 후 산소를 공급받아 좌심방으로 돌아와 좌심실을 거쳐 대동맥을 통해 몸 전체로 나간다. 심장 박동은 심장의 수축과 이완에 따라 압력이나 크기가 변화하여 심실 확장기, 등용적 심실 수축기, 심실 수축기를 포함하는 수축 단계와 등용적 심실 이완기, 심실 채우기를 포함하는 이완 단계를 반복적으로 거친다. 또한 심장 박동 과정에서 시기별로 일정한 심장음을 발생시키는데, 심실 확장기에는 제4심장음, 등용적 심실 수축기에는 제1심장음, 등용적 심실 이완기에는 제2심장음, 심실 채우기에는 제3심장음이 발생한다. 이러한 심장음이 지닌 각각의 특징을 통해 질병이 감지될 수 있음을 언급하며 글을 마무리하고 있다.

주제 심장 박동 과정과 심장음이 발생하는 원인

기출읽기
  0 ②   1 ①   2 ⑤   3 ④   4 ④

글쓴이의 작문 과정 ❶ 심장음 ❷ 혈액
주제 심장 박동 과정과 심장음이 발생하는 원인

0 내용 전개 방식 파악   ②

이 글은 1문단에서 언급한 대로 '심장 박동'이 어떤 과정을 거쳐 일어나며 심장음은 왜 발생하는가에 대해 설명하는 글이다. 특히 2문단에서 이 궁금증을 해결하기 위해서는 심장의 구조와 혈액의 순환 과정을 살펴볼 필요가 있다고 하면서 이에 대해 상세히 설명하고 있으므로 ②가 가장 적절하다.

오답풀이 ① 1문단에서 심장은 우리 몸에 혈액을 안정적으로 순환시키는 기관으로 펌프와 같은 작용을 한다고 비유하여 혈액 순환 과정에서 심장이 담당하는 기능을 언급하고 있으나, 심장 질환 연구의 의학적 성과와 관련된 내용은 제시되어 있지 않다.
③ 2문단과 [그림]에서 심장의 구조와 혈액의 순환 과정을 제시하고 있으나, 심장을 이루는 각 기관의 기능과 그와 관련된 질환에 대한 내용은 제시되어 있지 않다.

④ 3~5문단에서 심장의 수축과 이완에 따른 압력이나 크기의 변화로 인해 나타나는 심장 박동의 과정을 설명하고 심장 박동의 수축 단계와 이완 단계에 따라 일정한 심장음이 발생한다고 심장음이 발생하는 원인을 밝히고 있다. 하지만 인공 심장의 발달 과정에 대한 내용은 제시되어 있지 않다.
⑤ 5문단에서 심장음의 종류별 특성을 언급하고 정상적인 심장음 이외의 소리가 발생할 경우 질병을 감지할 수 있다고 서술하고 있다. 하지만 심장의 박동이 인체에 미치는 영향이나 다양한 심장음을 통해 알 수 있는 질환에 대한 내용은 제시되어 있지 않다.

1 세부 내용 파악   ①

2문단에서 '혈액을 폐로 보내는 것보다 몸 전체로 보낼 때 더 강한 힘이 필요하므로 좌심실 벽이 우심실 벽보다 더 두껍다.'라고 했으므로 우심실 벽이 좌심실 벽보다 더 두껍다고 한 것은 적절하지 않다.

오답풀이 ② 2문단에서 판막은 혈액을 한 방향으로만 흐르게 하는 역할을 한다고 하였다.
③ 5문단에 따르면 '제3심장음'은 그 소리가 약해서 소아나 청소년들에게서만 들린다.

④ 1문단에서 '심장은 우리 몸에 혈액을 안정적으로 순환시키는 기관'이라고 하였다.

⑤ 5문단에 따르면 만약 판막이나 혈관 등에 이상이 생길 경우 정상적인 심장음 이외의 소리가 발생한다.

2 세부 내용 추론   ⑤

심장의 혈액을 좌심실에서 몸 전체로 내보낼 때와, 우심실에서 폐로 내보낼 때 모두 동맥판막이 열리는 상태이므로, 심장의 혈액을 좌심실에서 내보내기 시작할 때에만 동맥판막이 열린다는 진술은 적절하지 않다.

오답풀이 ① 2문단의 '우심실과 폐동맥 사이, 좌심실과 대동맥 사이에는 동맥판막이 있다.'와 3문단의 '심실 수축기는, ~ 동맥판막이 열리고 혈액이 심실에서 몸 전체나 폐로 빠져나가는 시기를 말한다.'에서 확인할 수 있다.

② 2문단에 따르면 각 심방과 심실 사이에는 방실판막이 있고 우심실과 폐동맥 사이, 좌심실과 대동맥 사이에는 동맥판막이 있으므로, 혈액이 심장에 들어왔다가 몸 전체로 나가는 과정에서 우심방과 우심실 사이에 있는 방실판막, 우심실과 폐동맥 사이에 있는 동맥판막, 좌심방과 좌심실 사이에 있는 방실판막, 좌심실과 대동맥 사이에 있는 동맥판막을 지나야 한다. 따라서 우심방에 들어온 혈액을 다시 몸 전체로 내보낼 때 판막 4개를 거쳐야 한다는 내용은 적절하다.

③ 3문단에서 '심실 수축기는, ~ 혈액이 심실에서 몸 전체나 폐로 빠져나가는 시기를 말한다. 이 시기에는 심실의 압력이 심방의 압력보다 높기 때문에 방실판막은 여전히 닫혀 있다'고 했으므로 적절하다.

④ 2문단에서 '방실판막은 심방에서 심실로만 열리는데, 심방의 압력이 심실의 압력보다 높을 경우에만 열린다.'라고 했으므로 적절하다.

3 시각 자료를 통한 이해   ④

4문단에서 '심실이 이완되면서 계속 감소해 온 심실의 압력이 심방의 압력보다도 낮아지면 방실판막이 열려 심실로 혈액이 조금씩 들어오는데 이를 심실 채우기라고 한다.'라고 하였다. 심실 채우기 단계에서는 심실은 이완되면서 방실판막이 열려 심실로 혈액이 조금씩 들어오기 때문에 심실의 혈액량이 늘어나므로, [D]에서 [E]로 되면서 심실은 이완되어 심실 속의 혈액량이 줄어든다는 진술은 적절하지 않다.

오답풀이 ① 3문단의 '이는 혈액의 이동이 순간적으로 중지된 상태이므로 심실의 크기는 일정하게 유지되는데 이를 등용적 심실 수축기라고 한다.'에서 확인할 수 있다.

② 3문단의 '심실 수축기는, ~ 동맥판막이 열리고 혈액이 심실에서 몸 전체나 폐로 빠져나가는 시기'로, '이 시기에는 심실의 압력이 심방의 압력보다 높기 때문에 방실판막은 여전히 닫혀 있고, 혈액은 심실 밖으로 빠져나갔으므로 심실의 크기는 이전 시기보다 작아진다.'에서 확인할 수 있다.

③ 4문단에서 '전기 신호로 인한 수축 단계가 끝나고 심실이 이완되면 심실의 압력이 동맥의 압력보다 낮아져 동맥판막이 닫히게 된다.'라고 하였고, 이와 같은 상태를 등용적 심실 이완기라고 하였다. 이 시기에는 동맥판막이 닫힐 때 '제1심장음'보다 짧고 예리한 소리가 발생하는데 이를 '제2심장음'이라고 하였다. 그런데 5문단에서 '제1심장음'과 '제2심장음'은 일반적으로 의사들이 청진기를 통해 분명하게 들을 수 있다고 했으므로 적절하다.

⑤ 3문단에서 '동방결절에서 발생한 전기 신호가 심방의 근육으로 전달되면 심방이 수축된다.'라고 하였고, '이 시기(심실 확장기)에는 심방을 수축시킨 전기 신호가 방실판막과 심방 벽을 진동시켜 '제4심장음'이 발생한다.'라고 했으므로 적절하다.

4 세부 내용 추론   ④

[B]는 등용적 심실 수축기이고, [D]는 등용적 심실 이완기이다. [B]와 [D] 시기는 모두 4개의 판막이 모두 닫혀 있어, 혈액의 이동이 순간적으로 중지된 상태이다. 먼저, [B]의 단계에서는 3문단에서 '심실의 압력이 증가하여 심방의 압력보다 높아지므로 방실판막이 닫힌다. 그런데 심실의 압력은 동맥의 압력보다 여전히 낮기 때문에 동맥판막은 닫혀 있다.'라고 하였다. 또, [D]의 단계에서는 4문단에서 '심실이 이완되면 심실의 압력이 동맥의 압력보다 낮아져 동맥판막이 닫히게 된다. 그런데 심실의 압력은 심방의 압력보다 여전히 높으므로 방실판막은 열리지 않는다.'라고 하였다. 따라서 [B]와 [D]에서 압력이 가장 높은 것은 동맥이고, 그 다음 높은 것은 심실이며 가장 낮은 것은 심방이다.

⚠ **출제자의 의도읽기 –** |보기와 지문의 연관성을 바탕으로 선지의 적절성을 판단한다.

|보기를 바탕으로 묶음 문제를 구성한 경우에도 |보기를 활용한 문제와 같이 |보기와 지문을 연관 지어 살펴봄으로써 문제를 해결할 수 있다. 선지의 정답과 오답의 근거는 지문과 |보기에서 찾아야 하므로 |보기와 지문을 면밀히 살펴보아야 한다. 예를 들어, '혈액량', '압력' 등의 크기에 대한 비교는 |보기보다는 지문에서 확인할 수 있는 것이므로 지문에 대한 꼼꼼한 검토와 분석이 필요하다.

후각의 인지 과정 2011학년도 3월 고1 학력평가

어떻게 썼을까?

도입
사례를 통한 화제 소개

전개
시각이나 청각과 다른 후각의 특성 제시

과정
후각이 냄새를 인지하는 과정 설명

전개
인간과 동물의 후각 비교

정리
후각에 대한 연구 과제와 활용 분야 언급

어떻게 읽을까!

중심 화제와 앞으로 전개될 내용을 예측했는가?
후각 텔레비전의 사례를 통해 시각이나 청각과는 다른 후각이 지닌 특성을 생각해 보도록 안내함.

시각, 청각과 다른 후각의 특성을 파악했는가?
대조를 통해 시각, 청각에 비해 신호의 변환과 송신이 어렵고 감각적 인지 과정이 복잡한 후각의 특성을 제시함.

후각이 냄새를 인지하는 과정을 시각 자료를 통해 정확히 이해했는가?
그림을 통해 냄새 분자가 후각 상피, 점막을 거쳐 후각 세포, 후신경을 거쳐 뇌로 전달되는 과정을 설명함.

인간보다 동물들이 냄새를 인지하는 능력이 우수한 이유를 이해했는가?
인간과 동물을 비교하여 인간에 비해 동물들의 후각이 뛰어난 이유로 후각 상피의 표면적이 넓고 후각 세포도 많다는 점을 제시함.

후각에 대한 연구 과제와 활용 분야를 파악했는가?
후각을 자극하는 냄새 분자의 구조, 후각 수용체와 냄새 인지의 관계 등 후각을 이해하기 위한 연구 과제와 후각 관련 기술을 활용할 수 있는 분야를 언급하며 마무리함.

가 일본의 한 가전 회사가 냄새를 전달하는 후각 텔레비전을 개발하겠다고 하여 화제가 된 적이 있었다. 이를테면 피자 광고가 나올 때는 피자 냄새도 전달하여 시청자가 더 실감 나게 느낄 수 있도록 하겠다는 것이었다. 그러나 3D입체 영상과 음향이 나오는 텔레비전이 상용화된 지금에도 후각 텔레비전에 대한 이야기는 아이디어 수준에 머무르고 있다. 후각 텔레비전의 개발이 어려운 이유는 후각이 시각이나 청각과는 근본적으로 다른 특성을 가지고 있기 때문이다.
▶ 후각 텔레비전 개발이 어려운 이유

나 시각으로 인지되는 빛이나 청각으로 인지되는 소리는 파장으로 나타낼 수 있다. 빛과 소리는 물리적으로 표현될 수 있는 실체이기 때문에 신호의 변환과 송신이 비교적 자유롭다. 그리고 신호의 강약 변화만 파악하면 감각적으로 인지할 수 있다. 반면에 후각의 대상이 되는 냄새는 화학적인 결합을 통해 만들어지는 것이기 때문에 변환과 송신이 어렵고, 감각으로 인지하는 과정도 시각이나 청각에 비해 복잡하다.
▶ 시각, 청각과 다른 후각의 특성

다 후각이 냄새를 인지하는 과정은 다음과 같다. 먼저 냄새 분자가 호흡을 통해 콧구멍으로 들어온 후 콧구멍 깊숙한 곳에 있는 후각 상피 쪽으로 이동을 하게 된다. 여기에서 냄새 분자는 후각 상피를 둘러싸고 있는 점막을 통해 후각 세포 쪽으로 이동하게 된다. 점막은 물과 복합 지방으로 구성되어 냄새 분자를 잘 녹인다. 점막으로 녹아 들어간 냄새 분자는 후각 세포의 끝에 있는 후각 수용체 중 꼭 맞는 것과 결합한다. 그러면 후각 세포는 후각 수용체와 결합한 냄새 분자를 전기 신호로 바꾸어 후신경을 통해 뇌로 전달한다. 이때 어느 후신경을 통해 신호가 들어오느냐에 따라 뇌에서는 각각 다른 냄새로 인지하게 된다.

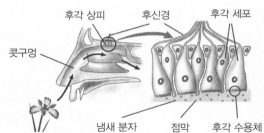

후각 상피　후신경　후각 세포
콧구멍
냄새 분자　점막　후각 수용체
▶ 후각이 냄새를 인지하는 과정

라 인간의 후각은 0.001ppm 정도 되는 극히 낮은 농도의 ㉠냄새까지 알아낼 수 있고, 3,000여 가지의 냄새를 구별할 수 있을 만큼 예민하다. 그렇지만 이것도 다른 동물에 비해서는 많이 무딘 편이다. 인간은 문명의 발달에 따라 후각의 의존도가 낮아졌지만, 다른 동물들은 지금도 적을 감지하는 데 가장 효과적인 수단으로 후각을 이용한다. 개의 경우, 후각 상피의 표면적이 130cm²로, 3cm²인 인간에 비해 넓고 후각 세포도 그만큼 더 많기 때문에 냄새를 인지하는 능력이 인간보다 훨씬 더 우수하다.
▶ 동물에 비해 무딘 인간의 후각

마 지금까지 후각에 대해 많은 연구를 했지만 아직도 후각과 냄새 분자에 대해 밝히지 못한 부분이 많다. 냄새 분자는 화학 반응으로 인해 분자 구조가 조금만 달라져도 냄새의 성질이 달라진다. 그리고 두 냄새 분자가 동시에 후각 수용체를 자극하면 제3의 냄새로 인지되는 경우도 있다. 이와 같은 현상을 완전하게 이해하기 위해서는 후각을 자극하는 냄새 분자의 구조를 밝히고, 어떤 후각 수용체가 어떤 냄새를 인지할 수 있는지 알아내야 한다. 만약 이 연구 결과를 바탕으로 냄새 분자를 인공적으로 만들 수 있다면 그 기술은 후각 텔레비전에 사용되는 것은 물론 악취 제거나, 향기를 이용한 치료 등에도 유용하게 사용될 수 있을 것이다.
▶ 후각에 대한 연구 과제와 활용 분야

해제 이 글은 후각의 특징과 후각이 냄새를 인지하는 과정을 설명하고 있다. 시각이나 청각과 달리 후각은 냄새가 화학적인 결합을 통해 만들어지기 때문에 변환과 송신이 어렵고, 감각으로 인지하는 과정도 시각이나 청각에 비해 복잡하다. 후각은 먼저 냄새 분자가 콧구멍으로 들어온 후 점막을 통해 후각 세포 쪽으로 이동해 후각 수용체 중 꼭 맞는 것과 결합한다. 그러면 후각 세포는 그 냄새 분자를 전기 신호로 바꾸어 후신경을 통해 뇌로 전달한다. 인간의 후각은 극히 낮은 농도의 냄새까지 알아낼 수 있을 만큼 예민하지만 다른 동물에 비하면 많이 무디다. 아직 후각에 대해 밝히지 못한 부분이 많음을 언급하고 후각을 완전하게 이해하기 위한 과제를 제시하면서 글을 마무리하고 있다.

주제 후각이 냄새를 인지하는 과정과 후각에 대한 연구 과제

기 출 읽 기 　0 ③　　　1 ⑤　　　2 ⑤　　　3 ④

글쓴이의 작문 과정 ❶ 후각 ❷ 과정
주제　후각이 냄새를 인지하는 과정과 후각에 대한 연구 과제

0 내용 전개 방식 파악 ③

(다)는 후각이 냄새를 인지하는 과정을 알기 쉽게 순차적으로 설명하고 있지만, 표현하려는 대상을 직접 설명하지 않고 비슷한 것에 빗대어 설명하는 비유의 방법은 활용하고 있지 않다.

오답풀이 ① (가)는 독자들의 흥미를 유발할 수 있는 방법으로 후각 텔레비전의 사례로 이야기를 시작하여 '후각'이라는 화제를 제시하고 있다.
② (나)는 대조의 방법으로 시각이나 청각과는 다른 후각의 특성을 드러내고 있다.
④ (라)는 인간의 후각은 0.001ppm 정도 되는 극히 낮은 농도의 냄새까지 알아낼 수 있고, 3,000여 가지의 냄새를 구별할 수 있을 만큼 예민하며 후각 상피의 표면적이 $3cm^2$라고 구체적인 수치를 제시하여 인간의 후각에 대해 객관적으로 설명하고 있다.
⑤ (마)는 후각을 자극하는 냄새 분자의 구조와 어떤 후각 수용체가 어떤 냄새를 인지할 수 있는지에 대해 알아내는 연구 등 앞으로의 연구 과제를 제시하고, 연구 결과의 활용 가능성(후각 텔레비전 개발, 악취 제거, 향기를 이용한 치료 등)을 전망하고 있다.

1 세부 내용 파악 ⑤

(다)의 마지막 부분에서 '어느 후신경을 통해 신호가 들어오느냐에 따라 뇌에서는 각각 다른 냄새로 인지하게 된다.'라고 하였다. 따라서 후신경을 통과하는 신호의 강도에 따라 다른 냄새로 인지된다는 진술은 적절하지 않다.

오답풀이 ①, ② (다)에서 ⓐ는 물과 복합 지방으로 구성되어 냄새 분자를 잘 녹인다고 하였다.
③ (다)에서 점막으로 녹아 들어간 냄새 분자는 ⓑ의 끝에 있는 후각 수용체 중 꼭 맞는 것과 결합한다고 하였다.
④ (다)에서 ⓑ는 후각 수용체와 결합한 냄새 분자를 전기 신호로 바꾸어 후신경을 통해 뇌로 전달한다고 하였다.

2 어휘의 문맥적 의미 파악 ⑤

㉠의 '까지'는 극히 낮은 농도라는 의미를 강조하고 있으므로 그것이 극단적인 경우임을 나타내는 보조사로 쓰였음을 알 수 있다. ⑤의 '티끌만 한 것까지'에서 '까지'도 그것이 매우 작고 극단적인 경우임을 나타내고 있으므로 ㉠의 '까지'와 의미가 유사하다.

오답풀이 ①, ②, ③, ④는 모두 어떤 일이나 상태 따위에 관련되는 범위의 끝임을 나타내는 보조사이다. 그중 ①, ②는 시간 또는 공간의 한도를 나타내고 ③, ④는 동작이나 상태 따위의 범위와 한계를 나타낸다.

3 구체적 상황에 적용 ④

|보기|의 '생활 상식'에서 악취를 없애는 방법에는 탈취제로 냄새 분자를 산화시키거나 분해하는 화학적인 방법이 있다고 하였다. (마)에서 '냄새 분자는 화학 반응으로 인해 분자 구조가 조금만 달라져도 냄새의 성질이 달라진다.'라고 하였으므로 탈취제는 냄새 분자의 구조를 변화시켜 냄새의 성질을 바꾼 것으로 볼 수 있다.

오답풀이 ① (다)에 따르면 후각 세포가 손상된 경우 냄새를 뇌로 전달할 수 없다. 그런데 질문자는 악취에 민감해졌다고 하였으므로 현재 질문자의 후각 세포가 손상되었다는 진술은 적절하지 않다.
② (라)에 따르면 후각 상피의 면적이 넓을수록 후각 세포가 그만큼 더 많기 때문에 냄새를 잘 인지할 수 있다. 따라서 질문자가 악취에 민감해졌다는 점으로 보아 후각 상피의 면적이 넓어졌을 것으로 추측할 수 있다. 하지만 '생활 상식'에서 질문자와 일반인 사이의 후각 상피 면적을 비교한 내용은 제시되어 있지 않으므로 질문자의 후각 상피 면적이 일반인보다 좁다고 보는 것은 적절하지 않다.
③ '생활 상식'에서 숯은 냄새 분자를 흡수하여 악취를 제거한다고 하였다. (마)에 따르면 후각 텔레비전을 만들기 위해서는 냄새 분자를 인공적으로 만들 수 있어야 한다. 그런데 숯은 냄새 분자를 인공적으로 만드는 것과 관련된 기능을 지니고 있지 않으므로 숯이 후각 텔레비전을 만들 때 핵심 재료가 된다는 진술은 적절하지 않다.
⑤ '생활 상식'에서 방향제는 악취보다 강한 향기를 뿜어 악취를 덜 느끼도록 하는 방법이라고 하였다. (마)에서 두 냄새 분자가 동시에 후각 수용체를 자극하면 제3의 냄새로 인지되는 경우도 있다고 하였다. 따라서 방향제가 두 냄새가 합해져 냄새가 없어지는 원리를 이용한 것이라는 진술은 적절하지 않다.

바이러스, 어떻게 우리 몸을 감염시킬까

2020학년도 9월 고2 학력평가

도입
질문을 통한 화제 소개

과정
바이러스의 감염 과정 설명

분류
바이러스의 감염 유형과 각각의 특징 제시

분류
지속감염의 세 가지 유형 제시

어떻게 읽을까!

바이러스의 증식 방법과 구조를 파악했는가?
살아 있는 숙주 세포에 기생하여 그 안에서 증식하는 바이러스의 증식 방법과 부착 단백질, 피막, 캡시드, 핵산으로 이루어진 바이러스의 구조를 소개함.

바이러스의 감염 과정을 이해했는가?
바이러스가 피막의 부착 단백질을 이용하여 숙주 세포에 침투함으로써 숙주 세포에 감염하는 과정을 순차적으로 설명함.

바이러스 감염의 유형별 특징을 파악했는가?
짧은 기간 내에 일어나는 급성감염과 상대적으로 오랜 기간 동안 바이러스가 잔류하는 지속감염의 특징을 제시하고, 바이러스의 발현 양상에 따라 지속감염의 유형을 잠복감염, 만성감염, 지연감염으로 나누어 각각의 특성을 언급함.

가 바이러스는 체내에 들어와 문제를 일으킬 수 있어 주의해야 할 대상이다. 생명체와 달리, 바이러스는 세포가 아니기 때문에 스스로 생장이 불가능하다. 그래서 바이러스는 살아 있는 숙주 세포에 기생하고, 그 안에서 증식함으로써 살아간다. 바이러스는 바깥을 둘러싸는 피막의 유무에 따라 구조가 달라진다. 피막이 있는 바이러스는 피막의 바깥에 부착 단백질이 박혀 있고 피막 안에는 캡시드라는 단백질이 있다. 캡시드 안에는 핵산이 있는데, 핵산은 DNA와 RNA 중 하나로만 구성된다. 이러한 구조를 갖는 바이러스는 숙주 세포에 어떻게 감염하는 것일까?

▶ 바이러스의 증식 방법과 구조

[A]
나 바이러스의 감염 가능 여부는 숙주 세포 수용체의 특성에 따라 결정된다. 「바이러스는 감염이 가능한 숙주 세포와 접촉한 후 ①바이러스 피막의 부착 단백질을 이용해 숙주 세포 수용체에 달라붙는다. ②달라붙은 부위를 통해 바이러스가 숙주 세포 내부로 침투하고, 바이러스의 핵산이 캡시드로부터 분리되어 숙주 세포 내부로 빠져나온다.」 이후 ③핵산은 효소를 이용하여 복제된다. 핵산이 DNA일 경우 숙주 세포에 있는 효소를 그대로 이용하고, 반면 RNA일 경우 숙주 세포에 있는 효소를 이용해 자신에 맞는 효소를 합성한다. 또한 ④핵산은 mRNA라는 전달 물질을 통해 단백질을 합성한다. ⑤합성된 단백질의 일부는 캡시드가 되어 복제된 핵산을 둘러싸고 다른 일부는 숙주 세포막에 부착되어 바이러스의 부착 단백질이 될 준비를 한다. 그 후 ⑥단백질이 부착된 숙주 세포막이 캡시드를 감싸 피막이 되면서 증식된 바이러스가 숙주 세포 밖으로 배출된다.

※ ①~⑥: 바이러스가 숙주 세포에 감염하는 과정

▶ 바이러스의 감염 과정

다 우리 몸은 주로 위의 과정을 통해 지속감염이 일어나기도 하고 위와는 다른 과정을 거쳐 급성감염이 일어나기도 한다. ㉠급성감염은 일반적으로 짧은 기간 안에 일어나는데, 바이러스는 감염된 숙주 세포를 증식 과정에서 죽이고 바이러스가 또 다른 숙주 세포에서 증식하며 질병을 일으킨다. 시간이 흐르면서 체내의 방어 체계에 의해 바이러스를 제거해 나가면 체내에는 더 이상 바이러스가 남아 있지 않게 된다. 반면 ㉡지속감염은 급성감염에 비해 상대적으로 오랜 기간 동안 바이러스가 체내에 잔류한다. 지속감염에서는 바이러스가 장기간 숙주 세포를 파괴하지 않으면서도 체내의 방어 체계를 회피하며 생존한다. 지속감염은 바이러스의 발현 양상에 따라 잠복감염과 만성감염, 지연감염으로 나뉜다.

▶ 바이러스 감염의 유형

라 잠복감염은 「초기 감염으로 증상이 나타난 후 한동안 증상이 사라졌다가 특정 조건에서 바이러스가 재활성화되어 증상을 다시 동반한다. 이때 같은 바이러스에 의한 것임에도 첫 번째와 두 번째 질병이 다르게 발현되기도 한다.」 잠복감염은 질병이 재발하기까지 바이러스가 감염성을 띠지 않고 잠복하게 되는데, 이러한 상태의 바이러스를 프로바이러스라고 부른다. 만성감염은 감염성 바이러스가 숙주로부터 계속 배출되어 항상 검출되고 다른 사람에게 옮길 수 있는 감염 상태이다. 하지만 사람에 따라서 질병이 발현되거나 되지 않기도 하며 때로는 뒤늦게 발현될 수도 있다는 특성이 있다. 지연감염은 초기 감염 후 특별한 증상이 나타나지 않다가, 장기간에 걸쳐 감염성 바이러스의 수가 점진적으로 증가하여 반드시 특정 질병을 유발하는 특성이 있다.

▶ 지속감염의 유형

원리형구조

도입	
과정	
분류	분류

해제 이 글은 스스로 생장이 불가능한 바이러스가 숙주 세포에 감염하는 과정을 설명하고 감염의 유형과 그 특성을 제시하고 있다. 바이러스의 감염 가능 여부는 숙주 세포 수용체의 특성에 따라 결정된다. 바이러스는 감염이 가능한 숙주 세포에 달라붙은 후 바이러스의 핵산이 효소를 이용해 복제되며 단백질을 합성하고, 그 일부 단백질이 숙주 세포막에 부착된 후 증식되어 바이러스가 숙주 세포 밖으로 배출된다. 바이러스 감염은 급성감염과 지속감염으로 나뉘는데, 지속감염에는 증상이 나타난 후 한동안 증상이 사라졌다가 특정 조건에서 다시 나타나는 잠복감염, 다른 사람에게 옮길 수 있는 감염 상태로 사람에 따라 질병의 발현 여부가 다른 만성감염, 감염 후 특별한 증상이 없다가 오랜동안 바이러스가 점진적으로 증가해 특정 질병을 유발하는 지연감염이 있다.

주제 바이러스의 감염 과정과 감염 유형

0 글의 구조 파악 ③

이 글은 1문단에서 중심 화제인 바이러스를 소개하고, 2문단에서 바이러스에 감염되는 과정을 설명하고 있다. 그리고 3문단에서는 바이러스 감염의 유형을 급성감염과 지속감염으로 나누어 제시한 뒤, 이어지는 4문단에서 지속감염의 유형을 다시 바이러스의 발현 양상에 따라 잠복감염, 만성감염, 지연감염으로 나누어 감각의 특성을 설명하고 있다. 따라서 이 글의 구조를 바르게 도식화한 것은 ③이다.

1 세부 내용 파악 ①

2문단에서 피막이 있는 바이러스는 감염이 가능한 숙주 세포와 접촉한 후 피막의 부착 단백질을 이용해 숙주 세포 수용체에 달라붙어 숙주 세포 내부로 침투한다고 하였다. 따라서 피막이 있는 바이러스가 숙주 세포막의 효소와 결합하는 것이 아니라 숙주 세포 수용체와 결합하는 것이므로 ①은 적절하지 않다.

[오답풀이] ② 1문단에서 피막이 있는 바이러스의 캡시드 안에 있는 핵산은 DNA와 RNA 중 하나로만 구성된다고 하였으므로, 바이러스의 핵산이 DNA라면 캡시드 안에 RNA는 존재하지 않는다고 할 수 있다.
③ 1문단에서 바이러스는 세포가 아니기 때문에 스스로 생장이 불가능하여 살아 있는 숙주 세포에 기생한다고 하였다.
④ 1문단에서 피막이 있는 바이러스는 피막의 바깥에 부착 단백질이 박혀 있다고 하였다.
⑤ 1문단에서 피막이 있는 바이러스는 피막 안에 캡시드라는 단백질이 있다고 하였으므로, 캡시드를 피막이 감싸고 있다는 내용은 적절하다.

2 시각 자료를 통한 이해 ③

[A]에서는 바이러스가 숙주 세포 내부로 침투하고, 바이러스의 핵산이 캡시드로부터 분리되어 숙주 세포 내부로 빠져나온다고 하였으므로 캡시드로부터 분리되어 빠져나온 것은 효소가 아니라 바이러스의 핵산이며 ⓐ에 해당한다. ⓑ에서는 핵산이 효소를 그대로 이용하여 복제된다. 그리고 ⓒ에서 핵산은 mRNA를 통해 단백질을 합성하고 합성된 단백질의 일부는 캡시드가 된다. 따라서 캡시드가 분리되는 단계는 ⓑ가 아니라 ⓐ이며, 또한 캡시드로부터 분리되어 숙주 세포 내부로 빠져나오고 ⓒ에서 다시 캡시드를 형성하는 데 도움을 주는 것은 효소가 아니라 핵산이다.

[오답풀이] ① ⓐ는 바이러스가 숙주 세포와 접촉하는 단계이다. [A]에서 바이러스는 감염이 가능한 숙주 세포와 접촉한 후 바이러스 피막의 부착 단백질을 이용해 숙주 세포 수용체에 달라붙는데, 달라붙은

부위를 통해 바이러스가 숙주 세포 내부로 침투하고, 바이러스의 핵산이 캡시드로부터 분리되어 숙주 세포 내부로 빠져나온다고 하였다. 따라서 ⓐ에서 바이러스의 핵산이 숙주 세포 내부로 빠져나오려면, 바이러스 피막의 부착 단백질을 이용하는 과정이 필요하다.
② 핵산이 효소를 이용하여 복제되는 것은 ⓑ에 해당한다. [A]에서 핵산은 효소를 이용하여 복제되며 핵산이 DNA일 경우 숙주 세포에 있는 효소를 그대로 이용하고, 반면 RNA일 경우 숙주 세포에 있는 효소를 이용해 자신에 맞는 효소를 합성한다고 하였다. 따라서 ⓑ에서 숙주 세포의 효소를 그대로 이용하지 않는다면, 이 바이러스의 핵산은 RNA이다.
④ ⓒ는 복제된 핵산을 캡시드가 둘러싸는 단계이고, ⓓ는 단백질이 부착된 숙주 세포막이 캡시드를 감싸 피막이 되면서 바이러스가 외부로 배출되는 단계이다. [A]에서 핵산은 mRNA라는 전달 물질을 통해 단백질을 합성하고 합성된 단백질의 일부는 캡시드가 되어 복제된 핵산을 둘러싸고 다른 일부는 숙주 세포막에 부착되어 바이러스의 부착 단백질이 될 준비를 한다고 하였다. 따라서 ⓒ에서 바이러스의 핵산을 둘러싸거나 ⓓ에서 바이러스의 부착 단백질이 되는 물질은 모두 mRNA를 통해 합성된다.
⑤ [A]에서 단백질이 부착된 숙주 세포막이 캡시드를 감싸 피막이 되면서 증식된 바이러스가 숙주 세포 밖으로 배출된다고 하였다. 즉 ⓓ에서 배출되는 바이러스의 피막은 숙주 세포의 구성 요소인 세포막을 통해 만들어진다.

3 세부 내용 파악 ④

3문단에서 지속감염(ⓛ)은 급성감염(㉠)에 비해 상대적으로 오랜 기간 동안 바이러스가 체내에 잔류한다고 하였다.

[오답풀이] ① 3문단에 따르면 급성감염(㉠)은 시간이 흐르면서 체내의 방어 체계에 의해 바이러스를 제거해 나가면 체내에는 더 이상 바이러스가 남아 있지 않게 된다. 반면 4문단에 따르면 지속감염(ⓛ)의 한 유형인 지연감염은 체내에서 장기간에 걸쳐 감염성 바이러스의 수가 점진적으로 증가한다. 따라서 체내에서 감염성 바이러스의 수가 점진적으로 증가하는 것은 ㉠이 아니라 ⓛ이다.
② 3문단에 따르면 지속감염(ⓛ)은 상대적으로 오랜 기간 동안 바이러스가 체내에 잔류하며 바이러스가 장기간 숙주 세포를 파괴하지 않으면서도 체내의 방어 체계를 회피하며 생존한다. 따라서 상대적으로 바이러스가 체내의 방어 체계를 오랫동안 회피하는 것은 ㉠이 아니라 ⓛ이다.
③ 3문단에 따르면 급성감염(㉠)에서는 바이러스가 감염된 숙주 세포를 증식 과정에서 죽인다. 반면 지속감염(ⓛ)에서는 바이러스가 장기간 숙주 세포를 파괴하지 않는다. 따라서 바이러스가 증식하는 과정에서 숙주 세포를 소멸시키는 것은 ⓛ이 아니라 ㉠이다.
⑤ 3문단에 따르면 급성감염(㉠)은 일반적으로 짧은 기간 안에 일어나며 바이러스가 증식 과정에서 감염된 숙주 세포를 죽인다. 반면 지속감염(ⓛ)은 급성감염(㉠)에 비해 상대적으로 오랜 기간 동안 바이러스가 체내에 잔류하며 장기간 숙주 세포를 파괴하지 않으면서

생존한다. 따라서 ㉠과 ㉡은 체내의 바이러스가 질병을 발현하는지 여부가 아니라 감염이 지속되는 시간과 바이러스의 숙주 세포 파괴 여부에 따라 구분된다.

4 구체적 상황에 적용 ──────────────── ②

4문단에 따르면 |보기|의 VZV에 의한 감염은 처음에 발병되어 치료되었다가 다시 증상이 나타나므로 잠복감염에 해당하며, HCV에 의한 감염은 바이러스를 보유하고 있지만 증세가 나타나는 사람도 있고 그렇지 않은 사람도 있으므로 만성감염에 해당한다. |보기|에서 VZV를 가진 사람은 신체 면역력이 저하되면 피부에 통증과 수포가 생겨날 수 있다고 하였다. 그런데 4문단에서 잠복감염은 초기 감염으로 증상이 나타난 후 한동안 증상이 사라졌다가 특정 조건에서 바이러스가 재활성화되어 증상을 다시 동반한다고 하였다. 따라서 VZV를 가진 사람의 피부에 통증과 수포가 발생하는 것은 VZV가 아닌 신체의 면역력 저하라는 특정 조건에서 VZV 바이러스가 재활성화되어 나타난 증상이다.

오답풀이 ① 4문단에 따르면 잠복감염은 질병이 재발하기까지 감염성을 띠지 않고 잠복하게 되는데, 이러한 상태를 프로바이러스라고 한다. |보기|에서 VZV에 감염되어 수두가 발병할 경우 시간이 지나면 자연적으로 치료되나 VZV 바이러스를 평생 갖고 살아가게 된다고 하였다. 이는 수두를 앓다가 나은 사람은 대상포진이 발병하지 않았을 때 VZV 바이러스가 감염성을 띠지 않고 잠복하고 있게 된다는 것, 즉 VZV 프로바이러스를 갖고 있다는 것을 의미한다.

③, ④ 4문단에 따르면 만성감염은 감염성 바이러스가 숙주로부터 계속 배출되어 다른 사람에게 옮길 수 있는 감염 상태이다. 그리고 사람에 따라서 질병이 발현되거나 되지 않기도 하며 때로는 뒤늦게 발현될 수도 있다. |보기|에서 HCV에 감염된 환자의 약 80%는 해당 바이러스를 보유하고도 증세가 나타나지 않지만 약 20%는 간에 염증이 나타나고 이에 따른 합병증이 나타나기도 한다고 하였다. 즉 HCV는 만성감염이므로 HCV에 감염된 사람은 간 염증을 앓고 있지 않더라도 타인에게 바이러스를 옮길 수 있다. 또한 만성감염은 사람마다 질병의 발현 여부가 다르므로 HCV에 감염된 사람은 나이와 상관없이 간 염증이 나타날 수도 있고 아닐 수도 있다.

⑤ 4문단에 따르면 |보기|의 VZV에 의한 감염은 잠복감염이고, HCV에 의한 감염은 만성감염이다. 잠복감염은 질병이 재발하기까지 바이러스가 감염성을 띠지 않고 잠복한다고 하였으므로 질병이 발현되면 바이러스는 감염성을 띤다. 또한 만성감염은 감염성 바이러스가 숙주로부터 계속 배출되어 다른 사람에게 옮길 수 있는 감염 상태이다. 따라서 VZV나 HCV에 의한 질병이 발현된 상황이라면 모두 체내에 잔류한 바이러스가 주변 세포를 감염시키고 있다고 볼 수 있다.

약은 우리 건강에 어떤 도움을 줄까
2020학년도 3월 고2 학력평가

도입
약의 개념과 약효가 나타나는 원리 소개

[A]
약은 생체의 작용에 영향을 미쳐 생물학적 효과를 내기 위한 목적으로 이용하는 의약품을 말한다. 약은 생체에서 수용체와 결합하여 유익 작용 및 유해 작용을 나타내는 방식을 취하기도 한다. 이 경우 약은 생체의 리간드와 유사한 화학적 분자 구조를 가진 성분을 포함하는데, 이러한 성분으로 인해 약은 생체 내에서 리간드로 기능한다. 여기서 리간드란 수용체와 결합하여 신경 자극이나 화학 반응과 같은 생물학적 반응을 촉발할 수 있는 물질이다. 생체 내에서 수용체와 친화성이 높은 리간드가 결합하면, 리간드와 결합한 수용체의 작용에 의해 생체의 변화가 일어나기도 하고, 수용체에 의해 리간드의 구조 변화가 일어남으로써 이후의 생물학적 반응이 유도되기도 한다. 이러한 점에서 약은 특정 수용체와 결합할 수 있는 리간드를 인위적으로 생체에 증가시킴으로써 리간드와 결합한 수용체의 수가 일정 시간 동안 일정 수준 이상이 되게 하여 효과를 낸다고 할 수 있다.
▶ 약의 의학적 효과가 나타나는 원리

약이 효과를 내는 원리를 이해했는가?
리간드의 특성을 바탕으로 약이 리간드를 증가시켜 리간드와 결합한 수용체의 수가 일정 시간 일정 수준 이상이 되게 하여 효과를 냄을 설명함.

전개
항생제인 설파제의 작용 방식 설명

대체로 약은 병원체에 작용하거나 생체에 직접 작용하는 방식으로 생물학적 효과를 낸다. 박테리아나 바이러스에 의한 질병의 치료에 활용되는 항생제나 항바이러스제 등은 전자의 방식에 해당하는 경우가 많다. 가령 박테리아에 의한 질병 치료에 사용되는 ⊙설파제는, 인간과 박테리아가 모두 대사 과정에서 엽산이라는 물질을 필요로 하는데 엽산을 섭취하여 사용할 수 있는 인간과 달리 박테리아는 엽산을 스스로 만들어야만 한다는 점을 이용한다. 박테리아는 엽산을 만들기 위한 수용체를 가지고 있는데, 파라아미노벤조산(PABA)이 그 수용체와 결합하여 최종적으로 엽산이 된다. 박테리아에 감염된 환자가 설파제를 복용하면 설파제는 체내에서 화학적 변화를 거쳐 PABA와 분자 구조가 매우 유사한 설파닐아마이드가 되어 PABA가 결합할 수용체와 먼저 결합한다. 이로 인해 박테리아는 엽산을 만들지 못하고 결국 죽게 된다.
▶ 약이 병원체에 작용하여 효과를 내는 방식과 예시 – 설파제

항생제와 항바이러스제가 생물학적 효과를 내는 방식을 이해했는가?
병원체에 작용하여 생물학적 효과를 내는 방식으로 설파제와 항바이러스제의 예를 들어 설명함.

전개
항바이러스제의 작용 방식 설명

항바이러스제는, 스스로는 증식하지 못하고 다른 세포에 기생하여 DNA 복제 과정을 거치며 증식하는 바이러스의 특성을 활용하여, 바이러스에 감염된 세포의 증식을 막는 방식으로 바이러스 확산을 억제하기도 한다. ⓒ뉴클레오사이드 유도체를 포함한 항바이러스제가 이러한 방식의 약에 해당한다. 뉴클레오사이드 유도체는 뉴클레오타이드와 유사하지만, 뉴클레오사이드 유도체가 세포의 DNA나 RNA의 수용체와 결합하면 결과적으로 DNA 복제 과정이 이루어지지 않는다. 또한 뉴클레오사이드 유도체는 바이러스에 감염된 세포와는 쉽게 결합하지만 감염되지 않은 세포와는 잘 결합하지 않는 특성이 있다. 이 때문에 뉴클레오사이드 유도체는 바이러스에 감염된 세포들이 더 이상 증식하지 못하게 할 수 있으며, 이를 통해 바이러스 확산을 억제한다.
▶ 약이 병원체에 작용하여 효과를 내는 방식과 예시 – 항바이러스제

전개
신경작용제의 작용 방식 설명

한편 신경작용제는 신경전달물질의 작용에 관여하는 방식으로 사람의 정신이나 행동에 영향을 주는 생물학적 효과를 내는 약이다. 하나의 뉴런(neuron)에서 발생한 전기 신호는 뉴런 말단에 도달하여 신경전달물질을 분비하게 하고, 이러한 신경전달물질은 연접한 다른 뉴런에 존재하는 수용체에 화학 신호를 전달함으로써 연접한 뉴런 간에 신호를 전달하는 매개체의 역할을 한다. 우울증과 관련된 것으로 알려진 신경전달물질인 세로토닌이나 노르에피네프린은, 보통 후(後)연접 뉴런 수용체에서 기능을 다하고 전(前)연접 뉴런에 재흡수되는 과정을 거치는데, 이 과정에서 뉴런 간 연접 틈새에서 세로토닌이나 노르에피네프린의 농도가 낮아지면 우울증이 나타나는 것으로 알려져 있다. 항우울제는 연접 틈새에서 이들 신경전달물질의 부족을 해소하는 방식으로 약효를 낸다. TCA 항우울제는 전연접 뉴런의 수용체와 결합하여 신경전달물질의 재흡수가 일어나지 않도록 하는 방식으로, SNRI 항우울제는 신경전달물질의 재흡수를 억제하거나 후연접 뉴런의 수용체와 결합하는 방식으로, 연접 틈새에서 신경전달물질의 농도가 높아진 것과 같은 효과를 낸다.
▶ 약이 생체에 직접 작용하여 효과를 내는 방식과 예시 – 신경작용제

신경작용제가 생물학적 효과를 내는 방식을 이해했는가?
생체에 직접 작용하여 생물학적 효과를 내는 방식으로 신경작용제의 예를 들어 설명함.

대부분의 약들은 약효가 여러 가지인 경우가 많기 때문에 두 가지 약을 함께 복용하면 이들 약의 일차적인 약효는 서로 다를지라도 이차적인 약효는 같을 수 있어, 공통되는 이차적인 약효가 한층 커질 수 있다. 이와 같이 약들이 서로 도와 약효를 높이는 효과를 상승효과라고 한다. 한편 약을 장기간 남용하게 되면 수용체의 민감도가 떨어지게 되어, 결과적으로 기존과 동일한 효과를 내기 위해서 더 많은 약을 필요로 하게 되는 내성이 생길 수 있다.

약의 남용으로 인한 부작용

▶ 약의 상승효과와 내성

약의 상승효과와 내성에 대해 이해했는가?
두 가지 이상의 약을 복용했을 때 약효가 커지는 상승효과와 약을 장기간 남용했을 때 생길 수 있는 내성에 대해 언급함.

나열형구조

해제 이 글은 약이 생체 내에서 효과를 내는 방식을 수용체와 리간드의 작용을 통해 설명하고 있다. 약은 특정 수용체와 결합할 수 있는 리간드를 생체에 증가시켜 약효를 내는데, 주로 병원체에 작용하거나 생체에 직접 작용하는 방식이 활용된다. 항생제나 항바이러스제 등이 전자에 해당하는데 항생제인 설파제를 복용하면 박테리아는 엽산을 만들지 못하고 죽게 되며, 항바이러스제는 다른 세포에 기생해 증식하는 바이러스의 특성을 통해 바이러스에 감염된 세포의 증식을 막는다. 한편 신경작용제는 생체에 직접 작용하는 방식으로, 그중 하나인 항우울제는 신경전달물질의 부족을 해소하는 방식으로 약효를 낸다. 대부분의 약들은 두 가지 약을 함께 복용할 경우 상승효과가 나타날 수 있으나 약을 장기간 남용하면 내성이 생길 수 있다.

주제 약이 우리 몸에서 작동하는 방식

기출읽기 3

0 ③   1 ③   2 ④   3 ⑤   4 ②

글쓴이의 작문 과정 ❶ 약 ❷ 병원체
주제 약이 우리 몸에서 작동하는 방식

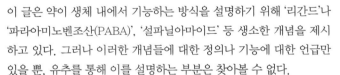

0 글쓰기 계획 평가 ③

이 글은 약이 생체 내에서 기능하는 방식을 설명하기 위해 '리간드'나 '파라아미노벤조산(PABA)', '설파닐아마이드' 등 생소한 개념을 제시하고 있다. 그러나 이러한 개념들에 대한 정의나 기능에 대한 언급만 있을 뿐, 유추를 통해 이를 설명하는 부분은 찾아볼 수 없다.

오답풀이 ① 이 글은 전체적으로 약이 리간드로서 어떻게 생체 내에서 기능하여 효과를 내는가에 대해 설명하고 있다.

② 2~4문단에서는 약이 생물학적 효과를 내는 두 가지 방식, 즉 병원체에 작용하는 방식과 생체에 직접 작용하는 방식을 제시하고 이에 대한 사례를 각각 들어 내용을 구성하고 있다.

④ 4문단에서 약이 병원체에 작용하는 방식과는 달리 약이 생체에 직접 작용하는 방식을 설명하기 위해 '한편'이라는 담화 표지를 사용하고 있다.

⑤ 마지막 문단에서는 약의 상승효과와 함께 약을 장기간 남용할 경우 내성이 생길 수 있다는 부작용도 함께 제시하고 있다.

1 정보 간의 관계 파악 ③

[A]에 따르면 약은 특정 수용체와 결합할 수 있는 리간드를 인위적으로 생체에 증가시킴으로써 리간드와 결합한 수용체의 수가 일정 시간 동안 일정 수준 이상으로 유지되게 한다고 하였다.

오답풀이 ① [A]에 따르면 리간드는 수용체와 결합하여 생물학적 반응을 촉발할 수 있는데, 이때 리간드와 결합한 수용체의 작용에 의

해 생체의 변화가 일어나기도 하고, 수용체에 의해 리간드의 구조 변화가 일어남으로써 생물학적 반응이 유도되기도 한다. 따라서 리간드에 의해 수용체의 구조 변화가 일어나는 것이 아니라 수용체에 의해 리간드의 구조 변화가 일어난다고 보는 것이 적절하다.

② [A]에서 리간드와 결합한 수용체에 의해 리간드의 구조 변화가 일어남으로써 생물학적 변화가 유도되기도 한다고 하였다. 하지만 수용체와 리간드가 동일한 화학적 분자 구조로 변화되는 것은 아니다.

④ [A]에서 약은 생체의 리간드와 유사한 화학적 분자 구조를 가진 성분을 포함하는데, 이러한 성분으로 인해 리간드로서 기능한다고 하였다. 따라서 약이 리간드를 포함하고 있는 것은 아니다. 또한 생체 내에서 수용체와 친화성이 높은 리간드가 결합하면 생체의 변화가 유도된다고 하였다. 약은 생체 내에서 리간드로서 기능하며 약효를 내므로 이 경우 약은 생체의 수용체와 친화성을 갖는 리간드로서 기능한다고 할 수 있다.

⑤ [A]에 따르면 수용체와 친화성이 높은 리간드가 결합하면 생물학적 반응이 유도되기도 하는데, 약은 이러한 생체의 리간드와 유사한 화학적 분자 구조를 가진 성분을 포함하여 생체 내에서 리간드로 기능한다고 하였다. 따라서 약은 수용체와 동일한 화학적 분자 구조를 가진 성분을 포함하는 것이 아니라 리간드와 유사한 화학적 분자 구조를 가진 성분을 포함한다.

2 구체적 상황에 적용 ④

|보기|에서 메피라민은 알레르기와 염증에는 효과가 있지만 위산 분비 조절에는 효과가 없었다고 하였다. 그런데 새 항히스타민약은 위산 분비 조절에 효과가 있다고 하였다. 따라서 메피라민은 알레르기와 염증 조절을 일차적인 약효로, 새 항히스타민약은 위산 분비 조절을 일차적인 약효로 갖는다고 할 수 있다.

① 히스타민은 알레르기와 염증의 발생, 위산의 분비 등에 모두 관여하는 리간드이다. 메피라민은 알레르기와 염증에는 효과가 있지만 위산 분비 조절에는 거의 효과가 없었다. 이에 연구자들은 히스타민과 친화성을 갖는 두 종류 이상의 수용체가 있을 것으로 가정하여 위산 분비를 조절하는 새 항히스타민제를 개발하였다. 이를 통해 볼 때 연구자들은 히스타민이 알레르기와 염증 발생, 위산 분비에 관여하는 수용체 모두와 친화성을 갖는다고 가정하고 이들 수용체와 각각 친화성을 갖는 항히스타민약을 통해 증상과 관련된 효과를 내고자 하였음을 알 수 있다.

② 메피라민은 알레르기와 염증에는 효과가 있지만 위산 분비 조절에는 거의 효과가 없었다고 하였다. 이를 통해 메피라민이 알레르기나 염증 발생과 관련된 수용체와는 친화성이 높지만 위산 분비에 관련된 수용체와는 친화성이 높지 않음을 알 수 있다.

③ 1문단에서 약은 생체의 리간드와 유사한 화학적 분자 구조를 가진 성분을 포함한다고 하였다. 그런데 메피라민과 새 항히스타민약은 모두 히스타민이 관여하는 증상에 효과가 있다고 하였으므로 두 약은 모두 히스타민과 유사한 화학적 분자 구조를 가진 성분을 포함할 것임을 알 수 있다.

⑤ 새 항히스타민약은 메피라민과 달리 위산 분비 조절에 효과가 있으므로, 메피라민보다 위산 분비에 관여하는 수용체와 친화성이 높다고 할 수 있다.

3 핵심 정보 파악 ⑤

2문단에 따르면 인간과 박테리아 모두 대사 과정에서 공통으로 엽산을 필요로 하는데, 설파제는 이 엽산을 사용하는 것이 아니라, 체내에서 설파닐아마이드가 되어 엽산을 만드는 박테리아의 작용을 방해하여 죽게 만든다고 하였다. 한편 3문단에서 항바이러스제는 DNA 복제 과정 시 필요한 뉴클레오타이드와 유사한 구조의 뉴클레오사이드 유도체를 활용한다고 하였다. 따라서 ㉠, ㉡ 모두 병원체와 생체가 공통으로 필요로 하는 물질을 사용하여 병원체의 확산을 억제한다는 진술은 적절하지 않다.

① 2문단에 따르면, 설파제는 체내에서 화학적 변화를 거쳐 설파닐아마이드가 되어 PABA와 결합할 수용체에 먼저 결합하여 박테리아가 엽산을 만들지 못하고 죽게 함으로써 약효를 낸다.

② 2문단에 따르면, 설파제는 병원체인 박테리아가 대사 과정에서 필요로 하는 물질인 엽산을 만드는 것을 방해하여 박테리아를 죽게 만든다.

③ 3문단에 따르면, 항바이러스제인 뉴클레오사이드 유도체가 세포의 DNA나 RNA의 수용체와 결합하면 결과적으로 DNA의 복제 과정이 이루어지지 않는다. 또한 뉴클레오사이드 유도체는 바이러스에 감염된 세포와는 쉽게 결합하지만 그렇지 않은 세포와는 잘 결합하지 않아 바이러스에 감염된 세포들이 더 이상 증식하지 못하게 함으로써 바이러스 확산을 억제한다. 따라서 항바이러스제는 DNA 복제 과정이 이루어지지 않도록 하는 방법으로 바이러스의 확산을 억제한다.

④ 3문단에 따르면, 인간과 박테리아 모두 대사 과정에서 공통으로 엽산을 필요로 하는데, 설파제는 엽산을 섭취하여 사용할 수 있는 인간과 달리 박테리아는 엽산을 스스로 만들어야 한다는 점을 이용한다. 따라서 엽산은 엽산과 관련한 인간과 박테리아 간의 차이를 활용한 것이다. 그리고 3문단에 따르면, 항바이러스는 스스로는 증식하지 못하고 다른 세포에 기생하여 증식하는 바이러스의 특성을 활용한다. 따라서 항바이러스제는 인간과 바이러스가 스스로 증식이 가능한지 여부와 관련한 차이를 활용한 것이다.

4 시각 자료를 통한 이해 ②

4문단에서 SNRI 항우울제는 신경전달물질의 재흡수를 억제하거나 후연접 뉴런의 수용체와 결합하는 방식으로, 연접 틈새에서 신경전달물질의 농도가 높아진 것과 같은 효과를 낸다고 하였다. 따라서 SNRI 항우울제가 후연접 뉴런에 지속적으로 흡수된다는 설명은 적절하지 않다.

① 4문단에서 우울증과 관련된 것으로 알려진 신경전달물질인 세로토닌이나 노르에피네프린은 보통 후연접 뉴런 수용체에서 기능을 다하고 전연접 뉴런에 재흡수되는 과정을 거친다고 하였다.

③ 4문단에서 항우울제는 연접 틈새에서 신경전달물질의 부족을 해소하는 방식으로 약효를 낸다고 하였다. 따라서 항우울제는 연접 틈새에서 세로토닌이나 노르에피네프린의 농도가 높아지도록 하는 작용을 한다고 할 수 있다.

④ 5문단에서 약을 장기간 남용하게 되면 수용체의 민감도가 떨어지게 된다고 하였다.

⑤ 4문단에서 뉴런 간 연접 틈새에서 신경전달물질의 농도가 낮아지면 우울증이 나타난다고 하였고, TCA 항우울제는 전연접 뉴런의 수용체와 결합하여 신경전달물질의 재흡수가 일어나지 않도록 하는 방식으로, SNRI 항우울제는 신경전달물질의 재흡수를 억제하거나 후연접 뉴런의 수용체와 결합하는 방식으로 연접 틈새에서 신경전달물질의 농도가 높아진 것과 같은 효과를 낸다고 하였다. 따라서 항우울제는 전연접 뉴런과 후연접 뉴런의 수용체와 결합하는 방식으로 약효를 내는 것이라고 할 수 있다.

보드리야르의 소비사회론 2022학년도 3월 고1 학력평가

㉠마르크스는 사물의 경제적 가치를 사용가치와 교환가치로 구분하면서 자본주의 사회에서는 경제적 가치가 교환가치에 의해 결정된다고 보았다. 사용가치는 사물의 기능적 가치를, 교환가치는 시장 거래를 통해 부여된 가치를 의미하는데 「사물 자체의 유용성은 고정적이므로 시장에서의 수요와 공급에 의해서만 경제적 가치가 결정된다고 보았기 때문이다.」 또한 그는 사물의 거래 가격은 결국 사물의 생산 비용에 의해 결정된다는 점에서 소비를 생산에 종속된 현상으로 보고 소비의 자율성을 인정하지 않았다.」 ▶ 경제적 가치와 소비에 대한 마르크스의 견해

마르크스의 이러한 주장과 달리 ㉡보드리야르는 교환가치가 아닌 사용가치가 경제적 가치를 결정하며, 자본주의 사회는 소비 우위의 사회라고 주장했다. 이때 보드리야르가 제시한 사용가치는 사물 자체의 유용성에 대한 가치가 아니라 욕망의 대상으로서 기호(sign)가 지니는 기능적 가치, 즉 기호가치를 의미한다. ▶ 기호가치로서의 사용가치와 소비에 대한 보드리야르의 견해

기호는 어떤 대상을 지시하는 상징으로서 문자나 음성같이 감각으로 지각되는 기표와 의미 내용인 기의로 구성되는데, 기표와 기의의 관계는 자의적이다. 「가령 '남성'이란 문자는 필연적으로 어떤 대상을 지시하는 것이 아니며 '여성'이란 기호와의 관계 속에서 의미 내용이 결정된다.」 다시 말해, 어떤 기호의 의미 내용을 결정하는 것은 기표와 기의의 관계가 아니라 기호들 간의 관계, 즉 기호 체계이다. ▶ 기호의 구성 요소 및 기호의 의미 내용 결정에서 기호 체계의 역할

[A]
보드리야르는 자본주의 사회에서 대량 생산 기술이 급속하게 발전하면서 소비자가 기호가치 때문에 사물을 소비한다고 보았다. 대량 생산 기술의 발전으로 수요를 충족하고 남을 만큼의 공급이 이루어져 사물 자체의 유용성은 더 이상 소비를 결정하는 요인으로 작용할 수 없기 때문이다. 예를 들어 「소비자는 특정 계층 또는 집단의 일원이라는 상징을 얻기 위해 명품 가방을 소비한다. 이때 사물은 소비자가 속하고 싶은 집단과 다른 집단 간의 차이를 부각하는 기호로서 기능한다.」 따라서 보드리야르에 따르면 자본주의 사회에서 소비의 원인은 사물이 상징하는 특정 사회적 지위에 대한 욕구이다. ▶ 특정 사회적 지위에 대한 욕구로서 기호가치에 따른 소비

보드리야르는 현대인이 자연 발생적인 욕구에 따라 자유롭게 소비하는 것처럼 보이지만 사실은 강제된 욕구에 따르는 것에 불과하다고 보았다. 이는 기호가 다른 기호와의 관계 속에서 그 의미 내용이 결정되는 것과 관계된다. 특정 사물의 상징은 기호 체계, 즉 사회적 상징체계 속에서 유동적이며, 따라서 ㉢상징체계 변화에 따라 욕구도 유동적이다. 이때 대중매체는 사물의 기의에 영향을 미침으로써 욕구를 강제할 수 있다. 현실이 대중매체를 통해 전달될 때 현실은 현실 그 자체가 아니라 다른 기호와 조합될 수 있는 기호로서 추상화되기 때문이다. 가령 텔레비전 속 유명 연예인이 소비하는 사물은 유명 연예인이라는 기호에 의해 새로운 의미 내용이 부여된다. 요컨대 특정 사물에 대한 현대인의 욕망은 대중매체를 매개로 하여 자기도 모르는 사이에 강제된다. ▶ 대중매체의 영향으로 강제된 욕구를 따르는 소비

보드리야르는 기술 문명이 초래한 사물의 풍요 속에서 현대인의 일상생활이 사물의 기호가치와 이에 대한 소비에 의해 규정된다고 보고 자본주의 사회를 소비사회로 명명하였다. 그의 이론은 소비가 인간에 미치는 영향을 비판적으로 성찰해야 한다는 점을 시사한다. ▶ 자본주의 사회에 대한 보드리야르의 견해 및 시사점

일방형구조

도입	
반박	부연
견해	견해
결론	

해제 이 글은 현대 자본주의 사회에서 소비에 대한 보드리야르의 이론을 소개하고 있다. 자본주의 사회에서 경제적 가치는 교환가치에 의해 결정된다고 보고 소비의 자율성을 인정하지 않은 마르크스와 달리, 보드리야르는 사용가치, 즉 기호가치가 경제적 가치를 결정하며, 자본주의 사회는 소비 우위의 사회라고 주장하였다. 보드리야르는 자본주의 사회에서 소비자는 특정 사회적 지위에 대한 욕구 때문에 기호가치를 가진 사물을 소비한다고 하면서, 이런 욕구나 욕망은 대중매체를 매개로 강제된다고 하였다. 이러한 보드리야르의 이론은 소비가 인간에 미치는 영향을 비판적으로 성찰해야 한다는 점을 시사한다.

주제 자본주의 사회에서 소비에 대한 보드리야르의 견해와 그 시사점

기출읽기 **0** ② **1** ⑤ **2** ① **3** ③ **4** ③

글쓴이의 작문 과정 **❶** 보드리야르 **❷** 기호가치
주제 자본주의 사회에서 소비에 대한 보드리야르의 견해와 그
시사점

0 내용 전개 방식 파악   ②

이 글은 현대 자본주의 사회를 소비 우위의 사회로 본 보드리야르의 이론을 소개하고 있다. 이 글에서는 먼저 소비의 자율성을 인정하지 않은 마르크스의 견해를 소개한 후, 이와 대비되는 보드리야르의 견해를 제시하고 있다. 그런데 5문단에 따르면, 보드리야르는 현대인이 자연 발생적인 욕구에 따라 자유롭게 소비하는 것처럼 보이지만 사실은 강제된 욕구에 따르는 것에 불과하다고 보았다. 따라서 보드리야르가 현대인이 자연 발생적인 욕구에 따라 소비한다고 보는 것은 적절하지 않다.

오답풀이 ① 1문단에 따르면 마르크스는 사물의 경제적 가치를 사용가치와 교환가치로 구분하면서, 자본주의 사회에서는 교환가치에 의해 경제적 가치가 결정된다고 보았다. 그런데 2문단에서 보드리야르는 교환가치가 아닌 사용가치가 경제적 가치를 결정한다고 보았음을 알 수 있다.

③ 3문단에서는 보드리야르의 견해를 이해하는 데 필요한 개념인 '기호'를 '기표'와 '기의'로 분석한 후, 구성 요소인 이 둘의 관계를 자의적이라고 제시하고 있다.

④ 5문단에 따르면, 보드리야르는 현대 자본주의 사회에서 소비자는 기호가치 때문에 사물을 소비하는데, 특정 사물에 대한 현대인의 욕망은 대중매체를 매개로 소비자 자신도 모르는 사이에 강제된다. 그리고 이 주장을 뒷받침하는 근거로, 텔레비전 속 유명 연예인이 소비하는 사물이 유명 연예인이라는 기호에 의해 새로운 의미 내용이 부여되는 사례를 제시하고 있다.

⑤ 6문단에 따르면 보드리야르는 현대인의 소비가 기호가치에 의해 규정된다고 보고 자본주의 사회를 소비사회로 명명하였다. 그리고 그의 이론은 소비가 인간에 미치는 영향을 비판적으로 성찰해야 한다는 점을 시사한다.

1 핵심 내용 파악   ⑤

2문단에서 보드리야르는 기호가치가 경제적 가치를 결정한다고 보았으며, 5문단에서는 기호 체계를 사회적 상징체계와 동일한 표현으로 사용하고 있다. 4문단에서 소비자가 기호가치 때문에 사물을 소비한다고 보았으므로 '경제적 가치는 사회적 상징체계에 따라 결정되므로 기호가치가 소비의 원인이다.'라고 진술한 내용이 적절하다.

오답풀이 ① 마르크스에 따르면, 사용가치는 고정적 가치이지만 교환가치는 사물의 생산 비용에 의해 결정된다는 점에서 유동적이라고 보았다.

② 마르크스는 소비를 생산에 종속된 현상으로 보았으므로 소비자의 욕구를 중요하게 생각하지 않았다.

③ 보드리야르는 사용가치가 경제적 가치를 결정하며, 이때의 사용가치는 욕망의 대상으로서 기호가 지니는 기능적 가치라고 설명하였다.

④ 보드리야르는 개인의 욕구가 자유로워 보이지만 사실은 강제된 욕구에 따르는 것에 불과하다고 보았으며, 집단 간의 사회적 차이는 현대 소비사회에서 더욱 강화된다고 보았다.

2 세부 내용 추론   ①

[A]에 따르면, 보드리야르는 자본주의 사회에서 소비자가 사물을 소비할 때 기호가치에 초점을 둔다고 보았다. 사물은 이를 소비하는 사람이 속하고 싶은 집단과 그렇지 않은 집단과의 차이를 부각하는 기호로 기능한다고 본 것이다. 3문단에서 기호의 의미 및 구성에 대한 내용을 확인할 수 있는데, '기호는 어떤 대상을 지시하는 상징으로서 문자나 음성같이 감각으로 지각되는 기표와 의미 내용인 기의로 구성'된다. 이때 '문자나 음성같이 감각적으로 지각'된다는 것은 구체성이 있다는 의미이고, '의미 내용'이라는 것은 머릿속에서 그려지는 추상적인 대상을 가리키는 것이다. 따라서 사물은 기표로서의 구체성과 기의로서의 추상성을 갖는다고 이해하는 것이 적절하다.

오답풀이 ② 3문단에서 기호는 구체성을 띠는 기표와 의미 내용인 기의로 구성된다고 하면서, 기표와 기의의 관계는 자의적이라고 하였다. 그리고 [A]에서 사물은 집단 간의 차이를 나타내는 기호로 기능

하며, 소비의 원인은 사물이 상징하는 특정 사회적 지위에 대한 욕구라고 보았다. 여기서 사물은 구체성을 띠는 기표이고, 특정 사회적 지위는 의미 내용인 기의라고 볼 수 있으므로 사물과 그것이 상징하는 사회적 지위의 관계는 자의적이라고 이해할 수 있다.

③ 3문단에서 어떤 기호의 의미 내용을 결정하는 것은 기표와 기의의 관계가 아니라, 기호들 간의 관계라고 하였다. 따라서 어떤 사물의 의미 내용은 사물 자체가 아니라 사물 간의 관계를 통해 결정된다고 이해할 수 있다.

④ 4문단에서 소비자는 특정 계층 또는 집단의 일원이라는 상징을 얻기 위해 명품 가방을 소비하며, 이때 사물은 소비자가 속하고 싶은 집단과 다른 집단 간의 차이를 부각하는 기호로 기능한다고 하였다. 따라서 소비는 사물이라는 기호를 통해 특정 계층 또는 집단의 일원이라는 상징을 얻는 행위라고 할 수 있다.

⑤ 2문단에서 기호가치는 욕망의 대상으로서 기호가 지니는 기능적 가치라고 하였다. 따라서 명품 가방과 같은 사물의 가치는 감각할 수 있는 기표가 중요한 것이 아니라, 특정 계층 또는 집단의 일원이라는 상징, 즉 기의가 중요하다. 따라서 기호가치는 사물의 기의와 그에 대한 소비자의 욕구와 관련될 뿐 사물의 기표에 의해 결정되는 것은 아니라고 할 수 있다.

3 전제의 추론   ③

4문단에 따르면, 보드리야르는 소비자가 사물을 소비하는 이유를 사물의 기호가치 때문이라고 보았다. 또한 4문단을 통해 특정 사물이 지닌 기호가치는 사회적 상징체계임을 알 수 있다. '기호가치'는 사물이 상징하는 특정 사회적 지위에 대한 '욕구'와 대응하므로, 사물의 '기호가치'의 변화는 사물에 대한 '욕구'의 변화와 대응한다고 할 수 있다. 따라서 ⓒ은 사물의 기호가치가 변화하면 사물에 대한 욕구도 변화한다는 전제에 따라 성립함을 추론할 수 있다.

오답풀이 ① 2문단에서 보드리야르가 제시한 사용가치는 사물 자체의 유용성에 대한 가치가 아니라 욕망의 대상으로서 기호가 지니는 기능적 가치, 즉 기호가치임을 알 수 있다. ⓒ은 보드리야르의 견해에 관한 것이므로, 상징체계의 변화와 사물 자체의 유용성 변화가 서로 관련되어 있다고 보는 것은 적절하지 않다.

② 5문단에서 보드리야르는 현대인이 자연 발생적인 욕구에 의해 소비하는 것이 아니라, 대중매체의 영향으로 강제된 욕구에 따른 것으로 보았다. 이는 대중매체의 영향으로 소비자들의 소비가 비슷한 양상을 띤다는 것을 의미하므로, 사물에 대한 욕구가 사람마다 제각기 다른 양상을 보인다고 이해하는 것은 적절하지 않다.

④ 5문단에 따르면, 보드리야르는 현대인이 자연 발생적인 욕구에 의해 소비하는 것이 아니라, 강제된 욕구에 따른다고 보았다.

⑤ 4문단에 따르면, 보드리야르는 자본주의 사회에서 소비의 원인은 사물이 상징하는 특정 사회적 지위, 즉 기호가치에 대한 욕구라고 보았다. 따라서 보드리야르의 입장에서는 사물이 지시하는 의미 내용과 특정 사물에 대한 욕구가 연관된다고 볼 수 있다.

4 구체적 사례에 적용   ③

|보기|는 현대 사회에서 개인이 남다른 개성을 드러내려는 사례를 언급하며, 이는 자신의 고유한 특성을 드러내려는 것이라고 설명하고 있다. 5문단에 따르면, 보드리야르는 현대인이 자연 발생적인 욕구에 따라 자유롭게 소비하는 것처럼 보이지만 사실은 자신도 모르게 대중매체를 매개로 강제된 욕구에 따르는 것에 불과하다고 보았다. 그런데 ③에서 '개인만의 고유한 특성을 드러내는 수단'이라는 것은 '자연 발생적인 욕구에 따라 자유롭게 소비'한다는 의미를 담고 있다. 이는 보드리야르의 견해와는 어긋나는 것으로, 보드리야르의 관점에서 보면 '찢어진 청바지'와 같은 사물의 소비는 개인만의 고유한 특성을 드러내고자 하는 자연 발생적 욕구에 따른 것이 아니라 사실 사회적으로 강제된 욕구에 의한 것이다.

오답풀이 ① 4문단에 따르면, 보드리야르는 사물을 소비하는 이유가 특정 계층 또는 집단의 일원이라는 상징을 얻기 위한 것으로 보았다. 따라서 보드리야르에 따르면 '찢어진 청바지'와 같은 사물을 통해 타인과 구별되는 개성은 개인이 소속되길 바라는 집단의 차별화된 속성일 수 있다.

② 4문단에 따르면, 보드리야르는 소비의 원인을 사물이 상징하는 특정 사회적 지위에 대한 욕구, 즉 사물의 기호가치에 대한 욕구로 보았다. 따라서 보드리야르의 관점에서 보면, 소비사회에서 사물을 통한 개성의 추구는 그 사물의 기호가치에 대한 욕구에서 비롯된다고 이해할 수 있다.

④ |보기|의 '당신의 삶에 차이를 만듭니다'라는 광고 문구는 대중매체를 통해 전달된다. 5문단에서 대중매체를 매개로 특정 사물에 대한 소비 욕망이 강제될 수 있다고 하였으므로, 광고 문구는 그 광고의 상품을 소비함으로써 사회적 차이를 드러내고 싶다는 욕구를 강제하는 것으로 이해할 수 있다.

⑤ 5문단에서 텔레비전과 같은 대중매체 속 유명 연예인이 소비하는 사물을 통해 소비자의 욕구를 강제할 수 있다는 것과 현실이 대중매체를 통해 전달될 때 현실은 기호로서 추상화된다는 점을 알 수 있다. 따라서 타투나 피어싱을 한 유명 연예인을 텔레비전에서 보고, 이를 따라하기 위해 돈을 지불하는 것은 대중매체를 매개로 하여 추상화된 기호를 소비하는 것이라고 이해할 수 있다.

⚠ **출제자의 의도읽기 – 매력적인 오답을 만드는 선지 구성의 원리를 알아두자.**

출제자가 선지를 복합적인 내용으로 구성할 때, 예를 들어 ⓐ라는 내용과 ⓑ라는 내용이 하나의 선지로 구성될 때, ⓐ와 ⓑ 중 하나는 적절한 내용으로, 나머지는 적절하지 않은 내용으로 만들 수 있다. 이를 통해 오답의 매력도를 높이는 것이다. ③을 보면, '젊은 세대의 일원이라는 기호(ⓐ)'는 적절한 내용이지만, '개인만의 고유한 특성을 드러내는 수단(ⓑ)'은 적절하지 않은 내용이다. 따라서 ⓐ와 ⓑ 중 하나만 확인하여 선지의 적절성을 판단하면 오답을 선택하는 오류를 범할 수 있으므로, 앞뒤 내용의 적절성을 모두 확인해야 한다.

가격지각 과정과 가격 전략 2015학년도 11월 고1 학력평가

도입
가격지각 과정의 개념 설명

전개
가격지각과 관련한 설문 조사 결과 제시

분석
소비자의 수용 가격과 판매자의 최적가격 설명

전환
제품 구매 경험 여부와 관련된 준거가격 설명

분류
준거가격의 종류와 개념 설명

결론
소비자의 가격지각과 판매자의 가격 전략 간의 관계 제시

「어떤 제품에 대해 판매자가 가격을 제시하면 소비자는 그 가격을 해석하고 그 가격에 담겨 있는 의미를 평가해서 제품의 구매 여부를 결정한다.」 이 일련의 과정을 가격지각 과정이라 한다.

가보(A. Garbor)와 그레인저(C. Granger)는 소비자들을 대상으로 한 설문조사 결과를 통해 소비자의 가격지각을 설명하고자 했다. 그들은 먼저, 설문 대상자들에게 특정 가격을 제시하여 해당 제품의 구매 의사 여부를 조사했다. 구매한다는 대답이 나오면 다른 가격을 순차적으로 묻는 과정을 계속했고, 구매하지 않는다는 대답이 나오면 그 까닭이 가격이 비싸서 그러한 것인지 아니면 싸서 그러한 것인지를 물었다. 그리하여 소비자들이 수용할 수 있는 '하한 가격 한계'와 '상한 가격 한계'를 발견하였다.

하한 가격 한계는 가격이 너무 낮아서 소비자가 품질을 의심하여 해당 제품을 구매하려는 의사가 전혀 없는 ㉠최저수용가격을 말하고, 상한 가격 한계는 가격이 너무 높아서 소비자가 제품의 구매를 경제적이지 않다고 판단하여 해당 제품을 구매하려는 의사가 전혀 없는 ㉡최고수용가격을 말한다. 조사 결과 설문 대상자들이 수용할 수 있는 하한 가격 한계 위로 가격을 올리면, ㉢지나치게 낮은 가격 때문에 그 제품의 품질을 의심해서 구매하지 않겠다는 확률이 줄어들었다. 그리고 설문 대상자들이 수용할 수 있는 상한 가격 한계 밑으로 가격을 내리면, ㉣가격이 하락함에 따라, 가격이 너무 높아서 구매하지 않겠다는 확률이 줄어들었다. 그리고 최저수용가격과 최고수용가격의 사이, 즉 소비자가 수용할 수 있는 가격 범위 사이에 판매자가 제품을 팔 수 있는 최적가격이 형성된다. 다시 말해, 소비자가 너무 비싸게도 너무 싸게도 느끼지 않아 해당 제품을 구매할 확률이 가장 높은 가격이 판매자가 제품을 효과적으로 팔 수 있는 최적가격인 것이다.

한편 소비자가 새로운 제품의 구매를 고려할 때, 그 제품의 가격이 높거나 낮다고 지각하는 것은 개인이 그 상품에 대해 자신의 기준을 반영하기 때문이다. 일반적으로 소비자가 현재 구매하려는 물건과 유사한 물건을 구매했던 경험이 있다면 그것을 기준으로 준거가격을 설정하고 이를 바탕으로 제품의 구매를 결정한다. 하지만 유사 제품에 대해 구매 경험이 없다면 소비자는 제품에 대해 외적으로 제시되는 새로운 가격 정보를 이용하여 제품의 구매를 결정한다.

이때 전자는 내적준거가격을, 후자는 외적준거가격을 기준으로 제품의 구매 여부를 판단하는 것이라 할 수 있다. 즉 내적준거가격이란 소비자가 경험한 정보를 통해 형성된, 소비자의 마음속에 있는 추상적인 가격을 말하며 외적준거가격이란 특정 제품의 생산자 가격, 상점에서 제시하는 정상 가격, 혹은 경쟁사 가격 등의 새로운 가격 정보를 말한다.

그동안 많은 경제학자들은 소비자들을 판매자가 제시한 가격을 '받아들이는 사람'으로 인식했다. 하지만 소비자들은 판매자들이 제시한 가격을 자신들의 주관적 경험에 따라 다르게 인식할 수 있는 능동적인 존재이다. 따라서 판매자는 소비자들이 가격에 대해 어떻게 지각하고 반응하는지를 고려하여 적절한 가격 전략을 수립해야 한다.

중심 화제를 파악했는가?
가격지각 과정의 개념을 제시하며 중심 화제를 소개함.

소비자의 구매 결정과 하한 가격 한계·상한 가격 한계의 관계를 파악했는가?
소비자가 구매를 결정하는 데 영향을 주는 하한 가격 한계(최저수용가격)과 상한 가격 한계(최고수용가격)의 개념을 설명하고, 하한 가격 한계 이상, 상한 가격 한계 이하일 때 구매 확률이 올라가고 최저수용가격과 최고수용가격 사이에서 최적 가격이 형성됨을 설명함.

소비자가 제품 구매 시 기준으로 삼는 준거가격을 이해했는가?
소비자가 제품을 구매할 때 자신의 경험과 연관짓는 내적준거가격과 외적 정보가 기준이 되는 외적준거가격이 있음을 밝히고, 두 준거가격의 개념을 비교하여 설명함.

글쓴이가 말하고자 하는 바를 파악했는가?
소비자들의 가격지각 과정에 대한 이해를 바탕으로 판매자가 적절한 가격 전략을 수립해야 함을 강조함.

집중형구조

도입	
전개	분석
전환	분류
결론	

해제 이 글은 소비자의 가격지각 과정에 대해 설명하고 있다. 판매자가 제시한 가격에 소비자가 제품의 구매 여부를 결정하는 일련의 과정을 가격지각 과정이라 하는데, 가보와 그레인저가 소비자들을 대상으로 한 설문조사에 따르면 소비자는 최적수용가격과 최고수용가격의 사이에서 형성되는 최적가격에서 해당 제품을 구매할 확률이 높다. 또한 소비자가 새로운 제품의 구매를 고려할 때에는, 유사한 물건을 구매한 경험을 반영한 내적준거가격을 기준으로 삼으며, 구매 경험이 없다면 생산자 가격, 정상 가격, 경쟁사 가격 등의 외적준거가격을 기준으로 제품의 구매를 결정한다. 따라서 소비자는 수동적으로 가격을 지각하는 존재가 아니라 능동적인 존재이므로 판매자들은 소비자들의 가격지각 과정을 고려한 가격 전략을 수립해야 한다.

주제 소비자들의 가격지각 과정과 이를 고려한 판매자의 가격 전략 수립의 필요성

---

0 내용 전개 방식 파악 ④

5문단에서 '외적준거가격이란 특정 제품의 생산자 가격, 상점에서 제시하는 정상 가격, 혹은 경쟁사 가격 등의 새로운 가격 정보를 말한다.'라고 하면서 소비자가 새로운 제품을 구매할 때 고려하는 외적준거가격에는 생산자 가격, 정상 가격, 경쟁사 가격 등이 있음을 제시하고 있다.

오답풀이 ① 5문단에 '내적준거가격'이 무엇인지는 제시되어 있지만, 이것의 변화 양상이 어떻게 되는지에 대한 내용은 나타나 있지 않다.
② 2문단에서 가보와 그레인저가 소비자들을 대상으로 설문조사를 실시하였다는 내용은 제시되어 있지만, 설문조사 실시 과정에서 전문가의 말을 인용한 부분은 찾아볼 수 없다.
③ 4문단에서 소비자가 현재 구매하려는 물건과 유사한 물건을 구매했던 경험이 있다면 그것을 기준으로 준거가격을 설정하고 이를 바탕으로 제품의 구매를 결정한다는 내용이 제시되어 있지만, 개인적인 경험을 사례로 들고 있지는 않다.
⑤ 6문단에서 그동안의 경제학자들이 소비자들을 판매자가 제시한 가격을 수동적으로 받아들이는 존재로 인식했다는 것을 알 수 있다. 따라서 소비자들의 가격지각 과정에 대한 경제학자들의 인식이 주는 긍정적 시사점을 언급하며 글을 마무리했다는 것은 적절하지 않다.

1 세부 내용 파악 ①

5문단에서 '상점에서 제시하는 정상 가격'이라며 '정상 가격'에 대해서만 언급하였을뿐, 이에 대한 변화 추이를 다루지는 않았다.

오답풀이 ② 3문단에서 '하한 가격 한계는 가격이 너무 낮아서 소비자가 품질을 의심하여 해당 제품을 구매하려는 의사가 전혀 없는 최저수용가격을 말'한다며, 하한 가격 한계의 개념을 설명하고 있다.

③ 1문단에서 가격지각 과정은 '어떤 제품에 대해 판매자가 가격을 제시하면 소비자는 그 가격을 해석하고 그 가격에 담겨 있는 의미를 평가해서 제품의 구매 여부를 결정'하는 일련의 과정이라며, 소비자의 가격지각 과정을 설명하고 있다.
④ 5문단에 따르면, '내적준거가격이란 소비자가 경험한 정보를 통해 형성된, 소비자의 마음속에 있는 추상적인 가격'을 말하며, 4문단에서 소비자가 현재 구매하려는 물건과 유사한 물건을 구매했던 경험이 있다면 그것을 기준으로 준거가격을 설정한다고 설명하고 있다. 따라서 내적준거가격 결정의 기준은 소비자의 구매 경험과 관련됨을 확인할 수 있다.
⑤ 6문단에 따르면, 그동안 많은 경제학자들이 소비자들을 판매자가 제시한 가격을 '받아들이는 사람', 즉 수동적인 존재로 인식했다. 그리고 이에 대한 반론으로 소비자들은 판매자들이 제시한 가격을 자신들의 주관적 경험에 따라 다르게 인식할 수 있는 '능동적인 존재'라는 글쓴이의 인식을 제시하고 있다. 따라서 소비자에 대한 두 가지 인식을 확인할 수 있다.

2 자료 해석의 적절성 파악 ①

|보기|의 ㉮에서 가격이 '0'으로 제일 낮으며 이 점에서 세로축을 보면 구매하지 않을 확률이 '100'으로 제일 높다. 따라서 ㉮는 가격이 너무 낮아서 소비자가 해당 제품을 구매하려는 의사가 전혀 없는 ㉠ '최저수용가격'이라고 할 수 있다.

㉯는 가로축에서 가격이 제일 높으며 이때 세로축을 보면 구매하지 않을 확률도 제일 높다. 따라서 ㉯는 소비자가 제품의 구매를 경제적이지 않다고 판단하여 해당 제품을 구매하려는 의사가 전혀 없는 ㉡ '최고수용가격'으로 볼 수 있다.

㉰ 곡선은 가격이 높아짐에 따라 구매하지 않을 확률이 줄고 있다. 이는 하한 가격 위로 가격을 올리면 지나치게 낮은 가격 때문에 그 제품의 품질을 의심해서 구매하지 않겠다는 확률이 줄어드는 ㉢에 해당한다.

㉱ 곡선은 가격이 낮을수록 구매하지 않을 확률도 낮아지고 있다. 이는 제품의 가격이 하락함에 따라, 가격이 너무 높아서 구매하지 않겠다는 확률이 줄어드는 경향을 보이므로, ㉣에 해당한다.

이를 종합해 보면, '㉠-㉮, ㉡-㉯, ㉢-㉰, ㉣-㉱'와 같이 연결되어야 적절하다.

지문 혹은 문제에 도표와 그래프가 제시되면, 당연히 이를 해석하는 데 시간이 더 걸리기 마련이다. 그렇다고 해서 너무 촉박한 마음으로 도표와 그래프에 접근하지 말자. 여러 정보가 담겨 있다고 당황하지 말고, 우선 가로축과 세로축이 무엇을 나타내는지 파악한다. 그러고 나서 가로축과 세로축의 단위가 서로 어떤 관계로 얽히고설켜 있는지 파악한다. 그다음으로 도표에 제시된 가장 작은 수와 가장 큰 수, 혹은 그래프 곡선의 가장 낮은 점과 높은 점이 의미하는 바를 파악하도록 한다. 너무 급하지 않게, 차근차근 정보 간의 관계를 파악하고, 이를 정리한 후 지문과의 연관성을 따져 본다. 이 문제에서는 가로축과 세로축이 '가격'과 '구매하지 않을 확률' 간의 관계를 나타내고, 0은 낮음, 100은 높음을 나타내므로 이것만 정리한다면, ㉠~㉣에 나타난 '가격'과 '구매하지 않은 확률'의 관계, 높고 낮음을 그래프에 쉽게 적용할 수 있을 것이다.

3 구체적 사례에 적용   ②

3문단에서 최저수용가격과 최고수용가격의 사이에서 최적가격이 형성되고, 최저수용가격보다 낮거나 최고수용가격보다 높으면 해당 제품을 구매하려는 의사가 전혀 없다고 하였다. 그런데 |보기|에서 Ⓐ는 가격이 너무 낮아서 소비자가 품질을 의심하여 해당 제품을 구매하려는 의사가 전혀 없는 하한 가격 한계(최저수용가격)보다 제품의 가격이 낮은 영역이므로 Ⓐ 영역에서 최적가격이 형성된다는 설명은 적절하지 않다. 다만 Ⓓ 영역은 최고수용가격보다 높은 가격대이므로 최적가격이 형성될 수 없다는 설명은 적절하다.

오답풀이 ① 3문단에 따르면 하한 가격 한계는 가격이 너무 낮아서 소비자가 품질을 의심하여 해당 제품을 구매하려는 의사가 전혀 없는 최저수용가격을 의미한다. 따라서 최저수용가격은 하한 가격 한계에 해당한다. 그런데 Ⓐ는 '최저수용가격'보다 낮은 가격대의 부분이므로 소비자는 Ⓐ에서 제품의 품질을 의심할 수 있다.

③ 3문단에서 소비자가 수용할 수 있는 가격 범위인 '최적가격'은 '최저수용가격과 최고수용가격의 사이'에서 형성된다고 하였다. |보기|에서 Ⓑ와 Ⓒ가 최저수용가격과 최고수용가격 사이의 가격 범위이므로, 이 범위 안에서 소비자가 수용할 수 있는 가격이 형성된다.

④ 3문단에 따르면 '상한 가격 한계'는 가격이 너무 높아서 소비자가 제품의 구매를 경제적이지 않다고 판단하여 해당 제품을 구매하려는 의사가 전혀 없는 '최고수용가격'을 말한다. |보기|의 Ⓓ는 '최고수용가격'보다 높은 가격대의 부분이므로 Ⓓ에서 소비자가 상품을 구매하지 않겠다고 결정했다면 비싼 가격으로 인해 제품의 구매가 경제적이지 않다고 판단한 결과라고 짐작할 수 있다.

⑤ 4문단에서 일반적으로 소비자가 현재 구매하려는 물건과 유사한 물건을 구매했던 경험이 있다면 그것을 기준으로 준거가격을 설정하고 이를 바탕으로 제품의 구매를 결정한다고 하였다. 따라서 소비자의 구매 경험이 다르면, 준거가격에도 차이가 날 수 있음을 알 수 있다. |보기|의 Ⓔ는 준거가격이므로, 동일한 물건에 대해 Ⓔ가 사람마다 차이가 나는 것은 유사한 물건에 대한 소비자의 구매 경험의 차이와 관련된다고 이해할 수 있다.

2 광고와 인지 부조화 이론 2016학년도 3월 고1 학력평가

어떻게 썼을까?

도입
소비자가 겪는 '접근 – 접근 갈등'과 그 해소 방법 소개

문제
물건 구입 후 겪게 되는 인지 부조화 상태 제시

해결
인지 부조화 해소를 위한 소비자의 노력과 광고의 역할 제시

부연
기업 입장에서 구매 후 광고 효과와 광고 노출의 필요성 강조

소비자들은 어떤 제품이나 서비스를 선택할 때 쉽사리 결정을 내리지 못한다. 이를테면 기능은 만족스럽지만 가격이 비싸거나, 반대로 가격은 만족스러운데 기능은 그렇지 않다거나 하는 경우를 들 수 있다. 이처럼 소비자들은 구매 과정에서 흔히 갈등을 겪게 되는데, 그 중 가장 대표적인 것이 ⓐ'접근 – 접근 갈등'이다. 이는 둘 이상의 바람직한 대안 중에서 하나만을 골라야 하는 경우에 어느 것을 선택해야 할지 결정하지 못해 발생하는 갈등이다. _{접근-접근 갈등의 개념} ㉠이때 판매자는 대안들을 함께 묶어 제공함으로써 소비자가 겪는 '접근 – 접근 갈등'을 해소할 수 있다.
_{접근-접근 갈등의 해소 방법}
▶ 소비자들이 구매 과정에서 겪는 '접근-접근 갈등'과 그 해소 방법

그런데 다른 대안들을 함께 묶어 제공받지 못한 상태에서 하나의 대안만을 선택해야 했던 경우, 소비자들은 선택하지 않은 대안에 대한 아쉬움 때문에 심리적으로 불편함을 느끼게 _{인지 부조화가 나타나게 되는 상황} 된다. 소비자들은 이러한 심리적 불편함을 없애려 하는데, 이는 ⓑ인지 부조화 이론으로 설명할 수 있다. 이 이론에 따르면 사람들은 자신의 생각과 태도가 자신이 한 행동과 서로 일_{중심 화제 제시}치하기를 바라는데, 그렇지 않으면 심리적 긴장 상태가 발생하게 된다는 것이다. 이런 경우 _{선택하지 않은 대안에 대한 아쉬움 때문에 심리적 불편함을 겪음.} 사람들은 긴장 상태를 해소하기 위해 생각과 행동을 일치시키려 한다. 그렇다면 제품을 구_{물음을 통해 이어질 내용 제시}입한 행동과 제품 구입 후에 자신의 선택이 최선이 아닐지도 모른다는 생각 사이의 부조화_{인지 부조화 상태}는 어떻게 극복될 수 있을까?
▶ 인지 부조화 이론의 내용 및 인지 부조화 상태의 극복 방법에 대한 의문

인지 부조화 상태를 겪고 있는 소비자는 이를 해소하기 위해 선택하지 않은 제품의 단점_{「」: 인지 부조화 상태일 때, 소비자가 생각과 행동을 일치시키기 위해 하는 노력}을 찾아내거나 그 제품의 장점을 무시하기도 한다. 하지만 일반적으로는 자신의 구매 행동을 지지하는 부가 정보들을 찾아냄으로써 현명한 선택을 했다는 것을 스스로에게 확신시킨_{「」: 인지 부조화 상태일 때, 소비자가 생각과 행동을 일치시키기 위해 하는 일반적인 노력}다. 특히 자동차나 아파트처럼 고가의 재화를 구매했을 경우에는 구매 직후의 인지 부조화_{인지 부조화가 심화되는 경우}가 심화되므로 이를 해소하려는 노력도 더 크게 나타난다. 이때 광고가 중요한 역할을 한_{구매 직후 인지 부조화가 심화될 때 광고가 중요한 역할을 함.}다. 소비자들은 광고를 통해 자신이 선택한 제품의 장점을 재확인하거나 새로운 선택 이유_{광고를 통해 인지 부조화 상태를 해소하려는 소비자의 노력}를 찾아내려고 하는 것이다. ㉡제품을 구매한 고객들을 대상으로 한 광고는 전달할 수 있는 정보가 제한적인 매체보다는 많은 정보를 담을 수 있는 매체를 활용하는 것이 효과적이다.
▶ 인지 부조화를 겪는 소비자의 해소 노력과 구매 후 광고의 역할

소비자들이 구매 후에 광고를 탐색하는 것은 인지 부조화를 감소시키고자 하는 노력인데, _{소비자와 기업 입장에서 구매 후 광고가 갖는 효과}기업 입장에서는 또 다른 효과들을 가져오기도 한다. 구매 후 광고는 제품을 구매한 소비자_{「」: 기업 입장에서 구매 후 광고가 갖는 효과}들에게 자신의 구매 행동이 옳았다는 확신이나 만족을 심어 주기 때문에 회사의 이미지를 높이고 브랜드 충성심을 구축하는 데 크게 기여한다. 따라서 구매 후 광고는 재구매를 유도하거나 긍정적 입소문을 확산시켜 광고의 효과를 극대화할 수 있다. 따라서 기업은 제품을 판매한 이후에도 소비자와 제품의 우호적인 관계가 유지될 수 있도록 지속적으로 광고를 노출할 필요가 있다.
▶ 기업 입장에서 구매 후 광고가 갖는 효과 및 지속적 광고 노출의 필요성

어떻게 읽을까!

소비자가 구매 과정에서 겪는 갈등과 그 해결 방법을 파악했는가?
소비자가 구매 과정에서 겪는 접근–접근 갈등의 개념을 설명하고, 이를 해결하기 위해 선택받지 못한 다른 대안들을 함께 묶어 제공하는 방법을 제시함.

인지 부조화 이론을 이해하고, 이어질 내용을 예측했는가?
선택하지 않은 대안에 대한 소비자들의 심리적 불편함을 인지 부조화 이론으로 설명하고, 인지 부조화의 극복 방법에 대한 질문을 제시함.

인지 부조화를 해소하기 위해 소비자와 기업 입장에서 광고의 효과를 파악했는가?
소비자가 인지 부조화를 해소하려고 노력할 때 광고가 하는 역할을 제시한 후, 기업 입장에서도 구매 후 광고가 긍정적 입소문을 확산시키고 재구매를 유도하는 효과가 있다고 설명함.

수습형구조

도입	
문제	
해결	부연

해제 이 글은 인지 부조화를 겪는 소비자의 문제 해결 노력에 대해 설명하고 있다. 인지 부조화 이론에 따르면 일반적으로 소비자들은 선택하지 않은 대안에 대한 아쉬움 때문에 겪을 수 있는 심리적 갈등을 줄이기 위해서 자신의 선택이 옳았다는 것을 스스로에게 확신시켜 구매 행동과 생각을 일치시키려 노력한다. 이때 광고가 소비자 입장에서 인지 부조화를 해소시키는 데 중요한 역할을 한다. 특히 기업 입장에서 구매 후 광고는 소비자의 긍정적 입소문을 확산시키고 재구매를 유도하는 효과가 있으므로 구매 후 광고를 지속적으로 노출할 필요가 있다.

주제 소비자들의 인지 부조화와 그 해소 방법

0 핵심 내용 파악 ②

2문단에 따르면, 다른 대안들을 함께 묶어 제공받지 못한 상태에서 하나의 대안만을 선택해야 했던 경우, 소비자들은 선택하지 않은 대안에 대한 아쉬움 때문에 심리적으로 불편함을 느끼게 된다. 따라서 소비자가 둘 이상의 대안을 놓고 ⓐ를 겪다가 하나의 대안만을 선택한 경우, 선택하지 않은 대안으로 인해 심리적 불편함을 겪을 수 있다.

오답풀이 ① 1문단에 따르면, ⓐ는 소비자가 자신이 구매한 제품에 대한 불만족으로 심리적 갈등을 겪는 것이 아니라 둘 이상의 대안 중에서 하나만을 골라야 하는 경우에 어느 것을 선택해야 할지 결정하지 못해 갈등을 겪는 것이다.

③ ⓑ에 따르면, 소비자의 구매 행동과 생각 사이에 부조화가 발생하는 경우, 소비자는 이를 해소하기 위해 자신이 선택하지 않은 제품의 단점을 찾거나 그 제품의 장점을 무시하고, 자신의 구매 행동을 지지하는 부가 정보들을 찾아 자신이 현명한 선택을 했다는 것을 스스로에게 확신시킨다고 하였다. 바람직한 대안 중 어느 것을 선택해야 할지 쉽게 결정하지 못하는 것은 대안을 선택하기 이전이고, ⓑ는 선택 이후에 관한 이론이다.

④ 3~4문단에 따르면, 소비자들은 구매 후 광고 탐색을 통해 인지 부조화를 해소하려는 경향을 보인다.

⑤ 4문단에 따르면, 기업들은 소비자에게 제품을 판매한 이후에도, 즉 소비자가 제품을 구매한 후에도 소비자에게 제품 광고가 지속적으로 노출될 수 있도록 해야 한다.

1 구체적 사례 파악 ⑤

1문단에 따르면, 둘 이상의 바람직한 대안 중 하나만을 골라야 하는 경우 어느 것을 선택해야 할지 결정을 하지 못해 발생하는 갈등이 '접근-접근 갈등'이다. ㉠에서는 이 갈등을 해소해 줄 방법으로 대안들을 함께 묶어서 제공하는 방법을 제시하고 있다. ⑤에서는 소비자가 짜장면과 짬뽕 중 어느 것을 선택할지 몰라 '접근-접근 갈등'을 겪을 때 이를 해소해 줄 방법으로 짜장면과 짬뽕 두 대안을 함께 묶어 짬짜면을 제공하는 방법이 제시되어 있으므로 ㉠의 예로 가장 적절하다.

오답풀이 ① 소비자가 공짜를 좋아하는 경향이 있다는 내용은 '접근-접근 갈등'과 관련이 없다.

② 사은품 제공 여부에 대한 내용은 '접근-접근 갈등'과 관련이 없다.

③ '접근-접근 갈등'은 둘 이상의 바람직한 대안 중에서 하나만 선택해야 하는 경우에 발생하는데, 소비자가 바지를 살 때 그에 어울리는 티셔츠를 함께 구입하려는 경향은 둘 중 하나만을 골라야 하는 경우라고 보기 어렵다.

④ 소비자가 어떻게 하면 저렴한 가격으로 물건을 구입할 수 있을지 고심하는 경향은 '접근-접근 갈등'과 관련이 없다.

2 이유의 추론 ⑤

3문단에서 인지 부조화 상태를 겪고 있는 소비자들은 '자신의 구매 행동을 지지하는 부가 정보들을 찾아냄으로써 현명한 선택을 했다는 것을 스스로에게 확신'시키는데, 이때 '광고를 통해 자신이 선택한 제품의 장점을 재확인하거나 새로운 선택 이유를 찾아'내려 한다고 하였다. 따라서 광고는 이를 고려해 정보를 더 많이 담을 수 있는 매체를 활용해야 한다. 소비자들이 지지 정보가 많이 담긴 광고를 보고 자신의 선택이 옳았다고 확신하며 인지 부조화를 더 효과적으로 해소할 수 있기 때문이다.

오답풀이 ① 광고 비용의 차이가 제품의 가격에 미치는 영향력에 대한 내용은 이 글에서 확인할 수 없다.

② 3문단에서 고가의 재화를 구매했을 경우, 소비자의 인지 부조화 해소 노력이 더 크게 나타난다고 했지만, 소비자가 광고보다는 다른 사람의 평가를 중시한다는 내용은 이 글을 통해 확인할 수 없다.

③ ㉡은 싣는 정보의 양이 제한적이지 않은 매체가 광고 매체로 적절하다는 것으로, 광고의 노출 횟수에 초점을 맞추고 있지 않다.

④ 소비자들이 제품을 구매한 이후에 경쟁 회사의 광고에 더 많이 주목한다는 내용은 이 글을 통해 확인할 수 없다.

3 구체적 사례에 적용 ②

제품 구입 후 인지 부조화 상태를 겪는 소비자는 이를 해소하기 위해 광고를 보면서 자신이 선택한 제품의 장점을 재확인하거나 새로운 선택 이유를 찾아내려고 한다. 따라서 P 자동차의 디자인 때문에 심리적 갈등을 겪는 소비자는 P 자동차의 광고를 통해 장점이나 새로운 선택 이유를 찾아내려고 할 것이다. 그런데 새로운 자동차의 출시가 임박했다는 광고는 P 자동차와 관련이 없으므로 P 자동차 고객들이 겪는 심리적 갈등을 해소하는 데 도움이 되지 않는다. 오히려 이 광고는 심리적 갈등을 심화시킬 수 있다.

오답풀이 ① 가격과 성능이 비슷한 제품이 많아서 어떤 제품을 선택할지 갈등하는 것은 둘 이상의 바람직한 대안 중 하나를 선택해야 할 때 발생하는 '접근-접근 갈등'에 해당한다.

③ 3문단에서 인지 부조화 상태를 겪고 있는 소비자는 일반적으로 자신의 구매 행동을 지지하는 부가 정보들을 찾아냄으로써 현명한 선택을 했다는 것을 스스로에게 확신시킨다고 했으므로, 소비자의 구매 행위를 지지할 수 있는 부가적인 정보로 승차감 등의 다른 장점을 내세우는 것은 적절하다.

④ 구매 후 광고는 소비자의 재구매를 유도하는 효과가 있다. 또한 재구매 시 할인 혜택에 대한 정보 제공은 소비자의 구매 행동에 확신이나 만족을 심어 줄 수 있으므로 소비자의 심리적 불편함을 줄일 수 있다.

⑤ 4문단에 따르면, 소비자가 광고를 통해 P 자동차를 구매한 행위를 바람직하게 생각했다면 이는 긍정적인 입소문으로 연결될 수 있다.

물가지수

2019학년도 6월 고2 학력평가

어떻게 썼을까?

도입
물가지수의 개념 소개

전개
물가지수의 측정 방법과 종류 제시

분석
물가지수의 용도 설명

분석
물가지수의 용도와 계산식 설명

분석
명목 가치와 실질 가치의 관계 설명

분류
이용 목적에 따른 물가지수의 종류 제시

물가란 시장에서 거래되는 개별 상품의 가격을 종합하여 평균한 것으로, 물가 변동은 전반적인 상품의 가격 변동을 나타낸다. 물가지수는 이러한 물가 변동을 알기 쉽게 지수화한 경제지표를 일컫는다. 지수란 기준이 되는 시점의 수치를 100으로 해서 비교 시점의 수치를 나타낸 것인데, 이를테면 어느 특정 시점의 물가지수가 115라면 이는 기준 시점보다 물가 수준이 15% 높다는 것을 의미한다.
▶ 물가지수와 관련된 용어들의 개념

물가지수를 정확하게 측정하려면 모든 재화와 서비스의 가격 변동을 조사해야 하지만 이는 현실적으로 불가능하다. 그래서 정부는 일정 기준에 의해 선정된 대표 품목만을 대상으로 가격을 조사하여 물가지수를 구한다. 이때 선정된 품목들의 가격지수부터 구하게 되는데, 가격지수란 기준이 되는 시점에서 개별 상품의 가격 변동을 지수로 나타낸 수치를 말한다. 이처럼 선정된 품목들의 개별 가격지수의 합을 평균하는 방법으로 물가 수준의 변화를 파악하는 것을 단순물가지수라고 한다. 그러나 모든 품목이 전체 물가에 동일한 영향을 주는 것으로 전제하기 때문에 단순물가지수로 현실적인 물가 상승률을 드러내는 데에는 한계가 있다. 따라서 해당 품목이 차지하는 중요도에 따라 가격지수에 가중치를 부여하여 체감 물가에 근접한 결과를 측정하고자 한다. 이때 품목별 가중치를 가격지수에 곱한 후 합하여 얻어지는 값을 가중물가지수라고 한다. 가중물가지수는 거래 비중이 큰 품목의 가격 변동이 물가지수에 더 많이 영향을 미치도록 계산한 것이다.
▶ 물가지수 측정 방법과 물가지수의 종류

이러한 물가지수는 어떤 용도로 쓰일까? 먼저, 물가지수는 화폐의 구매력을 측정할 수 있는 수단이 된다. 만일 시장에서 물가가 지속적으로 상승하는 경우 구입할 수 있는 상품의 양은 물가가 오르기 전보다 감소하게 되므로 화폐의 구매력은 떨어지게 된다. 다음으로, 물가지수는 경기판단지표로서의 역할을 한다. 일반적으로 물가는 경기가 호황일 때 수요 증가에 의하여 상승하고 경기가 불황일 때 수요 감소로 하락한다.
▶ 물가지수의 용도: 화폐 구매력 측정, 경기판단지표

또한 물가지수는 명목 가치를 실질 가치로 바꾸는 역할을 한다. 금액으로 표시되어 있는 통계 자료를 다룰 때 종종 현재의 금액을 과거 어느 시점(T년도)의 금액으로 환산할 필요성을 느끼게 되는데, 이때 물가지수가 이용된다. 현재의 금액을 두 기간 사이의 물가지수 비율로 나누어 과거 시점의 금액으로 환산할 수 있는 것이다.
▶ 명목 가치를 실질 가치로 바꾸는 방법

$$\text{T년도 금액} = \text{현재 금액} \div \frac{\text{현재물가지수}}{\text{T년도물가지수}}$$
→ 명목 가치를 실질 가치로 바꾸는 계산식
▶ 물가지수의 용도: 명목 가치를 실질 가치로 바꾸는 역할

이처럼 금액으로 표시되어 있는 통계 자료를 물가지수 등락률로 나눔으로써 가격 변동 효과를 제거할 수 있는데, 원래의 통계치인 '현재 금액'은 명목 가치에, 환산하여 얻어지는 통계치인 'T년도 금액'은 실질 가치에 해당한다.
▶ 실질 가치를 구하는 방법

물가지수는 이용 목적에 따라 여러 가지 형태로 작성되는데, 그것을 보여 주는 사례가 소비자물가지수와 생산자물가지수이다. 소비자물가지수는 소비자가 일상생활에서 구입하는 상품이나 서비스의 가격 변동을 알아보기 위해, 생산자물가지수는 생산자가 생산을 위해 거래하는 상품의 가격 변동을 알아보기 위해 작성된다. 이때 어떤 품목의 가격 변동이 중요한가는 생산자와 소비자의 입장에 따라 다르다. 예를 들어, 지하철 요금의 인상은 일반 소비자들에게는 물가 상승의 현실로 다가오지만 기업에게는 생산원가의 직접적인 인상 요인으로 다가오지는 않는다. 그러나 철판 가격의 인상은 소비자보다 생산자에게 중요한 영향을 미친다. 따라서 ㉠생산자의 입장에서 유용한 물가지수와 소비자의 입장에서 유용한 물가지수는 다르게 작성된다.
▶ 이용 목적에 따른 물가지수 종류: 소비자물가지수와 생산자물가지수

어떻게 읽을까!

중심 화제를 파악했는가?
물가지수와 관련된 용어의 개념을 설명하며 중심 화제인 물가지수를 제시함.

물가지수를 측정하는 방법을 이해했는가?
물가지수를 측정하는 방법을 단순물가지수와 가중물가지수로 나누어 계산 방법과 함께 설명함.

물가지수의 세 가지 용도를 파악했는가?
물가지수가 화폐의 구매력 측정 수단, 경기판단지표, 명목 가치를 실질 가치로 바꾸는 역할로 쓰임을 병렬적으로 설명함.

소비자물가지수와 생산자물가지수를 비교할 수 있는가?
소비자물가지수와 생산자물가지수는 이용 목적, 품목별 부여 가중치, 변동 방향과 변동 수준에서 차이가 있음을 설명하고, 가격 조사 단계의 차이로 인해 생산자물가지수가 소비자물가지수의 선행지표가 됨을 제시함.

두 물가지수가 같은 품목을 포함한다고 하더라도 품목에 부여하는 가중치는 서로 다르다. 예를 들어 경유는 기업에서 연료로 쓰이는 비중이 크기 때문에 생산자물가지수를 산출할 때 [소비자와 생산자의 입장에서 품목에 부여하는 가중치가 다르기 때문임.] 부여하는 가중치가 소비자물가지수에서보다 훨씬 크다. 반면, 채소는 가계에서 소비하는 [「」: 가중치가 달리 부여되는 품목별 사례] 비중이 커서 소비자물가지수를 산출할 때 부여하는 가중치가 생산자물가지수에서보다 크다. 이는 생산자물가지수의 품목별 가중치는 매출액 기준으로 산출되기 때문에 매출액이 큰 [「」: 생산자물가지수의 품목별 가중치 기준 = 매출액] 품목일수록 가중치가 큰 데 비하여, 소비자물가지수의 품목별 가중치는 도시가계 소비 지출액 기준이므로 소비 지출액이 큰 품목의 가중치가 더 크게 나타나기 때문이다. 이처럼 조사 [「」: 소비자물가지수의 품목별 가중치 기준 = 도시가계 소비 지출액] 하는 품목이 다르고, 같은 품목이라고 하더라도 두 지수에서 적용되는 가중치가 다르다 보 [소비자물가지수와 생산자물가지수의 변동 방향과 변동 수준에 차이가 나는 이유] 니 소비자물가지수와 생산자물가지수가 서로 다른 방향의 변동을 나타내거나, 같은 방향으로 움직이더라도 변동 수준에 차이를 보이는 경우를 쉽게 볼 수 있다.
▶ 두 물가지수에서 동일한 품목에 부여하는 가중치가 다른 이유

생산자물가지수는 소비자물가지수에 앞서 움직이는 양상을 보이기도 하는데, 이는 가격 [생산자물가지수와 소비자물가지수의 변동 양상 차이와 그 원인] 조사 단계의 차이에서 원인을 찾을 수 있다. 생산자물가지수는 생산자 판매 단계의 공장도 [「」: 생산자물가지수가 소비자물가지수보다 앞서 변동하는 원인 – 가격 조사 단계의 차이 때문임.] 가격을 조사하여 작성되는 반면, 소비자물가지수는 소비자 구입 단계의 소매가격을 조사하여 작성된다. 원재료, 중간재 등을 포괄하는 생산자물가지수에는 시장 변화의 영향이 곧바로 파급되지만, 소비자물가지수에는 몇 차례의 가공 단계를 거쳐 소비재로 만들어진 후에야 그 영향이 도달하게 되므로 생산자물가지수가 소비자물가지수보다 앞서 변동하게 되는 것이다. 즉, 생산자물가지수의 상승은 시차를 두고 소비자물가지수의 상승으로 이어질 가능 [생산자물가지수에 반영되는 공장도 가격이 상승하면 이후 소비자물가지수에 반영되는 소매 가격도 상승하기 때문임.] 성이 높다. 이와 같은 이유로 소비자물가지수의 선행지표로서 생산자물가지수를 이해하기도 한다.
▶ 생산자물가지수가 소비자물가지수에 선행하는 이유

집중형구조

	도입	
	전개	
분석	분석	분석
분류	분석	분석

해제 이 글은 물가지수의 개념, 측정 방법, 용도, 이용 목적에 따른 두 형태 등 물가지수 전반에 대해 설명하고 있다. 물가지수는 기준 시점으로부터의 물가 변동을 수치화한 것으로, 선정된 품목에 가중치를 두지 않고 가격지수를 단순 평균하여 구하는 단순물가지수와 선정된 품목에 가중치를 두어 가중 평균하여 구하는 가중물가지수가 있다. 이러한 물가지수는 화폐 구매력 측정의 수단이 되며, 경기판단지표로서의 역할을 하고, 명목 가치를 실질 가치로 바꾸는 역할도 한다. 물가지수는 이용 목적에 따라 생산자물가지수와 소비자물가지수로 나눌 수 있는데, 조사하는 품목이나 적용되는 가중치가 달라 두 물가지수의 변동 방향과 변동 수준에 차이를 보인다. 가격 조사 단계의 차이로 인해 생산자물가지수가 소비자물가지수의 선행지표가 되기도 한다.

주제 물가지수 전반에 관한 이해

0 ④ **1** ② **2** ④ **3** ⑤ **4** ④

글쓴이의 작문 과정 **❶** 물가지수 **❷** 소비자물가지수
주제 물가지수 전반에 관한 이해

0 내용 전개 방식 파악   ④

5문단의 '원래의 통계치인 현재 금액은 명목 가치에, 환산하여 얻어지는 통계치인 T년도 금액은 실질 가치'에서 명목 가치와 실질 가치의 차이점을 드러내고는 있으나, 실질 가치가 시간의 흐름에 따라 변화되는 양상을 설명한 부분은 이 글에서 찾을 수 없다.

오답풀이 ① 3~4문단에서 물가지수의 용도에는 '화폐의 구매력을 측정할 수 있는 수단', '경기판단지표로서의 역할', '명목 가치를 실질 가치로 바꾸는 역할'이 있다며 열거하고 있다.
② 1문단의 '물가지수는 이러한 물가 변동을 알기 쉽게 지수화한 경

제지표를 일컫는다.'에서 정의의 방식으로 물가지수를 설명하고, 이와 관련하여 '물가', '물가 변동', '지수'의 개념도 소개하고 있다.
③ 6문단에서 '이용 목적'이라는 기준에 따라 물가지수를 나누면 '소비자물가지수'와 '생산자물가지수'가 있다며 그 종류를 제시하고 있다.
⑤ 6문단에서는 소비자물가지수와 생산자물가지수에 반영되는 품목을 사례를 들어 설명하고, 7문단에서는 같은 품목이라도 품목에 부여하는 가중치가 다르다면서 소비자물가지수와 생산자물가지수에 반영되는 품목으로 경유와 채소를 사례로 제시하고 있다.

1 세부 내용 파악   ②

3문단에 따르면, '경기가 호황일 때 수요 증가'가 되면서 물가가 상승하고, '경기가 불황일 때 수요 감소'가 되면서 물가가 하락한다. 물가 변동을 나타낸 것이 물가지수라는 점을 고려하면, 시장의 수요 변화가 물가지수에 영향을 미치는 것이다.

① 3문단의 '시장에서 물가가 지속적으로 상승하는 경우 구입할 수 있는 상품의 양은 물가가 오르기 전보다 감소하게 되므로 화폐의 구매력이 떨어지게 된다.'에서 화폐의 구매력이 물가의 움직임에 따라 변화한다는 것을 알 수 있다.

③ 5문단에서 명목 가치에 해당하는 현재 금액을 물가지수 등락률(현재 물가지수를 과거 T년도 물가지수로 나눈 값)로 나눔으로써 가격 변동 효과를 제거할 수 있다고 하였는데, 이러한 계산식을 통해 구한 값인 'T년도 금액'이 실질 가치이다. 따라서 명목 가치에 가격 변동 효과를 제거함으로써 실질 가치를 구할 수 있음을 알 수 있다.

④ 3문단에서 물가는 수요 증가에 의해 상승하고 물가가 상승할 경우 구입할 수 있는 상품의 양은 감소하게 되므로 화폐 구매력이 낮아지게 된다고 하였다. 따라서 시장의 수요가 증가하면 같은 소득으로 시장에서 구매할 수 있는 상품의 양이 줄어드는 것을 알 수 있다.

⑤ 이 글에 제시된 계산식에 따르면 현재물가지수가 과거물가지수보다 높을수록 물가지수 등락률도 높아진다. 그런데 '현재 금액 ÷ 물가지수 등락률 = T년도 금액', 즉 환산된 금액이다. 따라서 물가지수 등락률이 높을수록, 즉 현재물가지수가 과거물가지수보다 높을수록 환산된 금액은 적어짐을 알 수 있다.

2 구체적 사례에 적용 ④

2문단에 따르면 단순물가지수는 선정된 품목들의 개별 가격지수의 합을 평균하는 것이고, 가중물가지수는 품목별 가중치를 가격지수에 곱한 후 합한 것이다. 이에 따라 |보기|의 단순물가지수를 구하면, 개별 가격지수의 합을 3으로 나눈 값, 즉 (104+110+110)÷3=108이 되고, 가중물가지수는 개별 가격지수에 가중치를 곱해야 하므로, (104×0.6)+(110×0.3)+(110×0.1)=106.4가 된다. 1문단에서 특정 시점의 물가지수가 115라면 이는 기준 시점보다 물가 수준이 15% 높은 것으로 15%가 물가상승률임을 나타내고 있다. 이를 |보기|에 적용하면 단순물가지수 108의 물가상승률은 8%이고, 가중물가지수 106.4의 물가상승률은 6.4%이다. 따라서 단순물가지수를 사용했을 때가 가중물가지수를 사용할 때보다 물가 상승률이 높게 나타난다.

① 7문단에 따르면 소비자물가지수의 품목별 가중치는 소비 지출액이 큰 품목의 가중치가 더 크게 나타난다고 하였다. 따라서 가중치가 0.6인 A의 소비 지출액이 가장 크고 0.1인 C가 가장 작다고 할 수 있으므로 품목별 소비 지출액은 A>B>C의 순으로 나타난다.

② |보기|에서 단순물가지수는 (104+110+110)÷3=108이므로, 단순물가지수를 사용하면 소비자물가지수는 108이 된다.

③ 2문단에서 단순물가지수는 '모든 품목이 전체 물가에 동일한 영향을 주는 것으로 전제'한다고 하였으므로, 단순물가지수에서는 B와 C 품목의 가격 변동이 전체 물가에 동일한 영향을 준다고 전제한다.

⑤ 2문단에서 '가중물가지수는 거래 비중이 큰 품목의 가격 변동이 물가지수에 더 많이 영향을 미치도록 계산한 것'이고, 7문단에서 소비자물가지수는 소비 지출액이 큰 품목의 가중치가 더 크게 나타난다고 하였다. 따라서 가중물가지수를 사용하면 거래 비중이 커서 가중치가 큰 A의 가격 변동이 물가지수에 더 많이 영향을 미치게 된다.

3 다른 사례에 적용 ⑤

2문단에 따르면, 물가지수를 구하기 위해서는 선정 품목들의 가격지수부터 구하게 되는데, 가격지수는 기준이 되는 시점에서 개별 상품의 가격 변동을 지수로 나타낸 수치를 말한다. 따라서 물가지수는 상품의 가격 변동과 관련된 것으로 가격 자체를 드러내는 것은 아니다. ⑤에서 농산물의 생산자 판매 단계의 가격이 소비자 구입 단계의 가격보다 낮다는 것은 가격 자체에 관한 내용이므로, 이를 가격 변동을 나타내는 물가지수와 관련지어 생산자물가지수가 소비자물가지수보다 낮을 것이라고 이해하는 것은 적절하지 않다.

① 8문단에서 생산자물가지수의 상승은 시차를 두고 소비자물가지수의 상승으로 이어질 가능성이 높다고 하였으므로 원유 등 원자재 가격 상승이 소비자물가지수의 상승으로 이어질 가능성이 크다는 점을 알 수 있다.

② 6문단에서 조사 대상 품목의 가격 변동이 물가지수에 반영된다는 내용을 확인할 수 있다. 또한 7문단에서 채소와 같은 농산물은 가계에서 소비하는 비중이 커서 소비자물가지수 산출 시 가중치가 크게 부여된다고 하였으므로, 다른 조사 품목의 가격 변동이 없다면 농산물 가격의 상승은 소비자물가지수 상승으로 이어질 수 있다.

③ 8문단에서 생산자물가지수에는 원재료, 중간재 등이 포괄되어 시장 변화의 영향이 곧바로 파급된다고 하였으므로 원유 가격 상승이 곧바로 생산자물가지수에 파급될 것으로 판단할 수 있다.

④ 7문단의 경유, 채소의 사례로 보아 동일한 품목이라도 생산자물가지수와 소비자물가지수에서의 가중치가 다르므로, 개별 품목의 가중치가 다르면 두 지수의 변동 수준에 차이가 생길 수 있다.

4 세부 내용 추론 ④

6문단에 따르면, 소비자물가지수는 소비자가 일상생활에서 구입하는 상품이나 서비스의 가격 변동을 알아보기 위해, 생산자물가지수는 생산자가 생산을 위해 거래하는 상품의 가격 변동을 알아보기 위해 작성된다. 이는 소비자와 생산자 각각의 입장에서 중요하게 생각하는 품목을 중심으로 물가지수를 작성하는 것으로, 소비자물가지수의 조사 대상 품목군과 생산자물가지수의 조사 대상 품목군은 차이가 난다.

① 6문단에서 이용 목적에 따라 물가지수를 소비자물가지수와 생산자물가지수로 나눈다고 하였으므로, 두 물가지수의 이용 목적은 다르다.

② 4문단에 명목 가치를 실질 가치로 바꾸는 계산식이 제시되어 있으나, 소비자와 생산자 입장에 따라 실질 가치를 산출하는 계산식이 다르다는 내용은 확인할 수 없다.

③ 소비자와 생산자로 대상을 분류하면 물가지수를 쉽게 측정할 수 있다는 내용은 이 글에서 확인할 수 없다.

⑤ 1문단을 통해 소비자물가지수와 생산자물가지수 모두 물가지수이므로 전반적인 상품 가격의 변동을 나타낼 수 있음을 알 수 있다. 또한 소비자물가지수와 생산자물가지수가 다르게 작성되는 것은 이용 목적이 다르기 때문으로 전반적인 상품 가격의 변화를 판단하는 것과는 관련이 없다.

기 출 읽 기

01 **일상 속의 물리학, 전기레인지** 2019학년도 9월 고1 학력평가

어떻게 썼을까?

도입
전기레인지의 종류

전개
하이라이트 레인지의 가열 방식 및 특징 설명

원리
인덕션 레인지의 가열 방식 설명

원리
강자성체의 자기 이력 현상과 관련하여 인덕션 레인지의 가열 원리 설명

정리
인덕션 레인지의 장단점 제시

전기레인지는 용기를 가열하는 방식에 따라 하이라이트 레인지와 인덕션 레인지로 나눌 수 있다. 「하이라이트 레인지는 상판 자체를 가열해서 열을 발생시키는 ㉠직접 가열 방식이고, 인덕션 레인지는 상판을 가열하지 않고 전자기유도 현상을 통해 용기에 자체적으로 열을 발생시키는 ㉡유도 가열 방식이다.」 ▶ 용기 가열 방식에 따른 전기레인지의 종류

하이라이트 레인지는 주로 니크롬으로 만들어진 열선을 원형으로 배치하고 열선의 열을 통해 그 위의 세라믹글라스 판을 직접 가열한다. 이렇게 발생한 열이 용기에 전달되어 음식을 조리할 수 있게 된다. 하이라이트 레인지는 비교적 다양한 소재의 용기를 쓸 수 있지만 에너지 효율이 낮아 조리 속도가 느리고 상판의 잔열로 인한 화상의 우려가 있다. ▶ 하이라이트 레인지의 가열 방식과 그로 인한 장단점

인덕션 레인지는 표면이 세라믹글라스 판으로 되어 있고 그 밑에 나선형 코일이 설치되어 있다. 「전원이 켜지면 코일에 2만Hz 이상의 고주파 교류 전류가 흐르면서 그 주변으로 1초에 2만 번 이상 방향이 바뀌는 교류 자기장이 발생하게 되고, 그 위에 도체인 냄비를 놓으면 교류 자기장에 의해 냄비 바닥에는 수많은 폐회로가 생겨나며 그 회로 속에 소용돌이 형태의 유도 전류인 맴돌이전류가 발생한다. 이때 흐르는 맴돌이전류가 냄비 소재의 저항에 부딪혀 줄열 효과가 나타나게 되고 이에 의해 냄비에 열이 발생하게 되는데, 이때 맴돌이전류의 세기는 나선형 코일에 흐르는 전류의 세기에 비례한다.」 ▶ 유도 가열 방식으로 가열하는 인덕션 레인지

인덕션 레인지의 가열 원리는 강자성체의 자기 이력 현상과도 관련이 있다. 일반적으로 물체는 자기장의 영향을 받으면 자석의 성질을 갖게 되는데 이것을 자화라고 하며, 자화된 물체를 자성체라고 한다. 자성체의 자화 세기는 물체에 가해 준 자기장의 세기에 비례하여 커지다가 일정값 이상으로는 더 이상 커지지 않는데, 이를 자기 포화 상태라고 한다. 이때 「물체에 가해 준 자기장의 세기를 줄이면 자화의 세기도 줄어들기 시작하며, 외부의 자기장이 사라지면 자석의 성질도 사라진다.」 그런데 강자성체의 경우에는 외부 자기장의 세기가 줄어들어도 자화의 세기가 상대적으로 천천히 줄어들게 되고 외부 자기장이 사라져도 어느 정도 자화된 상태를 유지하게 되는데, 이를 자기 이력 현상이라고 하며 자성체에 남아 있는 자화의 세기를 잔류 자기라고 한다. 그리고 처음에 가해 준 외부 자기장의 역방향으로 일정 세기의 자기장을 가해 주면 자화의 세기가 0이 되고, 자기장을 더 세게 가해 주면 반대쪽으로 커져 자기 포화 상태가 된다. 이러한 과정을 반복하면 자기장의 세기에 따른 자화의 세기는 일정한 곡선을 그리게 되는데 이를 자기 이력 곡선이라고 한다. 이 과정에서 자기에너지는 열에너지로 전환되어 자성체의 온도를 높이는데, 이때 발생하는 열에너지는 자기 이력 곡선의 내부 면적과 비례한다. 만약 인덕션에 사용하는 냄비의 소재가 강자성체인 경우, 자기 이력 현상으로 인해 냄비에 추가로 열이 발생하게 된다. ▶ 강자성체의 자기 이력 현상과 관련된 인덕션 레인지의 가열 원리

이러한 가열 방식 때문에 「인덕션 레인지는 음식 조리에 필요한 열을 낼 수 있도록 소재의 저항이 크면서 강자성체인 용기를 사용해야 한다는 제약이 있다. 또한 고주파 전류를 사용하기 때문에 조리 시 전자파에 대한 우려도 있다.」 하지만 「직접 가열 방식보다 에너지 효율이 높아 순식간에 용기가 가열되기 때문에 상대적으로 빠르게 음식을 조리할 수 있다. 그리고 무엇보다 상판이 직접 가열되지 않기 때문에 발화에 의한 화재의 가능성이 매우 낮고, 뜨거운 상판에 의한 화상 등의 피해로부터 비교적 안전하다는 장점이 있다.」 ▶ 인덕션 레인지의 장단점

어떻게 읽을까!

전기레인지의 종류와 분류 기준을 파악했는가?
용기를 가열하는 방식에 따라 전기레인지를 하이라이트 레인지와 인덕션 레인지로 분류함.

하이라이트 레인지와 인덕션 레인지의 용기 가열 방식의 차이를 이해했는가?
하이라이트 레인지는 상판을 직접 가열하여 그 열이 용기에 전달되는 데 반해, 인덕션 레인지는 유도 가열 방식으로 용기에 열을 발생시키는 특징이 있음을 설명함.

인덕션 레인지의 가열 원리를 이해했는가?
강자성체의 경우 외부 자기장의 세기가 줄어도 자화의 세기가 천천히 줄어들고 외부 자기장이 사라져도 어느 정도 자화된 상태를 유지하는데 이러한 강자성체의 자기 이력 현상과 관련지어 인덕션 레인지의 가열 원리를 설명함.

인덕션 레인지는 어떤 장점과 단점이 있는지 파악했는가?
인덕션 레인지는 가열 방식의 특성상 용기 선택 시 제약과 전자파 방출의 우려가 있지만, 에너지 효율이 높고 화재의 위험이 낮은 장점이 있음을 제시함.

원리형구조

도입	
전개	
원리	원리
정리	

해제 이 글은 전기레인지를 용기 가열 방식에 따라 하이라이트 레인지와 인덕션 레인지로 나누고 그 특징을 설명하고 있다. 하이라이트 레인지는 직접 가열 방식으로 상판을 가열해 열을 발생시켜 용기를 데우는데, 다양한 소재의 용기를 쓸 수 있지만 에너지 효율이 낮고 상판의 잔열로 인해 화상의 우려가 있다. 인덕션 레인지는 유도 가열 방식으로 열을 발생시키는데, 도체인 냄비에 교류 자기장에 의해 유도 전류인 맴돌이전류가 생겨 이 전류가 냄비 소재의 저항에 부딪혀 열이 발생한다. 인덕션 레인지의 가열 원리는 강자성체의 자기 이력 현상과 관련된다. 냄비가 강자성체인 경우 외부 자기장이 사라져도 어느 정도 자화 상태를 유지하는 자기 이력 현상으로 냄비에 추가로 열이 발생하게 되는 것이다. 인덕션 레인지는 용기 소재에 제약이 있고 에너지 효율이 높으며 화재 가능성이 낮다.

주제 전기레인지의 종류와 특징

기출읽기 **0** ①   **1** ⑤   **2** ③   **3** ②

글쓴이의 작문 과정 ❶ 용기 가열 방식 ❷ 인덕션 레인지
주제 전기레인지의 종류와 특징

---

0 내용 전개 방식 파악 ①

이 글은 1문단에서 용기를 가열하는 방식에 따라 전기레인지를 하이라이트 레인지와 인덕션 레인지로 나눈 뒤, 2문단에서는 하이라이트 레인지의 가열 방식과 그로 인한 장단점을, 3문단에서는 인덕션 레인지의 가열 방식을 설명하고 있다. 그리고 4문단에서 인덕션 레인지의 가열 원리를 '강자성체의 자기 이력 현상'과 관련지어 설명하고 5문단에서 인덕션 레인지의 장단점을 밝히며 글을 마무리하고 있다.

오답풀이 ② 전기레인지의 두 가지 가열 방식의 개념 및 '자기 포화 상태', '자기 이력 현상' 등의 개념을 제시하고 있으나, 전기레인지가 시간의 흐름에 따라 어떻게 변화해 왔는지를 설명하고 있지는 않다.
③ 하이라이트 레인지와 인덕션 레인지의 차이를 제시하고 인덕션 레인지의 장점을 직접 가열 방식과 대조해 밝히고 있으나, 둘의 차이를 극복할 수 있는 방안을 제시하고 있지는 않다.
④ 하이라이트 레인지나 인덕션 레인지에 대한 의문을 제기하고 있지 않다.
⑤ 하이라이트 레인지와 인덕션 레인지를 바라보는 상반된 관점을 소개하고 있지 않다.

1 정보 간의 관계 파악 ⑤

㉠은 하이라이트 레인지의 가열 방식으로, 2문단에 따르면 이 방식은 비교적 다양한 소재의 용기를 사용할 수 있다. ㉡은 인덕션 레인지의 가열 방식으로, 5문단에 따르면 전자기유도 현상을 이용하기 때문에 소재의 저항이 크면서 강자성체인 용기를 사용해야 한다. 따라서 ㉡은 ㉠보다 사용할 수 있는 용기 소재에 제약이 많다.

오답풀이 ① 유도 전류를 이용하여 용기를 가열하는 것은 ㉡이다.
② 상판을 가열하여 그 열로 음식을 조리하는 것은 ㉠이다.
③ ㉡은 상판을 직접 가열하지 않기 때문에 상판 자체를 직접 가열하는 ㉠보다 상대적으로 화상의 위험이 적다.
④ ㉡은 ㉠보다 에너지 효율이 높기 때문에 용기를 더 빨리 가열할 수 있다.

2 핵심 내용의 파악 ③

'교류 자기장'과 '맴돌이전류'를 통해 |보기|의 그림이 인덕션 레인지임을 알 수 있다. 3문단에 따르면, 인덕션 레인지에서는 전원을 켜면 코일(ⓐ)에 고주파 교류 전류가 흐르면서 그 주변으로 교류 자기장(ⓑ)이 만들어진다(①). 이때 도체인 냄비(ⓒ)의 바닥에서는 수많은 폐회로가 생겨나며 그 회로 속에 유도 전류인 맴돌이전류(ⓓ)가 발생하게 되고(②), 냄비 소재의 저항에 의해 줄열 효과가 나타남으로써 냄비에 열이 발생하여 물이 끓게 된다(⑤). 이 맴돌이전류(ⓓ)의 세기는 코일(ⓐ)에 흐르는 전류의 세기에 비례한다(④). 그러므로 교류 자기장(ⓑ)은 냄비(ⓒ)의 바닥에 폐회로를 형성하게 하는 것이지, 냄비(ⓒ) 소재의 저항에 따라 교류 자기장(ⓑ)의 세기가 변하는 것은 아니다.

3 구체적 사례에 적용 ②

|보기|의 자기 이력 곡선은 자기장의 세기 변화에 따른 강자성체의 자화 세기 변화를 나타내는 그래프이다. 4문단에 따르면, 자성체의 자화 세기는 물체에 가해 준 자기장의 세기에 비례하여 커지다가 일정값 이상으로는 더 이상 커지지 않는 자기 포화 상태에 이른다. 따라서 A 소재의 용기 외부에 가해지는 자기장의 세기가 계속 커지더라도 A 소재가 자기 포화 상태에 이르면 자화의 세기는 더 이상 커지지 않으므로 열 에너지의 크기는 계속 증가하지 않는다.

오답풀이 ① A와 B는 모두 자기 이력 현상이 나타나는 강자성체이므로 인덕션 레인지 용기의 소재로 적합하다.
③ 잔류 자기는 외부 자기장이 사라져도 남아 있는 자화의 세기를 말한다. 인덕션 레인지의 전원을 차단하면 자기장의 세기는 0이 되는데, 그래프를 보면 이때 남아 있는 자화의 세기는 A가 B보다 크다.
④ 잔류 자기를 제거하기 위해서는 처음 가했던 외부 자기장의 역방향으로 일정 세기의 자기장을 가해 자화의 세기가 0이 되게 해야 한다. 그런데 잔류 자기는 B 소재의 용기보다 A 소재의 용기가 더 크므로 용기의 잔류 자기를 제거하려면 B 소재의 용기보다 A 소재의 용기에 더 큰 세기의 자기장을 가해 주어야 한다.
⑤ 자기에너지는 열에너지로 전환되는데, 이때 발생하는 열에너지는 자기 이력 곡선의 내부 면적과 비례한다. 그런데 그래프를 보면, B 소재의 용기는 A 소재의 용기보다 내부 면적이 작으므로 자기장의 변화에 따라 발생하는 열에너지도 적을 것이다.

타워 크레인의 작동 원리 2021학년도 3월 고2 학력평가

어떻게 썼을까?

도입
타워 크레인의 작동 원리에 대한 의문 제시

분석
타워 크레인의 구조와 구성 요소의 역할 제시

분석
타워 크레인의 구성 요소와 역할 제시

원리
타워 크레인이 평형을 이루는 원리 설명

원리
타워 크레인이 무거운 건축 자재를 들어 올리는 원리 설명

고층 건물을 건설하는 현장을 보면 우뚝 솟아 있는 타워 크레인이 사람들의 시선을 끈다. 타워 크레인은 수십 톤에 ⓐ달하는 중량물을 들어 올리는 건설 기계 장비이다. 그렇다면 타워 크레인은 어떻게 수십 톤의 무거운 건설 자재를 들어 올릴 수 있는 것일까?
　　　　　　　　　　　　　　　타워 크레인의 역할
　　　　　　　질문을 통해 화제 제시
▶ 타워 크레인의 작동 원리에 대한 의문

타워 크레인은 〈그림〉과 같이 기초부, 마스트, 텔레스코핑 케이지, 운전실, 지브, 트롤리, 후크 블록 등으로 구성된다. 기초부는 타워 크레인을 지지하는 부분이고, 마스트는 타워 크레인을 지지하는 기둥이다. 텔레스코핑 케이지는 타워 크레인의 높이를 조절하는 장치로, 유압 장치를 통해 운전실을 들어 올린 후 마스트와 운전실 사이의 빈 공간에 단위 마스트를 끼워 넣어 높이를 조절한다.
텔레스코핑 케이지가 타워 크레인의 높이를 조절하는 방법

타워 크레인의 구성 요소

운전실은 타워 크레인을 ⓑ제어하는 곳으로, 하단에는 중량물을 수평으로 이동시키는 선회 장치가 있고, 상단의 타워 헤드에는 지브의 인장력을 보강하면서 평형 유지를 돕는 타이바가 ⓒ연결되어 있다. 지브는 카운터 지브와 메인 지브로 구성되는데, 카운터 지브는 길이가 짧으며 일정한 무게의 콘크리트 평형추가 고정되어 있는 부분이고, 메인 지브는 길이가 길고 중량물을 들어 올리는 역할을 하는 부분이다. 트롤리는 메인 지브의 레일을 통해 중량물을 수평으로 이동시키는 역할을 한다.
운전실의 역할과 구조　　지브의 구조　　트롤리의 역할
▶ 타워 크레인의 구성 요소 및 역할

카운터 지브와 메인 지브의 길이가 다름에도 불구하고 지브가 한쪽으로 기울어지지 않고 평형을 이룰 수 있는 것은 무엇 때문일까? 그것은 바로 지레의 원리로 설명할 수 있다. 지레에는 작용점, 받침점, 힘점이 있는데, 작용점에 가하는 힘을 F, 작용점에서 받침점까지의 거리를 D, 힘점에 작용하는 힘을 f, 힘점에서 받침점까지의 거리를 d라고 할 때, $FD = fd$이면 지레는 어느 한쪽으로 기울어지지 않고 평형을 이루게 된다. 마찬가지로 타워 크레인의 평형추는 작용점, 운전실 지점은 받침점, 트롤리는 힘점에 해당하는데, 타워 크레인은 두 지브의 길이가 다르기 때문에 길이가 짧은 카운터 지브에 무거운 평형추를 설치하여 길이가 긴 메인 지브와 평형을 이루도록 한다. 그런데 타워 크레인은 메인 지브에 있는 트롤리의 위치에 따라 들어 올릴 수 있는 중량물의 무게가 달라진다. 메인 지브의 바깥쪽에서 들어 올린 중량물을 메인 지브 안쪽으로 이동시키는 것은 자유롭지만, ㉠반대로 메인 지브의 안쪽에서 들어 올린 중량물을 메인 지브 바깥쪽으로 이동시키지 못할 수도 있다.
타워 크레인의 지브가 평형을 이루는 이유 - 지레의 원리　　지레가 평형을 이루기 위한 조건　　타워 크레인에 적용된 지레의 원리: 작용점(평형추), 받침점(운전실), 힘점(트롤리)　　트롤리가 움직이기 때문임.
▶ 타워 크레인의 지브가 평형을 이루는 원리 - 지레의 원리

[A] 타워 크레인이 수십 톤에 달하는 무거운 건축 자재를 들어 올릴 수 있는 것은 중량물을 매다는 후크 블록에 움직도르래를 사용하기 때문이다. 후크 블록의 움직도르래는 와이어로프를 통해 권상 장치와 연결되어 있다. 권상 장치는 그 안에 있는 전동기의 회전 방향에 따라 와이어로프를 원통 모양의 드럼에 감거나 풀어 중량물을 들어 올리거나 내린다. 도르래를 사용할 때의 역학 관계는 '일의 양(W) = 줄을 당긴 힘(F) × 감아올린 줄의 길이(S)'로 나타낼 수 있다. 동일한 무게의 물체를 들어 올린 높이가 같다면 권상 장치가 물체를 들어 올리기 위해 한 일의 양이 같다. 그런데 고정도르래만 사용할 때와 비교해, 움직도르래 1개를 사용하여 지상에서 같은 높이로 물체를 들어 올리면, 일의 양은 같지만 도르래 양쪽으로 물체의 무게가 반씩 ⓓ분산되기 때문에 물체를 들어 올리는 힘의 크기는 1/2로 줄어들게 되고, 감아올린 줄의 길이는 2배로 길어진다. 이러한 움직도르래를 타워 크레인에서 추가적으로 사용할 때마다 동일한 무게의 중량물을 같은 높이로 들어 올릴 때 권상 장치가 사용하는 힘의 크기가 더 ⓔ감소하지만, 권상 장치가 감아올리는 와이어로프의 길이는 더 길어지게 된다. 하지만 여러 개의 움직도르래를 사용하게 되면 여러 가닥의 와이어로프가 바람에 의해 꼬여 손상되는 일이 발생할 수 있기 때문에 사용할 수 있는 움직도르래의 개수가 제한된다.
타워 크레인이 무거운 자재를 들어 올릴 수 있는 이유　　권상 장치의 역할　　도르래의 원리　　움직도르래 사용과 힘의 크기, 와이어로프의 길이와의 상관관계　　움직도르래의 개수 증가에 따른 힘의 크기와 와이어로프의 상관관계　　타워 크레인에서 사용할 수 있는 움직도르래의 개수가 제한적인 이유
▶ 타워 크레인이 무거운 자재를 들어 올리는 원리 - 움직도르래의 원리

어떻게 읽을까!

질문을 통해 앞으로 전개될 내용을 예측했는가?
타워 크레인의 작동 원리에 대한 내용이 전개될 것임을 안내함.

타워 크레인의 구성 요소와 각각의 역할을 파악했는가?
그림과 함께 기초부, 마스트, 텔레스코핑 케이지, 운전실, 지브, 트롤리 등으로 구성된 타워 크레인의 구조와 구성 요소별 역할을 설명함.

타워 크레인이 평형을 이루는 이유를 이해했는가?
지레의 원리를 이용해 길이가 다른 두 지브가 평형을 유지함을 설명함.

타워 크레인이 무거운 자재를 들어 올릴 수 있는 이유를 과학적으로 설명할 수 있는가?
움직도르래의 원리를 이용해 무거운 자재를 들어올릴 수 있음을 설명함.

원리형 구조

도입	
분석	분석
원리	원리

해제 이 글은 타워 크레인이 어떻게 평형을 유지하고 무거운 건축 자재를 들어 올릴 수 있는지를 설명하고 있다. 타워 크레인은 평형을 유지하기 위해 지레의 원리를 이용한다. 지레는 FD=fd일 때 평형을 이루는데, 이를 통해 타워 크레인은 길이가 짧은 카운터 지브에 무거운 평형추를 설치해 길이가 긴 메인 지브와 평형을 유지하게 된다. 또한 타워 크레인이 무거운 중량물을 들어 올릴 때에는 움직도르래의 원리를 이용한다. 움직도르래로 중량물을 들어 올리면 일의 양은 같지만 물체를 들어 올리는 힘의 크기가 절반으로 줄어든다. 그런데 움직도르래의 개수가 증가하면 권상 장치가 사용하는 힘의 크기는 감소하지만 여러 가닥의 와이어로프가 꼬여 손상될 수 있어 개수가 제한된다.

주제 타워 크레인의 구성 요소와 작동 원리

기출읽기

0 ⑤   1 ⑤   2 ①   3 ①   4 ②

글쓴이의 작문 과정 ❶ 타워 크레인 ❷ 움직도르래
주제   타워 크레인의 구성 요소와 작동 원리

0 글쓰기 계획 평가   ⑤

이 글에서는 타워 크레인이 평형을 유지할 수 있는 원리로 지레의 원리를, 타워 크레인이 무거운 건축 자재를 들어 올릴 수 있는 원리로 움직도르래의 원리를 설명하고 있다. 하지만 타워 크레인과 유사한 원리로 움직이는 다른 기계를 소개하는 부분은 찾을 수 없다.

오답풀이 ① 1문단의 마지막 문장을 질문 형태로 제시하여 화제에 대한 독자들의 흥미를 끌고 있다.

② 2~3문단에서 타워 크레인이 어떻게 구성되어 있는지 분류하고 그 구성 요소들이 하는 역할을 제시하고 있다.

③ 이 글에서는 타워 크레인의 작동 원리를 크게 둘로 나누어 4문단에서는 타워 크레인이 평형을 유지할 수 있는 원리를, 5문단에서는 타워 크레인이 무거운 건축 자재를 들어 올릴 수 있는 원리를 설명하고 있다.

④ 5문단에서 타워 크레인이 무거운 물체를 들어 올릴 수 있는 이유를 움직도르래의 사용과 관련지어 과학적으로 설명하고 있다.

1 세부 내용 파악   ⑤

2문단에 따르면, 텔레스코핑 케이지를 이용해 타워 크레인의 높이를 높일 때에는 유압 장치로 운전실을 들어 올린 후 마스트와 운전실 사이에 단위 마스트를 끼워 넣는다. 따라서 유압 장치를 이용해 운전실을 들어 올리는 것이지, 마스트를 들어 올리는 것은 아니다.

오답풀이 ① 3문단을 보면 타이바는 타워 크레인에서 카운터 지브와 메인 지브가 평형을 유지하도록 돕는 역할을 한다는 것을 알 수 있다.

② 3문단에서 타워 크레인이 들어 올린 중량물은 운전실 상단에서는 트롤리에 의해, 운전실 하단에서는 선회 장치에 의해 수평으로 이동된다는 것을 알 수 있다.

③ 5문단에서 후크 블록에 여러 개의 움직도르래가 사용되면 여러 가닥의 와이어로프가 바람에 의해 꼬여 손상될 수 있음을 알 수 있다.

④ 5문단에서 권상 장치는 그 안에 있는 전동기의 회전 방향에 따라 와이어로프를 감거나 풀어 중량물을 들어 올리거나 내리는 기능을

한다고 하였으므로, 중량물을 들어 올릴 때와 내릴 때 권상 장치에 있는 전동기의 회전 방향은 반대가 됨을 알 수 있다.

2 세부 내용 추론   ①

4문단에 따르면, 타워 크레인의 카운터 지브와 메인 지브가 평형을 이루기 위해서는 FD=fd라는 조건을 충족해야 한다. 이때 F는 평형추에 가해지는 힘을, D는 평형추에서 운전실까지의 거리를, f는 트롤리에 가해지는 힘을, d는 트롤리에서 운전실까지의 거리를 의미한다. 타워 크레인은 처음에 일정 무게의 평형추를 달기 때문에 평형추의 무게는 고정된 상태이고 평형추와 운전실 사이의 거리도 고정되어 있으므로 FD가 늘 일정하다. 그런데 ㉠을 보면 메인 지브의 안쪽에서 들어 올린 중량물을 메인 지브 바깥쪽으로 이동시키는 경우 같은 중량물을 이동시키는 것이므로 f는 일정하지만 d는 증가하여 fd가 FD보다 커지면서(FD=fd를 충족하지 못하는 상황) 타워 크레인이 메인 지브 쪽으로 기울어지게 된다. 따라서 평형추와 운전실 사이의 거리인 D와 평형추의 무게인 F가 고정되어 있기 때문에 메인 지브의 안쪽에서 들어 올린 중량물을 메인 지브 바깥쪽으로 이동시키지 못할 수도 있는 것이다.

오답풀이 ② 중량물을 메인 지브 바깥쪽으로 이동한다는 것은 트롤리와 운전실 사이의 거리가 멀어진다는 의미이다.

③ 타워 크레인에서 힘점은 트롤리, 받침점은 운전실 지점에 해당한다. 따라서 트롤리와 운전실 사이의 거리가 멀어지면 힘점과 받침점 사이의 거리가 멀어진다.

④ 평형추의 무게는 고정된 상태이고 메인 지브의 안쪽에서 들어 올린 중량물을 메인 지브 바깥쪽으로 이동시키므로 카운터 지브의 평형추의 무게와 권상 장치로 들어 올린 상태에서의 중량물의 무게의 비는 변화하지 않는다.

⑤ 트롤리가 메인 지브의 바깥쪽으로 이동하면 fd가 FD보다 커지면서 타워 크레인이 메인 지브 쪽으로 기울어진다.

3 구체적 상황에 적용   ①

A는 움직도르래 1개, B는 움직도르래 2개가 사용된 경우이다. 그런데 5문단에 따르면, 움직도르래를 추가적으로 사용할 때마다 동일한 무게의 중량물을 같은 높이로 들어 올릴 때 권상 장치가 사용하는 힘의 크기는 더 감소하지만, 권상 장치가 감아올리는 와이어로프

의 길이는 더 길어지게 된다. 따라서 B는 A에 비해 동일한 중량물을 들어 올리는 힘의 크기는 줄어 들지만, 동일한 중량물을 같은 높이로 들어 올릴 경우 권상 장치가 감아올린 와이어로프의 길이는 길어지게 된다. 그런데 |보기 2|는 권상 장치가 감아올린 와이어로프의 길이가 같은 상황으로, 이 경우 A가 중량물을 들어 올리는 힘의 크기가 B보다 크므로 A가 한 일의 양이 B보다 더 많다. 또 A가 B에 비해 더 많은 일을 했다면, 동일한 중량물을 들어 올릴 경우 A가 B보다 중량물을 더 높이 들어 올렸을 것이다.

⚠ 출제자의 의도읽기 – 그림에서 단서를 찾는다.

|보기|에 그림이 제시된 문제에서는 그림에 포함된 키워드가 지문의 어디에 위치해 있는지 확인해 보며 정보를 살펴볼 범위를 줄이는 것이 중요하다. |보기 1|에는 '움직도르래', '와이어로프' 등의 용어가 등장하는데, 이는 5문단에 제시되어 있다. 그림에서 찾은 키워드를 통해 확인할 정보의 범위를 한정하면 좀 더 쉽게 답을 찾을 수 있다.

---

4 어휘의 문맥적 의미 파악 ②

ⓑ의 '제어하다'는 '기계나 설비 또는 화학 반응 따위가 목적에 알맞은 작용을 하도록 조절하다.'라는 의미를 지닌다. 따라서 ⓑ '제어하는'을 '받치는'으로 바꾸어 쓰는 것은 적절하지 않다.

오답풀이 ① '달하다'는 '일정한 표준, 수량, 정도 따위에 이르다.'라는 의미를 지닌다. 따라서 ⓐ '달하는'은 '이르는'으로 바꾸어 쓸 수 있다.

③ '연결되다'는 '사물과 사물이 서로 이어지거나 현상과 현상이 관계가 맺어지다.'라는 의미를 지닌다. 따라서 ⓒ '연결되어'는 '이어져'로 바꾸어 쓸 수 있다.

④ '분산되다'는 '갈라져 흩어지다.'라는 의미를 지닌다. 따라서 ⓓ '분산되기'는 '나뉘기'로 바꾸어 쓸 수 있다.

⑤ '감소하다'는 '양이나 수치가 줄다. 또는 양이나 수치를 줄이다.'라는 의미를 지닌다. 따라서 ⓔ '감소하지만'은 '줄지만'으로 바꾸어 쓸 수 있다.

고속도로 전자요금징수시스템 2019학년도 11월 고2 학력평가

도입
전자요금징수시스템의
작동 과정에 대한 질문

과정
전자요금징수시스템의
작동 과정 설명

원리
차량 단말기와 기지국
간 데이터 전송이 이루
어지는 방식 설명

원리
동기식 시분할 방식 설명

원리
비동기식 시분할 방식
설명

정리
전자요금징수시스템의
변화 언급

고속도로 이용 요금을 요금소에서 납부하는 방법은 여러 가지가 있다. 그중 '전자요금징수시스템(ETC)'을 이용하면 차량이 달리는 중에 자동으로 요금 납부가 가능하기 때문에 편리하다. 그렇다면 전자요금징수시스템은 어떠한 과정과 방식으로 작동하는 것일까?
▶ 질문을 통한 화제 제시   ▶ 전자요금징수시스템의 작동 방식에 대한 의문

[A]
전자요금징수시스템이 작동되는 과정은 다음과 같다. 우선 차량이 요금소의 첫 번째 게이트를 통과할 때, 차량 단말기와 첫 번째 게이트에 설치된 제1기지국 간에 통신이 일어난다. 제1기지국은 차량 단말기로부터 전송받은 요금 징수 관련 데이터를 잃어버리지 않도록 임시 저장소에 보관하면서 거의 동시에 지역요금소 ETC 서버로 전송한다. 지역요금소 ETC 서버는 이 데이터를 분석한 후, 도로공사 요금정산센터의 서버로 전송해서 도로공사 요금정산센터의 서버가 징수할 요금에 관한 데이터를 찾도록 요청한다. 이렇게 찾아진 데이터는 다시 지역요금소 ETC 서버를 거쳐 두 번째 게이트에 설치된 제2기지국을 경유하여 차량 단말기로 전송된다. 이때 이 데이터가 수신되면 차량 단말기를 통해 요금이 징수되며, 그 후 요금 징수 결과가 안내표시기를 통해 운전자에게 안내된다.
▢ : 전자요금징수시스템의 작동 과정
▶ 전자요금징수시스템의 전반적인 작동 과정

이러한 과정에서 차량 단말기와 기지국 간에는 무선으로 데이터 전송이 이루어진다. 이때 통신 규약에 따라 정해진 전자요금징수시스템의 데이터 처리 방식은 시분할 방식이다. 이는 동일한 크기로 분할된 시간의 단위인 타임 슬롯을 차량 단말기에서 전송된 각각의 데이터에 할당하여 데이터를 처리하는 방식이다. 타임 슬롯은 차량이 진입하지 않아도 항상 만들어지는데, 차량이 지나가게 되면 규약으로 정해진 데이터 종류의 순서에 따라 데이터에 타임 슬롯이 할당된다. 차량 한 대가 지나가는 경우 데이터에 할당된 타임 슬롯들에 의해 하나의 집합체가 구성되는데 이를 프레임이라고 한다. 이때 타임 슬롯이 데이터에 할당되는 방식과 프레임이 구성되는 방식은 시분할 방식의 종류에 따라 동기식과 비동기식으로 ⓐ나누어 볼 수 있다.
▶ 차량 단말기와 기지국 간에 이루어지는 데이터 전송 방식

동기식 시분할 방식은 통신 규약에 따라 타임 슬롯을 데이터 종류 각각에 지정해 놓는다. 그리고 데이터가 전송되면 그 데이터의 종류에 지정된 타임 슬롯이 해당 데이터에 할당된다. 하지만 데이터가 전송되지 않으면 타임 슬롯은 빈 채로 남아 있게 된다. 그래서 하나의 프레임에 포함된 타임 슬롯의 개수는 차량마다 동일하다. ㉠결국 동기식 시분할 방식은 데이터를 처리하는 과정에서 오류가 발생할 가능성은 낮지만, 데이터에 할당되지 않은 타임 슬롯이 존재할 수 있다는 점에서 타임 슬롯이 일부 낭비된다.
▶ 동기식 시분할 방식의 특징 및 장단점

비동기식 시분할 방식은 전송되는 데이터가 없는 경우 타임 슬롯을 비워 두지 않고 다음 순서에 해당하는 데이터에 타임 슬롯이 할당된다. 그래서 하나의 프레임에 포함된 타임 슬롯의 개수는 차량에 따라 다를 수 있다. 그리고 데이터의 종류에 따라 정해진 타임 슬롯이 해당 종류의 데이터에 할당되지 않기 때문에 전송되는 모든 데이터마다 그 데이터의 종류를 확인할 수 있는 주소 필드를 포함시켜 프레임이 구성된다. ㉡결국 비동기식 시분할 방식은 타임 슬롯이 낭비되지는 않지만, 데이터를 처리하는 과정에서 오류가 발생할 가능성이 상대적으로 높다.
▶ 비동기식 시분할 방식의 특징 및 장단점

최근 통신 기술의 발전과 교통 환경의 변화에 의해 새로운 장비가 도입되거나 통신 규약이 바뀌기도 하는 등 전자요금징수시스템의 변화는 계속되고 있다.
▶ 기술 발달과 전자요금징수시스템의 변화

중심 화제를 파악했는가?
질문을 통해 전자요금징수시스템의 작동 과정과 방식에 대한 내용을 전개할 것임을 안내함.

전자요금징수시스템이 작동되는 과정을 파악했는가?
차량이 게이트를 통과할 때 요금이 납부되는 방식을 기지국과 서버와의 관계 속에서 정리함.

차량 단말기와 기지국 간에 데이터 전송이 이루어지는 방식을 이해했는가?
시분할 방식의 개념과 과정을 먼저 설명한 뒤, 동기식 시분할 방식과 비동기식 시분할 방식으로 나누어 그 차이를 설명함.

마지막 문단에서 어떻게 글을 끝맺고 있는지 파악했는가?
통신 기술 발달로 전자요금징수시스템에도 변화가 계속됨을 언급함.

원리형구조

	도입	
	과정	
원리	원리	원리
	정리	

해제 이 글은 고속도로 이용료를 자동으로 납부하는 전자요금징수시스템에 대해 설명하고 있다. 전자요금징수시스템은 차량이 첫 번째 게이트를 통과할 때 제1기지국에서 차량 단말기로부터 전송받은 요금 징수 관련 데이터를 지역요금소 ETC 서버로 전송하면 그 서버는 이 데이터를 분석한 후, 도로공사 요금정산센터의 서버로 전송하고 이 서버에서 징수할 요금에 관한 데이터를 찾아 보내면 지역요금소 ETC 서버를 거쳐 두 번째 게이트의 제2기지국을 경유해 차량 단말기로 전송되어 요금이 징수되는 시스템이다. 이때 데이터는 시분할 방식을 통해 처리된다. 시분할 방식은 데이터가 전송되지 않을 경우 동일한 크기로 분할된 시간 단위인 타임 슬롯을 빈 채로 두는 동기식과, 다음 순서에 해당하는 데이터에 타임 슬롯이 할당되는 비동기식으로 나뉜다. 전자는 오류 발생 가능성은 낮지만 타임 슬롯이 낭비되고, 후자는 타임 슬롯이 낭비되지는 않지만 오류 발생 가능성이 높다.

주제 전자요금징수시스템의 작동 과정과 데이터 처리 방식

0 ④　　1 ④　　2 ④　　3 ⑤　　4 ③
5 ③

글쓴이의 작문 과정 ❶ 전자요금징수시스템 ❷ 시분할 방식
주제 전자요금징수시스템의 작동 과정과 데이터 처리 방식

0 핵심 내용 파악 ④

능동적인 읽기 활동이란 글을 읽기 전에 읽기 목적과 수준 등을 고려하여 읽을 글을 선정하는 것을 포함한다. '가영'은 어떤 원리로 고속도로에서 자동차의 통행료가 자동으로 납부되는 것인지 궁금해하고 있다. 이 글은 전자요금징수시스템의 작동 과정 및 데이터 처리 방식에 대해 설명한 글이므로 현재 '가영'이 갖고 있는 궁금증 해소에 부합하는 글이라고 볼 수 있다.

오답풀이 ① 우리나라의 전자요금징수시스템을 다른 나라와 대조하고 있지 않다.
② 데이터를 처리하는 과정에서 오류가 발생할 가능성과 타임 슬롯의 낭비 여부를 제시하고는 있지만, 데이터를 빠르게 전송하는 방식에 대해서는 설명하고 있지 않다.
③ 사회적 변화에 따라 전자요금징수시스템도 변화하고 있음을 언급하고 있지만, 자동차들이 원활히 통행하기 위한 제도의 필요성을 언급하고 있지는 않다.
⑤ 사람들이 전자요금징수시스템을 이용할 때 주의할 점은 제시하지 않았다.

1 세부 내용 파악 ④

3문단에서 타임 슬롯은 '동일한 크기로 분할된 시간의 단위'라고 하였으므로 동일한 크기로 분할된 시간의 단위들에 의해 구성된 집합체라는 설명은 적절하지 않다. 동일한 크기로 분할된 시간의 단위들, 즉 타임 슬롯들에 의해 구성된 집합체는 프레임이다.

오답풀이 ① 1문단에서 '전자요금징수시스템(ETC)'을 이용하면 차량이 달리는 중에 자동으로 요금 납부가 가능하기 때문에 편리하다고 하였다.

② 3문단에서 '차량 단말기와 기지국 간에는 무선으로 데이터 전송이 이루어진다.'라고 하였다.
③ 3문단에서 '타임 슬롯은 차량이 진입하지 않아도 항상 만들어'진다고 하였다.
⑤ 5문단에서 비동기식 시분할 방식은 '전송되는 모든 데이터마다 그 데이터의 종류를 확인할 수 있는 주소 필드를 포함시켜 프레임이 구성된다.'라고 하였다.

2 세부 내용 추론 ④

㉠과 ㉡을 보면, 동기식 시분할 방식은 데이터를 처리하는 과정에서 오류가 발생할 가능성은 낮지만 데이터에 할당되지 않은 타임 슬롯이 낭비되는 반면, 비동기식 시분할 방식은 타임 슬롯이 낭비되지는 않지만 데이터를 처리하는 과정에서 오류가 발생할 가능성이 높다. 여기서 데이터를 처리하는 과정에서 오류가 발생할 가능성은 데이터 처리 과정의 정확성을, 타임 슬롯의 낭비 여부는 데이터 처리 과정의 효율성을 의미한다. 따라서 데이터 처리 과정의 정확성은 동기식이 상대적으로 높고, 비동기식이 상대적으로 낮다는 것을 알 수 있다. 또한 데이터 처리 과정의 효율성은 동기식이 상대적으로 낮고, 비동기식이 상대적으로 높다는 것을 알 수 있다.

3 구체적 상황에 적용 ⑤

[A]를 보면 지역요금소 ETC 서버(㉰)에서는 요금 징수 관련 데이터를 분석한 후, 이를 도로공사 요금정산센터의 서버(㉱)로 전송하고 도로공사 요금정산센터의 서버(㉱)는 징수할 요금에 관한 데이터를 찾아 지역요금소 ETC 서버(㉰)로 보내고 그 데이터는 두 번째 게이트에 설치된 제2기지국을 경유해 차량 단말기(㉮)로 전송된다고 하였다. 따라서 도로공사 요금정산센터의 서버(㉱)에서 찾아진 '징수할 요금에 관한 데이터'가 지역요금소 ETC 서버(㉰)로 전송됨을 알 수 있고, 차량 단말기(㉮)로 전송되는 데이터는 '요금 징수 관련 데이터'가 아니라, 도로공사 요금정산센터의 서버(㉱)가 찾은 데이터인 '징수할 요금에 관한 데이터'임을 알 수 있다.

② [A]에서 제1기지국(㉯)은 '요금 징수 관련 데이터'를 임시 저장소에 보관함과 동시에 지역요금소 ETC 서버(㉱)로 전송함을 알 수 있다.
③ [A]에서 '징수할 요금에 관한 데이터'는 제2기지국(㉰)을 경유하여 차량 단말기(㉮)로 전송됨을 알 수 있다.
④ [A]에서 지역요금소 ETC 서버(㉱)는 '요금 징수 관련 데이터'를 분석한 후 도로공사 요금정산센터의 서버(㉲)로 전송하고, 이곳에서 찾은 '징수할 요금에 관한 데이터'는 지역요금소 ETC 서버(㉱)를 거쳐 제2기지국(㉰)으로 전송됨을 알 수 있다.

4 구체적 상황에 적용 ③

|보기|에 따르면, 1번 차량과 2번 차량이 시간의 간격을 두지 않고 순서대로 지나갔고 두 차량 사이에는 타임 슬롯이 존재하지 않으므로 TS_1~TS_4는 1번 차량, TS_5~TS_8는 2번 차량의 타임 슬롯에 해당한다. 그리고 데이터의 종류를 대응해 보면, TS_1은 I-1, TS_2는 I-2, TS_3은 I-3, TS_4는 I-4, TS_5는 I-1, TS_6은 I-2, TS_7는 I-3, TS_8은 I-4에 해당한다. 또 데이터의 전송 유무를 대응해 보면, TS_1은 유, TS_2는 무, TS_3은 유, TS_4는 유, TS_5는 유, TS_6은 유, TS_7는 유, TS_8은 무에 해당한다. 1번 차량은 I-4에 해당하는 '요금 감면 대상임'이라는 데이터가 전송되었으므로 TS_4에 요금 감면 대상이라는 데이터가 담겨 있다. 그런데 2번 차량은 비동기식 시분할 방식으로, 이 방식은 전송되는 데이터가 없는 경우 타임 슬롯을 비우지 않고 다음 순서에 해당하는 데이터에 타임 슬롯이 할당된다. 그러므로 I-4에 해당하는 '요금 감면 대상임'이라는 데이터가 전송되지 않았으므로 TS_8에는 요금 감면 대상과 관련된 어떠한 데이터도 존재하지 않는다. 따라서 TS_8에 요금 감면 대상이 아니라는 데이터가 담겨 있다는 ③의 설명은 적절하지 않다.

오답풀이 ① 1번 차량은 동기식 시분할 방식의 차량으로, 동기식 시분할 방식은 데이터가 전송되지 않으면 타임 슬롯은 빈 채로 남아 있게 된다. I-2에 해당하는 '후불 카드를 사용함'이라는 데이터가 전송되지 않았으므로 TS_2에 데이터가 담기지 않고 비워진다는 설명은 적절하다. 이때 데이터가 전송되지 않았다는 것은 그 차량이 그 데이터에 해당하는 특성을 지니지 않았다는 의미이므로 I-2에 해당하는 데이터가 전송되지 않아 TS_2가 비워진다는 것은 1번 차량이 후불 카드를 사용하는 차량이 아니라는 의미이다.
② 1번 차량과 2번 차량 모두 I-3에 해당하는 '차량 소유주와 카드 소지자가 일치함'이라는 데이터가 전송되었으므로 TS_3에서는 1번 차량의 소유주와 카드 소지자의 일치 여부를, TS_7에서는 2번 차량의 소유주와 카드 소지자의 일치 여부를 확인할 수 있다.
④ 1번 차량은 I-1에 해당하는 '차량이 정상적으로 진입함'이라는 데이터가 전송되었으므로 TS_1을 통해서는 1번 차량이 정상적으로 진입했는지를 파악할 수 있고, 2번 차량은 I-3에 해당하는 '차량 소유주와 카드 소지자가 일치함'이라는 데이터가 전송되었으므로 TS_7을 통해서는 2번 차량의 차량 소유주와 카드 소지자가 일치하는지를 파악할 수 있다.

⑤ 2번 차량은 I-1에 해당하는 '차량이 정상적으로 진입함'이라는 데이터가 전송되었으므로 TS_5에는 차량이 정상적으로 진입한 것에 대한 데이터가 담겨 있다는 것을 확인할 수 있고, I-2에 해당하는 '후불 카드를 사용함'이라는 데이터가 전송되었으므로 TS_6에는 후불 카드를 사용한다는 것에 대한 데이터가 담겨 있다는 것을 확인할 수 있다.

⚠ **출제자의 의도읽기 – |보기|에 주어진 정보를 모두 활용한다.**
|보기|가 복잡한 경우 겁을 먹기가 쉬운데 그럴 필요가 전혀 없다. |보기|에서 문제를 풀 수 있는 정보를 모두 주기 때문에 주어진 정보가 무엇인지를 차분히 확인하는 것이 중요하다. 이때 |보기|에 제시된 정보를 빠짐없이 활용해야 한다는 점을 잊지 말아야 한다. 상황을 제시하는 내용이나 괄호로 제시된 정보도 모두 문제를 풀기 위한 전제나 조건이므로 이를 놓치지 않도록 주의한다.
이 문제의 |보기|에서 1번 차량은 동기식, 2번 차량은 비동기식이라는 것이 핵심으로, 이 시분할 방식과 관련된 정보를 지문에서 찾아 문제를 풀어야 한다. 동기식과 비동기식은 데이터가 전송되지 않을 경우 그 해당 타임 슬롯을 비워 두는지, 아니면 해당 타임 슬롯에 다음 순서의 데이터가 담기는지가 가장 큰 차이이므로 이를 바탕으로 |보기|에서 데이터의 전송이 '무'인 경우를 주의 깊게 살펴보도록 한다. 출제자는 대상의 차이를 구별할 수 있는지를 평가하기 위해 이러한 부분을 활용해 적절하지 않은 선지를 만들어 문제로 출제할 가능성이 높다.

5 어휘의 문맥적 의미 파악 ③

ⓐ는 사전적인 의미로 '여러 가지가 섞인 것을 구분하여 분류하다.'라는 뜻을 지니고 있다. 그러므로 학생들을 청군과 백군으로 구분해 분류했다는 ③의 '나누었다'가 ⓐ와 의미가 가장 유사하다.

오답풀이 ① '하나를 둘 이상으로 가르다.'라는 의미로 사용되었다.
② '같은 핏줄을 타고나다.'라는 의미로 사용되었다.
④ '말이나 이야기, 인사 따위를 주고받다.'라는 의미로 사용되었다.
⑤ '즐거움이나 고통, 고생 따위를 함께하다.'라는 의미로 사용되었다.

OTP 인증 기술의 원리 2019학년도 3월 고3 학력평가

도입
OTP 기술의 도입 배경 및 개념 제시

인터넷 뱅킹이나 전자 상거래를 할 때 온라인상에서 사용자 인증은 필수적이다. 정당한 사용자인지를 인증받는 흔한 방법은 <u>아이디(ID)와 비밀번호를 입력하는 것</u>으로, 사용자가 특정한 정보를 알고 있는지 확인하는 방식이다. 그러나 이러한 방식은 <u>고정된 정보를 반복적으로 사용하기 때문에 정보가 노출될 수 있다</u>. 이러한 문제점을 보완하기 위해 개발된 인증 기법이 OTP(One-Time Password, 일회용 비밀번호) 기술이다. OTP 기술은 사용자가 금융 거래 인증을 받고자 할 때마다 해당 기관에서 발급한 OTP발생기를 통해 새로운 비밀번호를 생성하여 인증받는 방식이다. ▶ OTP 기술의 도입 배경 및 개념

원리
OTP 기술의 종류와 비동기화 방식의 개념과 특징 설명

OTP 기술은 크게 비동기화 방식과 동기화 방식으로 나눌 수 있다. 비동기화 방식은 OTP발생기와 인증 서버 사이에 동기화된 값이 없는 방식으로, 인증 서버의 질의에 사용자가 응답하는 방식이다. 「OTP 기술 도입 초기에 사용된 질의 응답 방식은 인증 서버가 임의의 6자리 수, 즉 질잇값을 제시하면 사용자는 그 수를 OTP발생기에 입력하고, OTP발생기는 질잇값과 다른 응답값을 생성한다. 사용자는 그 값을 로그인 서버에 입력하고 인증 서버는 입력된 값을 확인한다.」 이 방식은 <u>사용자가 OTP발생기에 질잇값을 직접 입력해 응답값을 구해야 하는 번거로움이 있기 때문에 사용이 불편하다.</u> ▶ OTP 기술 중 비동기화 방식의 특징

〈초기 OTP발생기〉

원리
OTP 기술의 동기화 방식 중 이벤트 동기화 방식의 특징 설명

이와 달리 동기화 방식은 OTP발생기와 인증 서버 사이에 동기화된 값을 설정하고 이에 따라 비밀번호를 생성하는 방식으로, 이벤트 동기화 방식과 시간 동기화 방식이 있다. 이벤트 동기화 방식은 기촛값과 카운트값을 바탕으로 OTP발생기는 비밀번호를, 인증 서버는 인증값을 생성하는 방식이다. 기촛값이란 사용자의 신상 정보와 해당 금융 기관의 정보 등이 반영된 고유한 값이며, 카운트값이란 비밀번호를 생성한 횟수이다. 「사용자가 인증을 받아야 할 경우 이벤트 동기화 방식의 OTP발생기는 기촛값과 카운트값을 바탕으로 비밀번호를 생성하게 되며, 생성된 비밀번호를 사용자가 로그인 서버에 입력하면 된다. ㉮이때 OTP발생기는 비밀번호를 생성할 때마다 카운트값을 증가시킨다. 인증 서버 역시 기촛값과 카운트값으로 인증값을 생성하여 로그인 서버로 입력된 OTP발생기의 비밀번호와 비교하는 것이다. 이때 인증에 성공하면 인증 서버는 카운트값을 증가시켜서 저장해 두었다가 다음번 인증에 반영한다.」 그러나 이 방식은 <u>OTP발생기에서 비밀번호를 생성만 하고 인증하지 않으면 OTP발생기와 인증 서버 간에 카운트값이 달라지는 문제점</u>이 있다. ▶ 동기화 방식 중 이벤트 동기화 방식의 특징

원리
동기화 방식 중 시간 동기화 방식의 개념 설명

시간 동기화 방식은 현재 금융 거래에서 주로 사용되는 방식으로, 기촛값과 인증을 시도한 날짜와 시간을 바탕으로 일정한 시간 간격마다 일방향 함수를 통해 OTP발생기는 비밀번호를, 인증 서버는 인증값을 생성하는 방식이다. 일방향 함수란 계산하기는 쉽지만 역연산하는 것은 매우 어려운 함수로, <u>결괏값을 안다고 하더라도 입력값을 구하는 것이 매우 어려운 특성</u>이 있다. ▶ 시간 동기화 방식의 개념

원리
시간 동기화 방식으로 일회용 비밀번호를 생성하는 원리 제시

[가]
시간 동기화 방식으로 일회용 비밀번호를 생성하는 과정은 다양하지만 다음과 같은 과정을 생각해 볼 수 있다. 「사용자가 인증을 받아야 할 경우 시간 동기화 방식의 OTP발생기는 발급 시 동기화된 기촛값과 인증 시도 시간을 바탕으로 r를 구하고, r에 대해 일방향 함수 f를 n번 수행하여 X_n을 생성한다. 이렇게 생성된 X_n을 사용자가 로그인 서버에 입력하면, 로그인 서버는 입력된 X_n을 일방향 함수 f로 한 번 더 계산해 X_{n+1}을 구하고 이 값을 인증 서버로 전달하게 된다. 인증 서버 역시 기촛값과 인증 시도 시간을 바탕으로 r를 구하고, r에 대해 일방향 함수 f를 $n+1$번 수행하여 X_{n+1}을 생성한 후 로그인 서버로부터 전달받은 값과 비교하여 인증을 하게 된다.」 ▶ 시간 동기화 방식의 작동 원리

OTP 인증 기술의 개발 배경을 파악했는가?
아이디와 비밀번호를 입력하는 방식의 문제점을 보완하기 위해 개발된 OTP 기술의 도입 배경을 제시하고 그 개념을 소개함.

OTP 인증 기술의 두 가지 방식을 구분해서 이해했는가?
OTP발생기와 인증 서버 간에 동기화된 값이 없는 비동기화 방식과 OTP발생기와 인증 서버 간에 동기화된 값을 설정하고 이에 따라 비밀번호를 생성하는 동기화 방식의 개념, 특징, 문제점을 설명함.

시간 동기화 방식의 특징을 파악했는가?
기촛값과 인증 시도 시간을 바탕으로 비밀번호를 생성하는 시간 동기화 방식의 개념과 작동 원리 및 인증 서버와 OTP발생기 간에 시간 오차가 생기면 인증에 실패하는 문제점 등을 제시함.

시간 동기화 방식의 OTP발생기에는 인증 서버의 시간과 같은 시간을 가리키는 전자시계
가 장착되어 있어 시간 동기화가 가능하다. 하지만 인증 서버와 OTP발생기 간에 시간 오차
가 발생하면 인증에 실패한다. 또한 시간 동기화 방식은 이벤트 동기화 방식에 비해 입력 시
간에도 제약을 받는다. 왜냐하면 사용자의 비밀번호 입력 시간이 길어지면 새로운 비밀번호
가 생성되기 때문이다.

▶ 시간 동기화 방식의 특징

`ㄴ 시간 동기화 방식의 문제점

원리형 구조

도입		
원리	원리	
원리	원리	부연

해제 이 글은 아이디와 비밀번호 입력 방식의 문제점을 해결하기 위해 인증받고자 할 때마다 비밀번호를 새로 생성하는 OTP 기
술에 대해 설명하고 있다. OTP 기술 중 비동기화 방식은 사용자가 OTP발생기에 질읫값을 입력해 얻은 응답값을 로그인 서버에
입력해 인증받는 방식이며, 동기화 방식은 OTP발생기와 인증 서버 간에 동기화된 값을 설정해 비밀번호를 생성하는 방식이다.
동기화 방식은 기촛값과 카운트값을 바탕으로 비밀번호를 생성하는 이벤트 동기화 방식과, 기촛값과 인증 시도 시간을 바탕으로
비밀번호를 생성하는 시간 동기화 방식으로 나뉜다. 전자는 OTP발생기에서 비밀번호를 생성만 하고 인증하지 않으면 OTP발생
기와 인증 서버 간에 카운트값이 달라지며, 후자는 인증 서버와 OTP발생기 간에 시간 오차가 생기면 인증에 실패한다.

주제 OTP 기술의 작동 원리와 그 특징

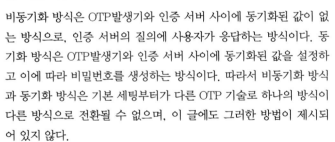

0 핵심 내용 파악 ③

비동기화 방식은 OTP발생기와 인증 서버 사이에 동기화된 값이 없
는 방식으로, 인증 서버의 질의에 사용자가 응답하는 방식이다. 동
기화 방식은 OTP발생기와 인증 서버 사이에 동기화된 값을 설정하
고 이에 따라 비밀번호를 생성하는 방식이다. 따라서 비동기화 방식
과 동기화 방식은 기본 세팅부터가 다른 OTP 기술로 하나의 방식이
다른 방식으로 전환될 수 없으며, 이 글에도 그러한 방법이 제시되
어 있지 않다.

오답풀이 ① 1문단을 보면 OTP 기술은 아이디와 비민번호를 통해 인
증하는 방식이 고정된 정보를 반복적으로 사용하기 때문에 정보가
노출되는 위험이 있어 이 문제를 보완하기 위해 개발된 인증 기법임
을 알 수 있다.

② 2문단을 통해 비동기화 방식은 OTP발생기와 인증 서버 사이에
동기화된 값이 없는 방식임을 알 수 있다.

④ 4문단의 '시간 동기화 방식은 현재 금융 거래에서 주로 사용되는
방식으로'에서 현재는 이벤트 동기화 방식보다 시간 동기화 방식이
더 대중적으로 사용된다는 것을 알 수 있다.

⑤ 마지막 문단을 통해 시간 동기화 방식의 OTP발생기를 사용할 때
는 사용자가 비밀번호를 늦게 입력하면 새로운 비밀번호가 생성되
는 경우가 있어 입력 시간에 제약이 있음을 알 수 있다.

1 세부 내용 파악 및 추론 ①

마지막 문단의 '시간 동기화 방식은 이벤트 동기화 방식에 비해 입력
시간에도 제약을 받는다.'에서 이벤트 동기화 방식은 시간 동기화 방
식에 비해 로그인 서버에 비밀번호를 입력해야 하는 시간에 제약을
받지 않음을 알 수 있다.

오답풀이 ② 2문단에서 비동기화 방식은 인증 서버의 질의에 대해
OTP발생기가 생성한 응답값을 사용자가 로그인 서버에 입력해야
한다는 것을 확인할 수 있다.

③ 1문단에서 아이디와 비밀번호를 입력하는 방법은 '고정된 정보를
반복적으로 사용하기 때문에 정보가 노출될 수 있다.'라고 하였다.

④ 4문단을 보면 시간 동기화 방식에서는 인증을 시도한 날짜와 시
간을 바탕으로 일정한 시간 간격마다 비밀번호를 생성한다고 하였
다. 따라서 비밀번호 생성 간격을 짧게 하면 비밀번호가 더 자주 바
뀌게 되므로 새로운 비밀번호로 바뀌는 횟수가 증가할 것이다.

⑤ 2문단에서 질의 응답 방식은 인증 서버가 임의의 6자리 수, 즉 질
읫값을 제시하면 사용자는 OTP발생기를 통해 질읫값과 다른 응답
값을 생성하여 그 값을 로그인 서버에 입력한다고 하였다. 따라서
OTP발생기에 입력한 임의의 6자리 수는 응답값과 일치하지 않는다.

2 구체적 상황에 적용 ①

4문단에서 시간 동기화 방식의 OTP발생기(ⓐ)는 비밀번호를, 인증
서버(ⓒ)는 인증값을 생성한다고 하였으므로, ⓑ '로그인 서버'에서
인증값을 생성했다고 이해하는 것은 적절하지 않다.

오답풀이 ② 4문단에 따르면 시간 동기화 방식에서 OTP발생기(ⓐ)

는 비밀번호를 생성한다고 하였고, 마지막 문단에서 시간 동기화 방식은 인증 서버(ⓒ)와 OTP발생기(ⓐ) 간에 시간 오차가 발생하면 인증에 실패한다고 하였다.

③ 3문단에서 이벤트 동기화 방식은 기촛값과 카운트값을 바탕으로 OTP발생기(ⓐ)는 비밀번호를, 인증 서버(ⓒ)는 인증값을 생성하는 방식이라고 하였다.

④ 3문단에서 이벤트 동기화 방식은 OTP발생기(ⓐ)에서 비밀번호를 생성만 하고 인증하지 않으면 OTP발생기(ⓐ)와 인증 서버(ⓒ) 간에 카운트값이 달라지는 문제점이 있다고 하였다.

⑤ 3문단에서 이벤트 동기화 방식은 OTP발생기(ⓐ)가 기촛값과 카운트값을 바탕으로 비밀번호를 생성하는데, 인증 서버(ⓒ)도 기촛값과 카운트값으로 인증값을 생성하여 로그인 서버로 입력된 OTP발생기(ⓐ)의 비밀번호와 비교해 인증에 성공하면 인증 서버(ⓒ)는 카운트값을 증가시켜 저장했다가 다음번 인증에 반영한다고 제시하였다.

3 이유의 추론 ①

3문단에 따르면, 이벤트 동기화 방식은 OTP발생기가 기촛값과 카운트값을 바탕으로 일회용 비밀번호를 생성하는 방식이다. 그러므로 OTP발생기가 비밀번호를 생성할 때마다 카운트값을 증가시키는 것은 비밀번호를 생성한 횟수인 카운트값을 달리하여 일회용 비밀번호를 새롭게 생성하기 위해서임을 알 수 있다.

오답풀이 ② 3문단에서 인증 서버는 기촛값과 카운트값을 바탕으로 인증값을 생성하여 OTP발생기의 비밀번호와 비교하여 인증하고, 인증에 성공하면 카운트값을 증가시킨다고 하였다. 그러나 인증 서버의 응답값과 카운트값을 일치시킨다는 내용은 제시되어 있지 않다.

③ 3문단에서 기촛값은 사용자의 신상 정보와 해당 금융 기관의 정보 등이 반영된 고유한 값이라고 하였다. 그러나 인증에 성공할 때마다 이 기촛값을 동기화한다는 내용은 제시되어 있지 않다.

④ 1문단에서 OTP 기술은 OTP발생기를 통해 새로운 비밀번호를 생성하여 인증받는 방식이라고 하였다. 그러나 인증에 실패할 때 이전의 비밀번호를 복원한다는 내용은 제시되어 있지 않다.

⑤ 2문단에서 질윗값은 이벤트 동기화 방식이 아니라 질의 응답 방식인 비동기화 방식에 사용되는 것임을 알 수 있다.

⚠ **출제자의 의도읽기 – 반드시 지문의 내용을 근거로 추론한다.**
'추론' 문항은 독서 지문에서 매우 흔하게 출제되는 유형이다. 지문의 일부에 밑줄을 긋고 그것의 의미나 이유를 묻는 경우도 있고, 글 전체를 관통하는 주제나 맥락을 통해 글쓴이의 의도 등을 추론하도록 하는 경우도 있다. 추론이란 '미루어 생각한다'는 의미를 갖고 있지만 완전히 새로운 내용을 도출해야 하는 것은 아니며 지문을 근거로 하지 않는 형태로는 절대 출제되지 않으므로, 출제자가 묻는 지점의 앞부분과 뒷부분을 꼼꼼하게 살펴보자.

4 구체적 사례에 적용 ③

|보기|는 시간 동기화 방식으로 일회용 비밀번호를 생성하는 사례를 보여 준다. 5문단에 따르면, ⓛ과 ⓒ은 인증 시도 시간이 다르므로 기촛값과 인증 시도 시간을 바탕으로 구하는 r가 서로 달라진다.

따라서 r에 대해 일방향 함수 f를 n번 수행하여 생성되는 값인 X_n도 서로 다를 것이다.

오답풀이 ① 4문단에서 일방향 함수 f는 역연산하는 것이 매우 어려운 함수로 결괏값을 안다고 해도 입력값을 구하는 것이 매우 어려운 특성이 있다고 하였으므로 X_n이 노출되더라도 r를 알아내기는 어려울 것이다.

② 5문단에 따르면 r는 사용자의 OTP발생기마다 고유한 기촛값과 인증 시도 시간을 바탕으로 구해지는데, ⓛ과 ⓒ은 인증 시도 시간이 다르므로 사용자 A의 r는 서로 다를 것이다.

④ 3문단을 보면 기촛값은 사용자의 신상 정보와 해당 금융 기관의 정보 등이 반영된 고유한 값이라고 하였으므로 사용자 A와 사용자 B의 기초값은 서로 다를 것이다.

⑤ 5문단에 따르면, 시간 동기화 방식의 OTP발생기는 기촛값과 인증 시도 시간을 바탕으로 r을 구하고 r에 대해 일방향 함수 f를 n번 수행하여 X_n을 생성한다. 로그인 서버는 이렇게 생성된 X_n을 일방향 함수 f로 한번 더 계산해 X_{n+1}을 구한다. 이를 참고할 때 X_{n+1}은 기촛값과 인증 시도 시간을 바탕으로 구한 r의 값에 따라 달라질 것임을 알 수 있다. 따라서 같은 사용자라 하더라도 ⓙ~ⓒ은 인증 시도 시각이 다르므로 ⓙ~ⓒ에서 사용자 B의 X_{n+1}의 값들은 서로 다를 것이다.

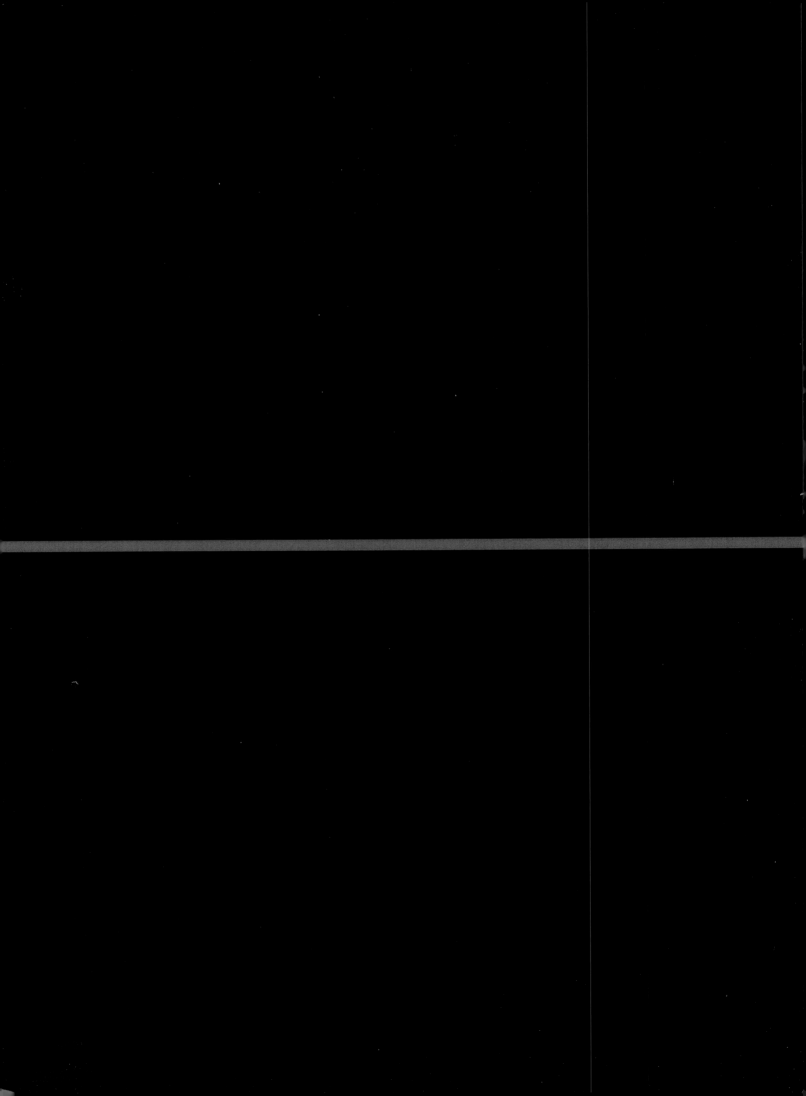

한 권으로 끝내는
국어문법의 모든 것!

중등편

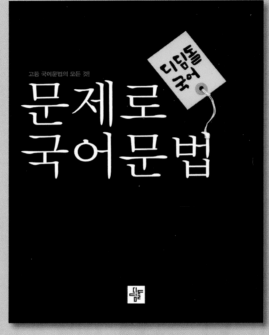

고등편

단계별 훈련을 통해 국어문법의 모든 개념을

빠르고 완벽하게 학습할 수 있는

국어문법 기본서